التجديدات التربوية

Innovations in Education

الأستاذة الدكتورة
دلال ملحس استيتية
جامعة الشرق الأوسط للدراسات العليا

الدكتور
عمر موسى سرحان
جامعة البلقاء التطبيقية

دار وائل للنشر

الطبعة الأولى

2008

رقم الايداع لدى دائرة المكتبة الوطنية : (2007/12/3801)
استيتية ، دلال ملحس
التجديدات التربوية – Innovations in Education / دلال ملحس استيتية، عمر موسى سرحان . - عمان ، دار وائل ، 2007 .
(450) ص
ر.إ. : (2007/12/3801)
الواصفات: التعلم / التربية / طرق التعلم / الإدارة التربوية / التنمية التربوية
* تم إعداد بيانات الفهرسة والتصنيف الأولية من قبل دائرة المكتبة الوطنية

****

رقم التصنيف العشري / ديوي : 371.3
ISBN 978-9957-11-744-3 (ردمك)

* التجديدات التربوية Innovations in Education
* الأستاذة الدكتورة دلال استيتية - الدكتور عمر سرحان
* الطبعـة الأولى 2008

* جميع الحقوق محفوظة للناشر

دار وائـل للنشر والتوزيع
* الأردن - عمان - شارع الجمعية العلمية الملكية - مبنى الجامعة الاردنية الاستثماري رقم (2) الطابق الثاني
هـاتف : 00962-6-5338410 - فاكس : 00962-6-5331661 - ص. ب (1615 - الجبيهة)
* الأردن - عمـان - وسـط البـلد - مجمـع الفحيص التجـاري- هـاتف: 00962-6-4627627
www.darwael.com
E-Mail: Wael@Darwael.Com

إهـــداء

* إلى روح أمي الطاهرة رحمها الله ... .
* إلى روح زوجي الطاهرة الدكتور اكرم مصطفى استيتية .
* إلى أغلى ما عندي ابني سائد وابنتي ديمة .
* إلى احفادي زينة وزيد وليان وكرمه وياسمينة .

أ. د. دلال ملحس استيتية

* إلى روح والديّ الحبيبين، أغلى من كـان لي في حيـاتي، طيـب الله ثراهمـا، واسـكنهما فسـيح جناته .
* إلى التي كانت كلماتها دائماً حافزاً لمواصلة العطاء؛ زوجتي الغالية التي تقاسمت معي حلوّ الحياة ومرّها .
* إلى فلذتي كبدي، ومهجة فؤادي، إلى النور الذي أضاء لي الدنيا، أبنيّ موسى وزيد .

د. عمر سرحان

المحتويات

مقدمة الكتاب

لم تعد التربية مجرد فن نقل التراث، وإنما هي بالدرجة الأولى وسيلة تغيير الحاضر وعلم بناء المستقبل. فالتعليم سر التقدم ومفتاح قوة الأمم ونهضتها، وقد اصبح التعليم للتميز والتميز للمجتمع كله.

ومن المسلم به أننا نعيش اليوم في عالم متغير، وهذا التغير السريع يعتبر أهم ظاهرة يلمسها المجتمع المعاصر، فقد أصبح التغير أوسع شمولا وأبعد تأثيراً من أي وقت مضى. ومن أجل هذا ينبغي ألا يكون التغير مجرد حقيقة نسلم بها، ولكن ينبغي ان يكون منهجا يوجهنا إلى معالجة قضايا التربية في الحاضر والمستقبل.

ومن الواضح أن ذلك التغير السريع الذي يشهده الحاضر ما هو إلا مقدمة لتطور أسرع وأشمل ينتظر عالم المستقبل، حيث ينتظر أن تقوم الآلات والعقول الالكترونية بالأعمال الروتينية وتترك للإنسان الأعمال الابتكارية والإبداعية.

والتجديد التربوي لم يعد مجرد حلية أو ترف وإنما أصبح ضرورة تقتضيها متغيرات العصر-والعلاقات الجديدة في هذا العالم الذي يتغير بسرعة مذهلة. إن الهدف الرئيسي للتربية لابد من أن يحرص على إنماء قدرة الفرد على معالجة المشكلات الجديدة واستحداث أساليب لمواجهتها.

وجدير بالذكر أن قضية التجديد التربوي قضية تجديد للفكر والنفس أو الذات الانسانية (Self Renewal) وتطهيرها من ميكروباتها النفسية، باعتبارها مسألة وعي ذكي وقيم إيجابية وطموح إنساني، لتحريك الواقع الجامعي - بمشكلاته واختلال توازناته ومواقع اختناقاته الحالية - وتغير وجهته الى واقع جامعي جديد

أكثر توازنا وأنشط فعالية واسرع أداء وأغزر إنتاجاً وأوضح تميزاً. وبالتالي فإن التجديد التربوي في الجامعات يعبر عن إرادة ذاتية وقيادة إيجابية وهيئة تدريس واعية، تعي معنى التجديد باعتباره شكلا من اشكال التحول وليس مجرد إحداث شكل من اشكال التغيير، وتدرك مغزى التحديث والتطوير من خلال تفعيل قوى الإرادة الذاتية وترتيب الأولويات والمواقع الاستراتيجية وتحديد اتجاهات التجديد التربوي في الجامعات، حيث لا تتحقق فاعلية الذات الانسانية وتجديدها دون تفعيل قوة إرادتها التجديدية في الجامعة والمجتمع.

كما ان التجديد التربوي من اجل جامعة المستقبل والوطن العربي لن يتحقق بالصورة المثلى إلا من خلال: قيادات جامعية رفيعة المستوى خلقاً وعلماً وفكراً، وإدارة جامعية قادرة على اتخاذ قرار التجديد التربوي - بروح الفريق - عزماً وحزماً والتزاماً، وأعضاء هيئة تدريس ذوي كفاءة تدريسية وإنتاجية وبحثية وخدمة مجتمعية ذات جودة إنتاجية عالية كماً وكيفاً وتميزاً، ومجتمع مثقف واع يقدر العلم والعلماء ويدعم توجهات التجديد التربوي في الجامعة وينفق عليه بسخاء، طواعية دون إسراف أو تقتير، إذا أردنا ان يكون لنا مكان مأمون في زمن المنافسة العالمية في عصر العولمة بثوراته المعلوماتية والتكنولوجية والاتصالية والبيولوجية وغيرها، وإلا فالبديل المستقبلي المتوقع غير محمود العواقب إذا تخلينا عن العلم سبيلاً والتكنولوجيا وسيلة والإيمان منهجاً.

على الجامعات ممارسة التجديد التربوي في بناها التعليمية والبحثية والخدمية، وبالتالي مساعدة المجتمع في مواجهة حاجات التغيير الاجتماعي المنشود في ثقافة المجتمع المعاصر ومواكبة معطيات التقدم الحضاري الموجود في ثقافة العصر- الحديث. إن علينا في البداية ان نطهر أنفسنا من أمراض مقاومة التجديد وأن نتبنى أحلاماً تربوية وآمالاً مجتمعية ممكنة التحقيق في جامعات تحظى بالاستقلال الجامعي الحقيقي والحرية الأكاديمية المنتجة والحصانة الجامعية الآمنة،

خاصة ان الأحلام ليست مستحيلة ما دام تحقيقها مباحاً في ظل مجتمع ديمقراطي حـر، والليـل مهما كان طويلاً فسوف يأتي من بعده صباح يهزم فلول هـذه المقاومـة ويقـوض عروشـها الزائفة ويلقـي بأسلحة مقاومتها الواهية في غياهب النسيان، لتبقى في النهاية - هذه الأفكار التجديديـة – مشـاعل النـور الهادية التي تضيء الطريق للباحثين عن الحقيقة في ميدان التجديد التربوي من أجل جامعـة المسـتقبل في وطننا العربي. وبذلك نستلهم معنى الآية الكريمة ﴿فاما الزبـد فيـذهب جفـاءً وأمـا مـا ينفـع النـاس فيمكث في الأرض كذلك يضرب الله الامثال﴾ (سورة الرعد /الآية 17).

والله من وراء القصد ، وهو ولي التوفيق

المؤلفان

الباب الأول

التجديدات التربوية

- المكونات الاساسية للتجديد التربوي

- خصائص التجديد التربوي

- استراتيجيات التجديد التربوي

- خطوات التجديد التربوي

- مظاهر التجديد التربوي

- معوقات التجديد التربوي

- التكنولوجيا والتربية التكنولوجية

- متطلبات التجديد المستندة الى التكنولوجيا

- التجديد وعلاقته بالتغيير

- التجديد وعلاقته بالتطوير

- التجديد وعلاقته بالإصلاح

- المرغوبية

- النسبية

- التوافقية

- التعقدية

- التواصلية

- التجريبية

- الكفاية والفعالية

- الانقسامية

- أنواع التجديد التربوي

- التجديدات على المستوى الفكري والمفاهيمي

- التجديدات على مستوى نظام التعليم العالي

- التجديدات على المستوى المادي والتكنولوجي

- التجديدات على مستوى الممارسات السلوكية

- التجديدات على مستوى العلاقات الانسانية

- تنفيذ التجديد التربوي واهم آلياته

- اتجاهات التجديد التربوي وأهم مساراته

- بعض اتجاهات التجديد التربوي في مجال البناء والتنظيم

الباب الأول

التجديدات التربوية

لم يعد خافياً ما للتربية بمعناها الواسع والشامل من أهمية وأثر في حياة الأفراد والجماعات، وفي تطور الأفكار وتقدم المجتمعات؛ فهي مظهر حياتي، وممارسة فعلية سلوكية لمفاهيم وقيم متجددة متطورة، نابعة من التراث الثقافي المتطور. والتربية إلى جانب ذلك قوة مجددة لطاقات الإنسان وفعالياته، وإنه من الصعب تصور مجتمع لا يجدد نظامه التربوي، إلى جانب أنظمته الأخرى، التي لا يمكن لها أن تتطور بمعزل عن التربية. وإلى جانب التغير الذي نشهده اليوم في مجالات التربية المختلفة، فإنها ستواجه تغيرات متعددة الأوجه في المستقبل.

فتربية الغد تهتم بالعمل المنتج والتفكير المنهجي، وبناء الغد بناءً شاملاً في الجوانب الجسمية والعقلية، كما تنادي بالعدالة والديمقراطية والتنوع الثقافي وقيم المجتمع.

ثمة أربع دعائم لتربية الغد هي :

1- التعلم من أجل المعرفة والتفكير .

2- التعلم من أجل التعايش مع الآخرين.

3- التعلم من أجل العمل .

4- تعلم المرء كي يكون .

كما ينظر إلى تربية الغد بأنها سريعة الانتشار، ولهذا يمكن القول: إن التربية السليمة هي التربية المتغيرة المتطورة باستمرار وعلى الدوام، وهذا ما يمكن وصفه بالتجديد (Innovation) أو التحديث (Modernization) .

وهي الحالة التي تحدث بفعل فيروس عقلي وتجعل الفرد يفكر ويتصرف بطريقة مميزة فعّالة ونشيطة، وهذا الفيروس يسمى الدافع للإنجاز، ويتطلب هذا الدافع وجود الضمير، وكذلك الاهتمام برفاهية الآخرين وسعادتهم [1].

أو هي الحالة الناتجة عن عملية تتضمن تأقلم الأفراد مع التغيرات السريعة التي تعكس زيادة لا مثيل لها في معرفة الإنسان وتتيح له السيطرة على بيئته المصحوبة بالثورة العلمية والتحكم بها، أو هي الحالة الناتجة عن عملية إنسانية مستمرة ترتبط ارتباطاً مباشراً باستخدام الإنسان الجانب المادي من المعرفة الإنسانية التراكمية وتطويره واستغلاله في تفاعله مع البيئة المحيطة بهدف تطويعها واستخدامها استخداماً إيجابياً لتحقيق التقدم الإنساني بصورة مستمرة [2].

كما تعد حالة ناتجة عن تجدد الحياة والإنسان، وتجدد الرؤية الإنسانية واتساعها وتعمقها، ومضاعفة القدرة المعرفية والوجدانية والإنسانية على امتلاك قوانين الحياة وشروطها، وتغييرها وتجديدها لمصلحة الإنسان [3].

أما مفهوم التجديد في العملية التعليمية فهو حالة ناتجة عن التحول من نمط التعليم القديم إلى نمط التعليم الجديد الذي يعتمد على: تنمية التفكير في العملية التعليمية، وتنمية الإبداع في العملية التعليمية، وتوفير النمط الديمقراطي في العملية التعليمية، والخصائص الحديثة للمعلم في العملية التعليمية.

ويفسر جان بياجيه كلاً من التفكير والقدرات العقلية المختلفة، بأنها مجموعة من العمليات التي تتألف من ثلاثة مستويات، هي: المحتوى والوظيفة والبيئة،

(1) McClelland, David, **Modernization of the Dynamics of Growth**, N.Y.: Basic Books,1966.
(2) علي الجرباوي، نقد **المفهوم الغربي للتحديث**، مجلة العلوم الاجتماعية ، 24: ص(4-40)، 1986.
(3) محمود العالم، ملاحظات أولية حول **الثقافة العربية والتحديث**، مجلة الوحدة (101)، ص(7- 9)، 1987 .

والتفاعل بين هذه المستويات يؤدي إلى تشكيل عملية عقلية مميزة يطلق عليها الإبداع[1]. والشكل رقم (1) يوضح ذلك .

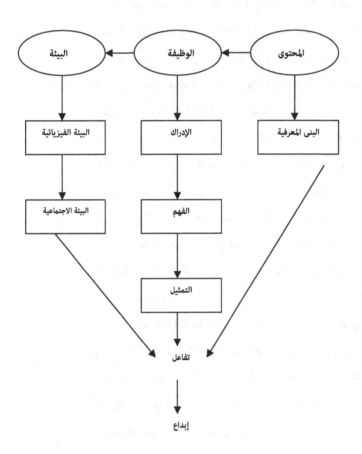

الشكل رقم (1)

ثلاثة مستويات يؤدي تفاعلها إلى تشكيل الإبداع.

(1) نبيل أحمد عبد الهادي، نماذج تربوية تعليمية معاصرة، عمان : دار وائل للنشر ، 2004 .

إن مفهوم التجديد التربوي الذي ظهر في الستينات من القرن الماضي، ليس بالشيء الجديد؛ فمنذ وجدت النظم التعليمية، كانت هناك دائماً أفكار وطرق وأساليب جديدة، والفرق الرئيسي بين التجديدات التربوية في الماضي والتجديدات التربوية في الوقت الحاضر، يكمن في السرعة الفائقة التي ظهرت بها التجديدات الحديثة مقارنة بالتجديدات الماضية. كما لا يعني ذلك أن كل جديد يجب أن يكون اكتشافاً أو اختراعاً لم يسمع به أحد من قبل، بل قد يكون ذلك الجديد بالنسبة للآخرين في المجتمعات الأخرى خارج المجتمع المجدد شيئاً ممارساً ومعروفاً؛ لذا فالجدة هنا تعني أنَّ الذين سيأخذون بهذه الأفكار والأساليب الجديدة،سيستخدمونها للمرة الأولى في شكلها المستحدث، الذي يناسب بيئتهم الجديدة ولا يتنافى مع قيمهم ونظمهم .

فالاستحداث يعني الوصول إلى شيء جديد له صلة مباشرة برفاهية الإنسان وتلبية مطالبه، كما يتحدد مفهوم الاستحداث بأنه فكرة أو شيء جديد أو عملية جديدة، تصطنع من عناصر أولية وتوجه نحو هدف محدد[1]. ويتميز مفهوم الاستحداث بخصائص كثيرة أهمها: الإبداع، والاختراع، والتجديد، والتحديث، والتنمية والإصلاح.

أما الاستحداث التربوي فهو ليس مجرد ادخال آلات وأجهزة جديدة في العملية التعليمية، بل يؤثر في البناء القيمي للمجتمع مما يؤدي إلى أساليب جديدة لتغيير القيم القديمة أو الثورة عليها.

وأما عملية التجديد التربوي فقد كانت في بداية التسعينات من القرن الماضي يمكن النظر إليها على أنها نتاج لعوامل متعددة؛ فعلى المستوى البيداغوجي، بلغ التدريس بالمضامين مداه، في حين فتحت بيداغوجيا الأهداف آفاقاً أخرى للتجديد التربوي. وعلى المستوى السياسي بدأت أنشودة نهاية التاريخ والأيديولوجيا تترك صداها على أكثر من مستوى. أما على المستوى الفلسفي فقد

---

(1) سيد ابراهيم الجبار ، **دراسات في التجديد التربوي** ، مكتبة غريب :القاهرة، 1980 .

استجابت النظرية الكانطية في تعليم التفلسف، لأسئلة المرحلة، مدعمة إضاءات كل من فرانس رولان، وميشيل كورينا، وجاكلين روس، وميشيل طوزي ولورف[1] .

وهكذا يمكن تعريف التجديد التربوي بأنه إدخال جديد أو تغيير في الأفكار أو السياسات أو البرامج أو الطرق أو المرافق أو البيئة العملية الدينامية لنظام التعليم. والتجديد التربوي ابتداع أو اكتشاف بدائل جديدة لنظام التعليم القائم، أو لبعض عناصره؛ من أجل إصلاحه، وزيادة كفايته وفاعليته.

كما يعد التجديد التربوي الحقيقي هو ذلك الذي يمس وجدان المتعاملين مع قضايا التجديد قبل عقولهم، وهذا لا يتأتى إلا إذا آمن المعنيون بأن عملية التجديد تخصهم وتعنيهم في المقام الأول (Sense of Ownership)، ولكي يحقق الوسط التربوي هذا الأمر كان لزاماً عليه أن يتواصل بجميع أجزائه وأطرافه .

كما يعرف التجديد في التربية أيضاً حسب دريك راونتري بأنه تطوير الأفكار والطرائق الجديدة، خاصة فيما يتعلق بالمنهج. وأما ريكاردز فقد عرف التجديد بأنه عملية حل مشكلة اجتماعية بطريقة غير نمطية.

كما عرف هيموناتين التجديد التربوي بأنه أولاً إدخال كل جديد أو تغيير في الأفكار أو السياسات أو البرامج أو الطرائق أو المرافق أو البيئات التعليمية، وثانياً بأنه العملية الديناميكية لابتكار هذه التغييرات والتخطيط لها وتطبيقها في مراحل التعليم.[2]

Innovation in education is defined as providing a general framework and overview of current research on planned educational change; and the management of change, focusing on leadership at the school (i.e., the principal) and school system (i.e., the superintendent) levels, and on the broader question of organization and system development [3].

---

(1) المصطفى إدمكود، **السلسلة البيداغوجية**، دار الثقافة ،الدار البيضاء (2003) .

(2) سعيد بن سليم الكتياني، **حتمية التواصل لنجاح التجديد التربوي**، الإنترنت .

(3) Torsten Husen, **The International Encyclopedia of Education, Research and Studies**, New York, 1985 .

المكونات الأساسية للتجديد التربوي

الجدة : وهي لا تعني كل ما هو جديد وغير معروف، ولكنها تعني طريقة أو ممارسة معينة للمرة الأولى بشكلها الجديد؛ فهي تعني الحديث والمبتكر والطازج وغير المجرب والعصري.

التغير : هو كل تجديد تربوي يحدث نظراً للتغيرات العلمية والتكنولوجية السريعة، وحاجة المدارس إلى التجديد التربوي الهادف، وحاجة المجتمع إلى حركة تغيير هادفة.

خصائص التجديد التربوي

1- يهدف إلى حل مشكلات قائمة أو محاولة منع حدوث مشكلات في المستقبل.

2- هو نشاط هادف ومقصود يتم التخطيط له مسبقاً؛ وعليه فالتجديد ليس نشاطاً عارضاً .

3- يحدث في أطر اجتماعية أو مؤسسية أو فردية .

4- ينتج عنه فوائد خاصة بالنظام الاجتماعي ككل أو بعض مؤسساته أو أفراده.

5- التجديد عملية تعاونية ومستمرة ومرنة .

6- يتطلب أناساً مجددين لهم عقول مميزة وقدرة على عرض أفكارهم .

7- يتطلب تجريباً متأنياً مصحوباً بتقويم موضوعي ثم تدريجاً في التعميم.

8- يمكن أن يأتي من الخارج مع مراعاة اختلاف الظروف والثقافات.

9- يرتبط ارتباطاً وثيقاً قد يصل حد التداخل مع كل من الإصلاح والتطوير والتحسين والتنمية والإبداع والابتكار .

استراتيجيات التجديد التربوي

الاستراتيجية هي أولاً : عملية أو منهجية متقدمة في التفكير يتم بمقتضاها طرح البدائل الاستراتيجية أو خطوط السير التي توصلنا إلى غاية من الغايات أو هدف من الأهداف، واختيار الأفضل من بين هذه البدائل. وهي ثانياً:

ناتج هذه المنهجية المتمثل في طرح البدائل الاستراتيجية واختيار البديل الأفضل من بينها .

ومن التعريفات الإجرائية الميسرة للاستراتيجية تلك التي تراها على أنها:

1- الاستراتيجية المبنية على القيمة : وتنظر إلى المتبني كممارس يمكن الاستعانة به على أساس أولويات مبنية على القيمة .

2- الاستراتيجية العقلانية: وترمي إلى إقناع المتبني بفائدة التجديد وفاعليته وإمكانات تطبيقه ببراهين منطقية ومعطيات صحيحة .

3- الاستراتيجية التثقيفية: ويكون المتبني فيها مهيأً وحسن الاستعداد، إلا أنه يحتاج إلى تدريب مناسب.

4- الاستراتيجية النفسية: تؤثر في المتبني فتجعله يشعر بأنه بحاجة إلى القبول والمشاركة والاندماج .

5- الاستراتيجية الاقتصادية : وفيها يكافأ المتبني لقبوله التجديد، ويتعرض في المقابل للخسارة في حالة رفضه ذلك التجديد.

6- الاستراتيجية القسرية أو الإكراهية : وفيها يفرض التجديد على المتبني من قبل رؤسائه التسلسليين.

أفكار خاطئة عن التجديد التربوي والرد عليها: يلصق بالتجديد التربوي عادة العديد من الأفكار غير الصحيحة مثل:

1- التجديد قطع وتجاوز لما كان قبله، وهذا خطأ؛ لأن التجديدات التربوية تحدث نتيجة توافقها مع بعضها البعض.

2- التجديدات قوى خطيرة يحدث إدخالها هزات عنيفة في النظام التعليمي برمته. وهذا ما لا يحدث على الإطلاق؛ فالتغيرات العنيفة تكون نتيجة أزمات داخلية أو خارجية يمر بها المجتمع، وتتطلب إدخال هذه التغيرات بالضرورة.

3- التجديد التربوي قد يحطم الوضع الراهن في مجتمع يشهد تغيرات سريعة متلاحقة، وهذا خطأ؛ فمهمة التجديدات التربوية أن توجه هذه التغيرات وتيسر حدوثها، كما أن التغيرات الكبرى جاءت في صورة تجديدات صغيرة متلاحقة.

4- التجديد التربوي هو إدخال كل ما هو جديد، وهذا خطأ؛ فليس كل ماهو جديد يدخل في دائرة التجديد التربوي، فقد ينظر إليه على أنه فقاعة تجديدية ليس إلا.

5- التجديد هو التقليد، وهذا خطأ؛ فللتقليد في التجديد حدوده، وقيمة التجديد تتلاشى إذا لم تفعل وظيفته ويتم تكييفه ليناسب المجتمع الذي سيطبق فيه.

6- التجديدات التربوية تهدد استمرارية القيم التعليمية السائدة، وهذا ليس صحيحاً بالضرورة؛ فالتهديد لا يطال إلا القيم التعليمية التي لم تعد مناسبة.

7- كل تجديد تربوي له قيمة لابد من أن يكون أكثر تكلفة. وهذا خطأ لأن من التجديدات ما يكون الغرض منه خفض تكاليف العملية التربوية.

خطوات التجديد التربوي

أولاً : التحليل الأولي:

ويشمل تشخيص نقط الضعف، وتحديد الأولويات، وتحديد العوامل المسؤولة عن الضعف للموازنة بين بدائل علاج الضعف أو تصحيحه، واختيار البديل الأفضل للتصحيح والاتفاق عليه.

ثانياً : اختيار الاستراتيجية :

ويتطلب الإجابة عن الأسئلة الآتية : أي أنواع التجديد سيتبع ؟ من الذي سيقوم برسم خطة التنفيذ؟ ما شروط التنفيذ وأوضاعه البيئية ؟

ثالثاً : الإجراءات، وتشمل :

1- تحليل متطلبات تنفيذ التجديد من تدريب المعلمين والعاملين، وتوفير المواد التعليمية، والمتطلبات المادية الأخرى .

2- القيام بحملة تشجيعية للعاملين في التجديد والقائمين به، وتوفير الحوافز المادية والمعنوية لهم .

3- البدء بتجريب استراتيجية التجديد المختارة على نطاق ضيق قبل تعميمها.

4- بدء تنفيذ الأنشطة التمهيدية .

5- متابعة التجربة الاستطلاعية للتجديد من خلال نظام معد جيداً يعتمد على نظام للتغذية المرتدة Feedback .

6- تعميم التجديد في ضوء النتائج النهائية التي كشف عنها التطبيق الأولي

7- العمل على الاستمرار في دعم التعديلات المطلوبة في أثناء التطبيق وإدخالها. والجدير بالذكر أن التقويم جزء رئيسي من أي برنامج للتجديد، ويجب أن يشترك في هذا التقويم المعلمون أنفسهم والمسؤولون عن البرنامج إلى جانب المستشارين والخبراء والمهنيين.

8- العمل على الاستمرار في مساندة التحول من النظام القديم إلى النظام الجديد .

إلى جانب الدقة في تنفيذ خطوات التجديد السابقة، هناك عدة اعتبارات رئيسية يجب مراعاتها عند القيام بالتجديد التربوي، وهي اعتبارات لها دور مساعد ومهم في توفير ضمانات النجاح، ومن أهمها:

1- وجود تفهم كامل للتجديد المطلوب تطبيقه من جانب القائمين به .

2- توفر القدرة على القيام بالتجديد لدى القائمين به .

3- توفر المصادر والموارد الضرورية المطلوبة.

4- أن تكون الإجراءات والترتيبات داخل المنظمة متمشية مع التجديد وغير متعارضة معه.

5- أن يكون القائمون بالتنفيذ على استعداد لبذل الجهد والوقت الذين يتطلبهما التجديد.

6- تهيئة أذهان الناس في المجتمع – بمن فيهم الآباء والأمهات - للتغير الذي يحدثه التجديد، ومحاولة كسب تأييدهم ومساندتهم له، وعقد لقاءات بين المهتمين بالتجديد والمتأثرين به .

7- توفر نظام جيد للاتصال والتواصل بين القائمين بالتجديد من ناحية، وبينهم وبين المسؤولين وأجهزة الإعلام من ناحية أخرى .

مظاهر التجديد التربوي

تتعدد مظاهر التجديد التربوي؛ فمن ناحية نجده تحديثاً للمقررات بما يتضمن إدخال موضوعات جديدة معاصرة واستبعاد موضوعات أصبحت مهمشة أو آيلة للسقوط، ومن ناحية أخرى هناك تجديدات تتركز على الإدارة الذاتية للمدرسة كمنطلق محوري سيحدث تطويراً في معادلة الثوابت والمتغيرات في النشاط التربوي، على أن القاسم المشترك في كل التجديدات التربوية هو استخدام التكنولوجيا وتفعيلها باعتبارها مكوناً أساسياً لعمليات التجديد.

معوقات التجديد التربوي

1- صعوبة أقلمة التغير المطلوب أو تكييفه بما يناسب واقع العمل التربوي .

2- صعوبة تطبيق أساليب جديدة متنوعة بما يكفي في ظل الظروف الواقعية الفعلية في المدارس.

3- قصور النظرة إلى النظام المدرسي بوصفه وحدة عضوية متفاعلة تقوم على مبدأ التأثير والتأثر .

4- قصور مبدعي الأساليب الجديدة في تناول متطلبات تطبيق هذه الأساليب.

5- ضعف ثقة الكثيرين من المديرين والمعلمين بالأساليب التربوية الجديدة.

كما يمكن إضافة المعوقات التالية: [1]

1- قلة وجود المخططات التربوية التي تربط بإحكام بين النظرية التي توجه التجديد والتطبيق الفعلي له في الميدان.

2- التسرع في تعميم التجارب الجديدة دون إعطاء الوقت الكافي للتجريب ولتقويم التجربة.

3- احتياج الكثير من التجديدات التربوية إلى وقت طويل حتى تؤتي ثمارها .

4- احتياج العديد من التجارب الجديدة إلى العديد من المقاييس والاختبارات اللازمة لقياس كفاءة التجديدات .

وثمة صعوبات أخرى أبرزها :

1- الصعوبات الخاصة بالمحتوى الدراسي وطرائق التدريس، وهي على أنواع. وأكثر الصعوبات ما يتعلق بعدم أخذ آراء الطلاب في تجديد المنهج الدراسي، وعدم الأخذ بآراء المعلمين في تجديد المناهج الدراسية.

---

(1) منتديات طلاب الجامعة العربية المفتوحة، التجديد التربوي : قضايا مفتاحية، أبرز معوقات التجديد، التجديد مع التطبيق، الكويت، 2004 .

2- الصعوبات الخاصة بالمعلم ونمط إعداده وتدريبه : وهذه الصعوبات تتعلق بضعف حماس المعلمين عند حضورهم برامج التدريب الخاصة برفع الكفاءة، وعدم تشجيع المعلمين العائدين من التدريب خارج البلاد على تنفيذ التجديدات التي رأوها هناك.

3- الصعوبات الخاصة بنظم التقويم والامتحانات: وأكثر هذه الصعوبات يتعلق الدرجات وإعلان النتائج بطرق يدوية تستغرق وقتاً طويلاً، والاهتمام بالامتحانات النظرية على حساب الامتحانات العملية .

4- الصعوبات الخاصة بالإدارة التربوية والتعليمية والمدرسية: وأكثر هذه الصعوبات يتعلق بالتسرع في تعميم التجارب على مستوى الوطن دون التعميم التدريجي، وعدم تهيئة الرأي العام قبل تنفيذ التجديدات.

5- الصعوبات الخاصة بمجالس الآباء والمعلمين والبيئة المحيطة: وأكثر هذه الصعوبات ما يتعلق بـ :

- إحجام معظم أولياء الأمور عن المشاركة في اجتماعات مجالس الآباء والمعلمين.

- قلة المساعدات التي تقدمها البيئة المحيطة لدعم التجديد التربوي في المدرسة.

وتجدر الإشارة إلى أنه يجب التغلب على الصعوبات التي تعترض التجديد بدلاً من إيقاف التجديد؛ فالصعوبات السابقة وغيرها لا يجب أن تثنينا عن مواصلة رحلة التجديد التربوي، وبخاصة ان بعض هذه الصعوبات له جانب نفسي أكثرمن الجانب المادي، وبالتالي يكون علاجه من جنس طبيعته عبر تحكيم المنطق وتقديم الحجة والدليل .

عوائق التجديد

أولاً : مشكلات معقدة

من أهم أسباب إخفاق كثير من جهود التجديد التربوي أن الحلول التي تبحث عنها ليست سهلة المنال، وفي بعض الحالات ليست معروفة. لقد توسعت مفكرة أعمال تجديد النظام التعليمي في السنوات الأخيرة، وأصبحت غاية في التعقيد (تغير شامل في طبيعة أهداف التعليم، وتغير في القدرات والإمكانات المطلوبة من الأفراد والمؤسسات لتنفيذ عملية التجديد). ولكي نحقق أفضل النتائج الممكنة، علينا أن نتذكر أنه من غير المنطقي أن نتصرف إزاء هذا التعقيد في النظام التربوي كما لو أننا نستطيع مواجهته بعصا سحرية، ويجب أن نتبنى منهجاً يقر بأنه ليس بالضرورة أن نعرف أو نحقق الحلول التي نحلم بها كلها، الأمر الذي يُبقي على استمرار التزامنا قوياً نحو التجديد مهما كانت الظروف التي يمر بها النظام التعليمي (تخوف، ترقب، يأس... إلخ). إن الالتزام نحو التجديد أمر مطلوب خصوصاً إذا علمنا أن التجديد في النظام التعليمي (وهو نظام محافظ بطبيعته) ما هو إلا عملية تراكمية مستمرة (Process) وليس حدثاً (Event) ينتظر الناس وقوعه في يوم ما .

ثانياً : الرمز والجوهر

تبين أدبيات التغيير أن الإدارة أو الجهة التعليمية قد تتبنى مشروعات تجديد تربوية لأغراض نفعية ضيقة بدلاً من البحث عن حل عملي لمشكلات بعينها. هذه التجديدات المظهرية تحضر معها عادة مصادر إضافية (لم تكن تستخدم بالضرورة للهدف المقصود) لتعطي انطباعاً بأن إجراءات قد اتخذت (سواء تمت متابعتها أو لم تتم)؛ فمجرد ظهور التجديدات بحد ذاتها يعد كافياً لتحقيق أغراض بعض قيادات التنظيم التعليمي (تقرير فاي دلتا كابا، 1992). ولا شك في أن الرموز والشعارات تبقى ضرورية لتحقيق النجاح؛ فدورها جوهري في بلورة الصورة، وجذب اهتمام مصادر القوى السياسية والمالية، والرموز والشعارات تعطي الناس الثقة عندما

يتعاملون مع أهداف غير واضحة ومواقف غامضة. وعندما تندمج الشعارات والرموز في أعمال حقيقية مشاهدة على الأرض فإن المزيج يعطي مردوداً هائلاً.

ومن جهة أخرى، تخفق جهود التجديد المدرسي أحياناً؛ لأن بعض القيادات التربوية تفضل الشعار على المُنتج نفسه. إن التغييرات الحقيقية تتطلب عملاً شاقاً وذكياً على أرض الواقع، وهو ماقد لا يكون في بؤرة اهتمام تلك القيادات (التقرير السابق). وترتبط التغييرات الرمزية عادة بالاحتفالات والطقوس التي يؤديها أفراد المدرسة يومياً، علماً بأنه ليس بالضرورة أن تكون التغييرات الرمزية خالية من المحتوى، وعلى الرغم من أن التغييرات لا تكون فاعلة إذا لم ترافقها رموز وشعارات، فإن من الممكن أن يتدثر التجديد التربوي بشعارات دون أن يحمل تغييراً حقيقياً يذكر.

ثالثاً : حلول سطحية

تخفق جهود التجديد التربوي أحياناً؛ لأن ما يبذل من محاولات لحل المشكلات هي محاولات في غالبها ظاهرية، وأحياناً مصطنعة (Fullan and Miles, 1992)، والحلول السطحية تظهر غالباً في وقت الأزمات لتجعل الموقف أكثر تعقيداً، وتحدث الكارثة عندما نتصدى لمشكلات كبيرة ومهمة بمثل هذا النوع من الحلول. والتجديد في الهياكل والبنى التنظيمية يكون عادة أكثر عرضة للحلول السطحية. وتعد الموضة والتقليد مبتور الهوية من أسوأ المشكلات المصاحبة للتجديد التربوي. فأحياناً تجري المؤسسات التعليمية تجديداً مجاراة لغيرها (دون قناعة منها) أو استجابة لضغوط خارجية تأتي من أفراد أو جهات تحاول الاستفادة من مكاسب التجديد. وفي مثل تلك الظروف تظهر الحلول السطحية، وحتى عندما تكون تلك الحلول ناجحة فإن تنفيذها المتعجل غير المدروس يؤدي إلى فشلها.

رابعاً: نجاحات محدودة، ولكن !

ثمة الكثير من الأمثلة على نجاح بعض خطط التجديد التي ظهرت في بعض المؤسسات التعليمية، ولا يعرف عادة مدى استمرار هذا النجاح، لكن هناك اعتقاداً بأنه لن يستمر إذا تبدلت الظروف التي ولد فيها التجديد. إن خطط التجديد التربوي تظهر عادة بعد جهود كبيرة ارتبطت بفرد أو ثلة من أفراد المؤسسة التعليمية، وهي جهود - لسوء الحظ - تختفي بمجرد أن يغادر المؤسسة التعليمية نفر قليل من الأفراد المؤثرين. وبالرغم من أن التجديد والتغيير في النظام التعليمي في الأساس جهد يطلق شرارته ويصنعه الفرد ابتداءً، فإن الفشل في تبني التجديد بعد ذلك ليكون جزءاً من البنية التنظيمية للمؤسسة هو السبب في اختفاء كثير من التجديدات الرائعة. وسوف تستمر هذه الجيوب من النجاح في التآكل والاختفاء ما لم يتح لها أن تتجمع لتنضوي تحت لواء بنى وإجراءات وقيم مؤسسية ترعاها وتدفعها لتواصل كسب المزيد من النجاح[1].

التكنولوجيا والتربية التكنولوجية

يمكن وصف التكنولوجيا بأنها عملية منظمة لاستخدام المصادر البشرية المادية على أسس علمية لتحقيق أهداف إنسانية تشمل عوائد إنتاجية وخدمية. وفي ضوء الأهمية المتزايدة للتقدم التكنولوجي تبرز أهمية الوعي بأهمية التكنولوجيا ودورها في خدمة الإنسان، واكتساب المهارات والتعامل مع الأجهزة والمعدات سواء التكنولوجية التعليمية أو تلك المستخدمة في الأنشطة المنزلية أو المجتمعية، والاستفادة منها واستثمارها في الحصول على المعرفة والقيام بأعمال إيجابية وسرعة التنفيذ ودقة الإنجاز دون الاستغراق السلبي أو الاستهلاكي؛ فأهداف التعليم الابتدائي لم تعد مقصورة على تعليم الأطفال الأساسيات الثلاث (القراءة، والكتابة،

---

(1) سعيد بن سليم ، حتمية التواصل لنجاح التجديد التربوي .

والحساب) وإنما تعدتها إلى الاهتمام بالأطفال أنفسهم وبالحاسوب والاتصال والتواصل .

كما تعد التكنولوجيا القاسم المشترك في التجديدات التربوية؛ فاستخدام التكنولوجيا وتفعيلها مكون أساسي لعمليات التجديد .

أما الصعوبات والمشكلات التي تواجه إدخال التربية التكنولوجية فتتعلق بالمجالات التالية:

1- منهج للتربية التكنولوجية، من حيث أهدافه وملاءمته وتصميمه والوقت المخصص له وتقويمه وارتباطه بالمناهج الأصلية والأنشطة المصاحبة.

2- الأجهزة، من حيث نوعيتها وصيانتها وما يوضع منها في المختبرات .

3- المعلمون والفنيون، من حيث توفير المعلمين المؤهلين والبرمجيات الملائمة التي يحتاجونها في تنفيذ دروسهم.

4- التلاميذ المتعلمون، من حيث اتجاهات التلاميذ في تعاملهم مع التكنولوجيا ومحافظتهم عليها .

5- الاهتمام العام، من حيث اهتمام الإدارات والمدرسة وأولياء الأمور بالتكنولوجيا وحرصهم عليها .

متطلبات التجديد المستندة إلى التكنولوجيا

يتطلب إدخال التكنولوجيا كعمل تجديدي تطويراً في العمل التربوي داخل المؤسسة التعليمية بصفة عامة، كالآتي :

أولاً : التوعية بدور التكنولوجيا، وتتضمن :

1- التعريف بما يمكن أن تقدمه التكنولوجيا.

2- التعامل الجيد والآمن مع الأجهزة .

3- أخلاقيات استخدام التكنولوجيا، وخاصة ما يتعلق منها بحقوق الملكية الفكرية، واحترام المعلومات الشخصية والذاتية التي يمكن الحصول عليها، وعدم الدخول إلى مواقع لا أخلاقية في شبكة المعلومات .

4- إدراك أن جوهر التكنولوجيا هو الإنسان؛ فهو صانعها فكراً وعتاداً؛ وهو مستخدمها والقادر على تسخيرها للخير أو لغير ذلك .

ثانياً : الإعداد والتدريب، ويشملان :

1- تطوير برامج إعداد المعلم في كليات التربية ومعاهد المعلمين وتضمينها مقررات في الحاسوب واستخدامه .

2- إعداد معلمين لمادة الحاسوب والتنوير الحاسوبي Computer Literacy .

3- إعداد مختصين في الصيانة وآخرين في التدريس المدعم بالحاسوب واستخدام الوسائط المتعددة .

4- استحداث أقسام مستقلة خاصة بتكنولوجيا التعليم بمعناها المتطور في الكليات ذات الصلة .

5- إعداد برامج تدريبية متميزة ووضع برامج تجديدية يلتحق بها المعلم كل بضع سنوات لمواكبة التطورات المستجدة في المجال .

6- تعميم فكرة المؤتمرات المصورة (Video Conferences) والاتصال عن بعد وإمكانية الاتصال التبادلي وإعداد متطلبات ذلك من جهة، وتجهيز قاعات للبث وأخرى للمعلمين المستفيدين في الأقاليم والإدارات التعليمية .

ثالثاً : تطوير المناهج الدراسية، ويشمل :

1- الإقلال من المهارات الروتينية التقليدية .

2- إعطاء مساحة عبر المناهج للتفكير وتنمية ثقافة الإبداع .

3- تنمية التفكير التحليلي والناقد بما يساعد التلاميذ في الانتقاء السليم من بين مصادر التعلم المختلفة بما فيها الإنترنت .

4- استثمار قدرات الحواسيب على نحو يفيد في السرعة في إجراء العمليات والتحقق من صحتها وتقديم مسائل ومشكلات تطبيقية واقعية، بهدف تنمية مهارات حل المشكلات وليس لمجرد إجراء عمليات حسابية .

5- تحقيق التكامل بين الوسائط التكنولوجية وأساليب التدريس التفاعلية .

6- تأكيد أن التكنولوجيا حليفة للمعلم وليست خليفة له؛ فهي معاونة للمعلم الذي يوفر بيئة التعليم المزود بالتكنولوجيا لتساعده في تحقيق أهدافه .

7- تطوير نظم الامتحانات وتقويم التلاميذ، وحفظ سجلات إنجاز التلاميذ وتقدمهم، وتيسير معرفتهم لذلك وتقييمهم لأنفسهم .

رابعاً : زيادة المشاركة المجتمعية، وتشمل :

1- التكامل بين الإمكانات التربوية والإمكانات التكنولوجية المتاحة في الأندية وقصور الثقافة ومكتبات الطلبة وغيرها .

2- دعم المجتمع بتوفير أجهزة ومعدات وصيانة .

3- الاستفادة من خبراء الحاسوب والإنترنت في إعطاء جرعات تنشيطية تجديدية للمعلمين .

4- قيام المدارس بتنظيم أنشطة تدريبية لمحو الأمية التكنولوجية للمواطنين الراغبين في ذلك .

ان المحاور الحديثة المتعلقة بالتجديد هي :

1- التجديد وعلاقته بالتغيير (Changing)

يشير التغيير لغة إلى الفعل (غير)، وغـير الشيء: أي استبدل بـه غـيره، ويقـال غيرت ثيابي: ارتديت ثيابا أخرى، أي جعلتها علـى غـير مـا كانـت عليـه، وغـيرت داري: إذا سكن سكنا غير الذي كان يسكنه، ولذلك فإن التغيير هو: تغيير الشيء عن حاله الذي كان عليه من قبل والاستعاضة عنه بغيره، وتغير الشيء عن حاله: بمعنى تحول وتبـدل، وغـير عليه الأمر: بمعنى حوله، وتغيرت الاشياء: بمعنى اختلفت وتبـدلت عمـا كانـت عليـه مـن قبل.

كما ان التغيير - بعكس الثبات - مفهوم ديناميكي علاقي يتم بموجبه التغيـير المقصود - بفعـل فاعـل واع - ؛ أي إن نوعيـة التغيير واتجاهـه يرتبطـان ارتباطـا وثيقـا بنوعية تغيير الذات الانسانية واتجاهه فكرا وممارسة.

ليس هذا فحسب، ولكن يشير التغيـير الـذي يحـدث عـادة (خـارج) الشيء - سواء كان فكرا أو نظاما أو ممارسة أو غير ذلك - إلى أن التغيير مقصود بفعل قوى دافعة خارجة عن ذات الشيء لتبديله تبديلا كاملا وتحويله إلى غير ما كـان عليـه، فيتغير هـذا المتغير طبقا لتبعية الاقتران المصاحب الذي يحدث في ظروف بيئة المتغير. وبمعنـى آخـر، فإن التغير في شيء معين لا بد من أن يفضي إلى تغير مماثل في الشيء الآخـر المـرتبط بـه، الأمر الذي يمكن توضيحه من خلال الشكل رقم (2).

الشكل رقم (2)

التجديد وعلاقته بالتغيير على المستوى الانساني

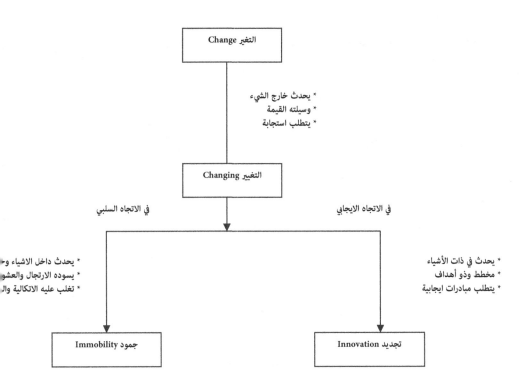

ويتضح من قراءة الشكل رقم (2) ان التغيير (ثنائي الوجهـة)؛ أي يتوقـف علـى نوعية الاستجابة المتوافقة معه باعتباره مثيرا يتطلب استجابة أكـثر مـما يتطلـب مبادرة. ولهذا فإن التغيير قد يحمل في طياته الصفة الايجابيـة في الاتجاه المرغـوب نحـو الافضـل لصالح المجتمع وهو ما يمكن ان يطلق عليه "التغيير المبـدع او الخـلاق"، كـما قـد يحمـل التغيير ايضا الصفة السلبية بأن يكون في الاتجاه غير المرغـوب؛ أي نحـو الاسـوأ، وهـو مـا يمكن ان يطلق عليه "التغيير المنقص او

المهدر" وبذلك فإن نوعية الاستجابة لهذا التغيير وحجمها ومداها وعمقها تتوقف في المقام الاول على مدى وعي القائمين بالتجديد بعملية التغيير الجمعي الحادث على المستوى الانساني، وفي هذا يقول القرآن الكريم ﴿ **إن الله لا يغير ما بقوم حتى يغيروا ما بأنفسهم** ﴾ (سورة الرعد /11).

ليس هذا فحسب، ولكن التغيير في التربية - كغيره في أي مجال من مجالات الحياة الانسانية - يجب الا ينظر إليه على أنه يمثل غاية مقصودة لذاتها، وإنما على انه جزء من عملية إصلاح متسقة شاملة لمنظومة من منظومات المجتمع كالنظام التعليمي مثلا، سواء تم هذا التغيير في قيمه او فلسفته او مفاهيمه او بنيته او محتواه أو طرائقه أو غير ذلك من تغييرات مادية أو مفاهيمية أو علائقية لهذا النظام التعليمي. وبذلك قد يكون التغيير ايجابيا محمودا فيطلب لصالح الفرد والمجتمع وفيه يكون للتجديد مكان معلوم، وقد يكون - التغيير - سلبيا مذموما فتنتفي معه الصلة الوثيقة بالتجديد التربوي وفقا لشروط الاخير الفنية في علاقته بالمعايير الاجتماعية للثقافة الوطنية. ولذلك فإن التغيير المطلوب لتقدم المجتمع هو التغيير الايجابي، لا سيما ان اهم أنواع التغيير الايجابي في المجتمع هو التجديد التربوي في النظام التعليمي، ولذلك "فمن الصعب تصور وجود مجتمع متطور دون ان يجدد نظامه التربوي إلى جانب انظمته الاخرى .

وبناءً على ما سبق، فإن التجديد التربوي تغيير إيجابي للفكر أو النظام او الممارسة او غير ذلك من تعديلات تجديدية، إضافة إلى أنه يتضمن وضع بنى وهياكل جديدة وإلغاء للسلوك القديم واثراء للسلوك الحالي وصولا إلى إحداث التقدم في مؤسسات المجتمع، كما ان التغيير التربوي المحمل بالقيم الايجابية المرغوبة هو ايضا تجديد للفكر والنظام والممارسة أو غير ذلك من تعديلات تجديدية؛ وهكذا يكون التجديد التربوي تغييرا ايجابيا مطلوبا ويكون التغيير التربوي تجديدا تربويا مرغوبا، أي انهما وجهان لعملة واحدة هي: البحث عن الامثل في ضوء معطيات

الواقع الراهن سعيا لإحداث المواءمة والتوافق بين مسيرة النظام التربوي واهدافه من جهة، وحركة النظام المجتمعي الساعي نحو تحقيق الاهداف التربوية والطموحات المستقبلية من جهة أخرى، خاصة لأن التجديد التربوي لا يمكن تقديره من الناحية القيمية إلا في ضوء اهداف النظام التعليمي ومعايير الثقافة المجتمعية.

2- التجديد وعلاقته بالتطوير (Development)

بالرغم من ان التغيير حقيقة انسانية اجتماعية - بل لعله الحقيقة الانسانية الكبرى في هذه الحياة الانسانية - فليس كل تغيير في الحياة يمكن ان نسميه تطويرا مرغوبا فيه، ولكن التطوير بوجه عام هو: حالة من الحالات التي يكون فيها التغيير الايجابي محملا بقيم علمية واجتماعية واخلاقية معينة يراها الداعون إليه سبيلا نحو تحقيق التقدم الانساني المطلوب في ثقافة المجتمع المعاصر.

أما التطوير في مجال التعليم فيقصد به عادة: مجموعة التغيرات الايجابية المحملة بالقيم التربوية والعلمية التي تحدث في نظام تعليمي معين بقصد زيادة فعاليته وتحقيق كفايته الانتاجية، او تحويل وضعيته ليكون اكثر استجابة لحاجات التغيير الاجتماعي المنشود في ثقافة المجتمع الذي ينشأ فيه، وتغيير وجهته ليكون اكثر مواكبة لمعطيات التقدم الحضاري الموجود في ظروف العصر الذي ينتمي إليه. وبناء على ذلك، يمكن التفرقة بين شكلين من أشكال التطوير: أحدهما (تجديد) والآخر (إصلاح)، ومعيار التفرقة بين هذين الشكلين هو مقدار (القيمة المضافة) إلى مسار التنمية المجتمعية.

ويمكن توضيح علاقة التجديد بالتطوير من خلال الشكل رقم (3).

الشكل رقم (3)

توضيح العلاقة بين التجديد والتطوير.

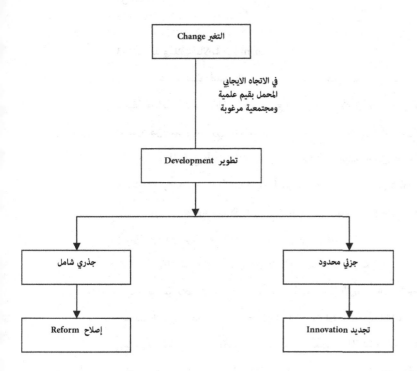

تظهر قراءة الشكل رقم (3) أن علاقة التجديد بالتطوير تكمن في علاقة الجـزء بالكل، على اعتبار ان التطوير هو التغيير الايجابي المحمـل بقيـم الثقافـة المجتمعيـة، وأن التطوير يتضمن التجديد باعتبار الاخير مسارا قيميا معينا من التطوير المطلـوب، إضـافة إلى أن التطوير قد يكون جـذريا شـاملا بحيـث يشـمل أهـداف النظـام وبنيتـه وخططـه ومناهجه بما يرقى بهذا التطوير إلى مستوى الاصلاح الشامل (Reform)، أو يكـون جزئيـا محـدودا بحيـث يشـمل جانبـا مـن النظـام او جزئيـة معينـة فيـه مـما يجعلـه تجديـدا (Innovation). وعلى سبيل المثال فإن إدخال

41

مستحدثات جديدة - بصورة تدريجية فاعلة - في إدارة التعليم او نظام القبـول فيـه او مناهجه وخططه أو غير ذلك من تغييرات إيجابية في جزئيات النظام التعليمـي هـو نـوع من التجديد.

3- التجديد وعلاقته بالاصلاح (Reform)

عندما ينظر البعض إلى التجديـد التربـوي عـلى أنـه: جـزء مـن عمليـة إصـلاح متسقة وشاملة كما سبق القول، فإن موقع التجديد من الإصلاح هو موقع التغيير الجـزئي المحدود من التغيير الجذري الشامل، والجذرية هنا تعبير مجازي كناية عـن ارتبـاط هـذا الاصلاح بقيم المجتمع وآماله التربوية وطموحاته المستقبلية. وعلى هـذا الأسـاس فـإن الاصلاح التربوي عندما يأتي كجزء لا يتجزأ من عمليـة تحول اجتماعـي شـامل في المجتمـع، فإنه ينطوي على تغييرات هيكليـة رئيسـية ومـا يتصـل بهـا مـن أيـديولوجيات وأهـداف واستراتيجيات وأولويات وطموحات تربوية كبرى وغيرها.

وتأسيسا على ما سبق، فإن الاصلاح التربوي الشامل يكون - في معظم الاحيان - خيارا سياسيا يتضمن تغييرات جوهرية في الاستراتيجية التربويـة التي تـترجم توجهـات السياسة التربوية العامة في المجتمع، كما ان القرارات المتعلقـة بهـذا الإصـلاح تصبح مـن مسؤوليات السلطات الحكوميـة أو الهيئـات التشريعية في المجتمع الـذي يشـهد عمليـة التغيير المقصود. وعلى سبيل المثال: فإن اصدار قـانون جديـد لتنظيم الجامعـات يـدعم استقلالها وحريتها الاكاديمية هو نوع من الإصلاح.

أما المحور الثاني فهو يتمثل في سمات التجديد التربوي التي يبينها الشكل رقم (4).

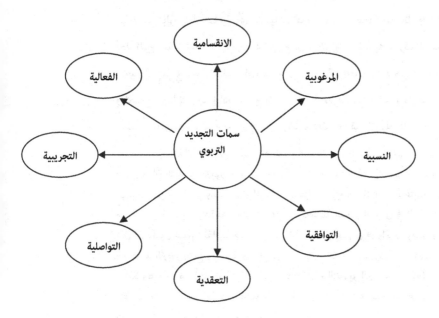

الشكل رقم (4)

سمات التجديد التربوي.

1- المرغوبية **Desirability**

تشير هذه الخاصية القصدية التي تقوم على الرغبة العقلانية في إحداث التجديد التربوي في الجامعة، إلى أن هذا التجديد - باعتباره الجانب الايجابي من التغيير - يمثل عملية هادفة مقصودة لذاتها في المقام الأول حتى تؤتي أكلها في المقام الثاني. كما ان هذه العملية التجديدية لا تحدث من تلقاء نفسها وإنما تقف وراءها قوة إرادية عاقلة دافعة ذات فكر واع وإرادة قوية تستهدف إحداث التغيير الايجابي لتحويل الاشياء القائمة وتبديل وجهة الاوضاع الجامعية الحالية إلى الافضل، وصولا إلى أوضاع جامعية جديدة تتميز بحالة من التوازن النسبي فقدتها

بفعل التقليدية والنمطية التي كانت سائدة في واقعها ومكوناتها المختلفة وقللت من استجابتها لمواجهة متطلبات المجتمع المعاصر ومواكبة معطيات العصر الحديث.

وبناءً على ما سبق، فإن التجديد عمل إرادي مقصود ومخطط له أكثر من كونه عملاً عفوياً تلقائياً او عشوائياً. ولذا فالتجديد – بوصفه عملية هادفة – يقودنا إلى ميدان التكنولوجيا الاجتماعية، أي إلى ميدان تصميم تركيبة جديدة للوسائل والاليات من أجل بلوغ أهداف محددة، الأمر الذي يوضح أن هناك إرادة انسانية محركة للتجديد أو التغيير الايجابي في مجالات الفكر او النظام او الممارسة لتحقيق اهداف مرغوبة للفرد والمجتمع، بينما لا توجد إرادة للتغيير باعتبار الاخير غير مقصود لذاته، وعلى هذا فقيمة التغيير – باعتباره وسيلة – تكمن في غيره، وقد يحدث بطريقة تلقائية مثل التطور.

إن الفكرة الاساسية التي تود الدراسة الحالية طرحها وتسويغها تربوية، وهي تكمن في ان التجديد التربوي – في إطار هذه الخاصية القصدية – إنما هو – اولا وقبل كل شيء – تجديد للفكر والنفس أو للذات الانسانية (Self-Renewal) باعتبار التجديد مسألة فكر إنساني وإرادة بشر وإدارة عقل واع بحتمية التغيير الايجابي في الواقع المعاش، قبل ان يكون عنصرا ثقافيا جديدا ينقل او يقلد او يمارس في واقع الزمان والمكان. فالتجديد التربوي ينبع في حقيقته – مبادرة – من بنات افكارنا وذوات إرادتنا – رغبة وتأملا وهدفا – من أجل تحقيق الممكن والأفضل. فالتطوير التربوي في التعليم العالي يتطلب تطويراً للأفراد انفسهم باعتبارهم مجددين من ناحية وتطويرا للمعرفة العلمية التي يمتلكونها باعتبارهم منتجين لها من ناحية أخرى.

ليس هذا فحسب، ولكن المرغوبية او القصدية باعتبارها خاصية للتجديد التربوي تكمن في ان هذا التجديد يتطلب الشجاعة والإقدام لإحداث الشيء الجديد الذي يختلف عن الاشياء السابقة او الممارسات القائمة اكثر من كونه – أي الشيء الجديد – إعادة ترتيب او تنظيماً لشيء كان موجودا في السابق، الأمر الذي يوضح

ان هناك دوافع فكرية ونوايا قلبية تسبق التجديد الذي يتطلب المبادرة بالفعل الجديد - في إطار هذه الخاصية القصدية - تتضمن ثلاثة أشياء متكاملة هي: أنه شيء اساسي مقصود، وأنه مخطط له وغير مرتجل، وأن القصد منه تحسين أداء الخدمة التربوية.

وإذا كانت الجامعة باعتبارها مسؤولة – بنصيب اكبر – عن البناء المتكامل لشخصية الفرد الإنساني، وإكسابه الخلق الكريم والفكر المتجدد والوعي الوطني والمهارة العلمية العملية التي تمكنه من التعامل الرشيد مع معطيات العصر الحديث، فإن هذا كله مرهون بتبني الجامعة الرغبة الحقيقية والإرادة الصادقة والتخطيط الهادف الذي ينتهي باتخاذ القرار الرشيد نحو إحداث التجديد والإبداع في بنية النظام الجامعي وعملياته التعليمية والبحثية والخدمية. ولذلك فإن تجاهل التخطيط العلمي الهادف لإحداث التجديد التربوي في الجامعات عمل أقرب إلى العشوائية، يشبه الصياد الذي يطلق السهم أولا فيهرب الصيد ولا يبقى منه ما يغنمه، ثم يختار بعد ذلك هدفا عشوائيا غير موجود على غير هدى.

2- النسبية Relativity

تشير خاصية النسبية للتجديد التربوي إلى مدى الافضلية في اختيار تجديد ما على تجديد آخر لاعتبارات قيمية من جهة، ولميزاته الملموسة – على بدائله المنافسة – في تحسين جودة الممارسات الحالية في النظام التعليمي من جهة أخرى، ولهذا فإن ميزة النسبية للتجديد التربوي تترجم في صورة النتائج الافضل التي تترتب على الاخذ بهذا التجديد أو ذاك، سواء على مستوى الفكر او النظام او الممارسة؛ فكلما زادت النسبية التي يحظى بها التجديد لدى الممارسين في واقع النظم المؤسسية، زادت سرعة تبني التجديد او التغيير المطلوب من قبل الأفراد والمؤسسات المجتمعية. وعلى العكس من ذلك، فمهما كانت الاهمية النسبية للتجديد

عالية الجودة والقيمة، فإنها قد تفقد أهميتها إذا كان التغيير يهدد ذاتية الافراد او النظم الفرعية القائمة في المجتمع.

هذا، وقد تكون هناك عوامل معينة تحول دون تبني التجديد التربوي في فترة زمنية معينة، الأمر الذي قد يستلزم تأجيله إلى فترات زمنية لاحقة حتى تتوافق هذه التجديدات مع متطلبات الثقافة المجتمعية بعد تعديلها واختبارها ثقافيا او تتوافق الثقافة المجتمعية مع متطلبات هذه التجديدات بعد تقييمها وتكييفها مجتمعيا. فقد وجد انه في فترات الركود الاقتصادي في مصر خلال النصف الاول من ثمانينات القرن الماضي تم تأجيل تبني بعض التجديدات التربوية في المدارس والجامعات المصرية نظرا للتركيز على استكمال البنية الأساسية التي انهكتها الظروف المجتمعية السابقة في ظل تحديات الصراع العربي الاسرائيلي، وأن بعض هذه المؤسسات التعليمية قد عمل على تعجيل تبني هذه التجديدات التربوية بمعدلات اسرع بمجرد انتهاء الظروف الصعبة وجني ثمار الاصلاح الاقتصادي خلال النصف الثاني من عقد التسعينات من القرن العشرين الذي شهد إنشاء العديد من الكليات والمدارس بأنواعها المختلفة.

ليس هذا فحسب، ولكن خاصية النسبية في التجديد التربوي توضح أن ما يمكن أن يعد تجديدا تربوياً اساسيا جوهريا في نظام اجتماعي او تعليمي في ثقافة مجتمع ما، قد يعد تجديدا ثانويا او هامشيا في نظام اجتماعي او تعليمي في ثقافة مجتمع آخر؛ إذ يتوقف هذا الاعتبار على المعايير الاجتماعية والعلمية الحاكمة لثقافة المجتمع الذي يحدث فيه التجديد، كما ان التجديد قد يكون شكليا بسيطا كتعديل مواعيد الدراسة الجامعية، او يكون عميقا كتغيير بعض مدخلات بنية النظام الجامعي كإنشاء قانون جديد لتنظيم الجامعات مع مطلع الالفية الثالثة، الأمر الذي يشير إلى ان التجديد مسألة نسبية تختلف باختلاف الزمان والمكان وتقدير الإنسان في إطار قيم الثقافة ومعايير المجتمع الحاكمة لهذا التجديد التربوي.

وتأسيسا على ما سبق، فليس هناك تجديد مطلق يستمر طويلا - مهما كان - في عمر الزمان؛ فلا نكاد نجري تغييرا ما حتى يتضح أمامنا - بعد فترة - ضرورة تغيير هذا التغيير الذي قمنا بإحداثه سابقا، ومن ثم فالتجديد في صميمه نسبي مرن طبقا لطبيعة الاوضاع الاجتماعية والعلمية القائمة التي تميل بطبيعتها الديناميكية إلى التغيير من آن لآخر. وعلى سبيل المثال: فإن ما يمكن اعتباره استحداثا تربويا في بلد ما قد يكون شيئا تقليديا في بلد آخر؛ فبعض المستحدثات التجديدية في تكنولوجيا التعليم التي كان يشيع استخدامها في كثير من النظم التعليمية في العالم بمعيار لحظتها التاريخية كالفانوس السحري وجهاز عرض الشرائح وغيرها، قد لا تعد الآن تجديدات تربوية فائقة بمعيار اللحظة التاريخية الراهنة في مصر مثلا، بينما قد تعد هذه الوسائل التعليمية تجديدات تربوية عالية القيمة في نظم تعليمية ناشئة في دول اخرى اكثر فقرا كجزر القمر أو الصومال.

هذا بالإضافة إلى ان نسبية التجديد قد تعني في الإطار الجدلي اختلاف وجهات النظر حول بعض أنواع التغيير؛ إذ لا يوجد اتفاق واضح وعام على التغييرات التي يمكن عدّها تجديدات ينبغي القيام بها في الجامعة، ربما لارتباط التغيير بمصالح فئات معينة داخل الجامعة أو خارجها؛ فما قد يعده المخططون لسياسة التعليم الجامعي تطويرا او تجديدا تربويا قد يكون بالنسبة لاساتذة الجامعات والطلاب عودة إلى الوراء، وبعض أعضاء هيئة التدريس في الجامعات قد يرفضون بعض عناصر التغيير لأنها تحد من حريتهم الاكاديمية أو استقلالية الجامعات او تؤثر في مصالحهم المادية والمعنوية، حتى لو قاموا بتنفيذها قهرا وكرها.

كما ان السلطات الحكومية - خاصة في البلاد النامية - قد ترفض تطويرا لأنه قد يؤدي إلى تقليص هيمنتها على الجامعات التي اعتادت عليها ردحا من الزمن، أو لأنه يتطلب ميزانيات اكبر لا تتحملها الدولة في ظروف اقتصادية معينة (مثل إنشاء جامعات جديدة). وعلى أية حال، فإن الجدل حول نسبية التجديد قد

يربي لدى البعض المقاومة السلبية، وربما يدعو البعض الآخر إلى رفض التجديد في الجامعة أو تعطيله، ومع ذلك فالعبرة في إحداث التجديد في النهاية، والأعمال بخواتيمها، خاصة مع وجود تلك القوى الجامعية أو المجتمعية التي تملك سلطة التشريع والانفاق والتنفيذ لأي تجديد تربوي مطروح.

3- التوافقية Compatibility

يقصد بخاصية التوافقية للتجديد التربوي مدى اتساق هذا التجديد مع نظم القيم الاجتماعية السائدة والاعراف الجامعية الموجودة، إضافة إلى مدى اتساقه مع ظروف الممارسات القائمة في واقع النظام الجامعي او المجتمعي الذي يحدث فيه التجديد او التغيير المرغوب فيه؛ فالتجديد الذي لا ينسجم مع معايير الثقافة الوطنية ولا يتواءم مع ثوابتها الاصيلة قد يرفض الاخذ به او يتم تأجيله إلى ان يتم تعديل التجديد ذاته أو تتغير الظروف الثقافية التي يحدث فيها التجديد، وذلك لعدم انسجامه مع معطيات الثقافة المؤسسية ولصعوبة إقناع الافراد أو المؤسسات بهذا التجديد أو ذاك في حينه؛ لأن ثمة حاجة إلى القيام بالخطوات الاولى لتمهيد الطريق أمام إحداث التجديد أو التغيير في مؤسسات التعليم العالي، الأمر الذي يتوقف على ردود الأفعال التي يحدثها التجديد في مناخ عملية التغيير والقيم الأساسية التي قد تصطدم به؛ فالتجديدات التي تتسق مع اتجاهات المجتمع تكون ممكنة التطبيق عادة، لأنها لا تجد مقاومة من قبل الاشخاص حتى وإن كانوا يفضلون من الناحية السلوكية شيئا آخر.

هذا، وقد حدث مثل هذا التعارض بين بعض مفردات التجديد التربوي وبعض عناصر الثقافة السائدة في مصر، إبان دخول الطباعة إليها أول مرة كأحد التجديدات التي تتمشى ـ مع طبيعة ثقافة العصر ـ في ذلك الوقت، وما أثير ضده (التجديد) وضدها (الطباعة) آنذاك من اعتراضات حول طباعة المصحف الشريف وفق حجج متخلفة وغير حضارية، تتمثل في أن حروف المطبعة سوف تضغط

على لفظ الجلالة (الله سبحانه وتعالى) في اثناء عملية الطباعة، وان آلات الطباعة سوف تستخدم الحبر غير النظيف (الزفر) في عمليات الطباعة، لكن هـذه المقاومة سرعان مـا تبددت أمام زيادة الوعي المجتمعي بأهمية التعليم والتعلم، إضافة إلى شـدة الحاجـة المتزايدة والطلب الاجتماعي المستمر لنشر العلم الحديث والثقافة العلمية في المجتمع المصري.

ليس هذا فحسب، ولكن التجديد التربوي - في اتصافه بخاصية التوافقيـة - يتطلب إحداث التوافق والمواءمة والتوازن بين التراث القديم الذي نملكه (الاصالة) وبين الوافد الجديد او المنتج الحديث (المعاصرة)، وذلك من خلال تنقية التراث المجتمعي مـن بعض شوائبه وتنقيح المواريث الثقافية الانسانية مما يعلق بها مـن جهـة، والتحـرك - في الوقت نفسه - مـع الفكر الجديد في الزمان والمكان لانتقاء افضل متغيرات العصرـ الحديث من جهة أخرى، حتى لا يتحول مثل هذا التجديد بعيـدا عـن اهدافـه الحقيقيـة فيكون آلية من آليات تجسيد الغزو الثقافي في صوره المادية، التي قـد نسـتهلكها - دون وعي - بما قد تحمله من قيم ثقافية غير مرغوبة لثقافات أخرى قوية علميـا وتكنولوجيا واقتصاديا وعسكريا، الأمر الـذي يتطلب مـن الجامعة - ممثلة للمجتمـع - مسـاعدة الثقافة القومية في ممارسة عمليات الفرز والانتقاء للمتغيرات الثقافية الوافدة، وصولا إلى احداث التكامل الثقافي وسد ثغرات التخلف الحضاري في بعض مظاهر الحياة المجتمعية.

ويضاف إلى ما سبق أن خاصية التوافقية تكمن في إحداث عملية المواءمة مـع القيم والاعراف الجامعية العريقة التي ترسخت في جامعاتنا المصرية وأصبحت جزءا لا يتجزأ من الروح الجامعية، بما حقق لهـا المرغوبيـة الاجتماعيـة والقوة الاخلاقيـة الملزمـة لتجويد السلوك الجامعي فكرا وقولا وفعلا؛ فالمواءمة التي يحدثها التجديد التربوي تكون مع الأفكار القديمة التي سبق تقبلها والتي تعد مقياسا تقاس به جدوى الافكار الجديـدة، ولهذا فإن التوافق مع القيم والاعراف الجامعية الاصيلة عـلى درجة كبيرة مـن الاهميـة لضبط إيقاع العمليات التجديدية وتناغمها على سلم

القيم الجامعية السائدة والمتجددة، بما يسهم في تحقيق التكامل والانسجام والجودة في الأداء الجامعي تعليما وبحثا علميا وخدمة مجتمع؛ فالتوافق مع القيم والاعراف الموجودة في مؤسسات التعليم العالي وتحقيق الفائدة لهذه المؤسسات ضرورة حيوية وعوامل كافية لتأكيد نجاح التجديد التربوي .

وعلى الرغم من ان خاصية التوافقية (Compatibility) يتصف بها التجديد في مواءمته القيم والاعراف في الثقافة المؤسسية والمجتمعية، فإن للتجديد نوعا آخر من التوافق يدعى التكيف (Adaptation) ويتعلق بردود أفعال الافراد تجاه هذا التجديد، وذلك التوافق الاخير ينقسم إلى نوعين وفقا لنوع التفاعل واتجاهه وعمقه بين الأفراد والتجديدات ولا سيما التكنولوجية منها، فهناك التوافق السلبي الاستاتيكي الذي يعني وجود ردود أفعال محبطة ترفض التجديد وتقاومه في السر والعلانية، وهناك التوافق الايجابي الديناميكي الذي يشير إلى وجود ردود أفعال مشجعة تقبل التجديد وتعمل على ذيوعه وانتشاره؛ فالتوافق مع التجديدات التكنولوجية في التعليم العالي يتوقف على ردود افعال الأفراد تجاهها وتأثيرهم فيها وتأثرهم بها وطبيعة التداخل الديناميكي الفعال مع هذه التجديدات التربوية.

4- التعقدية Complexity

تشير هذه الخاصية التي تتعلق بدرجة تعقيد التجديد التربوي، إلى مدى صعوبة تطبيق هذا التجديد سواء كانت الصعوبات تتعلق بفهمه او تشغيله او تقييمه او تعميمه او غير ذلك. ومع ذلك فإن أية افكار او نظم او تطبيقات جديدة يمكن دراستها وفهمها والتعامل معها بشكل متدرج وفق أسلوب منهجي منظم. ويختلف قياس الافكار الجديدة والنظم الحديثة والتطبيقات المستجدة وفق هذا التدرج في التعامل مع التجديدات ذات الصعوبة، التي سرعان ما تتحول - بالدراسة والفهم - إلى ان تكون في وضع السيطرة عليها والتمكن منها؛ فالصعوبة قد تكمن في بدايات التعامل أول مرة مع التجديدات الحديثة التي تتطلب الفهم والاستيعاب، ومعظم

الاشياء الجديدة – التي يصنعها الانسان – قد يحمل في طياته صعوبات ما ولكنها لا تقع في دوائر المستحيل.

كما ان بعض التجديدات التربوية قد تكون – في تصميمها وآلياتها – واضحة جلية يسهل فهمها واستخدامها مباشرة دون عناء، بينما يصعب فهم بعض التجديدات الاخرى التي قد تكون بالغة الصعوبة إلا على المتخصصين، الأمر الذي يستلزم مزيدا من الدراسة والبحث لتقييمها وربما التدرب عليها لاستخدامها الاستخدام الامثل. ومن هنا تتوقف درجة تقبل التجديد في الواقع الممارس في الجامعة او المجتمع على مدى وضوحه وسهولة فهمه وامكانية توظيفه التوظيف الصحيح؛ فكلما زادت قدرة القائمين بالتجديد وفهمهم لنتائجه ووعيهم بآثاره زاد احتمال تبنيهم لهذا التجديد وأصبح تطبيقه في النظام الجامعي أو المجتمعي أكثر سهولة.

هذا بالإضافة إلى ان التجديد التربوي الذي يتضمن تبني الادوات المادية الجديدة أسهل من إحداث التجديد التربوي في العلاقات الانسانية بين أطراف العملية التعليمية، كما ان التجديد الذي يستلزم قبولا فرديا ايسر في التطبيق من التجديد الذي يتطلب قبولا جماعيا. فالأهون حمل عضو هيئة تدريس على استخدام أسلوب عرض المعطيات (Data Show) في بعض مدرجات الجامعة، من إلزام اعضاء هيئة التدريس جميعاً استخدام هذا الاسلوب الجديد. ولهذا فإن حمل المعنيين على تقبل التجديدات المادية والمعلومات الجديدة مهمة أقل صعوبة من حملهم على تبني التجديدات في الاتجاهات النفسية والمواقف الاخلاقية والقيم الانسانية. ويوضح الشكل رقم (5) مدى صعوبة التجديدات وفترات تحقيقها .

الشكل رقم (5)

مدى صعوبة التجديدات وفترات تحقيقها.

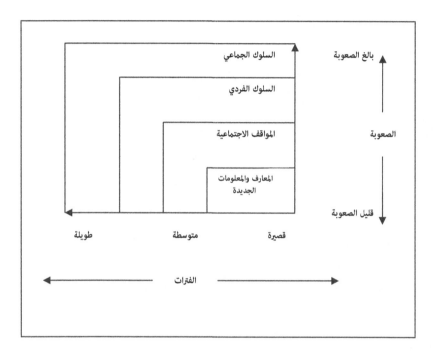

ويتضح من الشكل رقم (5) أن تقبل الأفراد للمعارف الجديدة وتبنيها –
كتجديدات تربوية- أسهل بكثير من تقبل تغيير القيم الحاكمة للسلوك الاجتماعي العام،
كما قد تأخذ هذه المعارف الجديدة وقتا قصيرا للتقبل والاكتساب والاستيعاب بينما
يحتاج السلوك الجماعي وقتا أطول من أجل التغيير والتجديد، الأمر الذي قد يوضح
حرص الخطاب القرآني على التغيير (الجمعي) عندما خاطب (القوم) – وليس الفرد- كما
في الآية الكريمة ﴿ إن الله لا يغير ما بقوم حتى يغيروا ما بأنفسهم﴾ (سورة الرعد/ 11).

ليس هذا فحسب، ولكن التعقدية التي يتصف بها التجديد – وعكسها البساطة – مفهوم نسبي، فما يصعب فهمه من التجديد التربوي على الرجل العادي في المجتمع قد يكون سهلا بسيطا بالنسبة للرجل المتخصص في الجامعة. كما ليس من السهل تحقيق البساطة في كل برامج التجديد التربوي في الجامعة دفعة واحدة؛ ذلك لأن أي برنامج للتجديد التربوي يتضمن عناصر متشابكة مادية أو فنية أو غير ذلك ينبغي دراستها والتخصص فيها ومن ثم ممارستها ممارسة صحيحة. وعلى أية حال، فإن السهولة التي تنتج عن فهم أبعاد التجديد المقترح والأهداف التي يرنو إلى تحقيقها والنتائج التي يمكن استبصارها، تسهم في تسهيل تنفيذ هذا التجديد في الواقع الراهن وجني ثماره المرجوة في المستقبل.

وأخيراً، فإن التجديد التربوي ونشر ممارسات تعليمية جديدة في الجامعة يشكلان مسلسلا مختلفا عن نشر الأساليب الجديدة في الصناعة أو الزراعة أو التجارة وغيرها التي يتخذ فيها التجديد – عادة – شكلا ماديا (آلات – ماكينات – أدوات – بذور – مبيدات...الخ). أما في التعليم الجامعي فإن غالبية التجديدات تفترض نوعا مختلفا من التغيير في الأدوار والعلاقات والممارسات وكذلك طرقا مختلفة في التقدير والتصرف إزاء مجموعة من المتعلمين؛ فالمزارعون الذين يستخدمون آلات جديدة لا يطلب منهم أن يهتموا بموقف التربة أو البذور- حيث لا يوجد موقف إرادي- وإن كانوا يهتمون بمواصفاتها؛ في حين ان لمعظم التجديدات التربوية في التعليم الجامعي تأثيرات مباشرة وغير مباشرة في العلاقات الاجتماعية. وعلى هذا الأساس فالأمر مختلف نظرا لأن عملية التعليم تتم على أيدي بشر ذوي إرادات واعية- هم موجهو التغيير- وليس بواسطة وسائل مادية أو تقليدية صماء لا إرادة لها، وهنا يجب إدراك أن تبني استخدام الأدوات المادية والتكنولوجية الجديدة أسهل بكثير من إحداث تغييرات في العلاقات البشرية والمواقف الاجتماعية والممارسات القيمية.

5- التواصلية Communicability

يقصد بخاصية التواصلية للتجديد التربوي مدى قدرة التجديد التربوي على الانتقال والانتشار والذيوع في مختلف جوانب النظام التعليمي أو النظم المجتمعية الفرعية، إضافة إلى قدرة نتائج التجديد – عبر القنوات المتخصصة- على الوصول إلى معظم المستفيدين جراء استخدامه. وعلى هذا الأساس فالتواصلية تتضمن القدرة على تعميم التجديد وتحويله من موقف تجريبي محدد إلى موقف ميداني عام أوسع نطاقا واكثر توظيفا، بما يسهم في توفير الوقت والجهد والتكاليف وفي الحصول – في الوقت ذاته- على أعلى عائد ممكن وأفضل جودة ممكنة من التجديد التربوي.

هذا بالإضافة الى أن المخترعات والتجديدات المادية المقترنة بتقديم التكنولوجيا المعلوماتية والالكترونية والاتصالية وغيرها، ربما تكون أكثر سهولة في النقل والتقبل عبر كثير من ثقافات المجتمعات المختلفة، بينما يصعب نقل التجديدات غير المادية لارتباطها بنظام القيم ومعايير الثقافة المجتمعية التي نشأت فيها. وعلى سبيل المثال فمن السهل تقبل استخدام الهاتف المحمول وأجهزة الحاسوب في ثقافتنا العربية والإسلامية، بينما من الصعب تقبل ممارسة بعض الأفكار والقيم المرتبطة بحرية تكوين الصداقات بين الجنسين بلا ضوابط دينية أو أخلاقية، أو تقبل فكرة الزواج غير الشرعي بين الرجال والنساء السائد في دول الغرب، أو غير ذلك من الممارسات الثقافية.

ليس هذا فحسب، ولكن ينبغي ألا يكون التجديد التربوي قسرياً أو مفروضا بالقوة السلطوية الجبرية حتى يتم قبوله في ثقافة المجتمع؛ فالمفروض – كرها- من التجديد يمكن أن يكون مرفوضا عبر المقاومة السلبية من قبل الأفراد أو المنظمات المجتمعية، وعلى سبيل المثال: قد يحدث التجديد إرضاء لبعض القيادات والمسؤولين داخل النظام التعليمي أو خارجه لتحقيق أمجاد شخصية ورسم هالات إعلامية، و قد يحدث التجديد أيضا في إطار بعض الظروف الخاصة بتعيين قيادات جديدة في محاولة لإثبات الوجود وتشويه صور السابقين للبدء – عادة – من جديد

أي من نقطة الصفر مرة أخرى، الأمر الذي يصعب تقبل التجديد ويجعله مشوباً بمشاعر الخوف والرهبة والقهر والإذعان من جانب القائمين على تنفيذ هذا التجديد، وهو ينعكس سلباً على مدى قبول هذا التجديد وذيوعه وانتشاره في الواقع المؤسسي كما ينعكس على قيمته وجدواه في الحاضر والمستقبل.

هذا، وتجدر الاشارة الى توضيح أن التجديد التربوي في الجامعة لن يحقق أهدافه بكفاية وفاعلية ليحقق امتداده وتواصله في الذيوع والانتشار، ما لم يجد التفهم الواضح والدعم الكافي والمساندة المستمرة من المجتمع أفرادا وجماعات ومؤسسات بحيث يدفع الجميع - وفق تخطيط استراتيجي- في اتجاه تحقيق هذا التجديد الجامعي؛ فالمجتمع الذي يريد أن يعيش ثقافة عصره الحديث ويحفظ هويته الثقافية وينمي متغيراتها، عليه أن يهتم بتجديد التعليم - خاصة التعليم الجامعي - تخطيطا وتوجيها وإنفاقا لتحديثه وتحويله إلى تعليم عصري ذي انتاجية عالية كما وكيفا، خاصة لأن التعليم الجامعي أحد أهم مقومات الأمن القومي في الدول المعاصرة، وأن في الإنفاق على التجديد التربوي في الجامعات حماية لهذا الأمن القومي، كما هي الحال في الإنفاق على وزارة الدفاع أو وزارة الداخلية أو غيرهما، بل إنها - أي الجامعات - سابقة على كل هذا، لأنها المنوط بها إعداد القوى البشرية اللازمة لخطط التنمية المجتمعية المتواصلة وتدعيم المقومات الاخرى للأمن القومي.

6- التجريبية Experimentation

تشير خاصية التجريبية إلى مدى قابلية التجديد التربوي للتجريب على نطاق ضيق في النظام التعليمي أو المجتمعي قبل تمحيصه وتقييم نتائجه وتقدير آثاره، ومن ثم اتخاذ القرار المناسب بتعميم تطبيق التجديد الذي تثبت جدواه على نطاق أوسع في المدارس والجامعات وغيرها من المؤسسات المجتمعية اقتصادا في الجهد والوقت والمال. وعلى سبيل المثال لا الحصر: فبينما كانت المدارس (النموذجية) التي أنشئت في مصر في منتصف الخمسينات من القرن العشرين تقوم

بهذا الغرض التجريبي قبل تعميم التجربة على باقي المدارس إلى أن الغيت في ستينيات القرن الماضي، فإن مدارس اللغات (التجريبية) الرسمية التي بدأت في مصر وفقا للقرار الوزاري ذي الرقم (2) لسنة 1979 – والتي يفترض أنها تجريبية – ما زالت قائمة حتى الآن تحت مبررات شتى بعيدا عن مفهوم التجريبية بمعناها التربوي الصحيح، بالرغم من أن لغة ثقافتنا القومية هي اللغة العربية التي شرفت باختيار المشيئة الإلهية لها لغة القرآن الكريم.

ليس هذا فحسب، ولكن تكمن الفكرة الأساسية التي تود الدراسة الحالية طرحها في هذا الصدد، في أن هناك فروقا شاسعة بين ضرورة (تعليم اللغات) في مدارسنا وجامعاتنا باعتبارها – أي اللغات الأجنبية- أدوات اتصال وتواصل حضاريين، وهو ما تؤيده الدراسة الحالية دون حدود، وبين (التعليم باللغات) في بعض مؤسساتنا التعليمية والجامعية – ومنها الطبية – وهو ما تتحفظ عليه الدراسة الحالية، على اعتبار أن اللغة أساس بناء الفكر وحركة الوعي الذاتي وتكوين الشخصية الثقافية للمجتمع. كما ترى الدراسة الحالية في التعليم باللغات تفكيكا تدريجيا لمفردات الثقافة الوطنية وذوبانا لعناصرها الحيوية لإدماجها في الآخر كما يهوى بعض المنتفعين الداعين إلى التعليم باللغات الأجنبية الذين لا يهمهم سوى التمتع- مجانا- بمزايا الآخر وعطاياه غير المجانية.

وبالإضافة إلى ذلك، فإن التجديد التربوي ليس معناه استيراد النماذج الناجحة الحديثة لنظم التعليم في جامعات الدول المتقدمة، دون إخضاع هذه النماذج للتجريب أولاً على نطاق ضيق وتمحيص نتائجها والوقوف على مصداقيتها، وما قد تتطلبه هذه النماذج من إعادة صياغة وتعديل لأطرها وتطوير لآلياتها كي تتناسب مع الظروف الاجتماعية السائدة في ثقافة المجتمع؛ فتحديث النظام التعليمي وتجديده في مجتمعنا العصري لا بد من أن ينبثق من تربية الذات الثقافية لهذا المجتمع في إطار من الانفتاح على الآخر برشد وعقلانية، دون نسخ أو استنساخ لنظم تعليمية أجنبية قبل تجريبها وتقييمها ومن ثم تعميمها أو الإقلاع عنها. ولنا في سياسة خفض

سنوات المدرسة الابتدائية إلى خمس سنوات – التي تم اقتباسها من الخارج-
وتأثيراتها السلبية في جيل كامل- سيتولى مسؤولية المستقبل- المثل والعبرة لمن أراد تأملا.

إن نظرة فاحصة لنظم التعليم الجامعي في كل من اليابان والصين وكوريا
وألمانيا وانجلترا وفرنسا وأمريكا وغيرها تعطينا المثل والعبرة في إصرار هذه الدول على
حماية ذاتها الثقافية من خلال أن يكون التعليم الجامعي في مؤسسات التعليم العالي
بلغة الثقافة الوطنية الأم؛ فتلك الدول لا تعلم في مدارسها أو جامعاتها إلا بلغاتها الأصلية
الأم مهما كان حجم المعرفة العلمية الجديدة التي تنتج على المستوى العالمي. لذا
فالدراسة الحالية تتساءل: لماذا لا تستبدل بمدارس اللغات التجريبية الرسمية وغيرها من
مدارس اللغات الخاصة الأخرى- بجانب تفعيل معاهد اللغات وأقسام اللغات في
الجامعات- في مصر، مؤسسات أو مراكز علمية رسمية أو خاصة للترجمة العلمية لعلوم
العصر ومستجداته الحديثة، ويتم إبطال حجج مزدوجي الثقافة – وربما الانتماء- ممن
يدعون صعوبة مواكبة المستجد من المعرفة العلمية بالسرعة والكفاءة المطلوبتين؟

7- الكفاية والفعالية Efficiency and Effectiveness

تجدر الإشارة أولاً إلى توضيح بعض الخلط – وإزالة الغموض- الذي قد ينشأ
لدى البعض بين كل من مفهومي الكفاية (Efficiency). والفعالية (Effectiveness) .
ولعل السبب الأول في ذلك قد يرجع الى أن المصطلحين يعودان إلى أصل لغوي أجنبي
واحد هو الفعل (Effect) والنتيجة المتوقعة من حدوث هذا الفعل، ومن ثم يمكن أن
يحل أحدهما محل الآخر في كثير من الأحيان، كما يمكن أن يتضمن أحدهما مفهوماً ثالثاً
يتعلق بالكفاءة في الأداء والقدرة التنافسية (Competency) للتفوق على البدائل القائمة
والأنماط الأخرى ذات الصلة بموضوع التنافس.

وعلى أية حال، "فالفعالية" هي العلاقة بين الأهداف ونوعية المخرجات، باعتبارها الخصائص التي يتميز بها مستوى تحقيق هذه الأهداف المنشودة التي تسعى إليها المؤسسة وترنو إلى تحقيقها في إطار ثقافي معين، بل إنها - أي الفعالية - دليل استمرار عمل المؤسسة ككل في أداء وظائفها بالجودة الشاملة في ضوء الأهداف المرسومة.

أما "الكفاية" فهي العلاقة بين مدخلات المؤسسة ومخرجاتها، ويمكن تقسيم كفاية المؤسسة إلى كفاية داخلية وكفاية خارجية، كما يمكن الجمع بينهما بهدف القياس والتقويم؛ إذ تظهر - أي الكفاية - نتيجة لتفعيل مدخلات النظام المؤسسي وتنشيط عملياته، وصولاً إلى مساعدة المؤسسة في تحقيق أكبر انتاجية ممكنة، إلى جانب مساعدتها في تحقيق مخرجات عالية الجودة وغالية القيمة في إطار ثقافة المجتمع.

ويمكن توضيح علاقة المفاهيم السابقة بعضها ببعض من خلال الشكل رقم(6).

الشكل رقم (6)

مفهوما الكفاية والفعالية.

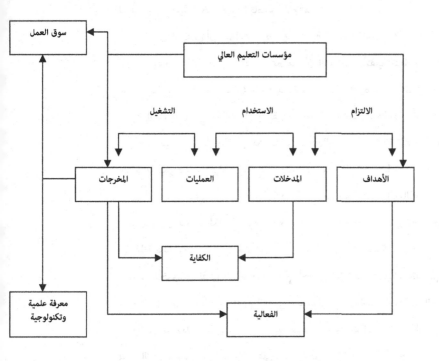

ويتضح من الشكل رقم (6) أن خاصية (كفاية) التجديد التربوي في الجامعة، تشير إلى مدى قدرة التجديد على الاستجابة لتلبية حاجات النظام التعليمي في الجامعات لمتطلبات التنمية الشاملة في المجتمع، على اعتبار أن التجديد الكفء هو الاختيار الأمثل لتحقيق أعلى إنتاجية ممكنة في مخرجات النظام التعليمي، من خلال توظيف مدخلاته الأساسية والبديلة وتفعيل عملياته وآلياته بصورة وظيفية، لتعظيم العائدَيْن الكمي والنوعي الملموسَيْن في مواصفات الخدمة التربوية التي يقدمها النظام التربوي الجامعي للمجتمع.

أما خاصية (فعالية) التجديد التربوي في الجامعة، فتشير إلى قدرة التجديد على تحقيق حسن استخدام التسهيلات الممكنة واستغلال الموارد المتاحة واستثمارها الاستثمار الأمثل، طبقا للمواصفات المعيارية التي تحقق طموحات الأطراف المستفيدة من العملية التعليمية والبحثية والخدمية في الجامعة والمجتمع.

وهذا يعني أن الفعالية – بصفتها خاصية للتجديد التربوي في الجامعة- تشمل أكثر من كفاية هذا التجديد؛ فعلى الرغم من أن الفعالية والكفاية تتعلقان بالمدخلات والمخرجات الجامعية، فإن فعالية التجديد التربوي تشير- علاوة على ما سبق- إلى مدى فعالية الأداء الجامعي في الالتزام بتحقيق الأهداف التعليمية والبحثية والخدمية في صورها الكمية والنوعية في إطار من التميز (Excellence) والجودة الشاملة (Total Quality) كمواصفات معيارية يتطلبها المجتمع في المخرجات الجامعية.

وعلى الرغم من أن خاصية الكفاية تتكامل مع خاصية الفعالية في التجديد التربوي، إلا أن خاصية الكفاية تتداخل مع خاصية الفاعلية، بحيث تشير بعض جوانبهما إلى كفاءة هذا التجديد وقدرته التنافسية التي تتيح له تحقيق التفوق على غيره من أنواع التجديد الأخرى، في تفعيل مدخلات النظام الجامعي وتنشيط عملياته وتعظيم نوعية مخرجاته في ضوء معطيات التقدم العلمي والتكنولوجي في العصر الحديث؛ الأمر الذي يحتاج إلى التحديد الدقيق لبعض المعايير الموضوعية والمؤشرات الكمية/ النوعية التي يمكن الاعتماد عليها في الاستدلال على مدى الجودة الشاملة في [مدخلات/ عمليات/ مخرجات] العملية التعليمية والبحث العلمي وخدمة المجتمع في الجامعات، وصولا إلى تشخيص الأداء الجامعي في الواقع الراهن وتقويمه وتطويره- فكرا ونظاما وممارسة- بما يمكن هذه الجامعات من تحقيق أهدافها ولعب أدوارها وأداء وظائفها بكفاية وفعالية في اطار ثقافة المجتمع في الحاضر والمستقبل.

وبناء على ذلك، فإن التجديد التربوي يمكن أن يحقق المفاضلة بين المعطيات المتنافسة، وعلى سبيل المثال لا الحصر: فإن إدخال بعض التقنيات الطبية الحديثة لتشخيص بعض الأمراض الوراثية وتحديدها بسرعة ودقة وجودة، أو إجراء بعض العمليات الجراحية الدقيقة عن بعد - دون استخدام الجراحة التقليدية- بما يقلل الجهد ويوفر الوقت ويخفض التكاليف ويحيد الآثار الجانبية، يمكن أن يحقق لهذا التجديد إمكانية المنافسة الاقتصادية والتفوق على الأنماط القائمة الأخرى من التجديدات التقليدية في مجال التشخيص المبكر والعلاج الطبي؛ الأمر الذي يكون مدعاة لاستحقاق الجهد والمال الذي ينفق من أجل تحقيق التجديد التربوي في الواقع الجامعي، لما يحققه هذا التجديد التربوي في المجال الطبي من كفاءة في الأداء وسرعة في الإنجاز ودقة في النتائج وشفاء من الأمراض بإذن الله سبحانه وتعالى: ﴿ **وإذا مرضت فهو يشفين** ﴾ (سورة الشعراء/ 80).

وفي إطار الحديث عن الكفاية أو الفعالية كإحدى خصائص التجديد التربوي في الجامعة، لا يمكن إغفال الحديث عن مفهوم إدارة الجودة الشاملة (T.Q.M.) في التعليم الجامعي، التي تهدف إلى إيجاد أنظمة عالية الكفاءة والمرونة والفاعلية في الوظائف التعليمية والبحثية والخدمية التي تقدمها الجامعات لمجتمعها المعاصر؛ إذ ينظر إلى الجودة الشاملة في علاقتها بالتعليم العالي على أنها جزء من استراتيجية للتغيير صممت أساسا لمساعدة الجامعات وغيرها من مؤسسات التعليم العالي في التوافق مع رغبات المستهلكين وإرضائهم والاستجابة لحاجات العملاء المتغيرة وليس إرضاء المنتجين الذين يقدمون الخدمة التربوية. وهذا وإن كان قابلا لقياس القيمة المضافة مباشرة وتحقيق الجودة الشاملة من الناحية الكمية، فإن القيمة المضافة التي يحدثها التعليم الجامعي يصعب قياسها مباشرة لاشتمالها على قيم واتجاهات وأنماط تفكير وغيرها. ولهذا فمن الصعب تقييم إدارة جودة شاملة لما لا

يمكن قياسه كيفيا، لا سيما ان مقدم الخدمة – في اطار الجودة الشاملة- يقدم شيئاً للمستهلك أكثر مما يقدم شيئاً من أجل المستهلك.

8- الانقسامية Divisibility

تشير هذه الخاصية التوليدية التي تتعلق بمدى قدرة التجديد التربوي على الانقسام التدريجي والتجزئة الممتدة وتوليد تجديدات تربوية جديدة منبثقة عن التجديد الأصلي، إلى الدرجة التي يسهم بها هذا التجديد في تغيير العناصر الأساسية أو الفرعية أو البديلة أو المكملة لتحقيق الأهداف الاستراتيجية للنظام التعليمي أو أي نظام آخر من الأنظمة الفرعية في المجتمع. فغالبا ينظر إلى التجديدات التربوية نظرة انفرادية معزولة أو مقطوعة الصلة عن التجديدات السابقة التي تبنى عليها التجديدات اللاحقة التي تكمل سابقتها، الأمر الذي يستوجب ضرورة النظر إلى هذه التجديدات على أنها مجموعة تركيبية متداخلة مفتوحة النهاية من الأفكار والممارسات والنتائج المتتابعة التي تؤدي كل منها إلى الأخرى؛ فالتجديد التربوي الناجح يؤدي إلى مزيد من التجديدات التربوية الوليدة النابعة منه والمعتمدة عليه والمكملة له في السياق الجامعي والمجتمعي.

بناء على ما سبق، فقد يؤدي تبني إحدى الأفكار وتطبيقها في الواقع إلى تبني عدة أفكار أخرى تنبع من الفكرة الأولى التي أثبتت مصداقيتها في التغيير الإيجابي الملموس في كفاءة الخدمات التربوية التي يقدمها النظام التعليمي أو المجتمعي؛ فعلى سبيل المثال فإن إنشاء كلية جديدة للسياحة والفنادق في مدينة الأقصر قد يتبعه إنشاء مدرسة ثانوية فندقية وأخرى للسياحة والآثار، وهذا أيضا قد يؤدي إلى إنشاء فندق بمواصفات معينة للتدريب والتشغيل يكون امتدادا طبيعيا لهذه الكلية الأولى، وعلى هذا الأساس فالتجديد التربوي لا ينشأ من فراغ ولا يحدث من تلقاء نفسه، ولكنه يقوم على ما هو موجود بإضافة الجديد إلى مواقع التجديد لتطوير واقع النظام التعليمي أو المجتمعي.

ليس هذا فحسب، ولكن خاصية الانقسام التدريجي والتوليدية أو قابلية
التجزئة التي يتسم بها التجديد التربوي، توضح أن التجديد الحادث حالياً ليس نهاية
المطاف في النظام التعليمي أو الاجتماعي أو في حركة الحياة التي لا تعرف التوقف طويلا؛
فركود الماء يفسده، وإنما هو - أي التجديد - بداية لمجموعة من التجديدات المتوالية
المنبثقة عن بعضها البعض وفق المبادئ والاعتبارات التي تحكم أولويات الحاجات
التجديدية الحقيقية للنظام التعليمي أو المجتمعي، في إطار من التكامل والاستمرار بين
التجديد الحالي الذي يمهد الطريق لإحداث التجديد اللاحق الذي يتحول بدوره - بعد
تحقيقه- إلى تجديد سابق ... وهكذا دواليك، ليكون هذا التجديد أو ذاك حلقة في سلسلة
متصلة وممتدة من الحلقات المتتابعة التي يتلو بعضها بعضا؛ إذ يتم في إطار هذه الرؤية
المتكاملة ترتيب الأولويات وتبادل المواقع الاستراتيجية بين التجديد الهدف والتجديد
الوسيلة في تدبر واستبصار لتحقيق أهداف التجديد التربوي في الجامعة والمجتمع.

المحور الثالث: أنواع التجديد التربوي

تختلف التجديدات التربوية التي يمكن إدخالها إلى نظام التعليم العالي
باختلاف طبيعة التجديدات المرجوة وحجمها وشيوع استخدامها وجدواها في مقابلة
التغييرات التي طرأت على بنية المعرفة العلمية والتكنولوجية في العصر الحديث، وكذا
تلبية هذه التجديدات للتغييرات التي طرأت على البناء الاجتماعي في المجتمع المعاصر،
وأدت جميعها - أي التغييرات- إلى وجود واقع جامعي يعوزه الاتزان في حركة مكوناته
وفعالية عملياته، الأمر الذي يتطلب إعادة التوازن المفقود إلى هذا الواقع الذي يعاني من
الاختلال، وذلك عبر إحداث التجديد التربوي فيه، ولهذا يمكن التمييز بين عدة أنواع من
التجديدات يوضحها الشكل رقم(7) .

الشكل رقم (7)

أنواع التجديد التربوي.

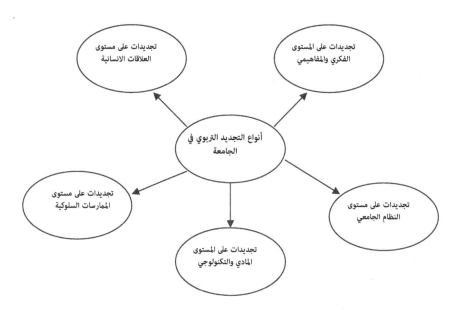

1- التجديدات على المستوى الفكري والمفاهيمي

هي تلك التجديدات التي تتناول عناصر الفكر الإنساني وأساليب التفكير الانطلاقية وغيرها من التجديدات في المفاهيم والقيم والأهداف والاتجاهات والتوجهات المنشودة، بما يتلاءم مع التغييرات التي حدثت في طرائق تعليم المعرفة العلمية ونقلها وإنتاجها ونشرها في المناهج والبرامج التعليمية؛ تلك التغييرات التي أضحت ضرورة حتمية لتغيير أنماط التفكير التقليدية السائدة لتحل محلها أنماط تفكير جديدة يسودها الابتكار والإبداع، وصولا إلى نقل العملية التعليمية من الوضع التقليدي الراهن الذي يسوده التلقين والحفظ والاستظهار إلى وضع جديد يسوده

الفهم الواعي والتفكير العلمي والبحث عن المعلومات الوظيفية من خلال مفاهيم التعلم الذاتي والتعلم المستمر مدى الحياة.

2- التجديدات على مستوى النظام الجامعي

هي التجديدات التي تشمل تطوير فلسفة التعليم العالي باعتباره من أهم مصادر القوة الحضارية في بناء المجتمع المعاصر، إضافة إلى التغيير الايجابي في البنى التنظيمية والهياكل الوظيفية الجامعية، وكذا تفعيل وظائف إدارات التعليم العالي ووحداتها الفرعية وتغيير وضعها النمطي الراهن من إعطاء الأوامر السلطوية إلى تسهيل مهمة معاهد التعليم العالي نحو تحقيق أهدافها المرجوة، إضافة إلى تطوير القوانين والتشريعات التي تحكم نظام التعليم العالي وتحديثها، إلى غير ذلك من أبعاد إدارة الجودة الشاملة بما تشمله من قيادة وتخطيط وتنظيم وتنسيق وتمويل ورقابة واتخاذ قرار، التي تهدف في مجموعها إلى رفع كفاية الأداء الجامعي وفعاليته تعليما وبحثا علميا وخدمة مجتمع، لا سيما ان قوة التعليم العالي تكمن في قوة كل من إدارته وبنيته التنظيمية وهياكله الوظيفية.

3- التجديدات على المستوى المادي والتكنولوجي

هي تلك التجديدات التي تشمل إنشاء المباني الجديدة والمرافق الحديثة كالكليات، والمدرجات ذات التجهيزات التكنولوجية، والمكتبات ذات الكتب المتخصصة والمراجع العلمية والوسائل التعليمية، والمختبرات ذات الأجهزة المعملية الحديثة، والملاعب الجديدة، والتجهيزات التكنولوجية الفنية الحديثة (انترنت – انترانت- حاسوب - بريد الكتروني- وسائل اتصال اخرى...الخ) وغيرها من الإمكانات والمدخلات المادية التي تتلاءم مع متطلبات الأنشطة التربوية والتعليمية والبحثية؛ فتلك الإمكانات الفيزيقية هي الوسط البيئي المشيد الذي تتفاعل فيه – ومن

خلاله- بقية المدخلات الجامعية الأخرى، ويجري فيه معظم العمليات التعليمية والبحثية والخدمية وصولا إلى مخرجات عالية الجودة والقيمة.

4- التجديدات على مستوى الممارسات السلوكية

هي تلك التجديدات التي تتناول تطوير الممارسات التقليدية القائمة في وضع نظام التعليم العالي، وتحويلها إلى ممارسات تعليمية- بحثية- خدمية أكثر كفاية وفعالية في تحقيق أهداف التعليم العالي والأهداف المجتمعية؛ تلك الممارسات والآليات الجديدة التي تبتعد عن النمطية والآلية والتكرارية لتسودها الخصائص الابتكارية والانطلاقية والإبداعية، بما تشمله من تطبيقات عملية وأنشطة معملية – ميدانية وبرامج إعداد وتأهيل جديدة تسهم في اكساب المتعلمين والباحثين وغيرهم المهارات الأدائية والكفايات العملية الجديدة التي تتناسب مع معطيات المعرفة العلمية الجديدة، وتتواءم مع منتجات التكنولوجيا المتجددة ومتطلبات المهن المستجدة في العصر الحديث.

5- التجديدات على مستوى العلاقات الإنسانية

هي تلك التجديدات التي تشمل تطوير العلاقات الانسانية المتبادلة بين أطراف العملية التعليمية والبحثية والخدمية، سواء كانت – هذه الأطراف- قيادات جامعية أو أعضاء هيئة تدريس أو طلاباً أو إداريين أو غيرهم ممن يفيدون من الوظائف الجامعية، خاصة في مواقف التفاعل العلمي والتواصل الإنساني داخل المدرجات والمعامل والأروقة وخارجها، علاوة على أن هذه التغييرات الإيجابية- في اتجاه العلاقات الإنسانية وعمقها- تفرض تجديدات أخرى في المراكز والأدوار العلمية- التعليمية- الاجتماعية، وما تعكسه هذه الأوضاع الجديدة من معنويات معينة تؤثر في كفاية أداء نظام التعليم العالي تعليما وبحثا علميا وخدمة مجتمع.

المحور الرابع: تنفيذ التجديد التربوي وأهم آلياته

نظرا لتعدد التجديدات التربوية التي يمكن إدخالها الى نظام التعليم العالي من تجديدات فكرية وتنظيمية وتكنولوجية ومادية وسلوكية وعلائقية، كما سبق توضيحه، فإن مداخل التجديد التربوي وآلياته تختلف هي الأخرى باختلاف نوع التجديدات المطلوب إحداثها وطبيعتها، ويمكن توضيح أهم آليات تنفيذ التجديد التربوي على النحو الذي يوضحه الشكل رقم (8) .

الشكل رقم (8)

أهم آليات تنفيذ التجديد التربوي.

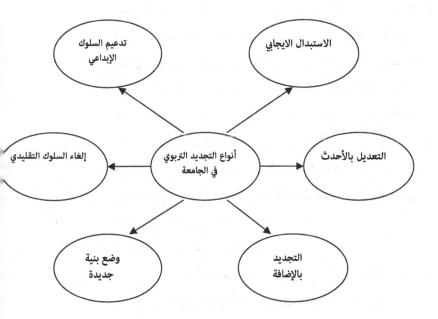

1- التجديد التربوي عبر الاستبدال الإيجابي لبعض العناصر الجامعية

يعد هذا النوع من التجديد التربوي من أكثر أنواع التجديدات شيوعا وأسهلها قبولا في النظم التعليمية المعاصرة، وتقوم آلياته على استبدال عنصر جديد في النظام بعنصر تقليدي آخر أقل كفاءة وفعالية في تحقيق أهداف التعليم العالي (نظام إدارة جديد – نظام جديد لإظهار نتائج الامتحانات بدلا من نظام الكنترول – كتاب تربوي جديد في التكنولوجيا الحيوية - تجهيزات تكنولوجية جديدة في مختبرات العلوم- معامل صوتيات جديدة للغة العربية وتجويد القرآن الكريم- معامل للجغرافيا تتضمن أحدث نظم القياس للتربة والمياه والمناخ- حاسبات ذات سعة أكبر - أجهزة طبية حديثة للتشخيص والعلاج... الخ).

2- التجديد التربوي عبر التعديل العلمي والتكنولوجي بالأحدث

تقوم آليات هذا التجديد التربوي على إحداث بعض التغييرات الإيجابية في البنى التنظيمية والهياكل الجامعية القائمة بدلا من استبدال عناصر في النظام بعناصر أخرى من النوع نفسه كما سبق القول؛ فعلى سبيل المثال لا الحصر: هناك بعض التعديلات في المواد التعليمية مثل إحلال الحاسوب (أبل ماكنتوش) محل الحاسوب (أي بي إم) أو تعديل سعة الحاسوب الموجود من 20 جيجا إلى 100 جيجا أو أكثر. وهناك التعديلات البنيوية مثل نقل مسؤوليات الإشراف على مراكز رعاية الطفولة او مراكز الإرشاد النفسي أو مراكز الإرشاد الزراعي أو مراكز طب العيون أو غيرها، من إشراف المعينين غير المتخصصين، المقربين من أهل الثقة، إلى المتخصصين من أهل الكفاءة العلمية والخبرة ذوي الاختصاص الدقيق في مجال تربية الطفل أو الصحة النفسية أو الإرشاد الزراعي أو طب العيون ... الخ.

3- التجديد التربوي عبر إضافة الجديد

وتتضمن آليات هذا التجديد التربوي إضافة بعض عناصر نظام التعليم العالي الجديدة دون إحداث تعديل أو تغيير في البنى الجامعية القائمة، ومثل هذه

الإضافات هي بمثابة تجويد للخطط الموضوعة من قبل، بهدف إثراء البرامج التعليمية في سنوات الدراسة - بالمغذيات التعليمية والتعلمية- دون أن تحدث هذه الإضافات نقصا أو زيادة في عدد الساعات المعتمدة سلفا في الخطط الدراسية؛ ومنها على سبيل المثال لا الحصر: (اختبارات تشخيص - برامج علاج- مشاريع بحثية- دراسات حقلية- تصميم مواد تعليمية وإنتاجها - استخدام الإنترنت... إلى غير ذلك).

4- التجديد التربوي عبر وضع بنية جديدة

تقوم آليات هذا التجديد التربوي إما على إعادة تنظيم بيئة العمل من حيث علاقته بحجم المستفيدين (تغيير تكوين الشعب التخصصية وأعداد الطلاب الملتحقين بها)، وإما على إحداث تغييرات في برامج الدراسة الجامعية (استحداث ساعات إضافية لدراسة الحاسوب، إدخال لغات أجنبية كالألمانية - الصينية- اليابانية في أقسام للغات الأجنبية، إنشاء أقسام وتخصصات علمية ببنية جديدة (هندسة نووية - جيوفيزياء - تكنولوجيا حيوية ... الخ)) بما يتناسب مع التغييرات والإضافات التي طرأت على بنية المعرفة العلمية الجديدة والتكنولوجيا المتجددة في عصر المعلوماتية.

5- التجديد التربوي عبر إلغاء السلوك التقليدي القديم

تعتمد آليات هذا التجديد التربوي على الإقلاع عن بعض الممارسات الفردية النمطية التقليدية التي تؤثر سلباً في الأداء، فتصيبه بالنمطية والآلية التي قد تصل به إلى درجة الجمود الفكري والتنظيمي، والاستعاضة عنها بممارسات إبداعية جديدة أكثر فعالية في تحقيق الأهداف التعليمية والبحثية والخدمية في النظام. ومنها على سبيل المثال: إصدار التشريعات القانونية اللازمة لتنفيذ فعاليات العام الدراسي الكامل في الكليات بدلا من نظام الفصلين الدراسيين، وانتخاب عمداء الكليات بدلاً من تعيينهم؛ نظراً لما أظهرته الأنظمة التقليدية من نتائج ليست في صالح الأداء الجامعي المتميز وسيادة روح الفريق في جامعاتنا.

6- التجديد التربوي عبر تدعيم السلوك الابداعي الذي تثبت جدواه

تقوم آليات هذا التجديد التربوي على نقل المعرفة العلمية والتكنولوجية الجديدة وتبنيها التي تعزز الممارسات الإبداعية القائمة التي ثبتت جدواها في تطوير مستوى الأداء الجامعي فكريا وتطبيقياً. ومن ذلك على سبيل المثال لا الحصر: تدعيم دورات برامج إعداد المعلم الجامعي للمعيدين والمدرسين المساعدين وإثراؤها، وكذلك دورات برامج تدريب أعضاء هيئة التدريس على استخدام الانترنت والدخول الواعي إلى مواقع المعرفة العلمية والتعامل الصحيح معها، وذلك لتحقيق التقدم بما يتناسب مع معطيات التطورات العلمية الحديثة في مجال الثورة المعلوماتية والتكنولوجية والاتصالية والبيولوجية والديمقراطية المتعاظمة.

المحور الخامس: اتجاهات التجديد التربوي وأهم مساراته

إن الحديث عن اتجاهات التجديد التربوي يحتاج إلى عرض تفصيلات عديدة قد تملأ مجلدات كثيرة لا يتسع المقام للخوض فيها في هذا المقام. ولغرض الدراسة الحالية سوف يكتفى بإلقاء الضوء على بعض الاتجاهات العامة للتجديد التربوي، لا سيما في مجالات البناء التنظيمي للجامعات أو وظائفها في التعليم والبحث العلمي وخدمة المجتمع وتنمية البيئة، سواء طبقت هذه التجديدات بالفعل في بعض نظم التعليم العالي أو ورد ذكرها في البحوث العلمية، مع توضيح موقف الجامعات من هذه التجديدات التربوية، التي من أهمها:

أولاً: بعض اتجاهات التجديد التربوي في مجال البناء التنظيم

على الرغم من أن البنية الأساسية للتعليم العالي في كثير من دول العالم المعاصر - ومنها الدول المتقدمة- لم تتغير كثيرا طوال السنوات الأخيرة من القرن العشرين، فهناك بعض التجديدات البنيوية والتنظيمية والتكنولوجية قد أدخلت بالفعل وأخذت مكانها في هذه الجامعات الأجنبية، ومن أهم هذه التجديدات:

1- الجامعة الشاملة Comprehensive University

بدأ بعض الجامعات الأوروبية - وخاصة في المانيا وانجلترا - في إعادة تنظيم التعليم العالي على أساس فكرة الشمولية على نمط فكرة المدرسة الشاملة؛ إذ يوفر بعض الجامعات فرص الدراسة في عدد كبير من التخصصات للطالب الذي يختار منها ما يناسبه ويرغب فيه، كما اتسعت البرامج الدراسية في بعض الجامعات الألمانية التي تأسست حوالي عام 1970 لتضم جميع مجالات البحث والدراسة التي تغطيها الجامعات وكليات المعلمين والمعاهد التقنية العليا.

ومن بين السمات المميزة للجامعات الشاملة في المانيا الغربية - في ذلك الوقت- أنها تقدم برامج دراسية متكاملة تنتهي بنوعين من الشهادات، وتتضمن المقررات الدراسية دمجا للدراسة النظرية مع الدراسة التطبيقية التي تتاح أمام الطلاب من ذوي المؤهلات المختلفة، وتلي الدراسة الأساسية الدراسة الرئيسية التي تتباين تبعا لتباين نقاط الاهتمام والتركيز.

وقد نادى الكثيرون بضرورة أن يصبح أكبر عدد من المؤسسات جامعات شاملة تقدم برامج متنوعة، إلا أن هذه الفكرة لم يكتب لها النجاح؛ فقد ثبت بعد الدراسة أن المشكلات التي يواجهها مشروع تحويل الجامعات القائمة إلى جامعات شاملة بالغة التعقيد وليس من السهل التغلب عليها من الناحية العملية، وبناءً على ذلك فقد أوقفت الخطط لبناء جامعات أخرى من هذا النوع.

2- الجامعة المفتوحة Open University

قام بعض الدول بإنشاء ما عرف باسم الجامعات المفتوحة أو جامعات المراسلة أو الجامعات بلا حوائط (Universities without Walls) وهي البديل المعاصر للمؤسسات التقليدية؛ إذ يستطيع الطلاب مواصلة الدراسة والحصول على درجة علمية دون أن يحضروا دراسات علمية منظمة عن طريق المحاضرات التقليدية. ولعل أشهر هذه الجامعات في العالم المعاصر الجامعة المفتوحة في

انجلترا، وعلى نموذج هذه الجامعة أنشئت جامعات مفتوحة في كل من الولايات المتحدة والمانيا (جامعة المراسلة في هاجن) واليابان (الجامعة الإذاعية) والهند وغيرها.

تقدم الجامعة المفتوحة Open University برامج متنوعة بعضها يؤدي إلى درجة البكالوريوس في مختلف التخصصات العلمية، وهي لا تلزم طلابها بقواعد القبول المعروفة في الجامعات التقليدية، ومعظم طلابها من كبار السن الذين يدرسون في المساء أو في غير أوقات العمل. وتتبع هذه الجامعة المفتوحة أساليب متنوعة للوصول إلى المتعلم كالبرامج الإذاعية أو التلفزيونية والأفلام والشرائط والنشرات البريدية واللقاءات مع أعضاء هيئة التدريس. ومع كل هذا فإن هذا النظام المتبع في التعليم المفتوح قد لا يصلح الا لبعض أنواع معينة من التخصصات الدراسية، علاوة على أنه نظام تعليمي يكاد يخلو من الروح الجامعية الحقيقية التي تتخللها الأنشطة الطلابية الجادة.

ليس هذا فحسب، ولكن هناك بعض وجهات النظر التي تعارض فكرة الجامعة المفتوحة وتنادي بعدم وجودها أصلا. ويستند أصحاب هذا الموقف إلى أن الجامعات التقليدية تقوم بالفعل بسد احتياجات المجتمع من القوى البشرية المؤهلة واحتياجات الطلاب من المعرفة التخصصية من ناحية، وأن الجامعات التقليدية يمكنها أن توسع من مجالات نشاطها لسدّ الاحتياجات الأخرى للراغبين في استكمال تعليمهم الجامعي إذا اعطيت الفرص الكاملة ووفرت الأموال الكافية لتحقيق ذلك من ناحية أخرى.

الباب الثاني

التربية والجودة

- المقدمة
- التطور التاريخي للجودة
- مفهوم الجودة
- مفهوم إدارة الجودة الشاملة
- الركائز الاساسية للجودة الشاملة
- معوقات تطبيق الجودة الشاملة
- مفهوم الجودة الشاملة في النظام التربوي
- مبادىء الجودة الشاملة في الأنظمة التعليمية والتربوية
- إدارة الجودة في التعليم
- متطلبات تطبيق إدارة الجودة
- مراحل تطبيق إدارة الجودة
- مفهوم ضبط الجودة
- تطبيقات الجودة في المؤسسات التربوية

الباب الثاني

التربية والجودة

المقدمة

الجودة في التربية تعني جملة الجهود المبذولة من قبل العاملين في المجال التربوي لرفع مستوى المنتج التربوي (الطالب) بما يتناسب مع متطلبات المجتمع، وتطبيق مجموعة من المعايير والمواصفات التعليمية والتربوية اللازمة لرفع مستوى هذا المنتج. إن هذا ما يسعى إليه التربويون، ولكن هذا لا يمنع وجود جهد فكري يركز على الجودة الشاملة كأسلوب للإدارة، ولا بـد للإدارة من ان تبـدأ من حيـث انتهـى هذا الجهـد الفكـري [(1)]. لذا فإن تطبيق إدارة الجودة الشاملة (TQM) ما هو إلا واحد من الأساليب التي انتهجتها وتبنت مفاهيمها المؤسسات التربوية، نظراً لما تحتله من أهمية في تحقيق أهدافها.

وينظر أحد الإداريين إلى إدارة الجودة الشاملة في التربية والتعليم على أنها "مستوى تقديم خدمات يقوم بها، بشكل ضمني ومباشر، نظام تربوي معين استجابة لتوقعات الدوائر الاستراتيجية الداخلية والخارجية، وذلك من خلال مجموعة المدخلات والعمليات والمخرجات التي يشكلها النظام ". [(2)]

,يشير البيلاوي وزملاؤه (2006) [(3)] إلى أن مفهوم الجودة ظهر أساسا في الصناعة، إلا أنه انتقل إلى مجال التربية والتعليم في الولايات المتحدة الأمريكية على يد مالكولم بالديرج (Malcolm Baldridge) الذي شغل منصب وزير التجارة

---

(1) أحمد الشهاري: **الجودة الشاملة في ادارة الجامعة بين النظرية والتطبيق**، دراسة مقدمة في المؤتمر التربوي الخامس ، جودة التعليم الجامعي، المجلد الأول، جامعة البحرين - البحرين.

(2)Cheng, (2003), **Quality Assurance in Education**, PP. 202 – 213.

(3) حسن حسين البيلاوي وزملاؤه: **الجودة الشاملة في التعليم بين مؤشرات التميز ومعايير الاعتماد، الاسس والتطبيقات**، دار المسيرة للنشر والتوزيع، عمان، الأردن، 2006.

في حكومة ريغان عام 1981، وظل هذا الرجل ينادي بتطبيق مفهوم الجودة الشاملة حتى وفاته عام 1987، وتجدر الإشارة إلى أنه لم يقصر اهتماماته على التجارة بحكم منصبه الرسمي، وإنما مد اهتمامه إلى التعليم. وأصبح تطبيق الجودة في التعليم حقيقة واقعة عندما أعلن رونالد براون عام 1993 أن جائزة " مالكولم " في الجودة امتدت لتشمل قطاع التعليم الى جانب قطاع الشركات الأمريكية. ويضيف (البكر، 2001) ان أول مواصفة قياسية مقننة للجودة في التربية ظهرت عام 1992 حينما أصدر المعهد البريطاني للمعايير British Standards Institution BIS إرشاداته بالتوجه نحو تطبيق معايير المؤسسة في مجال التربية والتعليم.

وكان من ميادين تطبيق الجودة الشاملة في التعليم التي اهتم بها مالكولم مجموعة من المبادىء لخصها البيلاوي وزملاؤه (2006) على النحو التالي:

1. وجوب سعي الاداريين وأعضاء هيئة التدريس جميعا من أجل تحقيق الجودة.
2. التركيز على الطلاب قبل الفشل، بدلاً من دراسة الفشل بعد وقوعه.
3. استعمال الضبط الإحصائي بدقة لتحسين العمليات.
4. أهمية التدريب الأولي؛ إذ يجب على كل فرد في المؤسسة ان يتدرب من أجل تحقيق الجودة.
5. ضرورة الاتفاق على معايير واضحة تحدد جودة التعليم والمخرجات.

وبناء على ما سبق، يمكننا القول إن مفهوم الجودة الشاملة من أكثر المفاهيم الفكرية والفلسفية حظوة باهتمام الاختصاصيين والباحثين والإداريين والمعنيين في تطوير الأداء الانتاجي والأداء الخدمي وتحسينهما في المنظمات الانسانية على وجه العموم والمنظمات التربوية على وجه الخصوص.

والأردن بوصفه جزءاً من هذا العالم المتغير يسعى الى تربية مستقبلية تستند الى مستجدات عصر العولمة والمعلوماتية، بما ينسجم مع متطلبات عالمية المعرفة. وتسعى وزارة التربية والتعليم في الأردن الى تطوير نظام تربوي يستثمر في

موارد بشرية تتقن كفايات التعليم الأساسية، وذات اتجاهات إيجابية مختصة تمكنها من التكيف بمرونة مع متطلبات الاقتصاد المعرفي والمنافسة بفاعلية، وقد نفذ العديد من مشروعات التطوير الإداري، نذكر منها على سبيل المثال لا الحصر:" مشروع تقييم الأداء، ومشروع الكفاءة المؤسسية، ومشروع الاقتصاد المبني على المعرفة (ERFKE)، ومشروع تكامل أنظمة المعلومات، ومشروع التدريب والتنمية المهنية، وبرامج توظيف مهارات الحاسوب في التعليم (E-Learning)، ومشروع التوسع في تفويض الصلاحيات، ومشروع تطوير التعليم المهني والمناهج، والاشتراك بجائزة الملك عبدالله للتميز، وتطبيق نظام الآيزو.[(1)]

بدأت وزارة التربية والتعليم بتطبيق نظام الآيزو 9001 (إصدار عام 1994، بتاريخ 2001/6/17، وقد حصلت على شهادة الآيزو بتاريخ 2002/1/24، وكانت بذلك أول وزارة تحصل على هذه الشهادة في الأردن، وأول وزارة تربية وتعليم تحصل عليها في العالم العربي، وكان ذلك نتيجة لتقديم الأداء الجيد في الوقت المناسب من قبل الكادر المناسب، وهذه علامات فارقة لعمل هذه الوزارة [(2)].

يعد هذا النظام توجهاً كاملاً يرمي الى تحقيق عدة أهداف منها: الحد من التفاوت في جودة خدمات وزارة التربية والتعليم وأدائها، والحد من الأخطاء وإلغاؤها، بالإضافة الى منع الأخطاء من الوصول الى المستهدفين أو المستفيدين.

إن حصول وزارة التربية والتعليم على هذه الشهادة يعني أن الوزارة تطبق نظام إدارة توكيد الجودة في أعمالها وأنشطتها المختلفة ضمن إجراءات موثقة وموزعة على اصحاب العمل ذوي العلاقة المباشرة بهذه الاجراءات، ويشمل هذا

---

(1) وزارة التربية والتعليم: **جائزة الملك عبدالله الثاني لتميز الأداء الحكومي والشفافية، التقرير النهائي**، عمان، الاردن، 2005.

(2) لينا شركس، وفاء ابو نبعة: **نظام ادارة الجودة - الآيزو 9001، اصدار عام 2000 ، في وزارة التربية والتعليم**، رسالة المعلم، المجلد (43)، العدد (3-4)، ص ص (47 – 50).

النظام بالإضافة الى اجراءات العمل الرئيسية، تعليمات العمل التفصيلية والنماذج المتعلقة بها كافة. ويعد هذا الانجاز المهم علامة مميزة لهذه الوزارة التي تقدم خدماتها لقطاع كبير من الجمهور الأردني يتمثل بطلبته ومعلميه.[1]

ثم انتقلت الوزارة الى تطبيق نظام الآيزو 9001 (إصدار عام 2000) منذ السادس من تموز عام 2003 وبذلك تكون قد عملت على تحديث النظام القائم من مواصفة عام 1994 الى مواصفة عام 2000.

يتطلب تطبيق نظام إدارة الجودة الشاملة وجود رؤية واضحة للمنظمة، على أن تكون هذه الرؤية طموحة تلهم العاملين فيها حماساً والتزاماً، وأن تتمتع ببعض الميزات من اهمها: أن تلائم المنظمة، وأن توضح الاتجاهات والأغراض، وأن تكون سهلة ومفهومة، وأن يتم بيان هذه الرؤية في كل مكان وكل وقت في الخطط والميزانيات ومعايير العمل وكذلك في تقارير المنظمة وعملياتها.

---

(1) مقبولـة حمـودة: **وزارة التربيـة والتعليـم تحصـل علـى شـهادة الآيـزو (9001) وتحقـق انجـاز وصـف الوظائف من خلال تدريب الكادر وبناء الكفاءة التدريسية**، مجلة رسالة المعلم، المجلـد (41)، وزارة التربية والتعليم، ص ص (41 – 45).

التطور التاريخي للجودة

يقول جارفن[1] (Garvin, 1988): "إن الجودة بوصفها فكرة موجودة منذ آلاف السنين، ولكنها كمهنة وعمل إداري لم تنشأ إلا حديثا ". أما جتلو[2] (Gitlow,1997) فيقـول إن: " تاريخ الجودة يعود الى عام 1250 قبل الميلاد منذ حكم رؤساء العشائر والملوك والفراعنة ". لكن فيجنباوم[3] (Feigenbaum, 1990) يؤكد أن نشوء الجودة بدأ منذ عام 1900م. وتقسم عملية نشوء ضبط الجودة الى ست مراحل كما يوضح الشكل رقم (9):

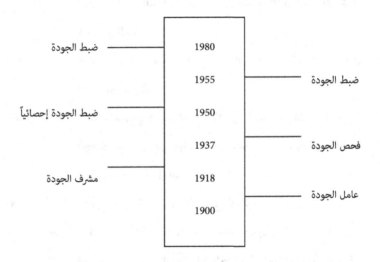

الشكل رقم (9)

المراحل الست لنشوء ضبط الجودة.

---

(1) Garvin, D., **Managing Quality: The Strategic and Competitive Edge**, New York, 1990, P. (20).

(2) Gitlow, Shelly, **The Guide to Quality and Competitive Position**, Englewood Cliffs, New Jersey, U.S.A, 1997. P. (112).

(3) Feigenbaum, A.V., **Total Quality Control**, 3rd Edn., McGraw Hill, Inc. 1990, P. (67).

ويمكن تلخيص مراحل الجودة الست على النحو التالي:

1900 - كان إحراز الجودة يتم عن طريق عامل واحد أو عدد قليل من العمال الذين يشرفون جماعيا على ضبط إنتاج كامل المصنع الى جانب ضبط الجودة والعمل.

1918 - تم إدخال مفهوم مشرف الجودة، وأنيطت مسؤولية جودة العمل أو الاشراف على مجموعة من العمال الى المشرف.

1937 - تم استخدام فحص الجودة، وتم تعيين مفتشين يعملون بنظام الدوام الكامل للقيام بالتفتيش على العمل الذي تقوم به أعداد كبيرة من العمال.

1950 - بدأ استخدام ضبط الجودة إحصائيا بصورة رئيسية في بلدان أخرى غير امريكا.

1955 - اتسع مفهوم ضبط الجودة النوعية ليتضمن إطار عمل ضبط الجودة المشتمل على مراجعة التصاميم وفحصها، وتحليل النتائج وإجراءات الضبط في أثناء التصنيع.

1980 - أصبح ضبط الجودة نشاطا واسع التنظيم.

ولكي يتمكن جارفن[1] (Garvin) من إعطاء صورة واضحة عن العملية التطورية لإدارة الجودة، فقد تتبع تاريخ إدارة الجودة في كتابه " إدارة الجودة"، ونظم بحثه عن نشوء إدارة الجودة النوعية في أربعة عصور: التفتيش، وضبط الجودة إحصائياً، وضمان الجودة، وإدارة الجودة الاستراتيجية.

كان الناس قبل الثورة الصناعية ينظرون الى الجودة على أنها نتيجة طبيعية لتطبيق المهارات الفردية للحرفيين؛ فقد اعتنى الحرفيون بمهنهم ومنتجاتهم وزبائنهم وجودة ما يصنعون من سلع. ومع بداية الثورة الصناعية بدأ نشوء النظام الصناعي

---

(1) Garvin, D., (**op. cit.**), PP. (12 – 15).

الحديث في نهاية القرن التاسع عشر. وأدى ذلك إلى وجود نظام تفتيش رسمي؛ فقد أشار جتلو[1] (Gitlow, 1990) الى أن أول من أدخل مفهوم الجودة كان وولتر شيورات[2] (Walter Shewart, 1993) في مختبرات Bell للهواتف. ويعتقد جارفن ان عصر ضبط الجودة إحصائياً بدأ عام 1931 بعد نشر كتاب Shewart (الضبط الاقتصادي لجودة المنتجات الصناعية). وفي الأربعينات والخمسينات من القرن الماضي تم تأسيس ضبط الجودة إحصائيا.

أما بالنسبة لعصر الجودة التالي (ضمان الجودة) فقد كان قائما على العديد من المؤلفات الرئيسية التي نشرت في الخمسينات وأوائل الستينات من القرن الماضي؛ إذ اتسع مبدأ الجودة خلال هذه الفترة الى خارج نطاق قاعدته الصناعية الضيقة ليشمل العمل الاداري، كما تطورت التقنيات والأدوات التي فاقت الهدف الاحصائي، وذلك لإزاحة كل ما يعترض سبيل الجودة من عقبات. وأدى ذلك الى تمكين فكرة ضمان الجودة من تغطية مدلولات أكثر للإدارة. وفي الوقت الذي ظهر فيه تقدير تكاليف الجودة، ظهرت امور أخرى مثل ضبط الجودة، وتصغير العيوب، وكان أول من اهتم بفكرة تصغير العيوب هو Grosby. وقد ركز تصغير العيوب على توقعات الإدارة، وعلى جانب العلاقات الانسانية في تحسين الجودة. والنقطة الرئيسية في تصغير العيوب، ترى أنه على الرغم من أن أسباب أخطاء العمل تعود الى نقص المعرفة، ونقص التسهيلات المناسبة، ونقص الاهتمام والانتباه، فإن نقص الاهتمام والانتباه هو الأخطر والأولى باهتمام الادارة. وقد تأتى من فكرة تصغير العيوب تطور أمور أخرى كالتدريب، ووضع الأهداف، ونظام التغذية الراجعة الشخصية، لحث العاملين على تحسين الجودة. فقد تبنى كبار رجال الاعمال وأرباب الصناعة اليابانيون تقنيات كل من ديمنج وجوران ووضعوها موضع التنفيذ

(1) Gitlow, Howard, (**op. cit.**), P. (77).

(2) Shewart, W.A., **Econmic Control of Quality of Manufactured Products**, D. van Nostr and Company, New York, 1993, P. (90).

مستندين على الافكار التي تعلموها من الأمريكيين المختصين بالجودة. وأدى ذلك الى ازدهار دوائر الجودة، وكانت هذه الدوائر قد تأصلت في اليابان عام 1962. وتعرف دوائر الجودة بأنها " مجموعة من المستخدمين الذين يؤدون عملا متماثلاً ويتطوعون في الوقت نفسه للتجمع والعمل معا من أجل تحليل مشاكل الجودة وإيجاد الحلول المناسبة لها ".

ويرى إيمي[1] (Imai, 1996) وسيمور[2] (Seymour, 2002) أن دوائر الجودة كانت الفكرة الأكثر أهمية في إدارة الجودة اليابانية. ولما كانت تلك الدوائر ترمي الى التحسين المتواصل، فهي إذن تتضمن العملية الكاملة للجودة اليابانية، بما في ذلك ضبط الجودة.

وفي بداية ثمانينات القرن الماضي بدأ السعي وراء الجودة في جميع اوجه العمل، والمؤسسات الخدماتية، وعندها بدأ عصر " إدارة الجودة الاستراتيجية " التي تركزت على النظام بكامله، وتضمنت جميع الأفراد العاملين في المنظمة. وأدى ذلك إلى اعتبار إدارة الجودة الوسيلة التي تحافظ على بقاء المنظمة.

وفي عام 1987 وقع الرئيس ريغان على جائزة مالكولم بالدرج لتحسين الجودة الوظيفية، كما اهتم رجال الاعمال وكبار رجالات الدولة بجودة الخدمات والمنتجات الأمريكية وتنافسيتها وعدّوا ذلك أمراً حاسماً ومصيرياً. وتعد جائزة مالكولم بالدرج للجودة الوظيفية مجهودا مهماً في تنشيط الوعي بالجودة من خلال إدراك استراتيجيات الجودة الناجحة وتعميمها. وقد أيد العديد من مستشاري كلنتون الاقتصاديين مبادىء إدارة الجودة النوعية كاستراتيجيات مهمة تساعد في استقرار

(1) Imai, M. Kaizen: **The Key to Japan's Competitive Success**, New York, 1996.

(2) Symour, **Quality in Higher Education**, New York: American Council on Education, Macmillan Publishing Company, (2002).

العمل الأمريكي القلق، واصبح السعي وراء الجودة أمرا ضروريا للمنظمات في هذه الأيام (Huang, 1994) [1].

ويقول جارفن (Garvin, 1994) [2]: " إن إدارة الجودة الاستراتيجية امتداد لما سبقها وإنه لمن الممكن ان ترى مظاهر كل من ضمان الجودة، وضبط الجودة استراتيجيا في المنظمات التي تتبنى هذا الاتجاه الجديد ".

ويرتكز تطوير مبادىء إدارة الجودة منذ عهد Shewart ونظرية ضبط الجودة إحصائيا حتى هذا اليوم على عدد من مساهمات منظري الجودة، وأهمهم على الإطلاق أولئك القياديون الذين يعدون الرواد وهم Edward Deming بنقاطه الأربع عشرة و Joseph Juran بنظريته اختراق الجودة و Philip بنظريته تصغير العيوب.

أولاً: مفهوم الجودة

بغض النظر عن نوعية نظام الجودة، ترتكز تلك النظم على قاعدة أساسها ان الجودة بحد ذاتها ليست مسؤولية فردية تلقى على كاهل قسم بذاته أو إدارة بعينها؛ إنما هي مسؤولية جماعية؛ فكل فرد مسؤول عن تحسين الأداء ورفع مستوى الجودة في مجال تخصصه، وتشمل هذه المسؤولية الهيئة التدريسية والإدارية والخدمات المساندة بمختلف تخصصاتها. وتعد الإدارة العليا العامل المهم والحيوي في عملية نجاح تطبيق أي نظام للجودة؛ فعندما يتوافر للإدارة الالتزام والفهم اللازمان والعمل الجاد من أجل التطبيق، فإن هذه الحوافز ستعجل في تنفيذ النظام واستمرار نجاحه في المستقبل.

---

(1) Huang, Cheng Chiou: **Assessing the Leadership Styles and Total Quality Leadership Behaviours of Presidents of Four – year Universities & Colleges That Have Implemented Principles of Total Quality Management,** Unpublished Doctor Dissertation, The Ohio State University, 1999.

(2) Garvin, D. **Managing Quality: The Strategic & Competitive…,** op. cit. PP. (166 – 168).

ويحتوي نظام الجودة على مجموعة من النشاطات المصممة خصيصا لتأكيد المزايا المحددة للجودة، وذلك من خلال استخدام أساليب علمية لتحديد مدى التزام العاملين بالمواصفات والمعايير القياسية المكتوبة. وعلى هذا الأساس، يمكن القول إن نظام الجودة يعد وسيلة لا غاية؛ إذ يتم التاكد من أن الأفكار والأهداف التي حددت ووثقت أخذت تتحول إلى واقع فعلي، وأن الأمور تجري في المسار الذي رسم لها وتنتهي إلى الغاية التي حددت لها.[1]

وهناك عدة تعريفات للجودة من قبل الهيئات أو الأشخاص الذين أجروا ابحاثا عن الموضوع.

- فقد عرف وليامسون (Williamson, 1987) الجودة بأنها قياس المستوى الحقيقي للخدمة المقدمة مع بذل الجهود اللازمة لتعديل مستوى الخدمة المقدمة بناء على نتائج عملية قياس مستوى تلك الخدمات.
- ويعرف اليس وويتنجتون (Ellis and Whitington, 1993) الجودة بانها مجموعة الاجراءات الموضوعية للتأكد من/ والقدرة على ضمان تحقيق مستويات عالية من جودة الخدمة المقدمة.
- وحددت كل من كاتس وجرين (Katz and Green, 1992) مفهوم الجودة بانه "عملية تحديد ووضع للمعايير القياسية ومتابعة الممارسات العملية وتقويم ما ينشأ عن هذه الممارسات من مشكلات ثم إيجاد حلول لها ".
- كما عرف خالد بن سعيد (1997) الجودة بانها مجموعة من السياسات والإجراءات المصممة لمراجعة وتقويم جودة الخدمات المقدمة وملاءمتها على نحو موضوعي ونظامي. ومن هذا المنطلق فإن هذه الإجراءات تشمل مواصفات المعايير.

(1) خالد بن سعيد: **ادارة الجودة الشاملة، تطبيقات على القطاع الصحي**، الرياض، المملكة العربية السعودية، 1997، ص (64).

ثانياً: مفهوم إدارة الجودة الشاملة

لقي مفهوم إدارة الجودة الشاملة اهتماماً واسعاً من قبل الباحثين والإداريين واصحاب الأعمال، ولقد كان هذا الاهتمام نابعاً من إدراكهم أهمية الجودة في توفير ميزات تنافسية.

وقد عرف أوكلاند (Ukland) إدارة الجودة الشاملة بأنها أسلوب لتحسين فاعلية العمل ومرونته بشكل عام، وأنها طريقة للتنظيم تشمل المنشأة باكملها، بما في ذلك جميع الأقسام والأنشطة والموظفين على جميع المستويات. (1)

أما تعريف إدارة الدفاع في الولايات المتحدة الأمريكية فينص على ما يلي تمثل إدارة الجودة الشاملة فلسفة ومجموعة مبادىء إرشادية لتحسين الخامات والخدمات الموردة للمنظمة وكل العمليات داخل المنظمة، ودرجة الوفاء باحتياجات المستهلك في الحاضر وفي المستقبل. (2)

ولقد ذكر روبرت بنهارت ان إدارة الجودة الشاملة تعني خلق ثقافة متميزة في الأداء تتضافر فيها جهود المديرين والموظفين بشكل متميز لتحقيق توقعات العملاء، وذلك بالتركيز على جودة الأداء في مراحله الأولى وصولاً إلى الجودة المطلوبة بأقل كلفة واقصر وقت. (3)

وعليه يمكن القول إن إدارة الجودة الشاملة فلسفة إدارية تركز على أداء العمل الصحيح من أول مرة وفي كل مرة، وتؤكد التطوير والتحسين المستمرين

---

(1) خالد بن عبد السلام: **دور ادارة الجودة الشاملة في تطوير أداء الأجهزة الحكومية لسلطنة عُمان**، دراسة ماجستير غير منشورة، جامعة آل البيت، المفرق، الأردن، 2004.

(2) عياش قويدر وعبدالله ابراهيمي: **الإطار العام لتطبيق الجودة الشاملة في الجامعات، الفلسفة والمنطلقات**، المؤتمر التربوي الخامس، جودة التعليم الجامعي، المجلد الأول، جامعة البحرين، كلية التربية، مملكة البحرين، 11 - 2005/4/13.

(3) رولا محمد شفيق الناظر: **مدى تطبيق ادارة الجودة الشاملة في الأجهزة الحكومية في الأردن**، رسالة ماجستير غير منشورة، الجامعة الأردنية، عمان، الأردن، 2004.

ومشاركة جميع العاملين في المؤسسة في العملية بهدف تقديم السلع والخدمات التي ترضي المستهدفين.

الركائز الأساسية للجودة الشاملة

من خلال استعراض العديد من الدراسات والكتابات، تبين أنه على الرغم من اختلاف الرؤية لمفهوم الجودة الشاملة فإن كثيراً من المعنيين قد اتفقوا على أن هناك مجموعة عناصر أساسية لهذه الإدارة تعد بمثابة القواعد والمرتكزات لها، وهي:

1. وضع أهداف لإدارة الجودة الشاملة.
2. التزام الإدارة العليا بالجودة.
3. مشاركة العاملين في جهود تحسين الجودة.
4. الإدارة باستخدام الحقائق.
5. التحسين والتطوير المستمران.
6. التدريب.
7. رضا متلقّي الخدمة.
8. تشكيل فرق العمل المؤقتة والدائمة.
9. وضع قواعد ومعايير لأداء النشاطات وتنفيذ الإجراءات المختلفة.
10. التركيز على العملية وتقليص الاختلاف.
11. ضمان الجودة أو توكيدها.
12. بناء ثقافة الجودة.

معوقات تطبيق الجودة الشاملة

بالرغم من وضوح مبادىء إدارة الجودة الشاملة وسهولة برامجها،
وبالرغم من أن بعض المؤسسات ينجح في تطبيقها فإن مؤسسات أخرى قد لا
يحالفها الحظ في النجاح، ويمكن إرجاع ذلك الفشل إلى عدة أسباب منها:

1. عدم تبني البرنامج الذي يتناسب مع ثقافة المؤسسة وأفرادها. [1]

2. الاعتقاد بأن الشعارات هي التي تحقق النتائج، وأن معايير قياس الجودة غير
واضحة، وأنها متجددة لقياس مدى التقدم والانجاز . [2]

3. سوء التخطيط وافتقاد الانضباط والقيادة والسعي لتحقيق النتائج قصيرة الأمد.

4. التسرع في التنفيذ قبل توفر الضمانات الكافية للنجاح وقبل تهيئة البيئة الملائمة.

5. عدم قدرة المنظمة على خلق ثقافة يتم من خلالها تشجيع الأفراد على المساهمة
بآرائهم وافكارهم، بالإضافة الى عدم قدرة الادارة على تغيير أساليبها وطرق
إنجازها للنشاطات . [3]

6. عدم التزام الادارة العليا، والتكلفة العالية لتطبيق إدارة الجودة الشاملة، والاعتقاد
بأن الجودة ليست اولوية قصوى، وأن النتائج قد تكون غير محسوسة. [4]

(1) عبد العزيز ابو نبعة وفوزية مسعد: ادارة الجودة الشاملة، المفاهيم والتطبيقات، الاداري ، السنة
(20)، العدد (74)، 1998، ص ص 69 – 93.

(2) سوسن شاكر الجلبي: معايير الجودة الشاملة في الجامعات العربية، ورقة عمل مقدمة الى مؤتمر كلية
التربية السادس للعلوم التربوية والنفسية، جامعة اليرموك، 22 – 24 تشرين الثاني، 2005.

(3) حسن محمد حسن ابو ليلى: ادارة الجودة الشاملة: دراسة ميدانية لاتجاهات أصحاب الوظائف
الاشرافية نحو مستوى تطبيق ومعوقات ادارة الجودة الشاملة في شركة الاتصالات الأردنية، رسالة
ماجستير غير منشورة، جامعة اليرموك، اربد، الأردن، 1998.

(4) Sebastianelli, R. (1998). **Barriers to T.Q.M.: A class – level Student Project**, Journal of
Education for Business, Vol. (73), No. (3), P. 158.

كما ان التغير المستمر في القيادات الادارية يحول دون تمكنها من السيطرة على برامج الجودة . [1]

ويضيف حمود وابو تايه (2001) أنه على الرغم من وجود تشابه كبير بين إدارة الجودة الشاملة والآيزو فهناك اختلافات تتعلق بالأهداف، وتتعلق بسبل الادارة والتحسين والتقويم في إنجاز العمليات. ويضيفان ان تطبيق نظام ISO 9000 لا يعني بالضرورة تطبيقاً لنظام إدارة الجودة الشاملة، ولكنه سيؤدي حتما الى التمهيد بشكل سليم لتطبيقها.

بناء على ما سبق، فإنه يمكن القول إن تطبيق المعايير الدولية لنظام آيزو 9000 هو أحد الأساليب التي تستطيع المنظمة ان تستخدمها لتوكيد الجودة؛ لأن هذه المعايير تمكن المنظمة من التوثيق والمتابعة ومراجعة الأداء، بالاضافة الى التحسين والتطوير، الأمر الذي يساعد المنظمات في التقدم في سعيها الحثيث نحو تطبيق إدارة الجودة الشاملة.

مفهوم الجودة الشاملة في النظام التربوي

إن مفاهيم إدارة الجودة الشاملة في الإدارة التعليمية والتربوية موجودة قبل ظهور مصطلح (إدارة الجودة الشاملة) في النصف الثاني من القرن العشرين، إلا أن ممارستها في الادارة التعليمية والتربوية كان بمعانٍ ومصطلحات أخرى، كالسعي الى التطوير والتحسين المستمرين، ورفع كفاءة العاملين، وهذا مما يسعى اليه مصطلح (إدارة الجودة الشاملة) الجديد . [2]

(1) موسى احمد كريم الطراونة: اتجاهات العاملين في المؤسسة العامة للضمان الاجتماعي في الأردن نحو تطبيق إدارة الجودة الشاملة، رسالة ماجستير غير منشورة، جامعة مؤتة، الكرك، الأردن، (2003).

(2) احمد الشهاري: الجودة الشاملة في ادارة الجامعة بين النظرية والتطبيق ، مرجع سابق.

ويرى براجل (2005) [1] أن مفهوم الجودة في التربية من المفاهيم التي أضيفت الى قاموس المفاهيم التربوية بعد أن اشتد التنافس العالمي حول السيطرة والاستحواذ على المجالات الصناعية نظراً لما حققه هذا المفهوم من نجاح، لا سيما بعد ان اقتحم إدوارد ديمنج بأفكاره المعروفة بنظرية " الجودة الشاملة في مجال التعليم " هذا المجال من أجل الحصول على نوعية تعليم أفضل، وتحسين القدرة على التكيف والتعامل مع مستجدات العصر وإفرازاته المختلفة بكيفية أفضل وباداء أرقى.

واشار برابو ورامارابو (Prabhu and Ramarapu, 1994) الى أن الأدب التربوي أظهر أن الجودة الشاملة استخدمت بنجاح في بعض عمليات التعليم العام والتعليم الجامعي وإدارتهما، ولكن استعماله في واقع التعليم وفي قاعة الدرس كان محدوداً. واضافت ناجي (1998) [2] أن معظم تطبيقات نظام الجودة الشاملة في التعليم ركز على الجانب الاداري " مثل الانظمة المالية " أكثر مما ركز على جانب التدريس او البحث العلمي في الجامعة، وعزت سبب النقص في تطبيق الجودة الشاملة في النواحي الأكاديمية الى صعوبة قياس نتائج عملية التعلم/ التعليم. أما شوقي (2003) [3] فيؤكد أن الجودة الشاملة ترتبط بجميع عناصر العملية التعليمية بدءاً بالطالب او المتعلم، والمدرس، والادارة ونظمها ولوائحها وتشريعاتها، ووسائل التمويل، ثم المادة التعليمية وطرق التدريس.

---

(1) علي براجل: **المواقف المعوقة في رفع مستوى الجودة في التعليم العالي / الجزائر نموذجاً**، المؤتمر التربوي الخامس، جودة التعليم الجامعي، المجلد الأول/ جامعة البحرين، كلية التربية، مملكة البحرين، 11 - 2005/5/13.

(2) فوزية ناجي: **ادارة الجودة الشاملة والامكانات التطبيقية في مؤسسات التعليم العالي**، دراسة حالة، جامعة عمان الاهلية، رسالة ماجستير غير منشورة، جامعة اليرموك، اربد، الاردن.

(3) عبدالله محمد شوقي: **ادارة الجودة الشاملة مدخلاً لتطوير التعليم الفني**، مجلة كلية التربية، جامعة المنصورة، العدد (53)، الجزء (1)، 2003، ص ص (177 - 221).

ذكر دويكات (2005)[1] بعض المبررات لتطبيق الجودة الشاملة في التعليم؛ مثل ارتباط الجودة بالإنتاجية، وارتباطها بالشمولية، وعالمية نظام الجودة الذي أصبح سمة من سمات العصر الحديث. ويضيف حسن وعزام (1999) أن أهمية أي عنصر أو متطلب في نظام الجودة تختلف حسب طبيعة النشاط وحسب المنتج، وأن من الضروري أن نكيف نظام الجودة حسب طبيعة النشاط وحسب المنتج من أجل الحصول على الفاعلية القصوى ومن أجل إرضاء توقعات الزبون.

ويعتقد الخطيب (2000) [2] أن القراءة المتأنية لمبادىء ديمنج تنبئنا بإمكانية تطبيقها في القطاع التربوي، وأن ما يعزز ثقتنا في إمكانية تطبيق تلك المبادىء هو نجاح العديد من المناطق التعليمية والمدارس في الولايات المتحدة الأمريكية في النهوض بالنظام التربوي برمته بعد تطبيق تلك المبادىء. ويعتقد سرلكنثان (Srilkanthan, 2003) أنه يمكن إعداد نموذج عام للجودة يهتم بالقضايا التربوية، ويضيف ان نموذج الإدارة المعد هذا يجب ان يركز على تطوير ثقافة تنظيمية مساعدة مكملة لعناصر النموذج.

إن تحديث العمل التربوي وتطبيق الجودة الشاملة يستدعيان إعادة النظر في رسالة المؤسسة التربوية وأهدافها وغاياتها واستراتيجيات تعاطيها العمل التربوي ومعايير التقويم وإجراءاته المتبعة فيها والتعرف إلى حاجات الطلبة ومتطلباتهم ورغباتهم الآنية والمستقبلية. أما فيما يتعلق بهيئة التدريس والإداريين فلا بد من إعادة النظر في كيفية توظيف هذه الموارد واستثمارها بكفاءة وفاعلية، وإعادة هيكلة النظام التربوي بحيث يتماشى مع واقع المناهج الدراسية التي أصبح

---

(1) خالد عبد الجليل دويكات: **ادارة الجودة الشاملة في التعليم عن بعد، نموذج جامعة القدس المفتوحة**، ورقة عمل مقدمة الى مؤتمر كلية التربية السادس للعلوم التربوية والنفسية، جامعة اليرموك، اربد، الاردن، 22 - 2005/11/24.

(2) احمد الخطيب: **ادارة الجودة الشاملة: تطبيقات في الادارة الجامعية**، مجلس اتحاد الجامعات العربية، العدد المتخصص (3)، 2000، ص ص (83 - 122).

من الضروري مراجعة محتواها ورعايتها بشكل دوري، والتأكد من واقعيتها في تلبية رغبات الطلاب والمجتمع.

ولا يفوتنا تأكيد ضرورة الاهتمام بتطوير العمليات وأنشطة العمل في الإدارة العليا وهي وزارة التربية والتعليم والإدارة الوسطى وهي مديريات التربية والتعليم، وضرورة مواكبتها التطور الاداري الحديث والتطورات القتينة والعلمية للتمكن من النهوض بالعملية التربوية، وتمكين المؤسسات التربوية من ضمان الجودة في جميع مراحل عملها وآلياته .

مبادىء الجودة الشاملة في الأنظمة التعليمية والتربوية

لكي تغدو مبادىء الجودة الشاملة أفضل تلاؤما مع الأنظمة التعليمية، فقد لجأ المديرون إلى تعديل هذه المبادىء لتتواءم مع التعليم؛ فقد طور فريمان (Freeman, 1992) أنموذجاً تمهيدياً لحلقات الجودة للتدريب والتعليم، كذلك عمل شنكات (Schenkat, 1993) [1] على وضع خطة للتوصل الى الجودة في التعليم وذلك بدمجه مبادىء ديمنج ومعايير مكافأة بالدرج. ووضح آركارو (Arcaro, 1997)[2] كيف يمكن الاستفادة من مبادىء ديمنج بتطبيقها في العملية التربوية، وأكد أن على الإدارة التعليمية ان تعمل على توفير التدريب اللازم لتغيير الطريقة التي يستخدمها العاملون لتحسين النوعية وتحسين المنهاج، ويعد آركارو التحسين المستمر مكوناً رئيسياً لجودة التعليم، ويشمل التحسين في نظره مناحي العملية التربوية كلها؛ المنهج والمدرسة والأدوات والتقنيات اللازمة لغرفة الصف، مؤكدا ضرورة توفير

---

(1)Schenkat, R. (1993). **Quality Connections Transforming Schools through Total Quality Management**, Association for Supervision and Curriculum Development, Alexandria, Virginia.

(2) Archaro, S.L. (1997). **Quality in Education, Implementation Handbook**, Vanitty Book International, New Delhi.

مناخ ملائم في غرفة الصف ومركزا على أن الطالب محور العملية التربوية التعليمية.

وضع ديمنج (Deming) عدة مبادىء لتطوير الجودة الشاملة، ولتعديلها بما يتوافق مع المؤسسة التربوية المعنية، وقام كاظم (2004) بتلخيصها في مجال التربية والتعليم على النحو التالي:

1. تبني فلسفة جديدة للإدارة التربوية تحفز التحدي وتعلم المسؤوليات وتقود الى التغيير.
2. الابتعاد عن أسلوب التمييز بين الأفراد والتركيز على الأداء والعمليات أكثر من التركيز على الترتيب والتمييز.
3. الكف عن الاعتماد على المواقف الاختيارية لتحقيق الجودة، والتوقف عن أسلوب التفتيش والفحص الجمعي (الاختبارات المقننة، امتحانات التخرج)، والاعتماد بدلاً من ذلك على الخبرات التي تشجع الابداع والتجريب.
4. التنسيق بين المؤسسات التربوية التي يدرس فيها الطلاب؛ إذ إن تخفيض التكلفة التعليمية يتأثر بتطوير العلاقات بين تلك المؤسسات.
5. التدريب الوظيفي المستمر للطلبة والمعلمين وهيئة التنظيم والادارة.
6. ينبغي أن يكون الغرض النهائي لقيادة المؤسسة هو مساعدة الأفراد في استخدام الأجهزة والأدوات والمواد، لإنجاز العمل بصورة أفضل وتفعيل دافعية الابتكار.
7. إزالة الحواجز بين اقسام المؤسسة؛ فينبغي أن يعمل الأفراد كفريق، سواء أكان ذلك في التدريس أم في الحسابات أم في خدمة الغذاء أم في الادارة أم في تطوير المناهج وغيرها، إلى جانب وضع استراتيجية لتعاون الجميع.

وعليه يمكن للمؤسسات التربوية، كبقية المؤسسات، ان تقوم بتطوير نموذجها الخاص بها لإدارة الجودة الشاملة بحيث تتمكن من تحقيق أغراضها وغاياتها، ولكن من خلال تبنيها المبادىء العامة لإدارة الجودة الشاملة ومنهجياتها، التي من أهمها تحسين الجودة بتحسين العمليات، والعمل المشترك لتحقيق الرضا المتبادل بين جميع الأطراف المشاركة في العملية التربوية من معلمين وطلاب وإداريين وأولياء أمور بل والمجتمع كافة، وتكييف تلك المبادىء بحيث تتلاءم مع أهداف المؤسسة التربوية ورسالتها.

وحتى تتمكن المنظمات التربوية من تطبيق هذا النموذج الاداري، لابد من توفير عدد من المتطلبات الرئيسة لعل أهمها:

- اقتناع الادارة العليا في المنظمة التربوية باهمية استخدام مدخل إدارة الجودة الشاملة إدراكاً منها للمتغيرات العالمية الجديدة؛ إذ تعد الجودة الشاملة أحد الأساليب الادارية الحديثة التي تسعى الى خفض التكاليف المالية، وإقلال الهدر التربوي او التعليمي (رفع الكفاءة الداخلية للنظام التربوي)، بالاضافة الى وضع احتياجات الطلاب واصحاب المصلحة ورغباتهم في المقام الاول عند تحديد اهداف الجودة (الكفاءة الخارجية للنظام التربوي)، على أن لا يتعارض ذلك مع أهداف العملية التربوية .[1]
- الشراكة مع منظمات المجتمع ومؤسساته التي تتعاون مع المؤسسات التربوية؛ إذ تقترح معايير بالدرج ضرورة التعاون مع داعمين لتطوير استراتيجيات التحسين في التعليم، وقد ياخذ الآباء دور الشركاء الداعمين

---

(1) محمد وحيد صيام: **التعليم عن بعد كأحد نماذج التعليم العالي وبعض مجالات ضبط الجودة النوعية في أنظمته**، دراسة مقدمة في المؤتمر التربوي الخامس، جودة التعليم الجامعي، المجلد الثاني، جامعة البحرين، 11 – 2005/4/13.

- (Srilkanthan, 2003)[1]، بالإضافة إلى تكوين مجلس استشاري من المعلمين يضمن تطبيق الجودة. ويشير فازانا و ونتر (Vazzana and Winter, 1997)[2] إلى ضرورة أن يكون الطلبة ضمن هذا المجلس، وأن يهتم المجلس بالجوانب الاجتماعية ويقدم التوصيات اللازمة.

- هناك حاجة لتطوير العاملين في العملية التربوية، ويكون ذلك كما يرى ماكي وكمبر (McKay and Kember, 1999) من خلال وضع برامج تدريبية مثل الدورات و ورش العمل القصيرة والحلقات الدراسية لإتقان المهارات التي تساهم في تحسين الجودة.

- مشاركة العاملين في تحديد الاجراءات المطلوبة للعمل؛ إذ يمكن إكسابهم الخبرة اللازمة لذلك من خلال إرسال فريق تحسين الجودة إلى مدارس أخرى، بالإضافة إلى إعطائهم السلطة لاتخاذ القرارات، وتمكينهم من الاستعانة بمستشارين من خارج المدرسة (Fitzgerald, 1996)[3].

إن ملاحظة الممارسة، والمقارنة بين الممارسة الفعلية والمعايير، والحث على العمل من أجل التحسين حسب الضرورة، من الشروط الضرورية لنجاح برنامج الجودة في أية منشأة إلى جانب إيجاد نموذج أساس يجمع المواصفات والتقويم فيما يتعلق بالجودة، ويتبع ذلك اتخاذ الإجراءات التصحيحية المناسبة Corrective Actions.

---

(1) Srilkanthan, G. (2003). **Developing Alternative Perspectives for Quality in Higher Education**, The International Journal of Educational Management, Vol. (17), No. (3), PP. (126 - 136).

(2) Vazzana, G. and Winter, J.K. (1997). **Can T.Q.M. Fill a Gap in higher Education?** Journal of Education for Business, Vol. (72), No. (5).

(3) Fitzgerald, R. (1996). **Total Quality Management in Education.**

أما عبد العزيز سنبل (2001) [1] فقد عرف الجودة بانها نظام مكون من مجموعة من الاجراءات والإرشادات تضعها الهيئة التربوية المسؤولة أو المؤسسة التعليمية لتهتدي بها في تنظيم عملها وتوفير خدمات تعليمية فعالة؛ كإنتاج المواد التعليمية الجيدة، وتوصيل المعلومات، وتقديم المادة العلمية، وقياس تحصيل الطلبة بما يتفق وهذه المعايير والاجراءات. ناهيك عن أن من أهداف الجودة النوعية تلبية حاجات الدارسين والسوق وضمان الجدوى الاقتصادية للعملية التعليمية برمتها.

إدارة الجودة في التعليم

إن تقويم التعليم يتأتى على الوجه الأغلب عن طريق أفكار وآراء تبدأ من ميدان الصناعة، ولو اقتفينا أثر ميدان الادارة التعليمية لوجدنا أنها منحدرة من حركة الإدارة العلمية في اوائل التسعينات من القرن الماضي؛ فقد اقتبست اللجان المدرسية افكار تايلور الواردة في نظرية الادارة العلمية ومواصفات المصنوعات لتحديد معايير أداء الانتاج، ونتيجة لذلك نرى أن الادارة التعليمية محاذية تماما لمبادىء ميدان الاعمال والصناعة وتطبيقاته.

ولدت حركة إدارة الجودة في الثمانينات من القرن الماضي ثورة أمريكية جديدة؛ فقد أصبحت الجودة شعارا في كل وجه من أوجه الحياة وأخذت مبادىء إدارة الجودة وتطبيقاتها تبث روح الحياة في ميادين الاعمال والميادين الحكومية والصناعية وفي عالم التربية والتعليم.

---

(1) عبد العزيز عبدالله السنبل: مبادىء واجراءات ضبط الجودة النوعية في أنظمة التعليم عن بعد، مجلة اتحاد الجامعات العربية، العدد الثامن والثلاثون، كانون الثاني 2001 ، عمان، الاردن، ص (77).

ويرى شارجل (Schargel, 1993) [1] أن هناك ثلاث موجات لإدارة الجودة بدأت أولها عندما أدخل ديمنج (Deming, 1994) [2] مفهوم الجودة الى اليابان في الخمسينات من القرن الماضي، وظهرت الموجة الثانية عندما بدأت الاعمال والصناعات الأمريكية بتطبيق أفكار إدارة الجودة في الثمانينات من القرن الماضي، والآن نشهد الموجة الثالثة من موجات إدارة الجودة في ميدان التعليم.

إن إدارة الجودة فلسفة لها جذورها في عالم الأعمال ولكنها تنمو فوق المبادىء الضيقة لتوجد مبادىء جديدة في ميدان التعليم.

يرى بونستينجل Bonstingel 1999 [3] ان ادارة الجودة في اعماقها مكرسة لإظهار أفضل المزايا الجيدة لدى الانسان في كل عمل يؤديه الناس جماعيا. هذا، وتعد إدارة الجودة من نواحٍ عديدة توافقا طبيعيا يزخر بآمال القادة التربويين وطموحاتهم في أثناء عملهم لتحسين مدارسهم.

بدأ تنفيذ إدارة الجودة في المجال التعليمي في الثمانينات من القرن الماضي، إلا أنه يتعذر تحديد المدرسة أو المؤسسة التعليمية التي كانت أول من نفذ إدارة الجودة. ويرى لويس (Lewis, 1994) أن المهتمين بالجودة في المجال التربوي يعتقدون ان مدرسة ماونت إيدج كومب بولاية ألاسكا هي اول مدرسة اهتمت بإدارة الجودة. وقد اشتملت عملية إدارة الجودة المدرسية المعروفة باسم عملية التحسين المتواصل، على إعادة تشكيل العلاقة بين المعلم والطالب وتحويلها من عملية تعليم وتعلم الى عمل بروح الفريق الواحد.

---

(1) Schargel, R. **Quality Connections, Transforming Schools through Total Quality Management**, Alexandria, Association for Supervision and Curriculum Development, 1993.

(2) Deming, **Modern Organization**, Englewood Cliffs, Prentice Hall, Inc., 1994.

(3) Bonstingel, I. **The Total Quality Classroom Education Leadership**, 1999.

وفي هذا يرى لونج فورد (Longford, 1999)[1] الذي كان معلما في مدرسة ماونت إيدج كومب وأصبح الآن خبيرا في الجودة، أن تنفيذ إدارة الجودة نما بعد زيارته الأولى لمدرسة (Gilbert) بمدينة (Phoenix) في ولاية اريزونا ؛ فقد لاحظ أن هذه المدرسة تقوم بتطبيق إدارة الجودة النوعية.

ويرى لويس (Lewis, 1996)[2] ان إدارة الجودة تشير الى نظام تعاوني يتفق فيه بالتبادل والمشاركة كل من الزبائن (ممثلين بالطلاب والمعلمين وأولياء الأمور) والموردين (ممثلين بمديري المدارس والمعلمين والموظفين الآخرين) على تلبية الطلبات وتوفير الاحتياجات وفق قناعات الزبائن بشكل متواصل. ويشير شنكات (Schenkat, 1993) الى أن مبادىء إدارة الجودة النوعية كانت قد وُضعت أصلا لإحياء الحوافز الفعلية والتعاون والوقار والمرح في عملية التعليم.

وعلى الرغم من أن مبادىء إدارة الجودة صحيحة، فإن إنجاز النجاح يتوقف على قيادة الادارة الاستراتيجية المستخدمة في إنجاز أهداف المؤسسة، الرامية الى تحسين الجودة في المؤسسات التعليمية.[3]

إن مفهوم الجودة في التعليم يهدف الى تخريج أفواج من الشباب الأكفياء المؤهلين تأهيلا عاليا والقادرين على العمل في مختلف مجالات التخصص العلمي والمساهمة في إدارتها وتنميتها وتطويرها.[4]

---

(1) Longford, D.P., **Modified Deming Points for Continuous Improvement of Education**, Unpublished Manuscripts, (1999), P. (25).

(2) Lewis, R. and Spenser, D., **What is Open Learning?** London Council for Educational Technology. (1996), P. (144).

(3) Huang, (**op. cit.**), P. (109).

(4) سعد حجازي وعبد الرحمن التميمي: **ضبط الجودة النوعية في التعليم**، محاضرة القيت في مدينة الحسين الطبية، عمان، الأردن، 1996.

ويمكن تعريف نوعية خريج العملية التعليمية بأنها قاعدة المعرفة التي بإمكانه استخدامها في حل المسائل المتعلقة بمشاكل مجال العمل من خلال وظائف العملية الادارية وهي التخطيط والتنظيم والمتابعة واتخاذ القرار(العلي، 1996)[1].

كما أشار العلي إلى أن المفاهيم المهمة في إدارة الجودة في الجامعات يمكن تحديدها فيما يلي:

النظام: مجموعة من العلاقات المتبادلة للخطط والسياسات والعمليات والأساليب والأفراد والأجهزة اللازمة لتحقيق أهداف الجامعة.

الهيكل الجامعي: البناء الاداري والتنظيمي للجامعة الذي يخدم أهداف الجامعة ووظائفها.

الأساليب: مجموعة المناهج التنظيمية والأساليب المعرفية والتكنولوجية المتعلقة بها الضرورية لأداء الوظيفة التعليمية.

وقد ذكر العلي أن تطبيق نظام الجودة النوعية في الجامعات يحتاج الى المنهجية التالية:

1- تحديد مسؤوليات العملية الادارية.

2- تحديد متطلبات المستفيدين ومحاولة مطابقة مواصفات العملية التعليمية الجامعية مع هذه المتطلبات.

3- إيجاد المعايير المستخدمة في نظام التعليم الجامعي وتطويرها.

4- البحث عن فرص التحسين والتطوير للتعليم الجامعي.

5- التحسين المستمر للعملية التعليمية الجامعية. ويتطلب ذلك المساهمة من كافة العاملين في الجامعات (من أكاديميين وإداريين وفنيين)؛ إذ يعد تحقيق الجودة مسؤوليتهم جميعا [2].

---

(1) عبد الستار محمد العلي: **تطوير التعليم الجامعي** باستخدام ادارة **الجودة الشاملة**، ورقة عمل قدمت الى المؤتمر الأول للتعليم الجامعي الاداري والتجاري، جامعة الامارات العربية المتحدة، 1996.

(2) عبد الستار محمد العلي: **مرجع سابق**.

ويقول إرفن (Irvin, 1995)[1] إن مؤسسات التعليم العالي تتعلم كل يوم أكثر فأكثر عن كيفية تطبيق إدارة الجودة النوعية عن طريق الخبرة، وعن تحديد معنى إدارة الجودة بطرق وأساليب تتناسب ومهماتها. وليس مثارا للدهشة أن نرى أن غالبية المؤسسات التعليمية تطبق إدارة الجودة النوعية في الميادين الادارية حيث مبادىء إدارة الجودة أكثر انتشاراً. إن الجهود الأولية لإدارة الجودة قد وجهت نحو تحسين العمليات الادارية وليس نحو الانشطة الصفية. فقد ركز بعض المؤسسات مثل PEN وجامعة ولاية بنسلفانيا على الأداء في الميادين الادارية في حين ان جامعات أخرى مثل جامعة ولاية وين، وجامعة متشيغان، وجامعة أوريغون، قد طبقت إدارة الجودة بشكل اوسع وأشمل.

إن تحديد مؤشرات الجودة في المؤسسات التربوية يساعد في تحسين النظام التربوي. وهذا يتطلب الرجوع الى معايير الجودة في الصناعة والادارة والاستفادة منها في مجال التربية. ولدى ادوار وسالز فإنه لا توجد شواهد على تطبيق المعيار البريطاني أو المعيار القومي للجودة في التربية، وقد يرجع ذلك الى استخدام اصحاب المصانع لغة غير مألوفة لمعظم التربويين مما يتطلب ضرورة ترجمتها الى السياق التربوي.

ومتطلبات المعيار البريطاني ونظيره القومي للجودة في التربية هي:

- التزام الإدارات بالجودة.

- سياسة القبول والاختيار.

- تسجيل مدى تقدم الطالب.

- تطوير المنهج والاستراتيجيات التعليمية.

- اتساق أساليب التقويم.

---

(1)Irvin, Anderew H., **Leadership Strategies for the Implementation of Total Quality Management at Five Resarch Universities**, Unpublished Doctoral Dissertation, Michigan State University, U.S.A, 1995.

‑ تحديد الإنجازات المتدنية والعمل على تصحيحها والتعامل مع نواحي الضعف.

‑ استمرارية الاجراءات والفحوصات الداخلية للجودة.

‑ تطوير الهيئة التربوية وتدريبها.

‑ المراقبة والتقويم.

كما قدم جلاسر (Glasser) إجراءات عملية لتطبيق الجودة في التعليم [1]، وهي أن:

‑ التربية عملية مستمرة مدى الحياة.

‑ النمط القيادي لابد من أن يكون تشاركيا.

‑ التفاهم بين العاملين لابد من أن يحظى بالاهتمام.

‑ لابد من معاملة جميع العاملين في التعليم على أنهم محترفون (في تأدية العمل)[2].

ومن الامثلة على تطبيق إدارة الجودة ما قامت به منطقة نيوتاون الأمريكية من تطبيق للإدارة في مدارسها. وقد قامت التجربة على رسالة مفادها أن (كل الاطفال يستطيعون أن يتعلموا وسوف يتعلمون جيدا) بمعنى ان كل طالب يدخل المدرسة يستطيع أن يتعلم، وسوف يتعلم جيدا، وكلمة (سوف) تعني أن دوافع التعليم تحفز داخليا، وكلمة (جيدا) هي لب موضوع الجودة التي تسعى التجربة إلى تحقيقها. وكانت نتائج الجودة المرجوة من التطبيق:

- المقدرة على التعليم الذاتي .

- المقدرة على استيعاب المعرفة.

- تعلم المهارات ومعالجة المشكلات والتفكير الناقد واتخاذ القرارات.

---

(1) مراد صالح مراد زيدان: **مؤشرات الجودة في التعليم الجامعي المصري**، الإنترنت، 2001.

(2) احمد سعيد درباس: **ادارة الجودة الكلية: مفهومها وتطبيقاتها التربوية وامكانية الافادة منها في القطاع التربوي السعودي**، رسالة الخليج العربي، المجلد 14، العدد (50)، 2004.

- الاهتمام والعناية بالاخرين.

– تقدير الذات. [1]

متطلبات تطبيق إدارة الجودة:

تعد المتطلبات التالية عوامل أساسية لتبني فلسفة إدارة الجودة بالتطبيق العملي كما أوردها (إبراهيم، 2003) :

1- إيمان الإدارة العليا بأهمية نظام إدارة الجودة، وإدراكها لمسؤولياتها تجاه التغيرات العالمية الجديدة.

2- تحديد الأهداف التي تسعى المؤسسة الى تحقيقها باعتبارها المدخل الأول إلى إدارة الجودة النوعية.

3- ان تكون الأهداف التي تريد أن تحققها الإدارة موجهة لاحتياجات المستهلك ورغباته في المدى الطويل.

4- وجوب ان يكون هناك تعاون في كافة أقسام المؤسسة.

5- تدريب العاملين على نماذج حل مشكلات الجودة وضرورة إدخال تحسينات على الأساليب المتبعة في المؤسسة.

6- ان تكون هناك قاعدة معلوماتية عريضة من البيانات والمعلومات ترتكز عليها فلسفة إدارة الجودة النوعية وترشد عملية اتخاذ القرارات داخل المؤسسة.

7- منح الموظف الثقة، وتشجيعه على أداء عمله، وإعطاؤه السلطة اللازمة لأداء العمل المنوط به دون تدخل من قبل الادارة في أثناء عملية التنفيذ.

8- الابتعاد عن الخوف من تطبيق إدارة الجودة.

---

(1) احمد سعيد درباس ، **المرجع السابق**، ص (107).

9- أن تنظر الادارة العليا الى عملية التطوير وتحسين الجودة على أنها عملية مستمرة وطويلة [1].

مراحل تطبيق إدارة الجودة

تمر عملية تطبيق إدارة الجودة في خمس مراحل أساسية أوردها عبد المحسن (1996) كما يلي:

أولا: مرحلة اقتناع الإدارة بفلسفة إدارة الجودة وتبنّيها

في هذه المرحلة تقرر إدارة المؤسسة رغبتها في تطبيق نظام إدارة الجودة. ومن هذا المنطلق يبدأ كبار المديرين في المؤسسة بتلقي برامج تدريبية متخصصة عن مفهوم النظام وأهميته ومتطلباته والمبادىء التي يستند عليها.

ثانياً: مرحلة التخطيط

فيها يتم وضع الخطط التفصيلية للتنفيذ وتحديد الهيكل الدائم والموارد اللازمة لتطبيق النظام.

ثالثاً: مرحلة التقويم

غالباً تبدأ عملية التقويم ببعض التساؤلات المهمة التي يمكن في ضوء الاجابة عنها تهيئة الأرضية المناسبة للبدء في تطبيق إدارة الجودة.

رابعاً: مرحلة التنفيذ

في هذه المرحلة يتم اختيار الافراد الذين سيعهد اليهم بالقيام بعملية التنفيذ، وتدريبهم على أحدث وسائل التدريب المتعلقة بإدارة الجودة.

---

(1)ابراهيم حسـن ابـراهيم: **الرقابـة الاحصائية عـلى الجـودة وفلسـفة النجـاح في الادارة** ، مجلـة التعـاون الصناعي، 2003، ص (270).

خامساً: مرحلة تبادل الخبرات ونشرها

في هذه المرحلة يتم استثمار الخبرات والنجاحات التي تم تحقيقها نتيجة لتطبيق نظام إدارة الجودة.

مفهوم ضبط الجودة

يرتبط بمصطلح الجودة مصطلح آخر هو ضبط الجودة، ويقصد به: نظام يحقق مستويات مرغوبة في المنتج عن طريق فحص عينات من هذا المنتج.

ويعرفه معجم مصطلحات العلوم الاجتماعية بأنه يعني الإشراف على العمليات الانتاجية لتحقيق إنتاج سلعة بأقل تكلفة ممكنة وبالجودة المطلوبة طبقاً للمعايير الموضوعة.

يعرف ضبط الجودة (Quality Control) بأنه مجموعة التقنيات والنشاطات ذات الصفة التطبيقية التي تسمح بتحقيق المتطلبات الخاصة بالجودة؛ أي جميع الاعمال التي تسمح بقيادة العمليات (سير الانتاج والمراحل المتشابهة لتقديم خدمة) وحذف مظاهر اللاتطابق والانحراف بالنسبة لما هو مطلوب على امتداد العمليات . [1]

إن عمليات ضبط الجودة هي مسؤولية الأشخاص التنفيذيين الذين يتحملون مسؤولية تحقيق الجودة على امتداد العمليات (العجي، 1999).

- أما مفهوم ضبط الجودة في التعليم فهو يهدف الى تخريج أفواج من الشباب الأكفياء المؤهلين تأهيلاً عالياً والقادرين على العمل في مختلف مجالات التخصص العلمي والمساهمة في إدارتها وتنميتها وتطورها. [2]

---

(1) ماهر العجي، طلال عبود: **دليل الجودة في المؤسسات والشركات**، سلسلة الرضا للمعلومات، دمشق، سوريا، 1999، ص (56).

(2) سعد حجازي وعبد الرحمن التميمي: **ضبط الجودة النوعية في التعليم**، مرجع سابق، ص (15).

يتضح مما سبق ان ضبط الجودة يحتاج الى مؤشرات ومعايير للحكم من خلالها على مدى تحقيقه. وبهذا فإن تحقيق الجودة في التعليم يستلزم وضع مجموعة من المعايير والضوابط، التي يمكن من خلالها تحديد مدى تحقيق الجودة في التعليم وكيفة الحفاظ على هذه المعايير.

تطبيقات الجودة في المؤسسات التربوية:

إن إدارة الجودة أثبتت نتائجها الإيجابية في تحقيق المركز التنافسي لعدد من الشركات الصناعية، وقد أكد مديرو ست شركات أمريكية كبيرة أن إدارة الجودة هي أفضل طريقة لأداء أعمالهم، وأن الشركات الصناعية ومؤسسات التعليم العالي تقع على عاتقها مسؤولية مشتركة في ان تتعلم إدارة الجودة وتعلمها وتمارسها. إن تطبيق إدارة الجودة في الشركات الصناعية سبق تطبيقها في مؤسسات التعليم العالي بعشر سنوات، والتعليم الجامعي أحد المجالات المثيرة للاهتمام في تطبيق إدارة الجودة، وهو يشكل تحدياً أمام تطبيق نظام إدارة الجودة في السنوات الأخيرة في الولايات المتحدة الأمريكية، وقد تزايد استعمال إدارة الجودة في مؤسسات التعليم العالي كطريقة حديثة في إدراتها.

بدأت أولى محاولات التعرض لجودة التعليم في الولايات المتحدة الأمريكية من قبل الباحث "كندرغارتن" من خلال ما نادى به بعض المدارس الثانوية والكليات والجامعات من أجل البدء بإصلاح التعليم خلال العقد الأخير من القرن الماضي.

ومن الجدير بالذكر أن موضوع الإصلاح التعليمي في الولايات المتحدة تم النظر اليه من قبل قلة من رجال التعليم ومعاهد التعليم والمجموعات السياسية والقادة وحتى عامة الناس، وخاصة فيما يتعلق بالمسائل المرتبطة بانحدار التعليم. وقد بادر العديد من المناطق في الولايات المتحدة الامريكية إلى تجريب أساليب الجودة النوعية وتطبيقها في مؤسساتها التربوية كما في المدرسة الثانوية ماونت ايدج كومب في ولاية ألاسكا الأمريكية، التي تعد من المدارس الرائدة في خوض

غمار تجربة إدارة الجودة النوعية، حتى أصبحت هذه المدرسة مرجعاً في تطبيقات إدارة الجودة النوعية على المستوى الوطني، ومدرسة رد وود المتوسطة في كاليفورنيا[1]. كما قامت مدارس أخرى في منطقة ديترويت التعليمية بتبني فلسفة إدارة الجودة منذ العام الدراسي 1989/ 1990 على نحو تجريبي في البداية، وبعد نجاح التجربة تم تعميمها على المدارس التي أبدت استعدادها للتحول الى فلسفة إدارة جديدة تحمل في آفاقها رؤى واعدة للنهوض بالعملية التربوية والتعليمية. إن تطبيق أساليب إدارة الجودة ومفاهيمها في مدارس ديترويت فرض عليها ما يلي:

1. إعادة تعريف دور المدارس وأهدافها وواجباتها على نحو يتلاءم مع فلسفة إدارة الجودة.
2. تحسين الوضع الكلي للمدارس على نحو يؤهلها لتطبيق استراتيجيات التغيير الأساسية للتحول شطر إدارة الجودة.
3. التخطيط لبرامج تدريبية شاملة في القيادة التربوية للإداريين والمعلمين تعنى بمفاهيم القيادة بالمشاركة.
4. تبني برنامج لتطوير العاملين وتثقيفهم، خاصة فيما يتعلق بمواقفهم وافكارهم تجاه عملية التغيير.
5. توظيف البحث النظري والتطبيقي واعتباره قاعدة أساسية تستمد منه البيانات والمعلومات التي في ضوئها يتم إعداد السياسات التعليمية وعلى هداها يجري تنفيذها[2].

وقد استطاعت مدرسة " بني دري " في مقاطعة ويلز البريطانية - بنجاح - رفع المستوى الأكاديمي للمدرسة وبناء سمعة ممتازة لها، وذلك من خلال توجهها الدؤوب نحو التحسين المستمر، وبناء الجودة في كافة العمليات والإجراءات في

(1) سعيد درباس: **ادارة الجودة الكلية: مفهومها وتطبيقاتها التربوية وإمكانية الافادة منها في القطاع التربوي السعودي**، مرجع سابق، ص (16).
(2) احمد سعيد درباس: **مرجع سابق**، ص (34).

المدرسة. وقد استطاعت هذه المدرسة في تشرين الثاني من عام 1995 الحصول على جائزة ويلز في الجودة، وهي خاصة بقطاع التعليم هناك، وذلك يعتبر أكبر دليل على نجاح الإدارة الكفؤة للمدرسة في جهود تحسين الجودة، ومنذ حصولها على هذه الجائزة قامت المدرسة بتوثيق علاقاتها مع بعض الشركات المحلية – مثل هيتاشي وفورد وسوني – التي قدمت للمدرسة الدعم من أجل مواصلة تدريبها في مجال الجودة والتحسين المستمر، كما أثبتت المدرسة أنه يمكنها – عن طريق الجودة – التعامل مع الضغوطات التي يضعها المجتمع على المدارس لتحسين مستواها التعليمي (Thorant and Viggianair, 1996, PP. 24-35) .

كما قام العديد من الجامعات الأمريكية بتطبيق نظام إدارة الجودة – بنجاح – في السنوات الأخيرة، وذلك بهدف تعديل المسار الأكاديمي وتحقيق السبق العلمي والتميز في التعليم. وفيما يلي عرض لبعض الجامعات الأمريكية التي قامت بتطبيق إدارة الجودة فيها.

1. جامعة بنسلفانيا

قامت جامعة بنسلفانيا بتطبيق إدارة الجودة – في بداية الأمر – في إحدى كلياتها، وهي كلية وارتون للتجارة. وفيما بعد تم نشر الجودة النوعية في الكليات الاثنتي عشرة الموجودة في الجامعة، كما تم تشكيل مجلس الجودة بالإضافة الى أربع فرق لتحسين الجودة. وقد استطاعت هذه الفرق – خلال سنة واحدة فقط – تحقيق وفورات مالية للجامعة تقدر بأكثر من نصف مليون دولار بالإضافة إلى أنه عن طريق هذه الفرق – وبدعم الإدارة العليا والتزامها – تم إنجاز تحسينات مهمة وواضحة في نوعية الخدمات الادارية في الجامعة. وقامت الجامعة بالتعاون مع مؤسسة جوران بالتدريب المكثف لأعضاء فرق التحسين على مهارات تطبيق الجودة في الجامعة. ومن الجدير بالذكر أن الإدارة العليا في الجامعة قامت – من خلال التخطيط الاستراتيجي – بصياغة أهداف واستراتيجيات لدعم رسالتي البحث العلمي والتعليم في الجامعة والتركيز على خدمة الزبائن وإشباع رغباتهم ضمن أقل

كلفة ممكنة. وتقوم الجامعة بتطبيق إدارة الجودة في جميع عملياتها الادارية والتعليمية؛ فقد قامت بإعادة تصميم مناهجها الدراسية، كما تم البدء بتدريس مساقات الجودة لطلبة البكالوريوس والماجستير والدكتوراة في إدارة الأعمال، وترى إدارة الجامعة ان رحلتها نحو إدارة الجودة مستمرة ولن تنتهي ابداً[1].

2. جامعة اوريجون

قامت جامعة اوريجون بتطبيق نظام إدارة الجودة بنجاح، وقد لعب الباحث ايدوين كون – الذي كان يشغل منصب نائب رئيس الجامعة للشؤون المالية والادارية – الدور القيادي في تطبيق هذا النظام في هذه الجامعة. وقد تم دعم المشروع من قبل رئيس الجامعة، وتم تحديد مجموعة من الأهداف لتطبيق نظام الجودة بعد إجراء مسح شامل خلال عام 1994 لعملية تطبيق نظام الجودة النوعية في المعاهد التعليمية. وبعد الانتهاء من مسح (25) كلية وجامعة اعتمدت نظام الجودة، قرر نائب رئيس جامعة أوريجون أن المحاولات الناجحة الأساسية لنظام الجودة قد تطبق في الجامعات أيضاً بعد نجاحها في الكليات المعنية. وبعد دراسة مستفيضة توصل الباحث كون الى استنتاج أن النهج الأفضل لتطبيق نظام الجودة في جامعة هو نهج التخطيط الاستراتيجي جنباً إلى جنب مع معايير جائزة مالكولم بالدرج العالمية في الجودة (Evans, and Lenders, 1993, P. 33) .

ولقد تم إجراء هذه الدراسة الريادية (الأولى) على الواقع العملي لعدة اسباب منها:

- عدّ نظام الجودة من القضايا ذات الأولوية العليا.

- الاحتمالية العالية لنجاح تطبيق نظام الجودة.

- قناعة الإدارة الجامعية بأهمية النظام البالغة.

- لم يسبق لأحد أن حاول تطبيق هذا النظام في البيئة الجامعية.

---

(1) Klendoer, P.R., TQM at the University of Pennsylvania, Managing Service Quality, Vol. 4, No.4., 2004, PP. (20-23).

- أهمية النظام بالنسبة للمنظمات المستفيدة من مخرجات التعليم الجامعي.

3- جامعة ماري لاند الحكومية

بدأت رحلة جامعة ماري لاند نحو إدارة الجودة في عام 1990، عندما ابدى رئيس الجامعة اهتماما كبيرا بتطبيق الجودة النوعية في الجامعة. إن محاولة الجامعة تطبيق إدارة الجودة النوعية كانت للضرورة والرغبة في التفوق، وقد كانت هناك ثلاثة عوامل رئيسة حفزت رئيس الجامعة الى الاهتمام بتطبيق إدارة الجودة النوعية، وهي:

أ. عدم التساوي في نوعية الخدمات التي تقدمها الجامعة؛ إذ كانت هناك وحدات أو أقسام في الجامعة متفوقة في تقديم خدماتها بينما هناك وحدات أو أقسام اخرى خدماتها دون المستوى المطلوب. وقد وجد رئيس الجامعة ان أدوات إدارة الجودة النوعية تقدم طرقاً منظمة لفهم احتياجات الزبائن والاستجابة لها.

ب. الصعوبات المالية التي كانت تواجه الجامعة باعتبارها جامعة حكومية ؛ فقد تم اقتطاع 20% من الدعم الحكومي لها في عام 1990، مما اضطر الجامعة إلى الاستغناء عن بعض موظفيها والتقليل من برامجها التعليمية والعمل ضمن المصادر المالية المحدودة المتوفرة. وقد كان رئيس الجامعة يعتقد ان الحل الوحيد للتعامل مع هذا الوضع هو تطبيق ادارة الجودة النوعية بهدف التقليل من كثير من الاجراءات البيروقراطية وغير الضرورية التي تؤدي الى هدر الموارد.

ج. كان كثير من قادة المؤسسات الصناعية يتكلمون عن التغييرات الثقافية التي تنتج عن تطبيق إدارة الجودة النوعية وما أدت اليه هذه الفلسفة الادارية الجديدة من تحسين الوضع المالي لهذه المؤسسات، وبالتالي قرر الرئيس اكتشاف ما يمكن ان يؤدي إليه تطبيق إدارة الجودة النوعية من تغيرات في البيئة الأكاديمية.

وقد تم تدريب رئيس الجامعة وفريق الادارة العليا فيها على إدارة الجودة النوعية ومدى ملاءمتها لقيم الجامعة وأهدافها، كما قام الرئيس بتعيين لجنة تخطيط تضم عددا من أعضاء الهيئة التدريسية والطلبة في الجامعة لإيجاد الاستراتيجيات المناسبة لتطبيق إدارة الجودة النوعية وتطويرها، وقد قامت اللجنة بوضع خطة تتضمن أهدافاً واقعية تدعو الى اشراك كافة الوحدات في الجامعة - بشكل تدريجي - في برامج تدريبية على إدارة الجودة النوعية، على أن يكون مجلس تحسين الجودة - الذي يرأسه الرئيس - هو المسؤول عن تنفيذ جهود التحسين المستمرة في الجامعة. وفي المجالات الادارية تم تأسيس مكتب التحسين المستمر لتوفير التدريب المناسب لموظفي الجامعة في مختلف الوحدات الادارية المسؤولة عن تقديم الخدمات الطلابية مثل قسم القبول والتسجيل والمركز الصحي ومركز الاتصالات في مواضيع الجودة النوعية.

وقد أظهرت التطبيقات نتائج كثيرة تتلخص في ان معظم تطبيقات نظام الجودة النوعية في التعليم العالي يتركز في الجانب الاداري - مثل الأنظمة المالية - أكثر مما يتركز في جانب التدريس أو البحث العلمي في الجامعة. وبدأ العديد من المؤسسات التعليمية في التحرك باتجاه الجانب الأكاديمي في تطبيق الجودة النوعية، وقد يرجع السبب في نقص تطبيق الجودة النوعية في النواحي الأكاديمية في الجامعة إلى صعوبة قياس نتائج عملية التعليم / التعلم؛ لأن المؤسسة تقوم بتقديم خدمات غير ملموسة للمستفيدين، وبالتالي فإن أثر تطبيق برامج الجودة في النتائج التعليمية قد لا يكون واضحاً لعدة سنوات. [1]

إن تطبيق إدارة الجودة النوعية في التعليم عن بعد يمكن من القيام بما يلي:

• الاستجابة بسرعة لاحتياجات الطلبة؛ فتحديد توقعاتهم واكتشاف مدى رضاهم يمكن المؤسسة من ان تستجيب لاحتياجاتهم بشكل أسرع.

(1) Frame, E. H., **Not So Strange: Marketing and Total Quality Management, Managing Service Quality**, Vol. 5, No. 1, 1995, PP. (55).

- إجراء التحسينات بطريقة منظمة؛ فمن خلال حل المشكلات يمكن تحليل الحقائق بشكل أدق وأوضح واتخاذ الإجراءات اللازمة بالاعتماد على هذه الحقائق وفحص النتائج مما يزيد فعالية المؤسسة.

- استغلال القدرات المبدعة لكل أفراد المؤسسة؛ فالتطبيق الفعال لاستراتيجية إدارة الجودة النوعية في التعليم عن بعد يتطلب مشاركة كل أفراد المؤسسة في عملية التغيير والتحسين المستمر.

- التركيز على عمليات التحسين، وعندما تكون النتائج غير مقبولة فإنه يمكن إجراء التعديلات المناسبة على هذه العمليات للحصول على النتائج المطلوبة.

وقد كشفت الأدبيات والدراسات المتعلقة بإدارة الجودة عدداً من النماذج النظرية التي يمكن اعتمادها قاعدة نظرية لنظام إدارة الجودة، ومن أبرزها:

1. إطار عمل يقوم على مفاهيم التخطيط / المشاركة / تحسين العملية

يمكن تقسيم الكثير مما ينضوي تحت مظلة إدارة الجودة النوعية إلى ثلاثة عناصر رئيسة هي:

1- التخطيط.   2- المشاركة.   3- تحسين العملية.

ويقوم عنصر تحسين العملية على استخدام المنهجية الاحصائية لتقليص التباين في العمليات التنظيمية والتقنية[1]. ولما كان عنصر تحسين العملية يقوم على مبادىء التحكم بالجودة الاحصائية، لذا فإنه يمتد الى عهد بعيد في أعراف الصناعة الأمريكية؛ إذ يرجع تاريخه الى العشرينات من القرن الماضي.

---

(1) Montgomery, D., **Introduction to Statistical Quality Control**, New York, John Wiley and Sons. 1991.

أما فيما يتعلق بعنصري التخطيط والمشاركة بوصفهما عنصرين في نظام إدارة الجودة فيرى إرفين [1] أنهما ينتميان إلى فترة زمنية قريبة، وقد عمد بعض الشركات اليابانية إلى ربطهما بالبيانات الإحصائية التي تم الحصول عليها من خلال الجودة الرامية إلى تحسين العملية ومن ثم تحسين الجودة التصنيفية.

والشكل رقم (10) يبين العناصر الثلاثة في إطار عمل يقوم على مفاهيم التخطيط/ المشاركة/ تحسين العملية.

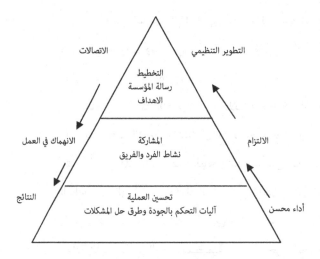

الشكل رقم (10)

مخطط تنظيمي ثلاثي العناصر لإدارة الجودة .

(1) Irvin, Andrew, H., **Leadership Strategies for the Implementation of Total Quality Management at Five Research Universities**, Unpublished Doctoral Dissertation, Michigan State University, U.S.A., 1995.

2. معايير بالدرج: إطار عمل تقييمي لإدارة الجودة النوعية

كان ديمنج وجوران وكروسبي قد أوردوا باقتضاب عناصر إدارة الجودة، وبقيت هذه العناصر متفرقة في أدبيات إدارة الجودة إلى أن عمدت معايير مكافأة بالدرج إلى تجميعها في إطار عمل تقييمي موحد. ويتألف هذا الإطار من أربعة عناصر أساسية هي:

1- القيادة التنفيذية العليا. 2- العناصر.

3- الهدف. 4- تدابير إحراز التقدم.

ويشير الشكل رقم (11) إلى العناصر الأساسية السابقة التي أشار إليها كل من ديمنج وجوران وكروسبي، والتي عمدت معايير مكافأة بالدرج إلى تجميعها في إطار عمل تقييمي لإدارة الجودة.

يمثل النظام الأنشطة النظامية في مجالات التخطيط والمشاركة وتحسين العملية، والعناصر الثلاثة الأخيرة يؤيدها كل من ديمنج وجوران وكروسبي، أما "تدابير إحراز التقدم" فهي المؤشرات الكمية لجودة العملية التي يتم اقتفاء أثرها ومتابعتها في النظام. وأما الهدف من أنشطة النظام التي تقتفي تدابير إحراز التقدم فيتمثل في تحسين قناعة المستهلك والحصول على نتائج جاهزة للعمل. من ناحية أخرى، فإن القادة الذين يبذلون الجهود التنظيمية المنسقة لإحراز التحسين ذي المدى البعيد إنما هم من كبار التنفيذيين الملتزمين بإجراء التغييرات. ولما كان التغيير الشامل يتطلب التزام القيادة، فإن إطار عمل بالدرج يضع قادة تنظيميين بصورة جماعية كمسؤولين عن عملية التغيير. فالقيادة التنفيذية العليا تبتكر القيم والأهداف والنظم وتقود السعي المؤزر لتحقيق الجودة وإحراز أداء جيد.[1]

---

(1) Irvin, Andrew, (**op.cit.**), P. (121) .

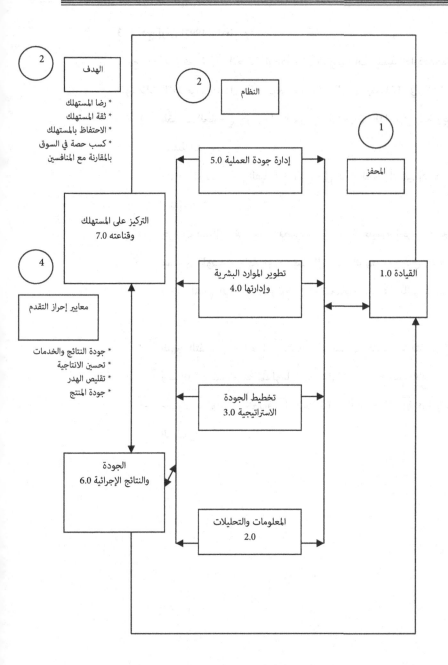

الشكل رقم (1)

عناصر إدارة الجودة كما حددها نموذج مكافأة بالدرج.

3. نموذج إرفن (Irvin, 1995)

يقترح نموذج إرفن لإدارة الجودة أبعادا تبين استراتيجيات تنفيذ إدارة الجودة في المؤسسات التعليمية، وتتمثل هذه الأبعاد كما يشير الشكل رقم (12) في:

1- الضغط الخارجي من أجل التغيير – المتغيرات الداخلية والخارجية في عملية التغيير.

2- التزام القيادة – دور القيادة في الدفع إلى الأمام للحفاظ على إدارة الجودة وتنفيذها.

3- خيارات استراتيجية – سواء قصدت المؤسسة التعليمية إحراز تحسين على مستوى المؤسسة كلها، أو هدفت إلى بذل الجهود لتحقيق التنفيذ، أو توفير الدعم الإداري أو وضع الاستراتيجيات المتعلقة بالتزامات عملية التغيير.

4- النهج التقييمي – اختيار مؤشرات المؤسسات التعليمية لتقييم التقدم ومساندة النظم لجمع المعلومات وإيصالها إلى أعضاء المنظمات.

5- خصوصية الهدف- الأهداف الدقيقة لمبادرات إدارة الجودة في المؤسسات التعليمية. [1]

---

(1) Irvin, (**op.cit.**), PP. (126 – 131) .

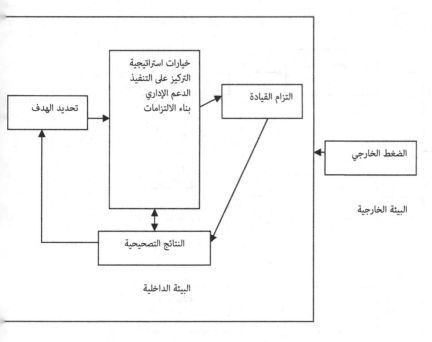

خيارات استراتيجية
التركيز على التنفيذ
الدعم الإداري
بناء الالتزامات

تحديد الهدف

التزام القيادة

الضغط الخارجي

البيئة الخارجية

النتائج التصحيحية

البيئة الداخلية

الشكل رقم (12)

عناصر نموذج إرفن لإدارة الجودة النوعية.

4. نموذج (Ashok and Motwani) لإدارة الجودة

يتكون هذا النموذج من خمس مراحل كإطار عمل لتنفيذ إدارة الجودة في نطاق المؤسسات التعليمية كما اقترحها أشوك وموتواني (Ashok and Motwani, 1997) اللذان يعملان في كلية صايدمان للأعمال في جامعة جراند فالي في ولاية متشيغان في الولايات المتحدة الأمريكية.

والشكل رقم (13) يبين نموذج (Ashok and Motwani) لإدارة الجودة النوعية في المؤسسات.

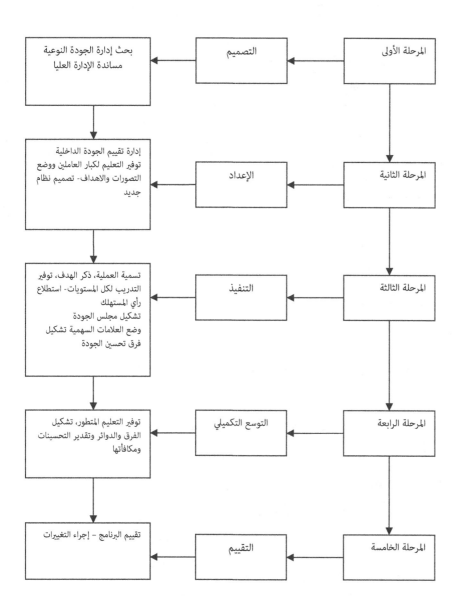

ف

المرحلة الأولى
التصميم
بحث إدارة الجودة النوعية
مساندة الإدارة العليا
المرحلة الثانية
الإعداد
إدارة تقييم الجودة الداخلية
توفير التعليم لكبار العاملين ووضع التصورات والاهداف- تصميم نظام جديد
المرحلة الثالثة
التنفيذ
تسمية العملية، ذكر الهدف، توفير التدريب لكل المستويات- استطلاع رأي المستهلك
تشكيل مجلس الجودة
وضع العلامات السهمية تشكيل فرق تحسين الجودة
المرحلة الرابعة
التوسع التكميلي
توفير التعليم المتطور، تشكيل الفرق والدوائر وتقدير التحسينات ومكافأتها
المرحلة الخامسة
التقييم
تقييم البرنامج - إجراء التغييرات

الشكل رقم (13)

نموذج أشوك وموتواني لإدارة الجودة النوعية.

5. نموذج الخطيب لإدارة الجودة في القطاع التربوي

من خلال الاطلاع على النماذج التي تم تطويرها المتعلقة بإدارة الجودة، تبين أن نموذج إدارة الجودة قد تم اعتماده في مجال إدارة الأعمال ومجال الصناعة منذ بداية الخمسينات من القرن الماضي. وقد دلت الأدبيات والدراسات السابقة على أن هناك تأخرا في استخدام نموذج إدارة الجودة النوعية في قطاع التربية والتعليم؛ إذ لم يبدأ العمل به إلا في بداية عقد الثمانينات من القرن الماضي. ولقد تم اعتماد هذه النماذج في قطاع التعليم الجامعي في منتصف التسعينات من القرن الماضي. وقد ساهم استخدام هذه النماذج في قطاع التربية والتعليم والجامعات في تحسين جودة التعليم العام والتعليم الجامعي في المدارس والجامعات التي اعتمدت هذه النماذج. وبالإشارة إلى هذه النماذج تم تحديد عدد من المبادئ التي ترتكز عليها نماذج إدارة الجودة النوعية. وقد قام الخطيب [1] بتطوير هذه المبادئ التي تم اعتمادها في قطاعات الصناعة والإدارة العامة وإدارة الأعمال لكي تنسجم مع القطاع التربوي، وقام بتطوير نموذج لإدارة الجودة النوعية ليتم استخدامه في قطاع التربية والتعليم الجامعي. ويوضح الشكل رقم (14) هذا النموذج.

_____

(1) احمد الخطيب: ادارة الجودة الشاملة ، نموذج مقترح لتحسين نوعية الادارة التربوية في القرن (21)، ورقة عمل، كلية التربية والفنون، جامعة اليرموك، 1999.

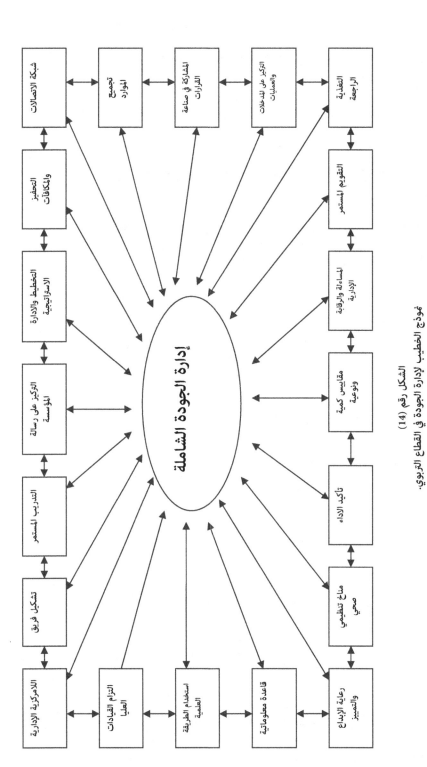

الشكل رقم (14)
نموذج الخطيب لإدارة الجودة في القطاع التربوي.

الباب الثالث

التعليم عن بعد

- مفهوم التعليم عن بعد

- خصائص التعليم عن بعد

- التعليم عن بعد وعلاقته بتكنولوجيا التعليم

- استنباط مصادر التعليم المناسبة للتعليم عن بعد

- مراكز التعليم عن بعد

- اسلوب الاتصال بالمتعلمين وتداول مصادر التعلم

- انشاء مركز تكنولوجيا التعليم

- الجودة النوعية في التعليم عن بعد

- الجودة النوعية وعملية تحديد الاهداف

- الجودة النوعية في المتعلمين وخلفياتهم العلمية والثقافية

- الجودة النوعية في اعداد المواد التعليمية

- الجودة النوعية من حيث وضوح مستوى المقرر الدراسي

- الجودة النوعية في اختيار القيادات التربوية

- الجودة النوعية في مجال توفير الكوادر التدريسية المؤهلة

- الجودة النوعية في مجال تدريب أعضاء هيئة التدريس والكوادر الادارية
والفنية

- مؤسسات التعليم عن بعد العالمية

الباب الثالث

التعليم عن بعد

(المفهوم، والخصائص، والعلاقة بتكنولوجيا التعليم)

Distance Learning

مفهوم التعليم عن بعد

بدأ التعليم عن بعد في القرن الماضي؛ إذ إن كثيراً من المعاهد التربوية الخاصة والتجارية في كل من الولايات المتحدة الأمريكية وبريطانيا استخدم التعليم عن بعد، وذلك بإيصال المواد التعليمية إلى الدارسين، عبر نظام عرف بالدراسة بالمراسلة. وبعد النجاح الذي صاحب هذه التجربة بدأ بعض الجامعات باستخدام التعليم الجامعي عن بُعد، مثل جامعة كوينز لاند (Queensland) في استراليا، وجامعة إنجلترا الجديدة (The University of New England).

وقد بدأت جامعة إنجلترا الجديدة في الستينات من القرن الماضي، وكان لها دور بارز في استخدام التعليم عن بعد في المرحلة الجامعية. بل إن المواد المطبوعة التي أعدتها انتشرت إلى أنحاء عديدة في العالم. وقد اثبتت هذه الجامعة أن بالإمكان استخدام التعليم عن بعد بكلفة اقتصادية أقل بالمقارنة مع التعليم الجامعي التقليدي.

ولتحديد مفهوم التعليم عن بعد لابد من الإشارة إلى الجهود المبذولة من قبل التربويين المتخصصين في التعليم عن بعد والتعليم الجامعي المفتوح.

- تعريف كيجان: قام ديزموند كيجان (Desmond J. Keegan) - وهو من الرواد في الجامعة المفتوحة - بإعطاء تعريف يكاد يكون شاملاً للتعليم عن بعد: " التعليم عن بعد مصطلح يتضمن مدى واسعاً من استراتيجيات التعليم والتعلم، ويشير إلى

الدراسة عن بعد والدراسة المستقلة في مستوى التعليم العالي"[1]. كما أعطى كيجان عدة تعريفات للتعليم عن بعد تطورت نتيجة التطور في رؤيته لهذا النوع من التعليم كان آخرها عام 1999 حين أكد أن التعليم عن بعد له خمس خصائص أساسية هي[2]:

1- الفصل بين المعلم والمتعلم طيلة عملية التعلم.

2- ضرورة وجود التنظيم التربوي في التخطيط وإعداد المواد التعليمية.

3- استخدام الوسائط التقنية، والمواد المطبوعة والسمعية والبصرية، والحاسوب.

4- توفير اتصال ذي اتجاهين بين المعلم والطالب باستخدام التكنولوجيا.

5- إمكانية عقد لقاءات بين المعلمين والمتعليمن من أجل تحقيق أهداف تعليمية واجتماعية.

- أما هولمبرج فقد أشار إلى خاصيتين مشهورتين للتعليم عن بعد؛ الخاصية الأولى هي التي طرحها مانفرد ديلنج (Manfred Dellings) وتتضمن أن التعليم عن بعد عملية حوارية بين المعلم والمتعلم، مع الفصل من خلال البعد الفيزيقي بين المتعلم عن بعد والمؤسسة. والمقرر الدراسي هو الذي يصل بينهما. فمقرر التعليم عن بعد هو الذي يمكن المتعلم من التعلم ضمن نظام من العمليات تدعى الدراسة عن بعد (Distance Study).

فالدراسة عن بعد إذن هي نظام للتعليم متعدد الأبعاد.

أما الخاصية الثانية فهي مستمدة من النظرية الليبرالية لشارلز ويدمير (Charles Wedemeyer)، وتتمثل في النقاط التالية:

(1) Hammadi, A.H., **Open University**, Delhi, 1999, P.(10).

(2) Rumbo, Greville, **On the Definition of Distance Education,** in The American Journal of Distance Education, Vol . 3, No. 2, 1999, P . (18).

1- يجب أن يكون التعليم متاحا في أي مكان يوجد فيه طلاب أو حتى طالب واحد، بصرف النظر عما إذا كان في هذا المكان معلمون أم لا.

2- ينبغي أن تقع مسؤولية التعليم على الطالب.

3- ينبغي أن تحرر الخطة التعليمية أو النظام التعليمي المعلمين من الواجبات التقليدية، بحيث يكون الوقت المعطى كله منصباً على الأهداف التربوية.

4- ينبغي ان يوفر النظام التعليمي للمتعلمين خيارات أوسع في الموضوعات والطرائق.

5- ينبغي ان يستخدم النظام التعليمي الوسائط والطرائق المتاحة كافة.

6- ينبغي أن يجمع النظام التعليمي بين عدد من الوسائط والطرائق بحيث تعلم الوحدة الدراسية أو الموضوع بأكثر من واسطة وأكثر من طريقة فعالة.

7- ينبغي أن يسمح النظام التعليمي للطلاب بالبدء والتوقف والتعلم بحسب السرعة التي تناسبهم على طريق تحقيق الأهداف القريبة والبعيدة[1].

خصائص التعليم عن بعد

التعليم عن بعد نظام لإحداث التعليم بطريقة مقصودة؛ له مدخلاته وعملياته ومخرجاته، ويتميز بالخصائص الرئيسية الاتية:

أولاً: تحقيق مبدأ تكافؤ الفرص في التعليم وديمقراطية التعليم

فالتعليم عن بعد يتيح الفرصة لأفراد المجتمع للتعلم بما يلائم ظروفهم، دون التقيد بشروط تعجزهم عن مواصلة تعليمهم.

ولذلك يرى "ماكنزي" وزملاؤه (1997) أن أكثر المعاني المستخدمة لعبارة "عن بعد" شيوعا هي فكرة توفير فرص الدراسة لمن حرموا منها لأي سبب من الأسباب.

(1) يعقوب حسني نشوان: **التعليم عن بعد والتعليم الجامعي المفتوح**، جامعة القدس المفتوحة، 1997، ص (6).

وقد اشار رونتري[1] (Rowentree) إلى الاتفاق الواسع على هذه الخصيصة بقوله:

" إن أكثر المعتقدات شيوعا التي يتفق عليها أغلب الأفراد إتاحة الفرصة للتعليم بشكل كبير، او توسعة الفرصة للتعليم ليشمل نطاقا كبيراً من الناس؛ لكي يتمكنوا من التعلم بصورة ملائمة ومثمرة، وهذا يتضمن إزالة العقبات في طريق التعليم، وإعطاء المتعلمين مزيدا من التحكم في تعلمهم ".

ثانياً: تحرير المتعلمين ومراعاة الفروق الفردية بينهم:

إن التعليم عن بعد لا يعني فتح فرص جديدة للتعليم فقط، وإتاحة الفرصة لمزيد من المتعلمين ليلتحقوا بالتعليم دون التقيد بشروط مثل السن والمؤهلات، ولكن عبارة "عن بعد" تشير إلى عناصر هامة يجب أن تلتزم بها المؤسسات التي تتبع هذا النظام، ومن أهمها مقدار ما تتيحه من حرية للمتعلم في اتخاذ القرار في جوانب عدة تتصل بـِ: ماذا يتعلم؟ وكيف يتعلم؟ وأين يتعلم؟ ومتى يتعلم؟

وقد حاول رونتري[2] (Rowentree) أن يوضح كيف يكون نظام التعليم عن بعد بهذا المعنى، وذلك بوصفه للنظام المفتوح بأنه نظام يستطيع الطالب الملتحق به أن:

- يتعلم ما يريد في الوقت الذي يريد، وفي المكان الذي يحدده، وبالسرعة التي تناسبه.
- يحدد أهدافه بنفسه، ويختار المحتوى، ويتابع البرنامج، ويقرر متى وكيف يخضع تعليمه للتقويم.

---

(1)Rowentere, K. **Preparing Materials for Open and Distance Learning**, London, Kegan, 2004, P. (13).

(2) **Ibid**, P. (14).

- يقرر أن يتعلم بمفرده أو مع آخرين من كتب أو من أشرطة فيديو... الخ، بالتركيز على الجانب النظري أو على الجانب العملي، ويحدد من يساعده وبأي الطرق يتم ذلك.

- يجد برنامجاً جاهزاً عن كل ما يريد أن يتعلمه بسعر مناسب.

وعلى هذا، فإن أهم ما يعنيه التعليم عن بعد مقدار الحرية التي يتيحها للمتعلم، وهي التي تعد السمة الرئيسية التي يجب أن تتسم بها المؤسسات التي تتبنى هذا النوع من التعليم، ويؤكد ذلك [1] بقوله: إن درجة حرية المتعلم في الاختيار والطريقة التي يقدم إليه بها التوجيه والإرشاد هي التي تجعلنا نسمي التعليم عن بعد بذلك الاسم.

وعلى هذا الأساس يصف أحمد اسماعيل حجي [2] (2003) المؤسسات التي تندرج تحت مؤسسات التعليم عن بعد بأنها تبذل مجهودات لتوسيع حرية المتعلمين، بعضها عن بعد بالمعنى المكاني، في حين ان بعضها الآخر يتيح حرية في نواح أخرى كالقبول أو اختيار المقررات، او يساعد في تفريد التعليم او اختيار البدء أو التوقف أو الأهداف أو اشتراك المتعلم في عملية التقويم واختيار ادواته ووسائله.

إن التعليم عن بعد ما هو إلا تعويض لمن فاتهم التحصيل النظامي لأي سبب من الأسباب؛ مثل قلة الأماكن الشاغرة، أو الفقر، او بعد المكان، او بسبب الحاجة إلى وظيفة، أو بسبب الضرورات العائلية. وأكدت ليلى العقاد [3] ذلك بقولها: إن نظم التعليم عن بعد تفتح مجال التعليم لقطاعات كبيرة من البالغين،

(1) Grugeon, David and Thorpe, Mary: **Open Learning for Adults**. VK, Inc., 1997, P. (10).

(2) أحمد اسماعيل حجي: **التعليم الجامعي المفتوح**، مرجع سابق، ص (68).

(3) ليلى العقاد: **التعليم المفتوح والقمر الصناعي العربي**، القاهرة، دار الفكر العربي، 1993، ص (193).

وتمكنهم من تعويض ما فاتهم من فرص التعليم التقليدي، وتكسبهم مهارات ومؤهلات جديدة، وتستهدف هذه النظم تصحيح ما يمكن ان نسميه الإجحاف التربوي، وضمان فرص لم تضمنها الكليات والجامعات التقليدية. وقد أكد ذلك ايضاً علي عيسى عثمان[1] بعرضه أمثلة لفئات المجتمع التي لا تجد فرصة لمواصلة تعليمها في النظام التعليمي ومؤسساته التقليدية؛ فقد ذكر أن النظام التعليمي ومؤسساته التقليدية بشكلها الحالي لا تستطيع بأي شكل من الأشكال أن تتيح فرصة التعليم لفئات كثيرة، وذكر من هذه الفئات الآباء، والأمهات، والعمال، والمزارعين الذين لم يتيسر لكل فئة منهم الحد الأدنى من المعارف والمهارات اللازمة لمواكبة التطورات في أنماط المعيشة في هذا العصر. كما ذكر فئة الذين تخرجوا من الجامعة او من المعاهد العليا، ولم يتيسر لهم تجديد معارفهم ومهاراتهم في ضوء ما يستجد من علم ومعرفة في ميادين اختصاصهم، وفئة الذين تسربوا من مرحلة التعليم الأساسي، ولم يتيسر لهم التدريب المهني أو استكمال المرحلة الثانوية ومتابعة تعليمهم بعد ذلك، وفئة الذين تخرجوا من المرحلة الثانوية ولم تتيسر لهم فرصة التعليم العالي او التدريب.

وقد أكدت نادية جمال الدين[2] هذه الخصيصة بقولها: تكمن القوة في هذا النوع من التعليم فيما يتيحه من فرص للمزيد من الأفراد الراغبين في التعلم، وبخاصة الذين لم يجدوا مكانا في التعليم الجامعي التقليدي أو الذين كان الفشل من نصيبهم في مرحلة من مراحل عمرهم، فيتيح التعليم عن بعد الفرصة مرة أخرى لمن يرغب في إعادة التعلم لرفع مستواه، أو اكتساب مهارات في مجالات جديدة، مما يتلاءم مع التغيرات الحادثة في المجتمع من حيث ظهور نوعيات جديدة

---

(1) علي عيسى عثمان: **نظام التعليم المفتوح والوطن العربي في التعليم عن بعد**: أعمال الندوة التي نظمها منتدى الفكر العربي بالتعاون مع جامعة القدس المفتوحة، 1997، ص (38).
(2) نادية جمال الدين: **تعليم الجماهير في مصر- ودور الجامعة المفتوحة في تحقيقه**، مجلة التربية المعاصرة، القاهرة، العدد (29)، يناير، 1998، ص (45).

ومختلفة من العمل باستمرار. ومن ثم فهو - أي التعليم عن بعد- يرتبط باحتياجات المتعلم نفسه، ويساعد من يسعى لتغيير مهنته في ان يجد فرصة أخرى للتعليم والتدريب المتلائم مع احتياجات سوق العمل المتغيرة من حوله. ويمكن للجماعات المحرومة أن تجد فرصتها في هذا النوع من التعليم. وذكرت نادية جمال الدين أن التعليم عن بعد الذي يقدم على المستوى الجامعي خاصة، يمكن أن يعالج عدم المساواة في التعليم؛ إذ يقدم فرصا جديدة لا توفرها الكليات والجامعات بما لها من شروط وتقاليد. ويؤيد ذلك أحمد اسماعيل حجي[1] حين يشبه التعليم عن بعد بمظلة تحتمي بها فئات المجتمع المحرومة من التعليم؛ لأن التعليم عن بعد تعليم يعالج ما قد يكون هناك من قصور في النظم الجامعية التقليدية، بشكل جعلها تعجز عن استيعاب من تحول ظروفهم دون الانضواء تحتها، وهو بذلك تعليم يحقق تكافؤ الفرص.

وتختلف أنظمة التعليم عن بعد في مقدار هذه الحرية ومداها، ولذلك حدد رونتري (Rowentree) وزملاؤه مقدار هذه الحرية بتوجيه عدد من التساؤلات اخذوها عن (Lewis and Spenser)، وهي تبدأ بأدوات الاستفهام التالية: [2]

من؟: ويستفسرون بها عن المتعلمين المستفيدين من النظام وشروط التحاقهم به، ومدى سهولة الالتحاق دون وجود عوائق خاصة بالسن أو المؤهلات او الثروة أو الوظيفة... الخ، كما تتم معرفة إلى اي مدى يتيح نظام التعليم مساعدة المتعلم في السير في الدراسة ومن يقدم هذه المساعدة.

ففي النظام المغلق جدا يكون البرنامج مفتوحا لأفراد محددين ويشترط متطلبات للدخول، مثل النجاح في امتحان تقليدي، وسن محددة... الخ، كما ان

---

(1) أحمد اسماعيل حجي: **التعليم الجامعي المفتوح، مدخل إلى دراسة علم تعليم الراشدين**، القاهرة، دار النهضة العربية، 2003، ص (13).

(2) Lewis, R. and Spenser, P., **What is Open Learning**? London Council for Educational Technology, 1996, P. (20).

البرنامج التعليمي لا تتم له دعاية او تسويق، ولا يقدم مساعدة للمتعلم خارج إطار المقرر الدراسي. وعندما يقدم المساعدة والدعم والتشجيع فهو يقدمها من خلال شخص واحد هو المدرس، وتكون في شكل واحد هو المواجهة بين المعلم والمتعلم.

أما في النظام المفتوح جدا فيكون البرنامج متاحا للكل، ولا توجد شروط خاصة بالسن أو المؤهلات، كما لا توجد أية متطلبات. وتكون للبرنامج دعاية مكثفة، وهناك تنوع في نوعية المساعدات التي تقدم للطالب: نصيحة، إرشاد، توجيه، استشارة... الخ، وهناك أشخاص كثيرون مكلفون بمساعدة الطالب منهم متخصصون وغير تخصصين، فالمساعدة متوافرة في أماكن كثيرة، وتتم بأشكال متعددة: وجها لوجه، أو عن طريق المراسلة، أو الهاتف، أو البريد الإلكتروني...الخ.

ماذا؟: ويسألون بها عن حرية المتعلم في أن يقرر ماذا يدرس من مقررات، واي محتوى يدرس، وأي أهداف يتوخى، وأي مصادر تعلم يستخدم؛ ففي النظام المغلق جدا لا يكون هناك أي نوع من الاختيار، ولا توجد استشارة أو إرشاد؛ فالمتعلمون يدرسون كل ما يطلب منهم او يملى عليهم؛ إذ إن المقررات مجهزة ومعدة مسبقاً، وليس فيها اختيار، والمتعلم مقيد بمصادر تعلم اعدها المعلم، ولا توجد فرصة واسعة للاستفادة من خبرات المتعلمين السابقة. أما في النظام المفتوح جدا فيكون الاختيار للمتعلم، وتتاح له الاستشارة قبل الدخول وفي أثناء الدراسة بصفة مستمرة، فيجدد المتعلم أهدافه ومنهجه، ويعد المحتوى ليلائم الاحتياجات والرغبات الفردية لكل متعلم، ويكون هناك اهتمام كبير بالخبرات السابقة، ويتم استخدام نطاق واسع من مصادر التعلم.

كيف؟: ويحددون بها الطريقة التي يستطيع المتعلم أن يتعلم بها. ففي النظام المغلق ليس للمتعلم أي اختيار؛ إذ يقدم له النظام طريقة واحدة واسلوبا واحداً مع قليل جدا من الأنشطة الخاصة التي يسمح له بادائها، ويكون اعتماده على مصدر تعلم واحد غالبا. أما في النظام المفتوح جداً فهناك مصادر تعلم متعددة لكل مقرر

من المقررات، ويكون الاعتماد على النشاط الكبير الذي يبذله المتعلم في الإفادة من هذه المصادر، وتكون امامه فرصة كبيرة جداً ليحدد أي مصادر التعلم يلائمه فيختاره.

كيفية التقويم: وبها يحددون نوع التقويم المتبع، وكيف يتم، ومتى يتم؛ ففي النظام المغلق يكون التقويم معياري المرجع، أي يتم في ضوء مجموع الطلاب، والمتعلم لا يتلقى رجعا (تغذية راجعة)، كما تكون مواعيد التقويم محددة وغير قابلة للمناقشة. أما في النظام المفتوح فيكون التقويم محكي المرجع، اي يتم في ضوء ما يختاره المتعلم نفسه، وتوجد طرق مختلفة للتقويم يختار المتعلم من بينها طريقة التقويم المناسبة، كما يتلقى رجعا على أدائه بصورة دائمة ومستمرة، ويحدد المتعلم متى يتم تقويمه. ويتم التقويم لكل وحدة دراسية وليس للمقرر كله.

أين؟: ويمكن بها معرفة مقدار الحرية التي يتيحها النظام لكي يستطيع المتعلم أن يقرر المكان الذي يمكن ان يدرس فيه، ومتطلبات انتظامه في الحضور. ففي النظام المغلق تماماً تكون الدراسة في مكان واحد فقط، والحضور يكون منتظماً وإجباريا، كما ان الجانب العملي لا يمكن التخلف عنه. أما في النظام المفتوح تماماً فالمتعلم له حرية اختيار المكان الذي يريد أن يتعلم فيه؛ فقد يكون منزله، او مكان عمله، أو يتعلم في أثناء سفره... الخ. كما يستطيع أداء الجانب العملي في أي مكان عن طريق مصادر التعلم المجهزة لذلك.

متى؟: وعن طريقها نستطيع معرفة دور الطالب في تحديد توقيت بدء الدراسة في النظام التعليمي.

ففي النظام المغلق تماما لا تكون هناك أي فرصة متاحة للمتعلم لكي يتحكم في بدء الدراسة او مواعيد الدراسة؛ فمواعيد بدء الدراسة محددة والمتعلم ملزم بجدول محدد، والانتهاء له مواعيد محددة. اما في النظام المفتوح تماما فتتاح الحرية للمتعلم لتحديد توقيت بدء الدراسة؛ إذ يمكن أن يكون البدء في اي وقت، والمتعلم يحدد بدء الدراسة وانتهاءها.

ثالثاً: قيامه على التعليم من أجل الإتقان: المنظومة التي تتصف بانها مفتوحة لا تعطي المتعلم الحرية في أن يتعلم فحسب، بل تساعده في تحقيق النجاح ايضاً. ويؤكد ذلك ديفيد (David) [1] بقوله: إن التعليم المفتوح ليس مجرد فتح إمكانية الدخول، ولكنه ايضاً يقدم فرصا عادلة للنجاح.

وقد أكد ذلك علي عيسى عثمان [2] عند مقارنته نظام التعليم المغلق بنظام التعليم عن بعد؛ فقد ذكر ان نتيجة توظيف نظام التعليم عن بعد لم تعد فصل الفاشلين عن الناجحين في مراحل معينة في سلم التعليم، كما هو الأمر في نظام التعليم التقليدي، بل صارت وظيفته توفير خير الفرص لكل إنسان في المجتمع لتنمية طاقاته وقدراته الشخصية بقدر ما يستطيع، وعلى مدى حياته؛ لأن الهدر البشري لا يقاس فقط بتحديد المتعلمين من غير المتعلمين في المجتمع، ولكنه يقاس أيضاً بقدر ما تعطل في كل إنسان من طاقات في التعلم، ومن طاقات في اكتساب المهارات اللازمة له على مدى العمر. وهذا الهدر في طاقات الأفراد هو في النهاية العامل الحاسم في تخلف المجتمع أو تقدمه.

إن نظام التعليم الذي يقوم على تصفية الناجحين من الفاشلين، وعلى مواصلة العناية بالناجحين وإهمال الآخرين، ليس نظاماً متخلفا فحسب، ولكنه أيضاً نظام يحتقر الإنسان ولا ينتبه إلى أهمية ما في كل إنسان من طاقات لتحسين حياته كفرد، ولا إلى أهمية دوره في تقدم المجتمع. ولذلك فإن أحد الدوافع لإنشاء نظام التعليم المفتوح وتطويره تصحيح ما خلفه النظام التعليمي التقليدي من اضرار في حياة الأفراد وفي تقدم المجتمع [3]، فتغيير نظام التقويم وجعله تقويما محكي المرجع،

---

(1) David, B., **Webster's New World Dictionary**, Second College Edition, New York, 1994.

(2) علي عيسى عثمان: **نظام التعليم المفتوح والوطن العربي في التعليم عن بعد**، مرجع سابق، ص (29).

(3) علي عيسى عثمان: **مرجع سابق**، ص (29).

يراعي ما لدى الأفراد من استعدادات وكفايات، ويحاسبهم على مقدار ما ينجزونه من أعمال، وما يحققونه من أهداف في ضوء هذه الاستعدادات والكفايات. إنه نظام يستخدم الاختبار والتقويم بصورة أساسية لغرض تشخيص المدى الذي وصل إليه تحقيق أهداف تعليمية محددة، وبمعنى آخر ينبغي ان يقوم النظام على أساس تحقيق الكفاءة.

فالمتعلم في التعليم عن بعد يتعلم بمفرده معتمدا على ذاته في أغلب الأوقات، مستعيناً بمصادر التعلم المتنوعة، وهذا يتطلب أن يتمكن كل متعلم من أن يقوم نفسه بنفسه مستقلا عن الآخرين، سواء كان قريبا منهم أو بعيدا عنهم، والتقويم عملية مستمرة، وليس مجرد امتحان نهائي، ويكون على أساس الكفاءة التي يظهرها المتعلم في تحقيق الأهداف. [1]

التعليم عن بعد يؤدي إلى الوصول إلى الإتقان من خلال تأييده المباديء التي يقوم عليها، ويراعي تحققها في إجراءات تنفيذه، ومن هذه المباديء [2]:

1- فترة التعلم تتفاوت وفقا لمعدل الفرد المتعلم في التعلم، ولكن مستوى التحصيل المتوقع ثابت. فالمتعلم في التعليم عن بعد يختار مجال الدراسة الذي يريد، ثم يختار المقرر الذي يدرسه، ويتعلم هذا المقرر بمفرده معتمداً على ذاته من خلال مصادر تعلم أعدت بمواصفات خاصة تساعده في ذلك، فيسير المتعلم في دراسته لهذا المقرر وفق سرعته في التعلم؛ وبهذا تتفاوت فترة التعلم وفقا لمعدل الفرد المتعلم، ويحاول كل متعلم تحقيق أهداف المقرر الذي يدرسه، ويستطيع ان يعيد دراسة المقرر حتى يحقق أهدافه كاملة كما يريد.

(1) نجوى جمال الدين: اعداد معلم النصوص عـن بعـد: الكفايـات المطلوبـة واسـتراتيجيات التـدريب، معهد الدراسات التربوية، جامعة القاهرة، 1995، ص (14).

(2) جابر عبد الحميد جابر، طاهر عبد الرزاق، اسلوب النظم بين التعليم والتعلم، القاهرة، دار النهضـة العربية، 1996، ص (325).

2- معظم المتعلمين قادرون على تحقيق المهارة والكفاءة في التعلم المطلوب إذا أتيح لهم وقت كاف للتعلم. فالتعليم عن بعد يحقق هذا المبدأ بقبول المتعلم دون تقييده بشروط تحول دون دراسته المقرر الذي يريد، ويتيح للمتعلم الفرصة كاملة ليتعلم حسب خطوه الذاتي، فلا يجبره على أن ينهي الدراسة في وقت محدد، فالمتعلم لديه الحرية في إنهاء دراسته عندما يرى انه قادر على تحقيق المهارة والكفاءة في التعلم المطلوب.

3- التقويم جزء من نسيج العملية التعليمية ومن جوهرها، فينبغي أن يستخدم في كل مرحلة؛ في المدخل، وفي أثناء العملية، وفي المخرج. وهذا بالفعل ما يحرص التعليم عن بعد على تحقيقه، فظروف المتعلم تحول دون لقائه بالمعلم، بالإضافة إلى اعتماده على ذاته في التعلم، مما يجعل عملية التقويم اساسية ومستمرة بشكل دائم، يستطيع المتعلم أن يؤديها بنفسه لترشده وتوجهه إلى الطريق الصحيح بصفة مستمرة.

4- لا يتنافس المتعلمون مع زملائهم في المرحلة او الصف، ولكن مع معيار أو محك؛ فالهدف هو التعلم وليس التنافس، والمتعلمون يكافحون نحو بلوغ معيار ومستوى من المهارة والكفاءة فتصحح الاختبارات لتبين الإتقان أو عدم الإتقان بدلا من ان تعطي تقديرا. إن جميع المتعلمين في التعليم عن بعد هدفهم الأساسي هو التعلم، ويحاولون بأقصى جهدهم تحقيق هذا الهدف، ويكون تقويمهم بالمقارنة بأنفسهم، وليس بالمقارنة بزملائهم.

5- تستند الدرجات إلى اداء المتعلمين كافراد وإلى مستوى كفاءتهم فيما حققوه أو توصلوا إليه، وليس إلى المنحني الاعتدالي. ويعتمد التعليم عن بعد على التقويم محكي المرجع؛ إذ يستخدم الاختبار المرجعي المحك لتحديد مكانة

المتعلم بالنسبة لمجال سلوكي تم تعريفه، أي بالنسبة لمجال سلوكي محدد تحديداً دقيقاً تسهل عملية قياسه بدقة[1].

التعليم عن بعد وعلاقته بتكنولوجيا التعليم

هناك علاقة وطيدة بين التعليم عن بعد وتكنولوجيا التعليم، وقد أكد كثير من الباحثين أهمية هذه العلاقة ودور تكنولوجيا التعليم في نجاح نظام التعليم عن بعد؛ فقد أشار أحمد إسماعيل حجي (1993) إلى هذه العلاقة بقوله:[2]

إن التعليم عن بعد تعليم يوثق الصلة بين نظم التعليم وتكنولوجيا التعليم بمعناها الواسع، من حيث اعتماده على العلم التربوي، والتطبيق التقني، وما أتاحه استخدام تكنولوجيا الاتصال بما حققته من تقدم هائل في كافة المجالات، ومنها التعليم. وكذلك يرى (David) أن ما يتيحه التعليم عن بعد من فرص تعليمية، هو نتيجة توظيف تكنولوجيا التعليم، وتؤكد ذلك نجوى يوسف[3] بقولها: يعتبر استخدام التكنولوجيا من القضايا الأساسية في مجال التعليم عن بعد؛ لأن مبادىء التعليم عن بعد مهما بلغت درجة تقدمها ورقيها، لن تتحقق بشكل فعال وبدرجة كاملة، إلا إذا تم تنفيذها بمساعدة تكنولوجيا التعليم التي تمكن من تفريد التعليم وتحقيق المتعلم لذاتيته وزيادة حريته وتوفير بيئة تعليمية تتناسب مع رغبات كل متعلم وقدراته. ويشرح علي محمد عبد المنعم[4] هذه الصلة الوثيقة بين التعليم عن بعد وتكنولوجيا التعليم، ويربط ظهور التعليم عن بعد بصورة مكتملة ببدايات ظهور تكنولوجيا

---

(1) جابر عبد الحميد جابر: **التعلم وتكنولوجيا التعليم**، دار النهضة المصرية، القاهرة، 1999، ص (381).

(2) أحمد اسماعيل حجي: **مرجع سابق**، ص (3).

(3) نجوى يوسف جمال الدين: **مرجع سابق**، ص (92).

(4) علي محمد عبد المنعم : **اتجاهات أعضاء هيئة التدريس نحو نظام التعليم المفتوح في مصر- وتصوراتهم عن استراتيجية تنفيذه**، مجلة دراسات في المناهج وطرق التدريس، الجمعية المصرية للمناهج، العدد (17)، اكتوبر 1992، ص (33).

التعليم كمجال تربوي مستقل، وذلك بقوله: إن نظم التعليم عن بعد لم تظهر بصورة مكتملة إلا بعد ظهور تكنولوجيا التعليم، في منتصف الستينيات (من القرن الماضي) كميدان تربوي متميز بعد أن تأثرت بحركة التعليم المبرمج، وبالدراسات التي أظهرت ان مواقف التعلم لا تقتضي بالضرورة أن يكون المعلم المصدر الوحيد للتعلم، ولكن تقتضي وجوده كمصمم للمواقف التعليمية وكمرشد وموجه، كما أظهرت ان المتعلم قادر على ان يتعلم بمفرده إذا أتيحت له فرص التعامل مع المادة التعليمية بصورة تسمح بالتفاعل المباشر بينه وبينها.

وبهذا يتضح أن تكنولوجيا التعليم لها دور كبير في تنفيذ برامج التعليم عن بعد، وأن نجاح مؤسسات التعليم عن بعد في تحقيق أهدافها يتوقف على حسن توظيفها لتكنولوجيا التعليم. ويتضح ذلك بصورة أكبر في ضوء تعريف مجال تكنولوجيا التعليم، الذي قدمه فتح الباب عبد الرحيم سيد[1] حين قال: "إن تكنولوجيا التعليم هي العلم الذي يدرس العلاقة بين الإنسان ومصادر المعرفة من حيث إنتاجها، وإتاحتها له، والتخطيط لاستخدامها، وذلك في إطار من فلسفة التربية ونظريات التعلم لتحقيق أهداف تربوية محددة ". فالبحوث في تكنولوجيا التعليم تتجه إلى دراسة طبيعة العلاقة بين المتعلمين ومصادر التعلم، وتتنوع مجالات البحوث في دراسة طبيعة تلك العلاقة؛ فمنها ما يهتم بإنتاج مصادر التعلم، وما يجب ان تكون عليه هذه المصادر لتحقق أهدافاً معينة. ومنها ما يهتم بكيفية استخدام مصادر التعلم في المواقف التعليمية المختلفة وشروط توظيفها في هذه المواقف، ومنها أيضاً ما يهتم بدراسة كيفية إتاحة مصادر التعلم وطبيعة مراكز مصادر التعلم وكيفية تنظيمها وإدارتها.

---

(1) فتح الباب عبد الحليم سيد، حلقة بحث عامة بكلية التربية، جامعة حلوان، اكتوبر، 1995، ص (72).

وإذا كانت تكنولوجيا التعليم هي العلم الذي يبحث في خصائص مصادر التعلم التي تحقق أهداف التعلم، فإن الموضوع الأول في العلاقة بين تكنولوجيا التعليم والتعليم عن بعد، هو استنباط مصادر تعليم تصلح لأن يستخدمها المتعلم بمفرده، وهو بعيد عن المعلم، بحيث تحقق أهداف تعلمه، وتمكنه من أن يتفاعل معها في غياب المعلم.

أما الموضوع الثاني في هذه العلاقة فهو إعداد المراكز التي توفر المصادر التي يرجع إليها بعض طلاب التعليم عن بعد، بحيث تفي بالاستجابة لتساؤلاتهم، سواء بنمط التعليم الفردي أو التعليم الجماعي.

والموضوع الثالث في هذه العلاقة هو كيفية الاتصال بالمتعلم عن بعد، بحيث يستطيع ان يتلقى الرسائل العلمية المختلفة بأقل جهد وبأيسر الإمكانات، وهذا الموضوع يتضمن تنظيم الأجهزة، والأدوات، والوسائل التي تمكن المتعلم من التعلم، مثل جهاز التلفاز وبرامجه، وجهاز الراديو وبرامجه، وأجهزة الحاسوب وبرامجها، والبريد العادي والإلكتروني ومراسلاته ... الخ.

أما الموضوع الرابع في هذه العلاقة فهو إنشاء مراكز لتكنولوجيا التعليم تتبع مؤسسات التعليم عن بعد، لتقوم بالوظائف الآتية على وجه الخصوص: وظيفة إنتاج المصادر التعليمية أو الأوعية التعليمية المختلفة وما يتضمنه ذلك من تصميم، ووظيفة تنظيم تداول هذه المصادر بين المؤسسة والطلاب المتعلمين، ووظيفة تدريب هيئة التدريس والعاملين في مؤسسات التعليم عن بعد على تصميم استراتيجيات استخدام هذه الوسائل وإنتاجها أحياناً، ووظيفة إجراء البحوث بهدف التثبت من وفاء هذه المصادر بالمطلوب منها وطرق تداولها وفق الأهداف الموضوعة لها.

(أ) استنباط مصادر التعلم المناسبة للتعليم عن بعد

ينبغي تحديد مصادر التعلم وتصميمها وإنتاجها بحيث تصلح لأن يتفاعل معها المتعلم معتمداً على نفسه؛ ليتعلم بمفرده؛ إذ إن تفريد التعليم هدف من أهداف تكنولوجيا التعليم، ومطلب من مطالب استخدامها، ولذلك يحاول خبراء تكنولوجيا التعليم ابتكار أساليب متنوعة لمواجهة الفروق الفردية بين المتعلمين، مما يجعل التعليم فرديا ومتكيفا مع المتغيرات في شخصية المتعلمين. كما يحاولون إشراك المتعلم في مسؤولية التعليم وإدارته[1]، ومن ثم لا تكون مصادر التعلم المقدمة في التعليم عن بعد بأي حال من الأحوال هي التي تقدم في التعليم التقليدي؛ ففي التعليم التقليدي يتقابل المتعلم مع المعلم والأقران كل يوم والفرصة متاحة له لأن يتناقش معهم فيما حصله. كما اشار حسين الطوبجي إلى أن بعض المشتغلين بالتعليم عن بعد يتصور على سبيل الخطأ أن مجرد تسجيل المحاضرات أو تسجيل صفحات من كتاب على أجهزة التسجيل الصوتي او المرئي وتقريرها ليدرسها طالب او أكثر هو المقصود بالتعلم الذاتي[2].

والمتعلمون في التعليم عن بعد غير متجانسين؛ فهناك اختلاف كبير في أعمارهم وأوضاعهم الاجتماعية، وقدراتهم وخبراتهم، ولهم ظروفهم الخاصة التي لا تتشابه مع ظروف طلاب التعليم التقليدي؛ فمن يرشد المتعلم وهو معزول عن المعلم في أغلب الأحيان؟ ومن يرد على تساؤلاته ويوضح له اخطاءه؟ ومن يساعده في تقويم نفسه بنفسه؟ ومن يقدم له التعزيز المناسب، وليس لديه مرشد سوى مصدر التعلم، سواء كان كتابا أو برنامجاً إذاعيا؟ وهكذا يتوقف نجاح برامج التعليم

---

(1) عبد اللطيف الجزار: **وسائل وتكنولوجيا التعليم**، القاهرة، كلية البنات، جامعة عين شمس، 1997، ص (8).

(2) حسين حمدي الطوبجي: **التعليم الذاتي، مفهومه، مميزاته، خصائصه**، كلية تكنولوجيا التعليم، الكويت، 198، ص (26).

عن بعد على إمكانية تصميم برامج ومقررات ووسائل تقوم بهذا الإرشاد وتساعد في إنجاح عمليات التعليم الذاتي، وتحقيق أهداف برامج التعليم من بعد.

وبناء على ذلك لابد من أن تكون هذه المصادر مصممة ومنتجة بطريقة تجعلها تختلف عن مثيلاتها المقدمة في التعليم التقليدي، فتراعي الفروق الفردية بين المتعلمين، وتناسب ظروفهم، ولا يتحقق ذلك إلا في ضوء نظريات تكنولوجيا التعليم ونتائج أبحاثها التي تدور حول دراسة علاقة المتعلم بمصدر التعلم، وإعداد هذا المصدر في صورة تتلاءم مع موقف التعلم الذي يقدم فيه.

يختلف التعليم عن بعد عن التعليم التقليدي في ظروفه كلها، فإذا تجاهلنا العلاقة بين ظروف التعليم عن بعد ونوعية مصادر التعلم وإنتاجها، كان مصيره الاضمحلال والفشل. يقول كوينتين ويت لوك Quentin Whitlock[1] إن أحد أسباب فشل المتعلمين في التعليم عن بعد، هو تصميم المقررات ومصادر التعلم التي لا تتوافق مع أهداف المتعلمين ومدخلاتهم، وخطوهم في التعلم.

ليس المهم توفير مصدر التعلم، بل التاكد من ملاءمة هذا المصدر لطبيعة التعليم عن بعد وطلابه المتعلمين. فمن غير المتخصصين في تكنولوجيا التعليم يستطيع ان يقرر ذلك ويحققه؟ إن دراستهم لسعة المصادر وطبيعتها ومواصفات تصميمها وظروف استخدامها، ومعرفتهم بطبيعة التعليم عن بعد وسمات المتعلمين به وخصائصهم، تجعلهم قادرين على أداء هذا الدور الهام، الذي أشار إليه وأكده كثير من الكتابات في هذا المجال؛ ففي مؤتمر اليونسكو للاستشارات الدولية بشأن التعليم عن بعد قيل: [2] إن لمصادر التعلم دورا مهماً ومفيدا، ولكن الأمر الأهم هو الدراية والوعي بقدرات المتعلمين وإمكاناتهم وقصورها ومحدوديتها، بل الأمر الأهم هو فهم الظروف والأحوال الضرورية لنجاح استعمال تلك المصادر. أما

---

(1) Quentin Whitlock, **Student Future in Open Learning,** ETTL, Vol 96, No. (2) 1999, P. (134).

(2) UNESCO: **A Survey of Distance Education in Asia and the Pacific,** 1995, P (46).

ماكنزي وزملاؤه فقد أشاروا إشارة مباشرة إلى أهمية دور خبراء تكنولوجيا التعليم في ذلك بقولهم: إن مصادر التعلم التي تعد للتعليم عن بعد بمقدورها أن تحول التعليم إلى متعة؛ فهي عنصر لا غنى عنه للمتعلم، إنها تثير الحافز على التعلم، وذلك يرجع إلى خبراء تكنولوجيا التعليم الذين بمقدورهم تحقيق ذلك في أثناء صياغة هذه المصادر وإخراجها.

وفي هذا تأكيد لطبيعة العلاقة بين تكنولوجيا التعليم والتعلم عن بعد، وأهمية دور تكنولوجيا التعليم؛ فتكنولوجيا التعليم تستطيع إذا أحسن توظيفها أن تجعل الخبرة التعليمية اكثر واقعية وأقرب للحياة وأكثر قبولاً للتطبيق، وأن تحقق أكثر أنواع التعليم تأثيراً وفائدة، سواء كان المتعلم طفلا في رياض الأطفال، أو شاباً في الجامعة أو المصنع؛ لأن أدوات تكنولوجيا التعليم تحقق الفائدة إذا استخدمت استخداماً صحيحاً. فقد اثبتت البحوث أنها تستطيع أن تلبي حاجاتنا من التعليم سواء في المدرسة أو خارجها، وأن تحدث فرقا واضحا في عائد التعليم، سواء من حيث الكيف أو من حيث الكم، ولكن النتائج الطيبة لا تأتي وحدها، فهي تعتمد على كيفية استخدام هذه الأدوات والمصادر في مواجهة مشكلة ما، وعلى استخدامها استخداماً سليماً؛ لأن النتائج الممتازة لا تأتي إلا عندما تتكامل هذه الأدوات والمصادر في المجال التعليمي الكبير، بمعنى ألا تكون شيئاً كمالياً يمكن الاستغناء عنه، وألا تكون لمجرد الإثراء والزخرفة، وإنما يجب أن تكون عنصرا اساسياً في العملية التعليمية برمتها. [1]

وليس العبرة باستخدام الإذاعة والتلفاز او أحدث التقنيات في التعليم عن بعد، ولكن المهم تصميم الرسالة التعليمية وصياغتها في شكل تربوي يقدم للمتعلم المادة الدراسية، بحيث يعوضه عن غياب المعلم. إن كثيراً من اللبس يحيط بتصميم وسائل الاتصال وتكنولوجيا التعليم في مجال التعليم عن بعد وبدور تلك الوسائل

---

(1) فتح الباب عبد الحليم سيد، **مرجع سابق**، ص (71).

أيضاً، ويتسبب هذا اللبس في وقوع خطأ جوهري بعينه وتكراره مرات ومرات، فكثيرا ما يبدأ الذين يفكرون في استخدام وسائل الاتصال عن بعد في تعليم الطلاب بتركيز اهتمامهم على هذه الوسائل ذاتها قبل أن يفكروا تفكيرا جيدا في هؤلاء الطلاب المقصودين بالخدمة، وقبل ان يبحثوا طبيعة البرامج التي سيقدمونها لهم، ونتيجة لذلك تضيع مبالغ طائلة وييأس أولو الأمر والساسة ويصابون بالإحباط، ويقابلون الحديث عن التعلم عن بعد ووسائل الاتصال عن بعد بامتعاض.

إن هذا يؤكد أن مجرد إدخال التلفاز كمصدر من مصادر التعلم، لا يعني النجاح. ولكن ينبغي تصميم هذا المصدر وإعداده بحيث يتلاءم وطبيعة هذا النوع من التعليم والمستفيدين منه.

فهناك فرق بين البرامج التي تقدمها الإذاعة والتلفاز للعامة والبرامج التعليمية، ومن الخطأ عادة أن نضع برامج التعليم تحت سيطرة المذيعين وحدهم او سيطرة هيئات الإذاعة العامة؛ لأنهم إذا ملكوا الزمام اهتموا بالأشياء التي تعنيهم وتجاهلوا التكامل الأكاديمي للبرامج مع المنهج رغبة في جودة عالية في الإنتاج.

وقد اشار ماكنزي وزملاؤه[1] إلى ضرورة تصميم مصدر التعلم بصيغة خاصة تتلاءم مع طبيعة التعليم عن بعد، فقالوا: تحتاج قضية البت في مدى صلاحية إذاعة المحاضرة التقليدية بالراديو لطلاب التعليم عن بعد مزيدا من البحث، وقد دللوا على ذلك باختيارهم مقتطفات من تقرير عن دراسة حالة للتعليم عن بعد في فرنسا؛ فقد ورد في التقرير أن الغالبية العظمى من الدروس المذاعة عبارة عن محاضرات جامعية تقليدية تم تعديلها بحيث تتناسب مع الوقت الذي تستغرقه فترات البث الإذاعي، وهو ثلاثون دقيقة. وتشعر الهيئة المسؤولة بالذنب

---

(1) نورمان ماكنزي وآخرون: **التعليم المفتوح، النظم والمشكلات في التعليم بعد الثانوي**، ترجمة صالح عزب، المنظمة العربية للتربية والثقافة والعلوم، تونس، 1997.

لاستخدام هذه المحاضرات الجامعية التقليدية؛ لأنها لا تناسب احتياجات الدارسين عن بعد، ولأنها تكاد تمنع الدارسين من التفكير الحر في موضوع الدراسة.

وفي تعليق ماكنزي وزملائه على هذه الحالة إشارة إلى أهمية الدور الذي تؤديه تكنولوجيا التعليم عندما تحدد خصائص المصدر الملائم. يقول: يمكن تصور العيوب التي يحتمل ظهورها عندما تستخدم مادة تعليمية سبق ان وضعت لمعالجة مجموعة معينة من الظروف؛ لكي تخدم أغراضاً أخرى، وظروفا مختلفة.

ويؤيد هذا سلمان الصباح وزهير المزيدي في نتائج دراستهما لتجربة الجامعة التلفازية في الصين؛ فقد تبين أن هذه الجامعة تعتمد على برامج البث التلفازي والإذاعي بنسبة 90%، وعلى الرغم من ذلك لا يتقبلها الطلاب؛ لأنه تبين أن استوديوهات الجامعة استحدثت أسلوب تسجيل المحاضرات الجامعية بطريقة تبدو كما لو كان ثمة أستاذ يحاضر أمام طلبة في غرفة دراسية، مع ندرة في استخدام الوسائل التعليمية في أثناء الشرح، وقلة في استخدام تقنيات التصوير المختلفة، هذا بالإضافة إلى كثافة المادة العلمية المقدمة التي تكون غالباً مزدحمة بالمعلومات في فترات زمنية قصيرة، فإذا لم يتدارك الطالب تسجيلها تعذر إدراك ما تم بثه على الشاشة أو فهمه أو استيعابه [1].

وإن دل هذا على شيء فإنه يدل على دور تكنولوجيا التعليم في تحديد مصدر التعلم الملائم وطريقة تصميمه للتعليم عن بعد؛ إذ إن المدى الذي يصل إليه اي مصدر تعلم في تشجيع التفاعل او التعلم النشط، يتوقف إلى حد كبير على طريقة تصميمه وعلى طبيعته.

(1) سلمان الداود الصباح، زهير منصور المزيدي، **الجامعات المفتوحة في العالم**، الكويت، مؤسسة الكويت للتقدم العلمي، 1998.

(ب) مراكز التعليم عن بعد

على الرغم من أن طبيعة التعليم عن بعد تدور حول معاونة المتعلم في أن يتعلم بمفرده بعيدا عن المعلم في أغلب أوقات الدراسة، فإن المتعلم قد يحتاج في بعض الأحيان مقابلة بعض الأقران او مقابلة أحد من الموجهين او المرشدين للمناقشة أو الاستفسار، كما يكون من الضروري أحياناً أن يدعم التفاعل بين الطالب ومادة التعلم بتفاعل مباشر بينه وبين اختصاصيين من ذوي الكفاءات العالية والخبرة في مجال تعلمه، وبتفاعل مباشر بينه وبين أمثاله من المتعلمين؛ ولهذا الغرض تقيم المؤسسة التعليمية في النظام عن بعد شبكة من مراكز الدراسة قريبة من الطلبة، فيها موجهون أكاديميون ومرشدون، ليجتمع بهم المتعلم في أوقات خارج أوقات العمل أو يراجع معهم تساؤلات أوحت بها الدراسة.

ونجد أنه يتبع الجامعة البريطانية المفتوحة – على سبيل المثال - ثلاثمائة مركز دراسي منتشرة في أرجاء المملكة المتحدة، وتفتح هذه المراكز أبوابها لاستقبال الدارسين يوميا في المساء من الساعة 6.30 إلى الساعة التاسعة باستثناء أيام الأحد، وليس هناك إلزام للدارس بالحضور، وبالرغم من ذلك فإن هناك عددا كبيرا من الدارسين ممن يذهبون إليها للتعلم تجنبا للشعور بالعمل في الظلام.

كما يوجد في جامعة العلامة إقبال المفتوحة بباكستان مائتان وخمسون مركز دراسة منتشرة في البلاد، وتزود هذه المراكز الطلاب بالتعليم وخدمات التوجيه والإرشاد يوميا وبكافة التجهيزات اللازمة لاستخدام مواد التعليم المسموعة والمرئية. وكذلك فإن لدى الجامعة الوطنية للتعليم عن بعد في إسبانيا ستين مركزا للدراسة منتشرة في إسبانيا، وبالإضافة إلى ذلك فلها خارج إسبانيا أحد عشر مركزا منتشرة في شتى أنحاء العالم منها: باريس وبروكسل وجنيف ولندن وبون وكراكاس وروزاريو وسان باولو والمكسيك وغينيا الاستوائية. هذه المراكز الدراسية لها مميزات عديدة؛ فهي تخلق لدى الطلاب شعورا بالانتماء إلى وسط معين يخفف من

وحدتهم، كما تشبع من جهة ثانية روح التنافس وتنمي القدرة على التعبير [1]. ولذلك فمركز الدراسة يؤدي العديد من الوظائف المختلفة في نظم التعليم عن بعد؛ ففي بعضها يرى أنه مركز للمشاهدة، يتيح للمتعلم الفرصة ليشاهد المواد التعليمية التي قد تكون عرضت في وقت لا يناسبه، أو التي تتاح بأجهزة عرض قد لا تتوافر لديه، والبعض الآخر من نظم التعليم عن بعد يرى مركز الدراسة مكتبة أو مركزا لمصادر التعلم، وهناك من النظم ما يعد مركز الدراسة مركزا لتفاعل الطلبة في مجموعات يساعد بعضها البعض، وقد ينظر الى مركز الدراسة على أنه مكان للتجارب العملية أو لاستخدام الأجهزة التي تعد أساسية ولكن لا يمكن توافرها بسهولة للمتعلم في بيته.

إن هذه الخدمات والتسهيلات التي تقدمها المراكز الدراسية لا يمكن أن تقدم كما ينبغي ولا أن تحقق أهدافها دون استعداد المركز لذلك؛ فهي تحتاج إلى أن تكون معدة ومجهزة وفق إمكانات مادية وبشرية ذات خصائص معينة وخبرات خاصة، وخبراء تكنولوجيا التعليم لهم دور بارز في التخطيط لإنشاء مثل هذه المراكز وإقامة المكتبات ومرا كز مصادر التعلم في داخلها.

وقد قام كثير من الدول التي أخذت باتجاه التعليم عن بعد بإنشاء العديد من المكتبات المفتوحة في اماكن التجمع المتفرقة وفي المراكز الدراسية وتزويدها بالكتب والشرائط والأفلام التعليمية الخاصة بالبرامج المختلفة، بل إن هناك كثيرا من المجتمعات زودت هذه المكتبات بقاعات للمشاهدة والاستماع كما زودتها بمرشدين في جميع التخصصات يساعدون الطلاب في فهم ما يستعصي عليهم فهمه في المواد المختلفة، ويرشدونهم إلى المصادر التعليمية التي تخدم برنامجا معينا؛ فالمكتبات تمثل اساساً مهماً ووسيلة رئيسية للتعلم في الجامعة المفتوحة.

---

(1) أونكير سينغ ديوال: **المشكلات التربوية للتعليم عن بعد**: مجلة مستقبليات، العـدد 165 ، 1998، ص (63).

إن إقامة هذه المكتبات او مراكز مصادر التعلم وتنظيمها وإدارتها لا تتم دون الاعتماد على تكنولوجيا التعليم والمتخصصين فيها؛ بل إن هذه المكتبات أو مراكز مصادر التعلم تتطلب وجود متخصصين في تكنولوجيا التعليم ذوي خبرات ومهارات خاصة للتعامل مع المتعلمين بالتعليم عن بعد.

(جـ) أسلوب الاتصال بالمتعلمين وتداول مصادر التعلم

إن اختيار أسلوب الاتصال أو طريقة الاتصال بالمتعلم في التعليم عن بعد من القرارات التي يجب اتخاذها منذ المراحل الأولى للبدء في أي مشروع للتعليم عن بعد[1].

ويحتاج اتخاذ مثل هذه القرارات إلى دراسة خاصة يقوم بها متخصصون في تكنولوجيا التعليم، وذلك لأن هناك تنوعا كبيراً في طرق الاتصال بالمتعلمين، ويتوقف تحديد أنسبها على عوامل عديدة ينبغي دراستها؛ فمن هذه العوامل خبرات المتعلم بوسائل الاتصال المختلفة، والمسافة بين المتعلم والمؤسسة التعليمية، وقدر التفاعل المراد إثارته؛ إذ إن هناك أنظمة اتصال عالية التفاعل، وأنظمة أخرى منخفضة التفاعل. ولكل نظام من الأنظمة سمة معينة وظروف يتم استخدامه فيها. وهناك علاقة بين أنظمة الاتصال ودرجة التفاعل؛ فالبث الإذاعي والتلفازي يسمح بنوع من الاتصال يختلف عما تقدمه المؤتمرات السمعية مثلا. إن الاتصال والتفاعل في العملية التعليمية يؤثران تأثيرا كبيراً في اختيار نظام الاتصال المناسب في هذا النوع من التعليم[2]، والاختيار السيىء لوسيلة الاتصال يمكن أن يقلل

---

(1) William D. Mitheim: **Implementing Distance Education, Program Suggestions for Potential Developers**, Educational Technology, April 1991.

(2) Farr and Sheffer, **Matching Media Guides for Academic Staff**, Australia, C.S.U., 1996, P. (52).

ويضعف نسبة الإفادة من المقرر؛ إذ إن وجود نظام اتصال بطيء غير فعال ينقص حفز المتعلم على التعلم، ويضعف من التزامه بإكمال البرنامج[1].

إن تحديد أنسب طرق الاتصال وأكثرها فعالية لتتوافق مع التعليم عن بعد وظروف المتعلمين به في ظل التطورات الكبيرة في مجال الاتصالات، يحتاج إلى دراسة هذه المستحدثات ومتطلبات توظيفها واستخدامها؛ فقد أدى انتشار استخدام الحاسوب، والأقمار الصناعية، وظهور شبكات المعلومات، إلى ظهور العديد من أساليب الاتصال وطرقه التي يمكن توفيرها في مجال التعليم عن بعد، مثل:

- الهاتف.

– البريد الإلكتروني.

– الناسوخ (الفاكس).

- الرسالة المكتوبة اللاسلكية (التلكس).

- أنظمة المؤتمرات عن بعد (Teleconferencing)، وتشمل:

* المؤتمرات السمعية.

* المؤتمرات التلفازية.

* المؤتمرات الحاسوبية.

* النصوص المرسلة عن طريق شبكات المعلومات (Video Texts).

إن هذه الأنظمة وطرق الاتصال غدت بصورة أساسية من متطلبات العملية التعليمية، سواء في التعليم التقليدي أو التعليم عن بعد، ولذلك فإن توظيف مثل هذه المستحدثات في الاتصال التعليمي يحتاج إلى المتخصصين في مجال تكنولوجيا التعليم وإلى ابحاثهم ودراساتهم في هذا المجال.

---

(1) جامعة القدس المفتوحة: مدخل إلى نظم التعليم المفتوح في التعليم العالي، الأردن، عمان، 1996، ص (39).

وقد ينجذب كثير من المسؤولين عن عمليات التطوير في مستوياتها المختلفة نحو بريق المستحدثات التكنولوجية، وينسون أن دخول هذه المستحدثات يحتاج إلى تخطيط وسياسة، تحسب حسابا لكل المتغيرات في عملية التعليم وتضع الأسس الثابتة التي تقوم عليها هذه السياسة[1]. لذلك فإن أسباب فشل كثير من المشاريع التربوية التي حاولت تطبيق تقنيات التعليم الحديثة تعود إلى التطبيق غير المتكامل لمفهوم التقنية، وإلى إهمال بعض الجوانب كالإدارة، والتقويم، والتجريب، والتنقيح... الخ[2]. فالاتصالات الشخصية بين المتعلم والمعلم، عناصر مسلم بأهميتها على كافة مستويات التعليم إلى درجة تجعل الحاجة إليها في التعليم عن بعد أمراً لا يمكن تجاهله، ويجب أن تدرس هذه الحاجة دراسة متأنية، لأن توفير هذه الاتصالات مشكلة تنظيمية معقدة ومكلفة. وتكنولوجيا التعليم تهتم بهذا النوع من الدراسات، لتتمكن من إتاحة مصادر التعلم بأنسب الطرق والأساليب لظروف المتعلم ولتحقيق الهدف، في إطار فلسفة التربية ونظريات التعلم.

إنشاء مركز تكنولوجيا التعليم

تتضح مما سبق طبيعة العلاقات الوطيدة بين تكنولوجيا التعليم والتعليم عن بعد؛ إذ يمكن اعتبار تكنولوجيا التعليم البوابة الرئيسية للتعليم عن بعد. وتأكيداً لطبيعة هذه العلاقات نجد أن الجامعة المفتوحة في إنجلترا، وهي أقدم الجامعات المفتوحة في العالم وأشهرها، أنشأت في داخلها معهد تكنولوجيا التعليم (Institute of Education Technology) ليشغل موقعا مركزيا بين الكليات، وهو يهتم بتحسين عملية التعليم من خلال تصميم مواد التعليم للمقررات المختلفة، وإجراء عمليات التقويم لمختلف جوانب العملية التعليمية، وكذلك إجراء البحوث، وتقديم التكنولوجيا

---

(1) فتح الباب عبد الحليم سيد: **أساليب ومواد التعلم الذاتي**، مجلة تكنولوجيا التعليم، المجلد الخامس، 1995، ص (2).

(2) نورمان ماكنزي وآخرون، **مرجع سابق**، ص (59).

الجديدة، وله دور بارز في إعداد الكوادر من العاملين في مجال التعليم عن بعد وتنميتهم بصفة مستمرة حتى يتمكنوا من تأدية أعمالهم بكفاءة عالية[1].

وعن طبيعة البحوث التي يجريها معهد تكنولوجيا التعليم، تذكر ليلى العقاد[2] أن المعهد يقوم بإجراء البحوث لتحسين العمل والإنتاج الجيد لمواد تعليمية جيدة، وذلك في قسم في المعهد يسمى قسم البحوث الاستطلاعية. ومن أهم البحوث التي يجريها:

- **بحوث لتقويم المواد التعليمية وتطوير الدروس**: يقوم الباحثون باستطلاع آراء الطلبة أو المرشحين للالتحاق بالجامعة والتعرف على تعليقاتهم وردود أفعالهم فيما يتعلق بالواجبات والاختبارات التي تتعلق بمقرر ما، ويدرس أعضاء المعهد تلك الملاحظات ويستخلصون منها النتائج ثم يتقدمون بتقرير عنها الى فرق وضع المناهج وتصميم المواد التعليمية حتى يتسنى لهم أن يعدلوا مسوداتهم في ضوء الرجع.

- **بحوث الوسائل المسموعة والمرئية**: تقوم المجموعة المختصة بإجراء هذه البحوث بتقويم استخدام الإذاعة والتلفاز وغيرها من الوسائل المسموعة والمرئية في الجامعة المفتوحة، وتجري استطلاعات لحالات الاستماع والمشاهدة بالنسبة لكل موضوع دراسي، كما تدرس دور المبتكرات الجديدة مثل شريط الفيديو كوسيلة من الوسائل المسموعة والمرئية في المراكز الدراسية، وتعمل على تقويم عملية تقديم مواد كل مقرر بالتفصيل مما يكون له اثر كبير في تحديد الأساليب المختلفة لتحقيق التكامل بين البرنامج الإذاعي والتلفازي وبقية المواد التعليمية، وتحديد أنجح الوسائل لتقديم المادة العلمية.

---

(1) The Open University: Institute of Educational Technology, **Research Design Evaluation for Open Distance Learning**, P. (13).

(2) ليلى العقاد: **التعليم المفتوح والقمر الصناعي العربي**، القاهرة، دار الفكر العربي، 1993، ص (128).

- **بحوث حول المواد المطبوعة التي تقدمها الجامعة:** يجري المعهد بحوثا تجريبية تتناول الطريقة التي يتفاعل بها الطلاب مع المواد المطبوعة التي تقدمها الجامعة المفتوحة، ويحلل تصميم هذه المواد المطبوعة، ويدرس مواقف الطلاب إزاء كل منها ومدى مناسبة حجمها والوقت المستغرق لدراستها... الخ.

- **بحوث على نظام التوجيه والاستشارة:** تقوم المجموعة المكلفة بإجراء هذه البحوث لدراسة خدمات الموجهين والمستشارين، وكيفية إدارة المناقشات في المجموعات الصغيرة، وكيفية الأخذ بيد المتعلمين لتطوير أساليب دراستهم، ودراسة تأثير دور الموجه أو المستشار التعليمي في العملية التعليمية.

وتأكيداً لأهمية الدور الذي يقوم به معهد تكنولوجيا التعليم في إطار التعليم عن بعد، ترى نجوى يوسف جمال الدين[1] أنه يجب أن تتضمن نظم التعليم عن بعد في داخل بنيتها استراتيجية للبحث والتقويم تتمثل في إنشاء أقسام لتطوير المقررات أو معهد لأبحاث التدريس عن بعد، وأن يكون تركيز تكنولوجيا التعليم على طرق التدريس، والمواد التعليمية، والوسائل، واختيار التكنولوجيا قبل تقديمها، والتعرف على الجمهور المستهدف، وكذلك الحصول على تغذية راجعة تتعلق بمواد المقرر. وكذلك يرى علي عيسى عثمان[2] أن الجامعات المفتوحة الناجحة أنشأت نظاما داخلياً للمتابعة لتقويم برامجها فتولد منه حوار متواصل بين الطلبة والمؤسسة التعليمية، وتولد منه تطوير متواصل في بنية البرامج التعليمية وكيفية تصميم موادها التعليمية وتوصيلها للطلاب، وذلك لإحداث أكبر قدر من التفاعل بين المتعلم والمعلم ليصبح العلم ملكا ذاتيا للمتعلم له وظيفته في إدراكه وتفكيره ودوره في عمله وحياته.

---

(1) نجوى يوسف جمال الدين: **مرجع سابق**، ص (328).
(2) علي عيسى عثمان: **مرجع سابق**، ص (28).

الجودة النوعية في التعليم عن بعد

إن الجودة النوعية في التعليم عن بعد ما هي إلا نظام. ولأن النظام كل متكامل، فهو يسعى إلى تحقيق أهداف محددة، ويتكون من اجزاء وعناصر متداخلة تقوم بينها علاقات تبادلية بحيث لا يمكن عزل أحدها عن الآخر، وذلك من أجل أداء وظائف أو انشطة محصلتها النهائية بمثابة الناتج الذي يحققه النظام كله.

فالجودة النوعية في التعليم عن بعد نظام متكامل، وأي خلل فيه لا يمكن علاجه إلا من خلال النظرة الكلية .

أما معايير الجودة النوعية في التعليم عن بعد فتتلخص بالآتي:

أولاً: الجودة النوعية وعملية تحديد الأهداف

يعد تحديد الأهداف المراد تحقيقها بدقة ووضوح إحدى أهم المراحل في نظام التعليم عن بعد، وهذه المرحلة تحدد العمل وتوضحه وتستبعد كل الغموض وصعوبات التفسير، كما تضمن إمكانية القياس، بحيث يمكن تحديد نوعية خبرة التعلم عن بعد وفاعليتها، وتساعد في اتخاذ قرار بشأن استراتيجية التعلم المثلى.

ويفيد وضوح الأهداف وتحديدها بدقة المشتغلين بتصميم البرامج والمواد التعليمية في اختيار المواد التعليمية وأنواع النشاط التعليمي، وتنظيم محتوى المادة الدراسية وكذلك في التقويم، كما يفيد المتعلم بأن يصف له أنواع التعلم ومستوياته ومعاييره التي يتوقع منه أن يحققها بعد إكمال دراسته للمادة التعليمية ؛ فهذه المرحلة توجه نشاط تعلم المتعلم نحو تحقيق هذا التعلم كما يحدده رايس (Race)[1].

والأهداف المحددة الواضحة المعالم تبني على وضع المتعلمين من حيث كفاءاتهم الحالية وظروفهم التي يتوقع منهم في ظلها ان يثبتوا إلى أي مدى قد حققوا الكفاءات المرغوب فيها. فمن الأهمية بمكان أن تصاغ هذه الأهداف بوضوح،

---

(1) Phil Race: **The Open Learning Handbook: Promoting Quality in Designing and Developing Flexible Learning**, 2nd ed. London: Kegan, 1994, P. (34).

بحيث تمكن المعلم والمتعلم وجميع العاملين في مؤسسة التعلم عن بعد من استخدامها كمعايير إجرائية سهلة القياس، ومحددة، ومفهومة، وبعيدة عن الغموض.

ثانيا: الجودة النوعية في المتعلمين وخلفياتهم العلمية والثقافية:

يعد المتعلمون أحد أهم المدخلات في عملية التعليم عن بعد. وتتعدد معايير الجودة المرتبطة بهم، كما ينظر إليهم كأحد أهم المعايير في عملية التعلم عن بعد.

وفي هذا المجال يؤكد (Rowentree) [1] أهمية دراسة المتعلمين المتقدمين للدراسة في برامج التعليم عن بعد وجمع أكبر قدر ممكن من المعلومات المتصلة بهم. ويرى أن هناك طرقاً وأساليب عديدة لجمع مثل هذه المعلومات؛ مثل الاستبانات والاستمارات التي يطلب من المتعلم الإجابة عنها عند الالتحاق ببرامج التعليم عن بعد. هذا بالإضافة إلى أنه يمكن عقد لقاءات مع الطلاب والاستفسار منهم عن مثل هذه المعلومات.

ان تقدير الحاجات جهد منظم يهدف إلى جمع المعلومات والأفكار من مصادر متنوعة من أجل اتخاذ قرارات افضل، ؛ فبهذه الطريقة يمكن معرفة النقص في المهارات والمعارف الضرورية لتحقيق أهداف معينة[2]، وكذلك معرفة الظروف البيئية التي تشير إلى الأدوات والأجهزة وأماكن العمل وملاءمتها لتحقيق الأهداف المرغوبة، إلى جانب دافعية المتعلمين ؛ إذ إن هناك عاملين لهما علاقة بالدافعية: الأول هو القيمة التي تشير إلى مدى اهمية الموضوع للمتعلمين، والعامل الثاني هو الثقة التي تشير إلى مدى ثقة المتعليمن بأنفسهم وبقدرتهم على إتقان المهارات والمعارف الضرورية[3].

---

(1) Rowentree, D., **Exploring Open and Distance Learning**, London, McGraw - Hill Book Company ,, 1992.

(2) ماجد أبو جابر : **تقدير الحاجات، المفهوم والفوائد والإجراءات**، تكنولوجيا التعليم: سلسلة دراسات وبحوث، المجلد الخامس، خريف، 1995، ص (233).

(3) ماجد أبو جابر: **مرجع سابق**، ص (234).

ويؤكد فتح الباب [1] أن تحديد خصائص المتعلمين يعد من مستلزمات إنتاج مواد التعلم الذاتي؛ فقد حدد نوعية بعض المعلومات التي ينبغي معرفتها عن المتعلمين وما ينبغي ان يتخذ من إجراءات للإفادة من هذه المعلومات. ومن أمثلة هذه المعلومات:

- مستوى الدافعية: ويتضمن ذلك مدى كون خبراتهم السابقة مشجعة، ومدى ثقتهم بأنفسهم في مواصلة التعلم، وهذا يحتاج أن تقدم في المواد التعليمية فرص للنجاح يمر بها المتعلم بين حين وآخر.

- القدرة على التعلم: وتتضمن معرفة ما إذا كان ينقصهم بعض المهارات الأساسية اللازمة، وهذا يستدعي تقديم التعليمات ومعها المبررات الواضحة وبيان كيف يكون التفاعل بين المتعلم والمعلم. هذا علاوة على أن تكون التعليمات المقدمة في المادة التعليمية مطمئنة للمتعلم في اتجاه الاستقلالية، وان تحتوي المادة على معاونات توضيحية.

- القدرة على التركيز فترات طويلة، وهذا يستدعي النظر في طول الوحدات التعليمية أو الموضوعات المطروحة في المادة التعليمية، واتصالها اتصالاً مباشراً بالمادة التعليمية.

- سرعة الملل او فتور الهمة: وهذا يستلزم طرح أنشطة بديلة واقتراح أنشطة، وتشجيع المتعلم على اتخاذ القرار، واستخدام وسائل متنوعة، وصياغة المادة التعليمية في شكل جذاب ينطوي على استخدام قنوات اتصال متعددة.
  ومن هنا نرى أنه إذا أريد للتعليم عن بعد ان يبلغ الحد الأقصى من ضبط الجودة النوعية، فانه لا بد من أن يأخذ خصائص المتعلمين بعين الاعتبار.

---

(1) فتح الباب عبد الحليم سيد: **أساليب انتاج مواد التعلم الذاتي**، مجلة تكنولوجيا التعليم: سلسلة دراسات وبحوث، المجلد الخامس، 1995، ص (4).

ثالثا: الجودة النوعية في اعداد المواد التعليمية

إن عملية إعداد المواد التعليمية في مؤسسات التعليم عن بعد لا يمكن ان تتم بجهد فردي؛ فلا يستطيع شخص بمفرده، مهما بلغت كفاءته، ان يخطط ويصمم

وينتج مادة تعليمية ذات سمات ومواصفات تتلاءم وطبيعة الدراسة بالتعليم عن بعد. لذلك ظهر ما يسمى الفريق "Team" المسؤول عن إعداد هذه المواد؛ إذ إن كل فرد في هذا الفريق يقوم بمهمة محددة يؤديها في ضوء التشاور مع باقي أعضاء الفريق.

وقد أشار كثير من الكتاب والباحثين إلى أهمية وجود فريق متكامل الخبرات لإعداد المواد التعليمية؛ فنجد أن " هيلاري بيراتون"[1] Hillary Perraton تشير إلى أهمية تكوين الفريق بقولها: قد تكون الكتابة او التأليف عملا فرديا يقوم به فرد واحد، ولكن في التعليم عن بعد يشترك مع المؤلف مجموعة من ذوي الخبرات، منهم المتخصصون في تكنولوجيا التعليم ومنهم المنسقون، ويكون لهم دور فعال في العمل مع المؤلفين، وتؤكد أنه من المفيد أن يشترك أكثر من فرد في إعداد المواد التعليمية وأن يعمل خبير تكنولوجيا التعليم "Educational Technologist" إلى جانب المتخصص الأكاديمي في الموضوع (المعلم) الذي يلعب دورا إيجابياً لا يمكن الاستغناء عنه. ويؤيد فكرة الفريق أيضاً حمدان حمد الرشيد[2] الذي يرى أن نظام التعليم عن بعد بحكم فلسفته وخصائصه وأهدافه بحاجة إلى كوادر ذات مؤهلات خاصة وكفاءات معينة؛ لأن طبيعة نظام التعليم عن بعد واعتماده الأساسي على وسائل الاتصال والتكنولوجيا المتطورة، تستلزم اختيار اعضاء هيئة التدريس ممن يمتلكون الخبرة في مجال توظيف التقنيات الحديثة

---

(1) Hillary Perraton: **Training Teachers at a Distance,** London: Common Wealth, 1994, P. (40).

(2) حمدان حمد الرشيد: **ملف التعليم الجامعي المفتوح أو التعليم العالي عن بعد**، مجلة رسالة الخليج العربي، العدد (22)، السنة (27)، 1987، ص (220).

واستخدامها. ويشير إلى هذا الاتجاه أيضاً توني دودز وألان نوكس[1] اللذان يؤكدان أن تصميم البرنامج التعليمي عالي الجودة في التعليم عن بعد يقوم على جهود الفريق بأكمله وتعاون أفراده.

وتؤكد ذلك ايضاً نجوى يوسف جمال الدين[2] بقولها: إن إعداد المقرر ومواده التعليمية في التعليم عن بعد ثمرة جهد تعاوني وليس عملا فرديا يقوم به فرد واحد؛ فبدلا من ان يكون المتخصص في الموضوع هو الشخص الوحيد في عملية التدريس فإنه يصبح شخصاً واحداً فقط من بين أفراد عديدين. وإذا كان ذلك يبدو في ظاهره أنه يشكل تهديداً لاستقلالية عضو هيئة التدريس وحريته الأكاديمية، فإن اتباع أسلوب الفريق في إعداد المواد التعليمية يؤدي في النهاية إلى إنتاج مواد تعليمية ذات نوعية جيدة.

وبالإضافة إلى تأكيد أهمية وجود فريق لإعداد المواد التعليمية، يكاد يكون هناك إجماع بين الكتاب والباحثين الذين تناولوا هذا الموضوع، على أن يتكون هذا الفريق من ثلاث فئات رئيسية من المتخصصين، هم: المتخصصون في المحتوى الأكاديمي، والمتخصصون في تكنولوجيا التعليم (المصممون)، والمتخصصون في الإنتاج. وبالرغم من ذلك فإن لكل منهم وجهة نظر في تشكيل هذا الفريق؛ فيضيف عناصر أو يحذف أخرى.

ويرى فتح الباب عبد الحليم سيد[3] أن برنامج التلفاز التعليمي الناجح يتطلب تعاونا بين أعضاء فريق مكون من ذوي أربع كفاءات ممتازة، وقد عرض

---

(1) توني دودز وألان نوكس، **معاونة الكبار على التعليم**: **تخطيط البرامج وتطبيقها وإدارتها**، ترجمة محمد محمود رضوان، القاهرة، الجمعية المصرية لنشر المعرفة والثقافة، 2003، ص (148).

(2) نجوى يوسف جمال الدين: **تخطيط التعليم الجامعي المفتوح في مصر**، رسالة دكتوراة، معهد الدراسات والبحوث التربوية، جامعة القاهرة، 1995، ص (70).

(3) فتح الباب عبد الحليم سيد: **توظيف تكنولوجيا التعليم**، القاهرة، دار المعارف، 1991، ص (135).

هذه الكفاءات، وأشار إلى أن ترتيب عرض هذه الكفاءات لا يدل على أهميتها أو أفضليتها، وهذه الكفاءات هي:

1- خبير في المادة العلمية التي ستدرس: ويرى انه لا يكفي في برنامج التلفاز أن يظهر ذلك الأستاذ أمام السبورة شارحاً درساً أو يبدو مائلاً مساحة شاشة التلفاز متحدثاً؛ ولذلك يجب أن يكون معه في الفريق:

2- مخرج تلفازي من صنف مخرجي أفلام " والت ديزني "، يعرف إمكانات التلفاز وتقنيات استخدامه وحيله التصويرية؛ فيستطيع أن يخرج البرنامج مشوقاً وممتعاً.

3- خبير في التعليم البرامجي، أو ما يسميه للوضوح خبيراً في التعليم الفردي.

4- خبير في الوسائل التعليمية: ويقصد به الخبير العارف بالخواص أو السمات التعليمية للطلاب الذين توجه إليهم البرامج، والذي يدرك ما يستطيع ان يستخدمه المدرس من أدوات وكيف يستخدمها؛ فهو رجل خبير بطرق التدريس ووسائل التعليم وتكنولوجيا التعليم. وسوف لا يظهر على الشاشة إلا العضو الأول، ولكنه يعتمد على الأعضاء الثلاثة الآخرين كل الاعتماد. ويؤيد أحمد حامد منصور[1] أهمية وجود فريق لإعداد المواد التعليمية، ولكنه يرى أن يتكون هذا الفريق من خمس مجموعات متفاعلة ومتكاملة، تعمل كلها في منظومة واحدة، بالرغم من كون كل منها منظومة خاصة فرعية؛ فهذه الفئات يكمل كل منها الآخر، ولا يمكن تفضيل إحداها على الأخرى، وكل واحدة منها تقوم بواجبها المرسوم والمحدد لها مسبقا، وفق معايير المنظومة الكلية. وقد بين مسؤوليات هذه المجموعات كما يلي:

(1) أحمد حامد منصور: **التخطيط وانتاج المواد التعليمية**، الجزء الأول، سلسلة تكنولوجيا التعليم، 1995، ص (24).

1- **خبراء علميون:** هم المتخصصون في المادة العلمية والمسؤولون عن المحتوى العلمي، وتقديم المادة العلمية ومدى صحتها ودقتها وحداثتها، ويفضل ان تكون هذه المنظومة من أساتذة جامعيين، وموجهين علميين ومدرسين للفئة نفسها التي تتلقى هذا البرنامج، او التي تُعَدُّ لها المادة العلمية.

2- **الخبراء التربويون:** من أساتذة جامعيين وموجهين ومدرسين للفئة نفسها، ويكون الجميع من الهيئة نفسها التي يطبق فيها البرنامج، وهم متخصصون في التربية وعلم النفس بوجه عام، والمناهج وطرق تدريس المادة العلمية المنتجة بوجه خاص، ومسؤولياتهم صياغة الأهداف التعليمية في شكل السلوك المتوقع حدوثه في شخصية المتعلم عند مروره بموقف وتفاعله معه، وتحديد مستوى الأداء ومعايير الأداء لكل متعلم في كل موقف تعليمي، وبنود الاختبار البنائي والاختبار الذاتي والاختبار النهائي، كما ان من بين مسؤولياتهم مراعاة مستويات المستقبلين وقدراتهم من حيث العمر الزمني والعقلي لكل منهم والخصائص الاجتماعية للبيئة التي يعيشون فيها وكذلك لهجتهم البيئية لمراعاة ذلك عند إنتاج مواد تعليمية تحتاج إلى مؤثرات صوتية.

3- **الخبراء التكنولوجيون:** هم أساتذة جامعيون متخصصون في تكنولوجيا التعليم، وموجهون في التقنيات التربوية، ومتخصصون في الوسائل التعليمية وإنتاج المواد التعليمية. أما مسؤولياتهم فهي اختيار أنسب الوسائل التعليمية لتحقيق الأهداف التعليمية والسلوكية الموضوعة من قبل الخبراء التربويين والأكاديميين، ووضع استراتيجية التصميم والإنتاج، وكذلك استراتيجية التدريس لاستخدام البرنامج التعليمي ككل، ومراعاة الإمكانات المادية والبشرية عند الإنتاج، ومراعاة الأسس السيكولوجية والفنية لإنتاج البرنامج التعليمي الجيد، من حيث كتابة النص (السيناريو) الملائم للأهداف

التعليمية وتحويله إلى خطوات صغيرة أو إطارات (لقطات) لإنتاجها، لكي يستطيع المتعلم عند المرور بها أن يحقق الأهداف السلوكية المحددة له. ومن مهام خبراء تكنولوجيا التعليم أيضاً، وضع المواصفات الفنية للإنتاج من حيث حجم الصور أو الأشكال، ونوع الخط المكتوب وحجمه بالنسبة للصورة او الشكل، والألوان المناسبة ودرجاتها، والمؤثرات الصوتية واللحن المميز، ومواصفات صوت مقدم البرنامج. ومن مهام خبراء هذه المنظومة الفرعية ايضاً تحديد زمن عرض البرنامج وطريقة عرضه، وإعداد دليل المعلم، ودليل المتعلم للبرنامج التعليمي ككل ولكل مادة تعليمية على حدة.

4- **الخبراء الفنيون:** مجموعة من الأساتذة المتخصصين في مجالات فنية مختلفة، منهم الرسام، والخطاط، ومنتج المجسمات والعرائس والشفافات والصور، والمختص في التصوير الضوئي (صور معتمة، صور شفافة، سينما، تلفاز)، والمخرج. هذا بجانب مجموعة فنية أخرى تقوم بوظائف مساعدة، ويفضل أن يكون الجميع من المؤهلين تأهيلاً تربويا ومن ذوي الخلفيات الدراسية العلمية في التخصص الذي تنتج له المواد التعليمية، ومسؤولية هذه المنظومة الفرعية تحويل النص المكتوب إلى نتاج، سواء كان صورا شفافة او أفلاما تلفازية "Script" ... الخ، مسترشدين في ذلك بالمواصفات الموضوعة من قبل الخبراء التكنولوجيين، بالإضافة إلى خبراتهم الفنية التخصصية والتربوية. ومن واجباتهم أيضاً عدم التدخل بأي إثراء أو إبداع فني للمشاهد المصورة او الإطارات داخل البرنامج، إلا بعد الرجوع إلى الخبراء المتخصصين في المنظومة ككل، ولذلك يتوقف دورهم على أنهم منفذون فقط للنص المكتوب من قبل التكنولوجيين، مثلهم في ذلك مثل أعضاء الفرقة الموسيقية.

.

ومن مهماتهم أيضاً أن يجتمعوا دائما مع الخبراء التكنولوجيين - بوجه خاص عند إنتاج المواد التعليمية - لمناقشة ظروف الإنتاج ووضع الخبرات المشتركة في خدمة الإنتاج الجيد كأن يناقشوا عند إنتاج فيلم تعليمي مثلا: تحديد اللقطات، وعدد الإطارات، وحركة الكاميرات، والمؤثرات الدرامية، والمؤثرات الخاصة للعدسات، وأنواع آلات التصوير والأفلام والكيماويات، وعمل المونتاج.

كما يتم أخذ الرأي المشترك - عند استخدام الألوان - في مدى إمكانية إنتاجها وكيفية ظهورها في المادة التعليمية، وما لهذه الألوان من تأثيرات سيكولوجية وتعليمية.

5- **خبراء التقويم:** وهم مجموعة متجانسة من أساتذة متخصصين في القياس والتقويم، تضم فريقا متخصصا من الخبراء الأربعة السابقين؛ لإجراء عملية تقويم البرنامج التعليمي ككل، من الجوانب العلمية والتربوية والتكنولوجية، هذا بالإضافة إلى الجانب الفني. ومن بين مسؤوليات هذه المجموعة إجراء عملية التقويم لكل خطوة في أثناء إنتاج المواد التعليمية اللازمة للبرنامج التعليمي؛ للتحقق من مدى فاعليتها، وإجراء المراجعة والتعديلات اللازمة قبل استخدام البرنامج ككل، ويكون ذلك بمثابة التقويم التكويني لكل خطوة من خطوات الإعداد والتصميم والإنتاج، فمسؤولية هذه المجموعة مستمرة في مرحلة الإنتاج وفي مرحلة التجريب، وبعد دخول البرنامج التعليمي حيز التطبيق في الميدان، فالبرنامج بحاجة إلى تقويم دائم.

وقد أكد علي محمد عبد المنعم أن من مقومات البرنامج التعليمي الجيد فريق إعداده [1]، وأن الفريق يتكون من متخصصين في أربعة مجالات وهم:

(1) علي محمد عبد المنعم: **أثر بعض متغيرات برامج القيد وأساليب تقديمها على التحصيل الدراسي لطلاب الجامعة**، القاهرة، الجمعية المصرية لتكنولوجيا التعليم، المؤتمر العلمي الأول نحو تعليم افضل باستخدام تكنولوجيا التعليم في الوطن العربي، الجزء الثاني، تشرين الأول، 1992، ص (22).

1- متخصصون تربويون.

2- متخصصون تكنولوجيون.

3- متخصصون علميون.

4- متخصصون فنيون.

ويتفق سعيد احمد سليمان مع فتح الباب عبد الحليم سيد[1] وعلي محمد عبد المنعم في اقتراح تخصصات فريق العمل في التعليم عن بعد، الذي توصل إليه من دراسة بعض الخبرات الأجنبية في التعليم عن بعد، وهو أن يتم تشكيل هذا الفريق من أربع مجموعات تعمل معا في صورة فريق متكامل، ويحشد خبراتهم للتوصل إلى إنتاج متكامل يستخدم كافة وسائل الاتصال المتاحة، وهم:

1- فريق من أساتذة الجامعات الأكاديميين في التخصصات المختلفة، تكون مهمتهم وضع المادة العلمية لكل مقرر من مقررات الدراسة، وتحديد المصادر التي يمكن للطلاب الرجوع إليها في هذا الصدد.

2- فريق من المتخصصين في بناء المناهج، تكون مهمته وضع المادة العلمية لكل مقرر دراسي في الصورة التي تمكن الطالب من استيعابها بمفرده.

3- فريق من المتخصصين في تكنولوجيا التعليم، تكون مهمته تحديد وإنتاج وسائل التعليم التي تتفق وطبيعة كل مقرر دراسي، والتي من شأنها أن تتيح للطلاب فرص التعلم عن بعد والتعلم الذاتي.

4- فريق من مخرجي الإذاعة والتلفاز، تكون مهمته إخراج البرامج الإذاعية والتلفازية التعليمية.

يتبين من هذا الاقتراح ان هناك تشابها كبيرا وخلطا في المهمات التي حددها المؤلف للمجموعات الثلاث الأولى، كما انه قصر الفئة الرابعة على مخرجي الإذاعة والتلفاز وأهمل سواهم ممن لهم دور في إعداد المواد وإنتاجها.

---

(1) فتح الباب عبد الحليم سيد: **توظيف تكنولوجيا التعليم**، مرجع سابق، ص (135).

ويرى سامح سعيد وزملاؤه[1] أن من المهم إعداد مواد التعليم عن بعد بواسطة فريق من المتخصصين، بحيث تكون من بين مهامهم دراسة احتياجات المتعملين وتحديد مضمون المادة التعليمية التي يجب إعدادها، وتقرير طرق التدريس التي يمكن من خلالها تحقيق الأهداف المطلوبة، على أن يتكون الفريق من أكاديميين خبراء في المادة العلمية، ومتخصصين في طرق التدريس وعلم النفس، ومصممين للوسائل التكنولوجية المستخدمة، ومصمم يتولى تنسيق العمل المطلوب.

فمواد التعليم عن بعد يجب أن يتم تصميمها وتطويرها بواسطة فريق لا يقتصر على الأكاديميين بمفردهم، وإنما يشمل متخصصين في المواد التعليمية المتنوعة ويضم متخصصين في تصميم المواد التعليمية " Layout Specialists ".

ويقترح توني دودز[2] فريق عمل مكوناً من ست مجموعات من الخبرات وهم:

1- الأكاديميون.

2- كتاب الموضوعات.

3- منتجو المواد المذاعة.

4- الطلاب.

5- اختصاصيو المواد التعليمية المعنيون بتطوير المناهج.

6- المحرر او المحررون.

(1) سامح سعيد، عايد أبو غريب، نجوى جمال الدين: **رؤية استراتيجية للتعاون الاسلامي في مجال التعليم عن بعد**، اجتماع خبراء حول انتاج الوسائل التعليمية في مجال التكوين عن بعد، القاهرة، 1997، ص (11).

(2) توني دودز: **دليل ادارة مؤسسات التعليم عن بعد**، ترجمة: خليل ابراهيم خماش، تونس، المنظمة العربية للتربية والثقافة والعلوم، 1997، ص (62).

وعند مقارنة هذا التشكيل بالتشكيلات السابق عرضها، نجد فيه تكرارا للخبرات؛ إذ إن الأكاديميين وكتاب الموضوعات يمكن أن تجمعهم فئة واحدة. وكذلك المحررون واختصاصيو المواد التعليمية يمكن ان تجمعهم فئة المتخصصين في تكنولوجيا التعليم، ونلاحظ ان فئة الطلاب هي الإضافة الوحيدة المختلفة عن باقي التشكيلات.

ويضيف ميشل ماكدونالد Michael McDonald إلى فئات الفريق موجهي المواد الدراسية والمستشارين، كما تضيف نجوى يوسف جمال الدين[1] فئة جديدة هي فئة المتخصصين في تعليم الكبار، وترى أن مهمتها تقديم النصح حول أفضل الطرق التي تساعد مستخدم المواد التعليمية في الاستفادة المثلى منها.

مما سبق يتبين أن هناك إجماعا على أهمية وجود فريق من تخصصات مختلفة يتولى إعداد المواد التعليمية لبرامج التعليم عن بعد، وإن كانت هناك اتجاهات في تكوين أعضاء هذا الفريق تحاول ان تمثل فيه اكبر قدر من الخبرات المتنوعة المؤثرة في إعداد المواد التعليمية.

رابعاً: الجودة النوعية من حيث وضوح محتوى المقرر الدراسي

تختلف المواد التعليمية المقدمة في إطار التعليم عن بعد عن مثيلاتها المقدمة في إطار التعليم التقليدي في انها تعرض محتوى المقرر الدراسي بطريقة الاكتشاف وحل المشكلات، ويؤكد ذلك فتح الباب عبد الحليم سيد بقوله: التعليم ليس اصله المعلم، وإنما أصله المتعلم، أما المعلم فموجه أو منظم للعملية التعليمية، لذا يجب أن تغيب عن أذهاننا فكرة التعليم بالتلقين في التعليم عن بعد، ونهتم اهتماما كبيراً بالتعليم بالاكتشاف أو بحل المشكلات، أو بالاستطلاع[2]، وعلى هذا فإن عرض المحتوى في المادة التعليمية المقدمة في إطار التعليم عن بعد يختلف عن

---

(1) نجوى يوسف جمال الـدين: إعداد معلم النصوص عـن بعد، الكفايات المطلوبـة واسـتراتيجيات التدريب، مرجع سابق، ص (7).

(2) فتح الباب عبد الحليم سيد: توظيف تكنولوجيا التعليم، مرجع سابق، ص (435).

عرض المحتوى في المادة التعليمية المقدمة في إطار التعليم التقليدي من حيث ثمانية وجوه هي:[1]

1- **التعريف بالأهداف**: قليلا ما يذكر مصدر التعلم أو المادة التعليمية في التعليم التقليدي الأهداف التعليمية؛ بينما تعنى المصادر والمواد التعليمية في التعليم عن بعد بتحديد الأهداف التعليمية تحديداً سلوكيا بكل دقة ووضوح.

2- **طريقة بناء المحتوى**: غالبا ما يقدم محتوى المادة التعليمية في إطار التعليم التقليدي وفق أسلوب واحد او نمط واحد؛ هو النمط المنطقي. أما في التعليم عن بعد فتقدم المادة التعليمية وفق عدة اساليب متنوعة تلائم قدرات المتعلمين واستعداداتهم.

3- **كم المادة العلمية**: في التعليم التقليدي تزدحم الوسيلة التعليمية بالمادة العلمية ازدحاماً شديدا، اما في التعليم عن بعد فلا تزدحم المادة التعليمية بالمحتوى، وتعرضه بشكل سهل وبسيط يوضح الخطوات الدراسية المتصلة بموضوع الدراسة، فتحرص الجامعات المفتوحة، ومنها جامعة كوينزلاند الوسطى مثلا، في الدليل الذي تقدمه لأعضاء هيئة التدريس على أن يهتموا بتقسيم المحتوى العلمي إلى اجزاء واضحة، وأن يستخدموا خرائط التدفق، والرسومات Diagrams، والرسومات التوضيحية، والأشكال في عرض المحتوى العلمي، كما تهتم باستخدام الأمثلة المرتبطة بخبرات المتعلمين، والملائمة للمحتوى، وبالتوثيق المرجعي.

---

(1) Pian, N., **How to Communicate with Learning: Making the Package Easy to Use**, London, 1995, P. (15).

4- **وجود أسئلة للتقويم الذاتي:** فمن النادر ان تحتوي المادة التعليمية في التعليم التقليدي على اسئلة او أنشطة للتقويم الذاتي، بينما لا تخلو الوسيلة التعليمية في التعليم عن بعد من أسئلة وأنشطة للتقويم الذاتي تساعد المتعلم في متابعة تعلمه وتمده بالرجع الملائم، وتعمل الجامعة على مساعدة المتعلم في تقويم مخرجات تعلمه بدقة فتوفر في المواد التعليمية أساليب التقدير المرتبطة بالموضوع وبالأهداف في كل وحدة دراسية وبأساليب مناسبة ومتنوعة، ويتوفر العدد الكافي من أنشطة التقدير الذاتي في كل وحدة تعليمية صغيرة، وتكون هذه الأنشطة مناسبة للمتعلم وتغطي مستويات التعلم المختلفة، سواء كانت معرفة أو فهما أو تطبيقا أو تحليلاً أو تركيبا، وتعمل الجامعة على أن تتصف المواد التعليمية التي تقدمها للمتعلم في إطار الموضوع الواحد بالتكامل لدعم المحتوى في كل وحدة تعليمية، بالإضافة إلى تكامل المادة التعليمية في ذاتها.

5- **وجود ملخصات:** المادة التعليمية في التعليم التقليدي نادرا ما تحتوي على ملخصات، في حين تتعدد هذه الملخصات في وسائل التعليم عن بعد وتتنوع؛ فنجد منها الملخصات وقوائم المراجعات "Checklists" والمراجعات العامة "Reviews" إما بعد كل جزء من أجزاء موضوع الدراسة او في نهايته، مما يجعل البناء التنظيمي للمحتوى العلمي واضحا وظاهرا من البداية للمتعلم، ويؤكد وضوح هذه الإجراءات وارتباطها بالوحدات التعليمية الأخرى.

6- **بيان طريقة سير المتعلم في تناول الوسيلة او المصدر التعليمي:** يترك مصدر التعلم في التعليم التقليدي الأمر للمتعلم، فلا يكون أمامه سوى طريق واحد غالبا؛ هو القراءة المعتادة للسير في موضوع الدراسة.[1] أما في التعليم عن بعد فنجد مصدر التعلم يوجه المتعلم إلى عدة مسارات يتيحها تنوع المواد التعليمية، ويختار منها المتعلم ما يناسبه، فيسير وفق قدرته وحسب سرعته،

(1)Rowentree, D., **Exploring Materials for Open and Distance Learning**, London, McGraw – Hill Book Company , 1999, P. (1).

ويعمل مصدر التعلم على حفز إيجابية المتعلم بتوجيهه للقيام بأنشطة علمية تربوية مثل الرسم، وإجراء التجارب، وتدوين الملاحظات، وسماع تسجيلات صوتية، ومشاهدة أفلام، والقيام بزيارات ميدانية، والإجابة عن اسئلة، وحل تدريبات، ويتوافر دليل للمتعلم مع كل مادة تعليمية يحتوي على تعليمات تعرّف المتعلم بكيفية استخدام المادة التعليمية وأهدافها[1].

7- توجيه المتعلم لمسارات يتغلب بها على الصعوبات أو يجد فيها مزيدا من التفسير

والشرح: ففي وسائل التعليم التقليدي نادرا ما يوجد في مصدر التعلم توجيه او إرشاد لتفادي صعوبات معينة قد تعترض المتعلمين في اثناء تعلمهم؛ فهو يتجاهل هذه الصعوبات، في حين تفيض مواد التعليم عن بعد وبخاصة برامج الحاسوب، وبرامج التعليم المبرمج، والرزم التعليمية بهذه الإرشادات والتوجيهات.

8- إتاحة الفرصة للمتعلم للتعبير عن رأيه: ليس في مصدر التعلم في التعليم التقليدي آلية أو طريقة للتعرف على وجهة نظر المتعلم فيما درس، ولا في الطريقة التي درس بها. أما في التعليم عن بعد الذي يعمل على حفز إيجابية المتعلم وتفاعله، فإنه يتاح له أن يعبر عن رأيه في المصدر التعليمي وتقديره لهذا المصدر، ويدعى لتحديد الجوانب الإيجابية والسلبية.

وتنتهج مؤسسات التعليم عن بعد (New England, 1997, P. 34) عدة اساليب لتحقيق ذلك، منها ان يرفق مع كل مصدر تعلم أو مادة تعليمية استطلاع رأي او بطاقة تقدير شاملة لجميع جوانب المادة التعليمية؛ سواء كانت فنية او تربوية، ويطلب من المتعلم أن يعبر عن رأيه فيها عن طريق تعبئة استطلاع الرأي او بطاقة التقدير، ثم يرسل الاستطلاع أو البطاقة إلى الجهة المختصة في مؤسسة التعليم عن بعد، التي تتولى دراسة آراء المتعلمين ووجهات نظرهم وأخذها في

---

(1) New England University: **Handbook**, 1997, Australia, 1997.

الاعتبار عند تطوير المواد التعليمية وتحسينها. كما يتم توجيه الطلاب بصفة مستمرة ؛ لأنهم يحتاجون أن يعرفوا إلى اين هم ذاهبون، كما يجب أن يعرفوا كيف يحصلون على المعرفة ويتعاملون مع المادة التعليمية بسهولة ويسر.

خامساً: الجودة النوعية في اختيار القيادات التربوية

إن جميع المقومات التنظيمية اللازمة لبناء التوجهات الإبداعية في مؤسسة التعليم عن بعد وتطويرها تتأثر في تشكيلها كمحاور فكرية وعملية للأداء بقدر القيادة التربوية بإجراءات الجودة النوعية وضبطها فلسفة ومنهجا سلوكيا مطلوبا. ويمكن لهذه القيادة التربوية النهوض بهذا الدور الريادي والجوهري في تهيئة المناخ التنظيمي وتشكيله وتطويره بما يحقق ضبط معايير الجودة النوعية في مؤسسة التعليم عن بعد في استراتيجياتها وخططها ومواقفها الفكرية والعملية، ومن ابرزها المعايير التالية:

1- الحرص على تبني مجموعة من القيم والمبادىء التي تنمي التوجهات الإبداعية، والعمل على وضعها موضع التنفيذ في إطار متكامل من النظم والأساليب والوسائل وحفز العاملين وتشجيعهم على اتخاذها إطاراً مرجعيا ينظم مختلف أوجه العمل.

2- ان تولي القيادة التربوية بناء النظام البشري وتنميته عناية خاصة؛ ذلك النظام الممثل بأعضاء هيئة التدريب والكوادر الإدارية المساندة، بالقدر الذي يجعله النظام الجوهري في التنظيم وما سواه من الأنظمة المادية والفنية والتقنية أنظمة فرعية مساعدة.

3- تبني نظام مفتوح في التنظيم بما يحقق التفاعل الايجابي والتوازن الديناميكي مع مختلف الفعاليات البيئية.

4- العمل بصورة دائمة ومتجددة على تنمية الهياكل والأنظمة وأساليب العمل وتطويرها بما يؤمن الإسهام والمشاركة في السلطة ويحفز على العمل الجماعي ويشجع البحث والتجريب والمبادأة والتجديد والإبداع.

وهناك مجموعة من الخطوات التي يمكن للقيادة التربوية اتباعها في تطبيق نظام إدارة الجودة النوعية في مؤسسات التعليم عن بعد، ذكرها ابراهيم كما يلي:[1]

الخطوة الأولى: تعهد الإدارة العليا والتزامها بتنفيذ برنامج إدارة الجودة النوعية، ومن الضروري توعية القادة والمسؤولين بمفاهيم إدارة الجودة النوعية وأساليب تطبيقها وتدريبهم على ذلك. ويجب أن تكون الإدارة العليا نموذجا مثالياً يقتدي به افراد المؤسسة.

الخطوة الثانية: خلق استراتيجية وفلسفة واضحة للمؤسسة تحتوي على الأهداف العامة للمؤسسة وأهداف الجودة التي تسعى إدارة المؤسسة إلى تحقيقها، وكيفية إشراك العاملين في تنفيذ برنامج إدارة الجودة النوعية.

الخطوة الثالثة: تشكيل مجلس للجودة يتألف من المديرين التنفيذيين في المؤسسة ورؤساء الأقسام المختلفة، بحيث يقوم المجلس بالإشراف على عملية التخطيط وتنفيذ برنامج إدارة الجودة النوعية وتقييمه.

الخطوة الرابعة: اتخاذ القرار حول مجال تطبيق برنامج إدارة الجودة النوعية في المؤسسة.

الخطوة الخامسة: تحديد أنواع برامج التدريب اللازمة، وتحليل احتياجات المديرين التنفيذيين ورؤساء الدوائر والموظفين بناء على مفاهيم الجودة النوعية.

الخطوة السادسة: تطوير معايير القياس في المؤسسة لتلبية احتياجات المنتفعين ورغباتهم.

---

(1) ابراهيم حسن ابراهيم: **الرقابة الاحصائية على الجودة وفلسفة ديمنج في الادارة**، مجلـة التعـاون الصناعي، العدد 254، 2003، ص (45).

الخطوة السابعة: الإعلان والتقدير.

الخطوة الثامنة: تقييم النتائج باستمرار واستعمال التغذية الراجعة في تعديل برنامج إدارة الجودة النوعية.

سادساً: الجودة النوعية في مجال توفير الكوادر التدريسية المؤهلة

ان نظام التعليم عن بعد بحكم فلسفته وخصائصه وأهدافه بحاجة إلى كوادر ذات مؤهلات خاصة وكفاءات معينة. وإن طبيعة التعليم عن بعد واعتماده الأساسي على وسائل الاتصال والتكنولوجيا المتطورة تستلزم اختيار أعضاء هيئة تدريس ممن يمتلكون القدرة على إعداد المادة العلمية التي يتم نقلها عن بعد للدارسين، ويمتلكون أيضاً الخبرة في مجال توظيف التقنيات الحديثة التي تستخدم وسائط لنقل هذه المادة العلمية.

إن مهارات هيئة التدريس وكفاءتها من أهم العوامل في تحديد الجودة النوعية. وهذا يعني أنه لا بد لضبط العملية من ان تقوم في المقام الأول على ضمان اختيار أعضاء هيئة تدريس جيدين وضمان تلبية احتياجات تطويرهم ومراقبتهم.

سابعاً: الجودة النوعية في مجال تدريب أعضاء هيئة التدريس والكوادر الإدارية والفنية

التدريب في جوهره جهد نظامي متكامل ومستمر يهدف إلى إثراء معارف الفرد ومهاراته وسلوكياته لأداء عمله بدرجة عالية من الكفاءة والفاعلية.

وفي ضوء هذا التعريف، فإن تدريب أعضاء هيئة التدريس والكوادر الإدارية في التعليم عن بعد يعني ثلاثة عناصر أساسية هي:

1- تنمية المعرفة التي تتناول الجوانب الكلية للعمل.

2- زيادة مهارة الفرد وقدرته على العمل.

3- تنمية قيم واتجاهات إيجابية لدى الفرد نحو العمل[1].

وهناك مجموعة من المعايير يجب ان تمتلكها الكوادر الإدارية التي ستعمل في أنظمة التعليم عن بعد؛ إذ تحتاج هذه الكوادر إلى مهارات خاصة في تصميم البرامج والمناهج والمواد والأدوات التي تستخدم في أنظمة التعليم عن بعد وإعدادها بحيث تراعى في تصميمها وإعدادها مبادىء معينة مثل قابليتها للتعلم الذاتي، واستخدام وسائط تكنولوجية معينة كالفيديو، والأشرطة، والحقائب التعليمية، والراديو والتلفاز، والصحف، والنشرات... الخ. كما يراعى في إعدادها أن تستجيب للاحتياجات الوظيفية والمهنية للطلاب، وتستثير دافعيتهم للتعلم.[2]

ويجب أن يتلاءم المقرر بشكل معين مع طبيعة كل وسيلة تعليمية سواء كانت كتاباً أو برنامجاً حاسوبياً أو برنامج فيديو أو تسجيلا صوتيا... الخ؛ فعلى سبيل المثال ينبغي ان يتميز برنامج الحاسوب (فتح الباب، 1995، ص 167) المعد للتعليم عن بعد بالخصائص الاتية:

1- أن يثير البرنامج الدافعية لدى المتعلم إثارة نابعة من تركيبه وطريقة تقديمه للمادة العلمية؛ فهو يشارك المتعلم في كشف المادة.

2- أن يحدد المتطلبات السابقة التي ينبغي ان يعرفها المتعلم ليسير في هذا البرنامج بنجاح. ويكون مع البرنامج دليل تعليمي خاص بالمتعلم يوضح كيفية دراسة الموضوع وما يتطلبه من قراءات قبلية وبعدية، او أنشطة عملية، أو تدريبات.

3- أن يكون البرنامج صديقا للمتعلم "User Friendly"؛ بمعنى أن لا يحتاج من المتعلم إلى معلومات حاسوبية كثيرة لتشغيله، وأن يساعده في الرجوع إلى

---

(1) أحمد الخطيب: **الادارة الجامعية**، مؤسسة حمادة للدراسات الجامعية والنشر، اربد، الاردن، 2001، ص (236).

(2) احمد الخطيب: **ادارة الجودة الشاملة، نموذج مقترح لتحسين نوعية الادارة التربوية في القرن (21)**، ورقة عمل، كلية التربية والفنون، جامعة اليرموك، 1999، ص (146).

إطار او نقطة سابقة دون حاجة لتشغيل البرنامج من جديد، وأن يقدم له العون إذا توقف أو اخطأ.

4- أن يستخدم الرسومات، والصور، والألوان، والأصوات في مواضعها التعليمية وليس لمجرد الزينة والزخرفة.

5- أن يشجع التفاعل بين المتعلم والمادة المعروضة، وأن لا يجعل المتعلم مجرد مقلب صفحات إلكترونية.

6- أن يتيح للمتعلم الخروج من البرنامج عند أي جزء منه، ثم الرجوع إليه مرة أخرى عند نقطة الخروج بسهولة ويسر.

7- أن يحتفظ بسجل لتقدم المتعلم ويخبره بموقفه بين حين وآخر.

8- أن يسمح باستخدام وسائل إدخال بديلة كالفأرة او القلم الضوئي أو عصا اللعب؛ فيتيح بذلك الفرصة للفروق الفردية، والحالات الخاصة.

وقد ظهرت كتابات عديدة تحاول ترجمة هذه الخصائص والمواصفات لتلائم كل نوع من التعليم عن بعد (كتب - برامج فيديو - برامج إذاعية - حقائب تعليمية... الخ) بشكل يتلاءم مع طبيعة هذه المادة وتقنيات تصميمها وإنتاجها.

مؤسسات التعليم عن بعد العالمية

مؤسسات التعليم عن بعد شأنها شأن المؤسسات الاجتماعية الأخرى تتأثر بالثقافة السائدة والحياة الاجتماعية، والظروف المؤثرة في حياة الأفراد واتجاهاتهم العملية، وهكذا تؤثر الأحوال الاقتصادية والصناعية والظروف الجغرافية السائدة في بلدٍ ما في أداء مؤسسات التعليم عن بعد وقراراتها بشأن إعداد عناصر المواد التعليمية اللازمة لكل مقرر؛ فتهتم بعنصر أو أكثر من العناصر المكونة للمادة التعليمية اهتماما كبيرا يظهر في بنية هذه المؤسسة وإدارتها ايضاً، ولذلك نعرض لبعض مؤسسات التعليم عن بعد التي تهتم اهتماما بارزا ببعض عناصر المواد التعليمية دون غيرها.

1- الجامعة المفتوحة البريطانية

تأثرت الجامعة المفتوحة البريطانية إلى حد كبير بالبرامج الإذاعية والتلفازية في تحقيق أهدافها التعليمية، حتى انها اختارت " جامعة الهواء " اسما لها في بداية إنشائها، ولولا الانتقادات التي وجهت إليها وهي تحت هذا المسمى لاستمر هذا المسمى حتى الان[1].

ويبدو ان نجاح هيئة الإذاعة البريطانية B.B.C. في عملها واتجاهها إلى بث برامج تعليمية كان له الأثر الكبير في اعتماد الجامعة المفتوحة البريطانية على المواد الإذاعية صوتية كانت أو مرئية؛ فلم تعتمد الجامعة المفتوحة البريطانية على نفسها في إعداد برامجها الإذاعية والتلفازية لجميع المقررات التي تطرحها الجامعة وبثها للمتعلمين، وظهر ممثلون لهيئة الإذاعة البريطانية في عدة مواقع في الجامعة المفتوحة؛ فكان منهم اعضاء في مجلس إدارة الجامعة، وكان منهم أعضاء في لجان إعداد المقررات يعملون إلى جانب المسؤولين في الجامعة[2].

وترى الجامعة المفتوحة البريطانية ان البرامج التلفازية ضرورة لا غنى عنها لعديد من الموضوعات وخصوصا موضوعات العلوم والتكنولوجيا حتى ان كلية العلوم نصحت الراغبين بالتقدم للدراسة ممن لا يستطيعون استقبال البرامج التلفازية ومتابعتها بالا يتقدموا لذلك على الإطلاق[3].

(1) نورمان ماكنزي وآخرون، التعليم المفتوح، النظم والمشكلات في التعليم بعد الثانوي ، مرجع سابق، ص (16).

(2) سلمان الداود الصباح، زهير منصور المزيدي، الجامعات المفتوحة في العالم، الكويت، مؤسسة الكويت للتقدم العلمي، 1998، ص (36).

(3) ليلى العقاد: التعليم المفتوح والقمر الصناعي العربي، القاهرة، دار الفكر العربي، 1993، ص (153).

وتضع الجامعة المفتوحة البريطانية مجموعة من المعايير تحكم اختيار البرامج التلفازية، وتحدد مواضع استخدامها لمعالجة الموضوعات الدراسية المختلفة، وترى وجوب استخدام البرامج التلفازية في المواضع الاتية:

- معالجة الموضوعات التي تتطلب شرحا بالحركة المرئية.
- الانتقال بالمتعلم إلى مواقع خبرة جديدة لا يستطيع ان يصل إليها بالطرق العادية؛ مثل تصوير ما يجرب داخل مختبر ذري، أو تصوير ظواهر طبيعية نادرا ما تحدث.

تصل مدة البرنامج التلفازي الواحد إلى 25 دقيقة، بينما تصل مدة البرنامج الإذاعي المسموع إلى 20 دقيقة، وتحرص الجامعة على أن ترسل إلى المتعلمين أدلة عن هذه البرامج تساعدهم في الربط بينها وبين مكونات المادة التعليمية الخاصة بالمقرر. وكذلك تتميز الجامعة المفتوحة البريطانية بإصدار عدد كبير من الأدلة الإرشادية الاختبارية لإكساب الطلاب مهارات التعلم الفردي والبحث وكتابة التقارير والإفادة من المختبرات وكيفية التعامل مع اجهزة الحاسوب ...الخ. ويصل عدد هذه الأدلة إلى ثلاثة عشر دليلا، ومن أمثلتها الأدلة الآتية:

- كيف تستعد للدراسة ؟	- Preparing to Study.
- دليل للتعلم المستقل .	- A Guide to Learning Independently.
- معالجة بيانات التجارب .	- Handling Experimental Data.
- القراءة والكتابة والتعليل .	- Reading, Writing and Reasoning.
- اللغة الإنجليزية الواضحة.	- Plain English.
- كيف تقوم بمشروع بحثي ؟	- Doing Your Research Project.

2- جامعة سوكوتاهي المفتوحة في تايلاند

Open University in Thailand: "Sukhotahi"

المواد التعليمية المطبوعة هي المصدر الرئيسي للتعلم[1] في المواد التعليمية لكل مقرر تقدمه هذه الجامعة. وتأخذ هذه المواد المطبوعة عدة أشكال منها: كتب "Text Books"، وكراسات واجبات او كتب عمل "Work Books".

وتقدم الجامعة الكتب الدراسية في شكل وحدات دراسية صغيرة "Modules" يصل عددها في بعض المقررات إلى خمس عشرة وحدة، تقدم في مجلدين أو ثلاثة مجلدات.

ومما يدل على الاهتمام الكبير من جانب جامعة سوكوتاهي بالمواد المطبوعة أنها خصصت في الجامعة مكتبا خاصا للطباعة Office of the University Press يعمل فيه ثلاثة وثلاثون فردا، وينقسم إدارياً إلى عدد من الأقسام، منها قسم خاص للتدريب على تكنولوجيا الطباعة يسمى National Printing Technology Center، وخصصت نائباً لرئيس الجامعة مسؤولاً بشكل خاص عن متابعة طباعة المواد التعليمية وتكنولوجيا الطباعة وكل ما يتصل بالطباعة.

وتتميز جامعة سوكوتاهي عن غيرها من المؤسسات التعليمية المفتوحة بانها تحبذ عند إعداد المواد التعليمية الخاصة بمقرر ما، اختيارها من المواد التعليمية الجاهزة المتوفرة في جامعات او مؤسسات أخرى، على أن تلتزم لجنة إعداد المقرر عند اختيارها هذه الوسائل الجاهزة بخمسة معايير هي:

- توافر الوسيلة التعليمية. - Availability.
- سهولة الحصول على العدد المناسب منها. - Accessibility.
- مدى قبولها من لجنة الإعداد. - Acceptability.
- صدق مادتها العلمية والتعليمية. - Validity.
- جدواها الاقتصادية. - Economy.

(1) Sukhotahi: **Open University Program of Studies, School of Educational Studies**, 2004, P. (10).

3- جامعة الدراسة بالمراسلة في ألمانيا **Fern University in Germany**

بالرغم من أن المواد المطبوعة تشكل العنصر الأساسي في المواد التعليمية التي تقدمها هذه الجامعة للطلاب عن طريق البريد، فهي تهتم أيضاً بالمواد التعليمية الأخرى وخصوصا برامج الحاسوب، وتدعم بها المتعلمين وتسميها البرمجيات التربوية Educational Software، وتقوم بإعدادها كلية علوم الحاسوب في الجامعة Faculty of Computer Science، وتعتمد على تكامل الصوت مع الرسم مع الصورة المتحركة في تقديم الموضوع.

وقد انعكس التقدم التكنولوجي الذي وصلت إليه ألمانيا على الأساليب التي تتبعها هذه الجامعة في إفادة الطلاب من المواد التعليمية التي تنتجها وخصوصا برامج الحاسوب؛ إذ إنها أفادت من شبكات الحاسوب مع الأقمار الصناعية في تطبيق نظام Bildschirmtext "BTX" منذ عام 1980 بنجاح، وعن طريق هذا النظام أتاحت الفرصة للطلاب لاستعارة برامج واستخدامها وهم في منازلهم أو أماكن عملهم، واستطاع الطلاب بذلك الإفادة من جميع البرامج الحاسوبية او برامج الفيديو، عن بعد، وقد بلغ عدد الدارسين الذين يشتركون في هذه الخدمة عشرة في المائة من مجموع الدارسين المقيدين.

وتتميز جامعة "الدراسة بالمراسلة في ألمانيا" بأنها تهتم بفئات المعوقين؛ فتهتم بالطلاب فاقدي البصر، وتوفر لهم مواد تعليمية تتلاءم مع ظروف إعاقتهم وخصوصاً التسجيلات الصوتية، كما تقدم المواد المطبوعة بطريقة بريل.

4- الجامعات الأسترالية (New England, 1997, P.7)

تأثرت الجامعات الأسترالية بالظروف الجغرافية للدولة من اتساع المساحة وانتشار السكان بكثافات قليلة، فظهر هذا التأثر في قلة عدد المراكز الدراسية التابعة لكل جامعة؛ إذ يعتمد إنشاء المراكز الدراسية على أماكن تجمعات الطلاب. ولذلك كان لكل جامعة عدد قليل من المراكز، فكان لجامعة "نيوانجلاند" ثلاثة مراكز فقط، ولجامعة موناش مركز واحد فقط، ولجامعة تشارلز ستوارت ثلاثة

مراكز. وتغلبت هذه الجامعات على ظاهرة تشتت طلابها، وصعوبة تجميعهم في مكان واحد للمناقشة والحوار، باستخدام المستحدثات التكنولوجية والتقدم التكنولوجي الذي وصلت إليه الدولة باكتمال البنية الأساسية اللازمة لذلك؛ مثل توفر شبكة اتصالات واسعة، فأدخلت هذه الجامعات نظام الاتصال عبر شبكات المعلومات، وإقامة المؤتمرات عن بعد عن طريق الهاتف او الحاسوب او الفيديو، واصبح من السهل على المتعلم ان يلتقي بالموجه ويناقشه ويتحاور معه عن بعد، كما أصبح من السهل عليه ايضاً أن يلتقي على الهواء بزملاء الدراسة في مجموعات صغيرة لا تزيد على عشرة أفراد ليتحاوروا ويتناقشوا، هذا بالإضافة إلى الإفادة من خدمات البريد الإلكتروني، واللوحة الإخبارية الإلكترونية ...الخ، وأصبحت المواد التعليمية التي تقدمها هذه الجامعات تضم توجيهات لكيفية الإفادة من شبكات المعلومات والتوقيت الملائم لذلك.

وتتميز بعض الجامعات الأسترالية مثل جامعة "نيوانجلاند" وجامعة "كوينزلاند" وجامعة "موناش" باهتمامها بإنتاج البرامج الحاسوبية متعددة الوسائل Multi-Media، ولذلك فهي تخصص وحدة لإنتاج هذه البرامج. وتسمى هذه الوحدة في جامعة كوينزلاند الوسطى البرامج الحاسوبية متعددة الوسائل التفاعلية Interactive Multimedia، وتقوم هذه الوحدة بتصميم البرامج والرسومات التعليمية باستخدام برامج التأليف كما تعقد ورش العمل والدورات التدريبية.

أما جامعة موناش [1] فهي تسمي هذه الوحدة وحدة إنتاج المواد التعليمية متعددة الوسائل الإلكترونية، وتنتج فيها كافة أنواع المواد التعليمية غير المطبوعة ومن بينها برامج الحاسوب، وتتميز هذه الجامعة بان لديها مركزا مستقلا لإجراء البحوث على البرامج الحاسوبية متعددة الوسائل، ويسمى مركز بحوث الوسائل المتعددة والفياضة "Center for Multimedia and Hypermedia Research".

---

(1)Monash University: **Resource Documents: Document 4: Teaching - Learning Materials and Methods Available**. Australia, Monash University, 1997, P. (19).

كما تتميز جامعة "موناش" باهتمامها بالتفاعل بين المتعلم ومادة الدراسة في كل عنصر من عناصر المواد التعليمية، وترشد القائمين على التصميم إلى كيفية هذا التفاعل بما يتناسب مع طبيعة كل مادة تعليمية في أدلة إرشادية، كما يلي:

- في المواد المطبوعة يكون التفاعل عن طريق أسئلة التقدير الذاتي والتمرينات والتدريبات.

- في برامج الحاسوب يكون التفاعل عن طريقة أنشطة التدريبات، وأسئلة التقدير الذاتي.

- في المؤتمرات الهاتفية يكون التفاعل عن طريق المناقشات والتوجيهات Tutorials.

- في المؤتمرات عن طريق الحاسوب: يكون التفاعل عن طريق العمل الجماعي والتوجيهات.

- في الأقراص متعددة الوسائل "CDs" يكون التفاعل عن طريق البرمجة غير الخطية.

وفي جامعة نيوانجلاند أيضاً قسم لإنتاج البرامج الحاسوبية متعددة الوسائل Multimedia Production Section، وتتميز هذه الجامعة بانها خصصت فريقا لإعداد برامج الحاسوب متعددة الوسائل مستقلا عن فريق إعداد المواد التعليمية الأخرى.

وتتميز الجامعات الأسترالية الثلاث المذكورة بحرصها على ان تشمل المواد التعليمية الخاصة بالمقرر نوعين من الأدلة هما:

أ- دليل محتوى الوحدة الدراسية او المقرر الدراسي.

ب- دليل استخدام الوسائل المتعددة الإلكترونية.

الباب الرابع

(1) التعليم الالكتروني

طبيعة التعليم الالكتروني

تعريف التعليم الالكتروني

خصائص التعليم الالكتروني

أهداف التعليم الالكتروني

مميزات التعليم الالكتروني وفوائده

دور المعلم في التعليم الالكتروني

مكونات منظومة التعليم الالكتروني

مدخلات منظومة التعليم الالكتروني

عمليات منظومة التعليم الالكتروني

مخرجات منظومة التعليم الالكتروني، والتغذية الراجعة

نموذج التعليم الالكتروني

تقنيات التعليم الالكتروني

الحاسوب والتعليم الالكتروني

مميزات التعليم الالكتروني بمساعدة الحاسوب

الباب الرابع

(1) التعليم الإلكتروني

طبيعة التعليم الالكتروني

التعليم الالكتروني من الاتجاهات الجديدة في منظومة التعليم، والتعلم الإلكتروني E-learning هو المصطلح الأكثر استخداما، كما نستخدم مصطلحات أخرى مثل: Virtual Learning / Online Learning / Electronic Education. ويشير التعلم الإلكتروني إلى التعلم بواسطة تكنولوجيا الإنترنت؛ إذ ينشر المحتوى عبر الإنترنت أو الإنترانت أو الإكسترانت، وتسمح هذه الطريقة بخلق روابط Links مع مصادر خارج الحصة.

تعريف التعليم الإلكتروني

ليس ثمة اتفاق كامل حول تحديد مفهوم شامل لمصطلح "التعليم الإلكتروني"؛ فمعظم المحاولات والاجتهادات التي قضت بتعريفه نظر كل منها للتعليم الإلكتروني من زاوية مختلفة حسب طبيعة الاهتمام والتخصص، ولذلك نحاول تقديم رؤى مختلفة لهذا المصطلح، ثم نقدم تعريفنا له.

يعرف التعليم الإلكتروني (2002) بأنه استخدام الوسائط المتعددة التي يشملها الوسط الإلكتروني (من شبكة المعلومات الدولية العنكبوتية "الانترنت" أو ساتيلايت أو إذاعة أو أفلام فيديو أو تلفاز أو أقراص ممغنطة أو مؤتمرات بواسطة الفيديو أو بريد إلكتروني أو محادثة بين طرفين عبر شبكة المعلومات الدولية) في العملية التعليمية.[1]

(1) محمد نبيل العطروزي : **التعليم الالكتروني كأحد نماذج التعليم الجمعي عن بعد، التعليم الجمعي عن بعد: رؤية مستقبلية** ، ديسمبر 2002 .

يعـرف يوسـف العريفـي (2002) [1] التعلـيم الإلكـتروني بأنـه "تقـديم المحتوى التعليمي مع ما يتضمنه من شروحات وتمارين وتفاعل ومتابعة بصورة جزئية أو شاملة في الفصل أو عن بعد، بواسطة برامج متقدمة مخزنة في الحاسـوب أو عبر شبكة الإنترنت".

ويعـرفه منصور غلـوم (2002) بأنـه "نظـام تعليمـي يسـتخدم تقنيـات المعلومات وشبكات الحاسوب في تـدعيم العمليـة التعليميـة وتوسـيع نطاقهـا مـن خلال مجموعة من الوسائل منها: أجهزة الحاسوب، والإنترنت، والـبرامج الإلكترونيـة المعدة إما من قبل المختصين في الوزارة أو الشركات". [2]

ويعـرف التعلـيم والتـدريب الإلكـتروني (2003) بأنـه "تقـديم البـرامج التعليمية والتدريبيـة والتعليميـة عـبر وسـائط إلكترونيـة متنوعـة تشمل الأقراص المدمجة والإنترنت بأسلوب متزامن أو غير متزامن وباعتماد مبـدأ التعلم الـذاتي أو التعلم بمساعدة مدرس" [3].

ويعرفه عبد الله الموسى (2002) بأنه "طريقـة للتعليم باستخدام آليـات الاتصال الحديثـة مـن حاسـوب وشـبكاته ووسـائطه المتعددة مـن صـوت وصـورة ورسومات وآليات بحث ومكتبات إلكترونية وكذلك بوابات الإنترنت سواء كان ذلـك عن بعد أو في الفصل الدراسي؛ فالمهم هو استخدام التقنية بجميع أنواعها في إيصال المعلومة للمتعلم في أقصر وقت وأقل جهد وأكبر فائدة". [4]

(1) يوسف العريفي: **التعليم الالكتروني تقنية واعدة وطريقة رائدة الندوة العالمية الاولى للتعليم الالكتروني**، مدارس الملك فيصل، الرياض، 2003 .

(2) منصور غلوم: **التعليم الالكتروني في مدارس وزارة التربية بدولة الكويت، الندوة العالمية الاولى للتعلم الالكتروني**، مدارس الملك فيصل: الرياض، 2003.

(3) جاسر الحربي: **تجربة التعلم الالكتروني بالكلية التقنية في مدارس الملك فيصل**، الرياض ، 2003.

(4) عبد الله الموسى: **التعليم الالكتروني: مفهومه، خصائصه، فوائده، عوائقه**، ندوة مدرسة المستقبل: كلية التربية، جامعة الملك سعود، جدة، 2002 .

ويعرفه صالح التركي (2003) بأنه "مجموعة العمليات المرتبطة بنقل مختلف أنواع المعرفة والعلوم وتوصيلها إلى الدارسين في مختلف أنحاء العالم باستخدام تقنية المعلومات، وهو تطبيق فعلي للتعليم عن بعد". [1]

ويعرف التعليم الإلكتروني أيضا بأنه "نظام تقديم (Delivery) المناهج (المقررات الدراسية) عبر الإنترنت، أو شبكة محلية، أو الأقمار الصناعية، أو عبر الاسطوانات، أو التلفاز التفاعلي للوصول إلى المستفيدين" [2].

وتعرف هيفاء المبيريك (2002) التعليم الإلكتروني بانه ذلك النوع من التعليم القائم على شبكة الحاسب الآلي (World Web Wide)، وفيه تقوم المؤسسة التعليمية بتصميم موقع خاص بها لمواد أو برامج معينة لها. ويتعلم المتعلم فيه عن طريق الحاسب الآلي، وفيه يتمكن من الحصول على التغذية الراجعة. ويجب أن يتم ذلك وفق جداول زمنية محددة حسب البرنامج التعليمي، وبذلك نصل بالمتعلم الى التمكن مما يتعلمه. وتتعدد برامج التعليم المقدمة من برامج تعليمية في مستويات متنوعة كبرامج الدراسات العليا، أو البرامج التدريبية المتنوعة. [3]

ونعرف التعليم الإلكتروني أيضاً بأنه: "منظومة تعليمية لتقديم البرامج التعليمية أو التدريبية للمتعلمين أو المتدربين في اي وقت وفي أي مكان باستخدام تقنيات المعلومات والاتصالات التفاعلية مثل (الإنترنت، الإنترانت، الإذاعة، القنوات المحلية أو الفضائية للتلفاز، الأقراص الممغنطة، الهاتف، البريد الإلكتروني، أجهزة الحاسوب، المؤتمرات عن بعد...) لتوفير بيئة تعليمية/ تعلمية تفاعلية متعددة المصادر بطريقة متزامنة في الفصل الدراسي أو غير متزامنة عن

---

(1) صالح التركي : التعليم الالكتروني: أهميته وفوائده، الندوة العالمية الأولى للتعليم الالكتروني، مدارس الملك فيصل: الرياض، 2003.

(2) فايز الشهري: التعليم الالكتروني في المدارس السعودية، المعرفة، 2003.

(3) هيفاء المبيريك : التعليم الالكتروني، كلية التربية، جامعة الملك سعود، 2002.

بعد دون الالتزام بمكان محدد اعـتمادا عـلى الـتعلم الـذاتي والتفاعـل بـين المـتعلم والمعلم".

E-learning is an approach to enhance learning by computer and communication technology such as CD Roms, digital, television, mobile, Internet, discussion, e-mail, software, team learning systems…

أما الحقائق الاساسية لمفهوم التعليم الالكتروني فهي:

- التعليم الإلكتروني لا يهتم بتقديم المحتوى التعليمي فقط، بل يهتم بكـل عناصر البرنامج التعليمي من أهداف ومحتوى وطرائق تقديم المعلومات وأنشطة ومصادر التعلم المختلفة وأساليب التقويم المناسبة.
- التعلـيم أو التـدريب الإلكـتروني لا يعنـى بالعمليـة التعليميـة وتقـديم المقررات التعليمية فقـط، بـل أيضـا بتقـديم الـبرامج التدريبيـة في أثنـاء الخدمة للمعلمين.
- يعتمد التعليم الإلكتروني عـلى اسـتخدام الوسـائط الإلكترونيـة التفاعليـة للتواصل بـين المـتعلم والمعلـم وبـين المـتعلم ومحتـوى الـتعلم، ويحـاول الاستفادة مما تقدمه تكنولوجيا المعلومات والاتصالات من جديد ومفيـد وتوظيفه في العملية التعليمية.
- التعليم الإلكتروني يغـير صـورة الفصـل التقليـدي التـي تتمثـل في الشرح والإلقاء من قبل المعلم والانصات والحفظ والاستظهار مـن قبـل التلميـذ إلى بيئة تعلم تفاعلية تقوم عـلى التفاعـل بـين المـتعلم ومصـادر الـتعلم المختلفة وبينه وبين زملاءئه.
- التعليم الإلكتروني ليس هو التعليم عن بعد؛ فليس كـل تعلـيم إلكـتروني لابد من أن يتم عن بعد، ولكن التعليم الإلكتروني هو أحد أشكال التعليم عن بعد ونماذجه، ويمكـن أيضـا أن يـتم داخـل جـدران الفصـل الـدراسي بوجود المعلم.
- يتم التعليم الإلكتروني باتباع طريقتين أو أسلوبين هما:

– الطريقـة المتزامنـة، وتتمثـل في ضـرورة وجـود المـتعلم والمعلـم في وقت التعلم نفسه حتى تتوافر عملية التفاعل المباشر بينهم كأن يتبادل الاثنان الحوار من خلال الدردشة Chatting .

– الطريقة غير المتزامنة، وتتمثـل في عدم ضـرورة وجـود المـتعلم والمعلـم في وقت التعلم نفسه ، فالمتعلم يستطيع التفاعل مـع المحتـوى التعليمـي، والتفاعل من خلال البريد الإلكتروني كأن يرسل رسالة على سبيل المثال.

خصائص التعليم الإلكتروني

1- يـوفر التعليـم الإلكتروني On-line Education بيئـة تعلـم تفاعليـة بـين المتعلم والمعلم في الاتجاهين وبين المتعلم وزملائه، كما يوفر عنصر المتعة في التعلم، فلم يعد التعلم جامدا أو يعرض بطريقة واحـدة بـل تنوعـت المثيرات مما يؤدي إلى المتعة في التعلم.

2- يعتمد التعليم الإلكتروني على مجهود المـتعلم في تعلـيم نفسـه (الـتعلم الذاتي)، كذلك يمكـن أن يـتعلم مـع رفاقـه في مجموعـات صغيرة (تعلـم تعاوني) أو داخل الفصل في مجموعات كبيرة.

3- يتميز التعليم الإلكتروني بالمرونة في المكان والزمـان؛ إذ يسـتطيع المـتعلم أن يحصل عليه من أي مكان في العالم وفي أي وقت على مدار 24 سـاعة في اليوم طوال أيام الأسبوع.

4- يوفر التعليم الإلكتروني بيئة تعليمية تعلمية تتوفر فيها خـبرات تعليميـة بعيدة عن المخـاطر التـي يمكـن أن يواجهها المـتعلم عند المـرور بهـذه الخبرات في الواقع الفعلي، مثل إجراء تجارب خطرة في معمل الكيمياء أو الاقتراب من موقع انفجار بركان في اليابان مثلاً.

5- يسـتطيع المـتعلم الـتعلم دون الالتـزام بعمـر زمنـي محـدد؛ فهـو يشـجع المتعلم على التعلم المستمر مدى الحياة.

6- يأخذ التعليم الإلكتروني بخاصية التعليم التقليدي نفسها فيما يتعلق بإمكانية قياس مخرجات التعلم بالاستعانة بوسائل تقويم مختلفة مثل الاختبارات، ومنح المتعلم شهادة معترفاً بها في آخر الدورة أو البرنامج أو الجامعة الافتراضية.

7- يتواكب التعليم الإلكتروني مع وجود إدارة إلكترونية مسؤولة عن تسجيل الدارسين ودفع المصروفات ومتابعة الدارسين ومنح الشهادات.

8- يحتاج المتعلم في هذا النمط من التعليم إلى توفر تقنيات معينة مثل الحاسوب وملحقاته، والإنترنت، والشبكات المحلية.

9- قلة تكلفة التعليم الإلكتروني مقارنةً بالتعليم التقليدي.

10- سهولة تحديث البرامج والمواقع الإلكترونية عبر الشبكة العالمية للمعلومات[1].

أهداف التعليم الإلكتروني

يسعى التعليم الإلكتروني إلى تحقيق الأهداف التالية:

1- خلق بيئة تعليمية تعلمية تفاعلية من خلال تقنيات إلكترونية جديدة والتنوع في مصادر المعلومات والخبرة.

2- تعزيز العلاقة بين أولياء الأمور والمدرسة وبين المدرسة والبيئة الخارجية.

3- دعم عملية التفاعل بين الطلاب والمعلمين والمساعدين عبر تبادل الخبرات التربوية والآراء والمناقشات والحوارات الهادفة بالاستعانة بقنوات الاتصال المختلفة مثل البريد الإلكتروني E-mail ، والدردشة / التحدث Chatting/Talking، وغرف الصف الافتراضية Virtual Classrooms .

---

(1) أحمد سالم، **تكنولوجيا التعليم والتعليم الالكتروني**، مكتبة الرشد، 2004 .

4- اكساب المعلمين المهارات التقنية اللازمة لاستخدام التقنيات التعليمية الحديثة.

5- اكساب الطلاب المهارات أو الكفايات اللازمة لاستخدام تقنيات الاتصالات والمعلومات.

6- نمذجة التعليم وتقديمه في صورة معيارية، فالدروس تقدم في صورة نموذجية والممارسات التعليمية المتميزة يمكن تكرارها. ومن أمثلة ذلك بنوك الأسئلة النموذجية، وخطط الدروس النموذجية، والاستغلال الأمثل لتقنيات الصوت والصورة وما يتصل بها من وسائط متعددة.

7- تطوير دور المعلم في العملية التعليمية بحيث يواكب التطورات العلمية والتكنولوجية المستمرة والمتلاحقة.

8- توسيع دائرة اتصالات الطالب من خلال شبكات الاتصالات العالمية والمحلية، وعدم الاقتصار على المعلم كمصدر للمعرفة، مع ربط الموقع التعليمي بمواقع تعليمية أخرى Links كي يستزيد الطالب من المعرفة.

9- خلق شبكات تعليمية لتنظيم عمل المؤسسات التعليمية وإدارته.

10- تقديم التعليم الذي يناسب فئات عمرية مختلفة مع مراعاة الفروق الفردية بينهم[1].

مميزات التعليم الإلكتروني وفوائده

1- من الناحية النظرية يوفر التعليم الإلكتروني ثقافة جديدة يمكن تسميتها "الثقافة الرقمية"، وهي مختلفة عن الثقافة التقليدية أو ما يسمى "الثقافة المطبوعة"؛ إذ تركز هذه الثقافة الجديدة على معالجة المعرفة في حين تركز الثقافة التقليدية على إنتاج المعرفة، ومن خلال هذه الثقافة الجديدة يستطيع المتعلم التحكم في تعلمه عن طريق بناء عالمه الخاص به عندما

(1) **المرجع السابق**، ص (295) .

يتفاعل مع البيئات الأخرى المتوفرة إلكترونيا، وهذا هـو الأسـاس الـذي تقوم عليه نظريـة التعلـيم بالتشـييد (البنائي)؛ إذ يصبح المـتعلم مركـز الثقل، في حين يكون المعلم هو مركز الثقل في طرق التعليم التقليدية. [1]

2- يساعد التعلم الإلكتروني في إتاحة فرص التعليم لمختلف فئات المجتمع: النساء والعمال والمـوظفين ...، دون النظـر إلى الجـنس واللـون، ويمكـن كذلك أن يلتحـق بـه بعـض الفئـات التـي لم تسـتطع مواصـلة تعليمهـا لأسباب اجتماعية أو سياسية أو اقتصادية.

3- يـوفر التعلـيم في أي وقـت وفي أي مكـان وفقـا لمقـدرة المـتعلم عـلى التحصيل والاستيعاب.

4- يسهم التعليم الإلكتروني في تنمية التفكير وإثراء عملية التعلم.

5- يسـاعد التعلـيم الإلكـتروني أو الجامعـات الالكترونيـة في خفـض تكلفـة التعليم كلما زاد عدد الطلاب.

6- يساعد الطالب في الاعتماد عـلى نفسـه؛ فالمعلم لم يعد ملقناً ومرسـلاً للمعلومات بل أصبح مرشدا وناصحا ومحفزا للحصول عـلى المعلومـات، مما يشجع استقلالية الطالب واعتماده على نفسه.

7- يتميز التعليم الإلكتروني بسـهولة تحـديث المواقـع والـبرامج التعليميـة وتعديل المعلومات والموضوعات المقدمة فيها وتحديثها، كما يتميـز بسرعة نقل هذه المعلومات إلى الطلاب بالاعتماد على الإنترنت.

8- يزيد من إمكانية التواصل لتبـادل الآراء والخـبرات ووجهـات النظـر بـين الطلاب ومعلميهم، وبين الطلاب بعضهم البعض، عبر وسائل كثيرة مثل البريد الإلكتروني، وغرف المناقشات، والفيديو التفاعلي.

---

(1) محسن العبادي: التعليم الإلكتروني والتعليم التقليدي: مـا هـو الاخـتلاف؟ ، المعرفة ، العـدد(91)، 2002 .

9- يعطي الحرية والجـرأة للطالـب للتعبير عـن نفسـه بـالمقارنة بـالتعليم التقليدي ؛ حيث يستطيع الطالب أن يسأل في أي وقت ودون رهبة أو حرج أو خجل كما لو كان موجودا مع بقية زملائه في قاعة واحدة.

10- يتغلب التعليم الإلكتروني على مشكلة الأعداد المتزايدة من المتعلمين مع ضيق القاعات وقلة الإمكانات المتاحة، خاصة في الكليات والتخصصات النظرية.

11- يحصل الطالب على تغذية راجعة مستمرة خـلال عمليـة التـعلم يعـرف من خلالها مدى تقدمه وتوفر له عملية التقويم البنائي الـذاتي والتقـويم الختامي.

12- يسهل وصول الطالب إلى معلمه في أي وقت عن طريق التحاور المبـاشر معه في أحيان أو عـن طريـق البريـد الإلكتروني في أحيـان أخـرى، وهـذا يساعد الطلاب في إتمام مـذاكراتهم ويساعد المـوظفين الـذين لا تتوافق أوقات عملهم مع الأوقات التي يقوم فيها المعلم بالشرح.

13- تنوع مصـادر التـعلم المختلفة؛ إذ يستطيع الطالب مـن خـلال المقرر الإلكتروني الـذي يقـوم بدراسـته الوصول إلى مكتبـات إلكترونيـة أو إلى مواقع اخرى تفيد دراسة المقرر الحالي وتثريها، كما توسع مدارك الطالب وتسهل استيعابه للمعلومات.

دور المعلم في التعليم الإلكتروني [1]

التعليم الإلكتروني لا يعني إلغاء دور المعلم، بل يصبح دوره أكثر أهميـة وأكثر صعوبة؛ فهو شخص مبدع ذو كفاءة عاليـة يـدير العمليـة التعليميـة باقتـدار ويعمل على تحقيق طموحات النجاح والتقدم. لقد أصبحت مهنة المعلم مزيجا من مهام القائد ومدير المشروع البحثي والناقد والموجه.

---

(1) عبد الله الموسى: التعليم الالكتروني، مكتبة التربية، جامعة الملك سعود ، 2002 .

ولا يحتاج المعلمون إلى التدريب الرسمي فحسب، بل أيضاً إلى التـدريب المستمر من قبل زملائهم لمساعدتهم في تعلم أفضل الطـرق لتحقيـق التكامـل بـين التكنولوجيا وبين التعليم. ولكي يصـبح دور المعلـم مهـما في توجيـه طلابـه الوجهـة الصحيحة للاستفادة القصوى من التكنولوجيا، على المعلم أن يقوم بما يلي:

1- أن يحول غرفة الصف الخاصة به من مكان يتم فيـه انتقـال المعلومـات بشكل ثابت وفي اتجاه واحد من المعلم إلى الطالب إلى بيئـة تعلـم تمتـاز بالديناميكية وتتمحور حول الطالب، بحيث يقوم الطلاب بالتواصل مـع رفقائهم على شكل مجموعات في صـفوفهم وكـذلك مـع صـفوف أخـرى حول العالم عبر الإنترنت.

2- أن يطور فهما عمليا حول صفات الطلاب المتعلمين واحتياجاتهم.

3- أن يستخدم مهـارات تدريسية تأخـذ الاحتياجـات والتوقعـات المتنوعـة والمتباينة للمتلقين بعين الاعتبار.

4- أن يطور فهما عمليا لتكنولوجيا التعليم مع استمرار تركيـزه عـلى الـدور التعليمي الشخصي له.

5- أن يعمل بكفاءة كمرشد وموجه حاذق للمتعلمين بشأن كـل مـا يتعلـق بالمحتوى التعليمي.

ومما لا شك فيه أن دور المعلم سوف يبقى للأبد، وسوف يصـبح أكـثر صـعوبة مـن السابق. فالتعليم الإلكتروني لا يعني تصفح الانترنت بطريقة مفتوحة ولكن بطريقة محددة وبتوجيه لاستخدام المعلومات الإلكترونية، وهذا التوجيه هو من أهم أدوار المعلم.

الجدول رقم (1)

جوانب الاختلاف بين التعليم الإلكتروني والتعليم التقليدي . [1]

	التعليم الإلكتروني	التعليم التقليدي
1	يقـدم التعلـيم الإلكـتروني نوعـاً جديـداً مـن الثقافـة هـي "الثقافة الرقمية" التي تركـز عـلى معالجـة المعرفـة وتسـاعد الطالب في أن يكون هو محور عملية التعلم وليس المعلم.	يعتمد التعليم التقليـدي عـلى "الثقافـة التقلي تركز على إنتاج المعرفة، ويكون المعلم هو أسـ التعلم.
2	يحتاج التعليم الإلكتروني إلى تكلفة عاليـة وخاصـة في بدايـة تطبيقه لتجهيز البنية التحتية من حاسبات وإنتاج برمجيات وتدريب المعلمين والطلاب عـلى كيفيـة التعامـل مـع هـذه التكنولوجيا وتصميم المادة العلمية إلكترونيا، ويحتـاج أيضـا إلى مساعدين لتوفير بيئة تفاعلية بين المعلمـين والمسـاعدين من جهة والمتعلمين من جهة أخرى وكذلك بين المتعلمين.	لا يحتـاج التعلـيم التقليـدي إلى التكلفـة نفـ يحتاجهـا التعلـيم الإلكـتروني مـن بنيـة تحتيـ المعلمين والطلاب على اكتسـاب الكفايـات التـ ليس بحاجـة أيضـا إلى مسـاعدين لأن المعلـم يقـوم بنقـل المعرفـة إلى أذهـان الطـلاب في تقليديـة دون الاسـتعانة بوسـائط إلكترونيـة مساعدين للمعلم.
3	لا يلتزم التعليم الإلكتروني بتقديم تعليم في المكان نفسه أو الزمان نفسه؛ بل المتعلم غـير ملتـزم بمكـان معـين أو وقـت محدد لاستقبال عملية التعلم (التعليم الإلكتروني عـن بعـد: تعليم متزامن غير متزامن).	يستقبل الطلاب التعلـيم التقليـدي في الوقـت المكـان نفسـه، وهـو قاعـة الفصـل الـدراسـ المباشر)؛ أي انه تعليم متزامن فقط.
4	يؤدي هـذا النـوع مـن التعلـيم إلى تفعيـل نشـاط الطالـب وزيادة فاعليته في تعلـم المـادة العلميـة؛ لأنـه يعتمـد عـلى التعلم الذاتي وعلى مفهوم تفريد التعليم .	يعد الطالب في التعليم التقليدي سلبيا يعتمد المعلومـات مـن المعلـم دون أي جهـد ف والاستقصاء؛ لأنه يعتمد على أسلوب المحاضرة

(1) **المرجع السابق،** ص (306-308) .

	التعليم الإلكتروني	التعليم التقليدي
5	يتيح التعليم الإلكتروني فرصة التعلم لمختلف فئات المجتمع من ربات البيوت والعمال في المصانع؛ فالتعليم يمكن أن يكون متكاملا مع العمل.	يشترط التعليم التقليدي على الطالب الحضور المؤسسة التعليمية والانتظام طوال أيام الأسبوع عدا أيـ العطلات، ومن جانب آخر يقبل أعماراً معينة دون أعم أخرى، ولا يجمع بين الدراسة والعمل.
6	يكون المحتوى العلمي أكثر إثارة ودافعية للطلاب للتعلم؛ فهو يقدم في هيئة نصوص تحريرية، وصور ثابتة ومتحركة، ولقطات فيديو ورسومات ومخططات ومحاكاة، ويكون في هيئة مقرر إلكتروني- كتاب إلكتروني- كتاب مرئي.	يقدم المحتوى العلمي على هيئة كتاب مطبوع يحتو على نصوص تحريرية، وإن زاد عن ذلك بعض الصور ف تتوافر فيها الدقة الفنية.
7	حرية التواصل مع المعلم في أي وقت وطرح الأسئلة التي ينشد إجابات لها، ويتم ذلك عن طريق وسائل مختلفة مثل البريد الإلكتروني وغرف المحادثة ... الخ.	يحدد التواصل مع المعلم بوقت الحصة الدراسية، ويأخ بعض التلاميذ الفرصة لطرح الأسئلة على المعلم؛ لا وقت الحصة لا يتسع للجميع.
8	دور المعلم هو الإرشاد والتوجيه والنصح والمساعدة وتقديم الاستشارة.	دور المعلم يتمثل في أنه ناقل وملقن للمعلومات.
9	يتنوع زملاء الطالب من أماكن مختلفة من أنحاء العالم؛ فليس هناك مكان بعيد أو صعوبة في التعرف على أصدقاء وزملاء.	يقتصر الزملاء على الموجودين في الفصل أو المدرسة أو محيط المدرسة أو السكن الذي يقطنه الطالب.
10	ضرورة تعلم الطالب اللغات الأجنبية حتى يستطيع تلقي المادة العلمية والاستماع إلى المحاضرات من أساتذة عالميين؛ فقد ينضم الطالب العربي مثلا إلى جامعة إلكترونية في بريطانيا أو أمريكا أو فرنسا.	اللغة المستخدمة هي لغة الدولة التي يعيش فيـ الطالب؛ فبالنسبة للطلاب في المجتمع العربي تعد اللغ العربية اللغة الرسمية للاستخدام في المدارس.

	التعليم الإلكتروني	التعليم التقليدي
11	التسجيل والإدارة والمتابعة والاختبارات والواجبات ومنح الشهادات - كل ذلك يتم بطريقة إلكترونية عن بعد.	يتم التسجيل والإدارة والمتابعة واستصدار بطريقة المواجهة أو بطريقة بشرية.
12	يسمح بقبول أعداد غير محددة من الطلاب من أنحاء العالم.	تُقبل فيه أعداد محدودة كل عام دراسي وف المتوفرة.
13	يراعي الفروق الفردية بين المتعلمين؛ فهو يقوم على تقديم التعليم وفقا لاحتياجات الفرد.	لا يراعي الفروق الفردية بين المتعلمين؛ ف التعليم للفصل بالكامل وبطريقة شرح واحدة
14	يعتمد على طريقة حل المشكلات وينمي لدى المتعلم القدرة الإبداعية والناقدة.	يعتمد على الحفظ والاستظهار ويركز على الج للمتعلم على حساب الجوانب الأخرى، بحي المتعلم على حفظ المعلومات على حساب نم وقيمه واتجاهاته، كما يهمل مهارات تحديد وحلها والتفكير الناقد والإبداعي وطرق الح المعرفة.
15	الاهتمام بالتغذية الراجعة الفورية.	التغذية الراجعة ليس لها دور في العملية التقليدية.
16	سهولة تحديث المواد التعليمية المقدمة إلكترونيا وتعزيزها بكل ما هو جديد.	تبقى المواد التعليمية ثابتة دون تغيير أو تطو طويلة.

مكونات منظومة التعليم الإلكتروني

إن نظام التعليم الإلكتروني E-Learning System يتطلب توفير مجموعة من المكونات أو العناصر التي تتكامل لإنجاح هذه المنظومة، وتتمثل هذه المكونات فيما يلي:

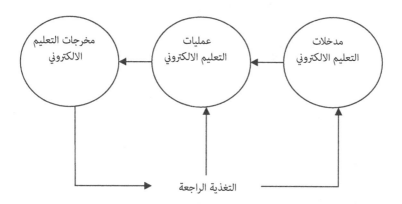

الشكل رقم (15)

مكونات منظومة التعليم الإلكتروني.

مدخلات منظومة التعليم الإلكتروني

تتمثل المدخلات في عملية تأسيس البنية التحتية للتعليم الإلكتروني، ويتطلب ذلك:

• توفير أجهزة الحاسوب في المؤسسة التعليمية.

• توفير خطوط الاتصال بالشبكة العالمية للمعلومات "الإنترنت".

• إنشاء موقع Website للمؤسسة التعليمية على الانترنت أو على شبكة محلية.

• الاستعانة بالفنيين والاختصاصيين لمتابعة عمل أجهزة الحاسوب والشبكة وصيانتها.

- تصميم المقررات الإلكترونية بناء على أسس التصميم التعليمي ومعاييره، وفي ضوء المنحى المنظومي وتوفيرها عبر الشبكة العالمية أو المحلية على مدار الساعة.
- تأهيل متخصصين في تصميم البرامج والمقررات الإلكترونية.
- تجهيز قاعات تدريس ومختبرات حديثة للحاسوب.
- تدريب أعضاء هيئة التدريس من خلال دورات تدريبية مناسبة لتطوير الجوانب التقنية والتربوية.
- إعداد الطلاب وتأهيلهم للتحول إلى نظام التعلم الإلكتروني الجديد.
- تهيئة أولياء الأمور لتقبل النظام الجديد من أجل قيامهم بمساعدة أبنائهم.
- تدريب إدارة المدرسة وتأهيلها.
- الإعلان عن المؤسسة التعليمية (المدرسة أو الجامعة) كمؤسسة إلكترونية تعليميا وإداريا.
- تحديد الأهداف التعليمية بطريقة جيدة.

عمليات منظومة التعليم الإلكتروني

- التسجيل في الدراسة واختيار المقررات الإلكترونية.
- تنفيذ الدراسة الإلكترونية.
- متابعة الطلاب الدروس الإلكترونية بطريقة متزامنة عند وجودهم في الفصل (كما هي الحال في الطريقة المتعادة) أو بطريقة غير متزامنة من منازلهم أو من أماكن عملهم.
- استخدام تقنيات التعليم الالكتروني المختلفة مثل البريد الالكتروني، والفيديو التفاعلي، وغرف المحادثات، ومؤتمرات الفيديو.
- التقويم البنائي/ التكويني.

مخرجات منظومة التعليم الإلكتروني، والتغذية الراجعة

- التأكد من تحقق الأهداف التعليمية السابق تحديدها عن طريـق أدوات التقويم ووسائله المناسبة.

- تعزيز نتائج الطلاب وعلاج نقاط ضعفهم.

- تطوير المقررات الإلكترونية.

- تطوير موقع المؤسسة التعليمية على الشبكة في ضوء النتائج.

- تعزيز دور أعضاء هيئة التدريس وعقد دورات تدريبية مكثفـة لبعضـهم عند الحاجة.

- تعزيـز دور الهيئـة الإداريـة وعقـد دورات تدريبيـة مكثفـة لهـا عنـد الحاجة.

نموذج التعليم الإلكتروني (مكونات نظام التعليم الإلكتروني)

يقترح منصور غلوم (2002) نموذجاً للتعليم الإلكتروني لتطبيقه في مدارس دولة الكويت، يتكون من :

1- المحتوى العلمي للمادة.

2- الخدمات التعليمية.

3- نظام إدارة التعلم.

4- التطوير والمتابعة.

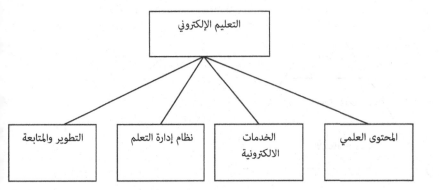

الشكل رقم (16)

نموذج غلوم للتعليم الإلكتروني .

1- المحتوى العلمي في التعليم الإلكتروني

- يشــتمل المحتــوى العلمــي للمــادة عـلى العـروض الإلكترونيـة للـدروس مدعومة بالأنشـطة المسـاندة التي تنتقـل بـالمنهج مـن أسـلوب العـرض التقليدي الى أسلوب أكثر تفـاعلا وواقعيـة؛ فالمحتوى العلمـي في النظام الإلكتروني يتميز بدمج العديد من الوسـائط المتعـددة، التـي قـد تشـمل المحاكاة (Simulation) والعروض المباشرة (Demonstrations) .

- يترتب المحتوى العلمي في النظام الإلكتروني على هيئة هـرم يبـدأ بموقـف تعليمي يمثل المحاكاة يليـه موضوع معـين معـزز بالأنشـطة التعليميـة الفردية والجماعية.

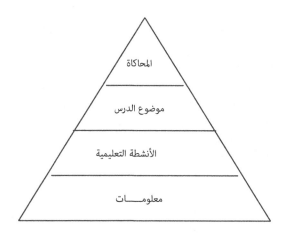

الشكل رقم (17)

ترتيب المحتوى العلمي في التعليم الإلكتروني.

تقنيات التعليم الإلكتروني

يقوم التعليم الإلكتروني على استخدام الوسائط الالكترونية المختلفة في عملية التعليم، سواء التعليم الحقيقي/ النظامي الذي يتم داخل الفصل الدراسي أو التعليم عن بعد، وتتمثل هذه الوسائط الإلكترونية في: الحاسوب، والإنترنت، والتلفاز، والإذاعة، والفيديو، ومؤتمرات الفيديو .

(1) الحاسوب (الكمبيوتر) والتعليم الالكتروني

تحاول المجتمعات الاستفادة من التطور الهائل لتكنولوجيا المعلومات والحاسبات وتوظيفها في العملية التعليمية، ولذا تم الاهتمام بإدخال أجهزة الحاسوب الى المدارس، وتشجيع أولياء الأمور على اقتناء هذه الأجهزة في المنازل بعد انخفاض أسعارها، وتقدم إمكاناتها، فانتشرت بناء على هذا التطور أجهزة الفاكسملي "Facsimily" والتليتكست "Teletext"، وارتبطت أجهزة الحاسوب بالأقمار الاصطناعية.

وهكذا كانت الضرورة ملحة لتوظيف تكنولوجيا المعلومات الحديثة في مناهجنا التعليمية حتى لا تتعمق الهوة بين المدارس ومجتمعاتنا، وبات واضحا أن مدرسة المستقبل هي مدرسة تكنولوجيا المعلومات او تكنولوجيا الحاسبات، لأن الحاسبات أصبحت متوفرة في المدارس ويتم توظيفها في تدريس المقررات الدراسية المختلفة، ولم يعد الوضع متوقفا عند مرحلة التنوير التكنولوجي أو الحاسوبي او الثقافة الكمبيوترية "Computer Literacy" .

ويذكر فتح الباب عبد الحليم (1997) أن الفرصة أصبحت بفضل ظهور الحاسوب متاحة أمام الفكر التربوي الداعي للتحول والتغير الى الأحسن في المضمون والطريقة؛ إنه تحول يقوده رجال التربية، بحيث يكون للبيئة التعليمية في المدرسة والجامعة دور في ذلك التحول عندما يُنظر إلى التطبيقات الممكن إحداثها

بواسطة الحاسوب نظرة إيجابية فعالة، يسهل عن طريقها تبني فلسفة جديدة في صورة مبادىء للتعلم وأنماط وطرق حالت دونها عقبات سابقة، وسيبدأ ذلك التحول بالمدرسة والجامعة وبالمعلم باعتبار هذه العناصر قلب نسيج أي تحول تربوي.[1]

وبدخول الحاسوب إلى العملية التعليمية وانتشار الحاسبات الشخصية Personal Computers حدثت ثورة ونهضة تعليمية كبيرتان تم تأكيدهما عبر العديد من الدراسات والبحوث التجريبية والميدانية، وأخذ توظيف الحاسوب في التعليم النظامي أو التعليم عن بعد عدة أشكال تتمثل في:

أ- التعلم عن الحاسوب Learning about Computer

يقدم الحاسوب كمقرر دراسي لتعريف المتعلم بمكوناته ولغاته والوظائف التي يقوم بها واستخدام ملحقاته، وكيفية تقويم البرامج الجاهزة، واكسابه مهارات استخدامه، وتنمية مهارة البرمجة. وأصبح الحاسوب مقررا دراسيا في جميع المراحل التعليمية لنشر الثقافة الحاسوبية.

ويعد التعلم عن الحاسوب شرطا اساسيا ومطلبا جوهريا في منظومة التعلم الالكتروني؛ إذ يُطلب من الدارس التمكن من بعض كفايات استخدام الحاسوب قبل بداية التعلم الالكتروني. ويمكن إنجاز ذلك من خلال الانضمام الى دورات تدريبية أو دراسة مقررات دراسية.

ب- التعلم من الحاسوب Learning from Computer

يعد الحاسوب مصدرا للمعلومات التي يبحث عنها المتعلم، ودوره يشبه الدور الذي تقوم به المكتبة. والتواصل بين المتعلم والحاسوب في هذه الحالة تواصل في اتجاه واحد.

---

(1) فتح الباب عبد الحليم، **توظيف تكنولوجيا التعليم**، الجمعية المصرية لتكنولوجيا التعليم، القاهرة، 1997.

ويحتاج الدارس في منظومة التعلم الالكتروني الى قدر من المعلومات والمهارات في مجال طرق البحث عن المعلومات والحصول عليها.

جـ- التعلم بالحاسوب او مع الحاسوب Learning with Computer

ويعد هذا الدور من ادوار الحاسوب أكثر ارتباطا بتنفيذ عملية التعليم والتعلم، ويتم التواصل بين المتعلم والحاسوب في اتجاهين؛ فهو يستخدم الحاسوب أداة أو وسيطاً تعليمياً يلعب دوراً أساسياً في تقديم المادة العلمية للدارسين في منظومة التعلم الالكتروني من خلال برامج كاملة يشرف الحاسوب على عملية التعلم فيها؛ إذ يقدم الحاسوب الأهداف والوحدات التعليمية وعملية التقويم البنائي والنهائي والإشراف على عملية التفاعل بين الدارس والمادة العلمية والأنشطة. ويسير الدارس وفق قدراته واستعداداته وسرعته الخاصة، ويعطى الدارس صورة عن مدى تقدمه ونتائجه، وهذا ما يطلق عليه إدارة التعليم بالحاسوب Computer Managed Instruction (CMI)، ويمكن ان يطلق عليه التعليم القائم على الحاسوب Computer Based Instruction (CBI) .

أما الشكل الثاني للتعلم بالحاسوب أو مع الحاسوب في منظومة التعليم الالكتروني فيتمثل في التعليم بمساعدة الحاسوب Computer Assisted Instruction (CAI) أو التعلم بمساعدة الحاسوب Computer Assisted Learning (CAL).

ويستخدم الحاسوب في هذه الحالة وسيلة تعليمية لمساعدة الدارس والمعلم؛ إذ يساعد الأول في الاعتماد على نفسه في تعلم المادة العلمية التي تقدم من خلال برمجيات تعليمية تعرض المحتوى العلمي وأسئلة بنائية، وتستقبل إجابات المتعلم وتقيمها ثم تقدم التغذية الراجعة، ويساعد الثاني في تقديم المحتوى العلمي للدارسين بانماط مختلفة، مع تحويل دوره الى الاشراف والتوجيه والارشاد والنصح.

لقد ساعد التطور الهائل في تكنولوجيا الحاسبات في إضافة بعد التفاعل بين الدارس ومحتوى البرمجية؛ مما أدى إلى تعزيز الدور الإيجابي للدارس، ويشكل هذا البعد متغيراً جديداً لم يكن موجودا في الوسائل التعليمية التي سبقت الحاسوب.

أنماط استخدام الحاسوب في التعليم / التعليم الالكتروني

توجد عدة أنماط أو طرق أو برمجيات لاستخدام الحاسوب في التعليم
النظامي او التعليم الالكتروني:

(1)	برمجيات التدريب والممارسة	Drill and Practice
(2)	برمجيات المحاكاة	Simulation
(3)	برمجيات التعليم الخاص	Tutorial Instruction
(4)	برمجيات الحوار	Dialogue
(5)	برمجيات حل المشكلات	Problem Solving
(6)	برمجيات الاستقصاء	Inquiry
(7)	برمجيات الألعاب التعليمية	Gaming
(8)	برمجيات الوسائط المتعددة	Multimedia
(9)	برمجيات الوسائط الفائقة	Hypermedia
(10)	برمجيات معالجة الكلمات	Word Processing

مبررات استخدام الحاسوب في التعليم

يوجد العديد من الأسباب والمبررات التي تدعو الى استخدام الحاسوب
في التعليم وهي: [1]

(1) الانفجار المعرفي وتدفق المعلومات

يسمى هذا العصر عصر ثورة المعلومات، خاصة بعد تطور وسائل
الاتصالات، مما دفع الانسان الى البحث عن وسيلة لحفظ هذه المعلومات،
واسترجاعها عند الضرورة، وظهر الحاسوب كأفضل وسيلة تؤدي هذا الغرض.

---

(1) عادل السرطاوي، معوقات تعلم الحاسوب وتعليمه في المدارس الحكومية بمحافظات شمال
فلسطين من وجهة نظر المعلمين والطلبة، جامعة النجاح، نابلس، 2001.

(2) الحاجة الى السرعة في الحصول على المعلومات

وذلك لأن هذا العصر عصر السرعة، مما يجعل الانسان بحاجة الى التعامل مع هذا الكم الهائل من المعلومات؛ وكلما كان ذلك بأسرع وقت وأقل جهد فإنه يقربنا من تحقيق أهدافنا، وكان الحاسوب افضل وسيلة لذلك.

(3) الحاجة الى المهارة والاتقان في أداء الأعمال والعمليات الرياضية المعقدة

حيث يتميز الحاسوب بالدقة والاتقان والسرعة، كما يتميز بالقدرة على أداء جميع أنواع العمليات الحسابية المعقدة.

(4) تقليل الاعتماد على العنصر البشري

فالحاسوب يستطيع أداء أعمال مجموعة كبيرة من الأيدي العاملة الماهرة في الأعمال الادارية والفنية، وذلك لسهولة إدخال المعلومات واسترجاعها من خلال الحاسوب في الميادين كافة ، ومنها ميدان التربية والتعليم.

(5) إيجاد الحلول لمشكلات صعوبات التعلم

فقد أثبتت البحوث والدراسات ان للحاسبات دورا مهما في المساعدة في حل مشكلات صعوبات التعلم لدى من يعانون من تخلف عقلي بسيط، او من يواجهون مشكلات في مهارات الاتصال.

(6) تحسين فرص العمل المستقبلية

وذلك بتهيئة الطلاب لعالم يتمحور حول التقنيات المتقدمة.

(7) تنمية مهارات معرفية عقلية عليا

تتمثل في حل المشكلات، والتفكير، وجمع البيانات وتحليلها وتركيبها.

مميزات التعليم الالكتروني بمساعدة الحاسوب

تتضح أهم مميزات استخدام الحاسوب في التعليم الالكتروني في ما يلي:

1- يجعل المتعلم إيجابياً ونشطا في أثناء عملية التعلم مما يكون له أكبر الأثر في تحسين مخرجات منظومة التعلم الالكتروني.

2- يوفر عملية التفاعل بين المتعلم ومحتوى المادة العلمية المعروضة، وبالتالي يتحقق التواصل ذو الاتجاهين بينهما، على عكس التقنيات التعليمية التقليدية؛ مما يعوض عدم وجود المعلم في أثناء عملية التعلم لبعد المكان.

3- يقدم التغذية الراجعة الفورية لاستجابات المتعلم مما يعزز نواحي القوة ويعالج نقاط الضعف لديه أولا بأول.

4- لا يعد المتعلم في موقف المستقبل السلبي بل يحاوره الحاسوب ويقدم له الحد الأدنى من المعلومات بشكل تدريجي، وعلى المتعلم البحث والاستقصاء والاكتشاف للوصول الى بقية المعلومات المرتبطة بجوانب الموضوع المختلفة.

5- يقدم المادة العلمية بطريقة مشوقة؛ فالمحتوى لا يشتمل على نصوص لفظية فقط كما في الكتاب، ولكنها مصحوبة بالصوت والصورة ولقطات الفيديو ورسومات ومخططات وتدريبات.

6- يقدم الحاسوب المادة العلمية وفقا لمستوى قدرات المتعلم؛ فهو يراعي الفروق الفردية بين مستويات المتعلمين المختلفة وكذا أنماط التعلم المختلفة مما يساعد في تحقيق مبدأ تفريد التعليم.

7- تعتمد البرمجيات التي يقدمها الحاسوب على درجة الاتقان او التمكن، ولا تتم مقارنة المتعلم بمجموعته؛ إذ قد يتم التعليم الالكتروني فرديا في معزل عن الجماعة.

8- يوفر الحاسوب بيئة التعلم الافتراضي مما يجعله صالحا لتخصصات كثيرة يتم تعلمها الكترونيا وبديلاً للواقع الفعلي.

9- يوفر للمتعلم بديلا عن المواد التعليمية التقليدية؛ فباستخدام الحاسوب يمكن للمتعلم الاستغناء عن الطرق التقليدية في تقديم المادة التعليمية مما يشكل دافعا له ويزيد من حماسه نظرا للتطور المستمر في عرض المادة العلمية.

10- إمكانيات الحاسوب الهائلة في تخزين المعلومات واسترجاعها بسهولة وسرعة تساعد المتعلم في حفظ مشروعاته وإجاباته على أساليب التقويم المستخدمة واسترجاعها من حين لآخر.

11- يساعد الحاسوب في التغلب على عدم توافر الاعداد الكافية من أعضاء هيئة التدريس – كماً وكيفاً - القادرين على توظيف أدوات التكنولوجيا الحديثة في التعليم الالكتروني.

12- يساعد في تحقيق أهداف التعلم الالكتروني وخاصة التعلم في أي مكان وفي اي وقت يناسب المتعلم.

13- يقلل من زمن تعلم المادة التعليمية بالمقارنة بالتعليم التقليدي، كما أكد العديد من الدراسات.

(2) الانترنت والتعليم الالكتروني

- مقدمة

- تعريف الانترنت

- خدمات الانترنت

- خدمة البريد الالكتروني E-mail

- مزايا البريد الالكتروني

- تطبيقات البريد الالكتروني في التعليم

- الفوائد التي تقدمها الانترنت في مجال التعليم والتعلم عن بعد

- ايجابيات استخدام الانترنت في التعليم الالكتروني

- تصميم مقرر الكتروني أو تطويره عبر الانترنت

- الاسس الفلسفية والنفسية والتقنية لتصميم مقرر الكتروني عبر الانترنت وتطويره

- الوحدة التعليمية عبر الانترنت

- الكتاب الالكتروني E-Book والتعليم الالكتروني

- مميزات الكتاب الالكتروني

- الكتاب المرئي والتعليم الالكتروني

- مؤتمرات الفيديو والتعليم الالكتروني

- تعريف مؤتمرات الفيديو

- متطلبات استخدام تقنية مؤتمرات الفيديو

- المهارات الاولية اللازمة للتعامل مع مؤتمرات الفيديو

- فوائد مؤتمرات الفيديو التعليمية

- برامج الاقمار الاصطناعية والتعليم الالكتروني

- فوائد استخدام برامج الأقمار الاصطناعية

(2) الإنترنت والتعليم الإلكتروني

مقدمة

تعود بداية الشبكة العالمية للمعلومات "الانترنت" الى نهاية الستينات من القرن العشرين، وعلى وجه التحديد إلى عام 1969م في الولايات المتحدة الأمريكية، حينما قامت وزارة الدفاع الامريكية بإنشاء شبكة تحتوي على عدد من المسارات لتنتقل عبرها المعلومات بين المواقع الحكومية والعسكرية خوفا من التعرض لهجوم نووي يؤدي الى فقد المعلومات. وقامت شركة BBN بتصميم حاسوب للتحكم في أجزاء الشبكة، وتم تركيب اول حاسوب من هذا النوع في جامعة كاليفورنيا، وأطلقت جامعة كاليفورنيا على هذا المشروع اسم "أربانت" "Arpanet". وتطورت الشبكة فلم يعد عملها متمركزاً في جهاز واحد بل أصبح كل حاسوب مسؤول عن اتصالاته. وتم الغاء المركزية في التحكم في الشبكة، واصبح لكل الأجهزة وضع متساو في الشبكة، وتم التوسع في هذه الشبكة وتطورت إلى عدد هائل من الشبكات المترابطة وأطلق عليها اسم الانترنت Internet عام 1988. وانتقلت الخدمات التي تقدمها الانترنت نقلة كبيرة في عام 1993 عندما تأسست الشبكة العنكبوتية (World Wide Web) (WWW) التي أتاحت للمستخدم استخدام الصورة والصوت والأفلام والكتابة في الوقت نفسه.

وبزيادة المواقع على الانترنت وتضاعف أعداد المستخدمين يوما بعد يوم بدا يظهر بطء الاتصالات مع الشبكة مما دفع المؤسسة الوطنية الأمريكية للعلوم الى طرح مشروع "إنترنت2" بهدف تسريع الاتصالات عبر الشبكة.

والانترنت تسمح بتبادل المعلومات والاتصالات على مستوى العالم، من موقع لموقع، ومن حاسوب لآخر، وتوضح الاحصائيات حقيقة مهمة هي أن الانترنت تتضخم بسرعة مذهلة، ويتزايد عدد مستخدميها بصورة مطردة، كما تتزايد إمكانياتها وخدماتها بلا حدود؛ ففي عام 1995 بلغ عدد مستخدمي الشبكة

10

ملايين شخص، أما في عام 2000 فقد تعدى عدد المستخدمين 150 مليون شخص في العالم، وتذكر بعض التقارير الأولية عن استخدام الانترنت في مصر أن عدد المستخدمين في مصر قد وصل الى مليون مستخدم في بداية عام 2002. [1]

تعريف الانترنت

كلمة Internet هي اختصار للكلمتين International Network، ولذلك عند ترجمتها للعربية تسمى "الشبكة العالمية للمعلومات"، وبين علامات تنصيص او قوسين نكتب "انترنت" أو يتم تعريبها الى كلمة "انترنت"، مثل كلمات أجنبية كثيرة، ومن الخطأ ان نقول شبكة الانترنت.

ومن المحاولات التي تناولت الانترنت بالتعريف ما يلي:

- يعرفها فرحان النجم ودرهم دقيق (1998) بانها "مجموعة كبيرة من اجهزة الحاسب في مختلف انحاء العالم تتحدث مع بعضها البعض؛ بمعنى ان هناك ملايين من أجهزة الحاسب تتبادل المعلومات فيما بينها عبر ما يعرف بالنسيج العالمي متعدد النطاق (Word Wide Web)"[2].

- وتعرف الانترنت بانها "مجموعة من الحواسيب الشخصية مرتبطة مع بعضها البعض على هيئة شبكة متشابكة من عدة شبكات محلية تمتد في جميع الاتجاهات، والارتباط هنا يكون بخطوط هاتفية محلية ودولية مختلفة السرعات، وعن طريق هذه الشبكة يتم تبادل المعلومات والأخبار والاعلانات والبحوث والكتب والمحادثات الهاتفية المنطوقة والرسائل البريدية الالكترونية، وتكون جميع المواد المتبادلة والمنقولة على هيئة

(1) خالد مالك، **تقييم فعالية وكفاءة استخدام شبكة الانترنت في التعليم عن بعد واتجاهات التربويين نحوها**، مركز تطوير التعليم الجامعي، القاهرة، 2002.
(2) فرحان النجم، ودرهم دقيق، **شبكات الانترنت في العالم**، مجلة متابعات إعلامية، اليمن، 1998.

نصوص مكتوبة او صور بصرية، ويتم النقل من اي شبكة الى هذه الشبكة العظمى بسرعات فائقة وعبر أسلاك مختلفة في سعات النقل".[1]

- ويعرفها عبد العظيم الفرجاني (1997) بانها: " ملايين من نظم الحاسوب وشبكاته المنتشرة حول العالم والمتصلة مع بعضها البعض بواسطة خطوط هاتفية لتشكل شبكة عملاقة، ويمكن لأي حاسوب شخصي الاتصال بأحد الأجهزة التي في الشبكة مما يمكنه من الوصول الى المعلومات المختزنة في غيره من أجهزة الحاسوب التي تشكل شبكة الانترنت العملاقة"[2].

- ويعرف السيد الربيعي وآخرون (2001) الانترنت بأنها "شبكة ضخمة تتكون من عدد كبير من شبكات الحاسب المنتشرة في أنحاء العالم، والمرتبطة ببعضها البعض عن طريق خطوط الهاتف او عن طريق الأقمار الصناعية بحيث يمكن التشارك في المعلومات فيما بين المستخدمين عن طريق بروتوكول موحد يسمى بروتوكول تراسل الانترنت" [3].

خدمات الانترنت

تقدم الانترنت لمشتركيها خدمات/ بروتوكولات Protocols عديدة في جميع ميادين الحياة نوضحها فيما يلي بشكل عام وفي العملية التعليمية (التعليم الالكتروني) بشكل خاص:

1- خدمة البريد الالكتروني E-mail .

(1) عبدالله عمر خليل، **شبكات المعلومات في التعليم العالي والتدريس والبحث**، تكنولوجيا التعليم: دراسات عربية، القاهرة، مركز الكتاب للنشر، القاهرة، 1999.

(2) عبد العظيم الفرجاني، **التربية التكنولوجية وتكنولوجيا التربية**، القاهرة: دار غريب للطباعة والنشر، 1997.

(3) السيد الربيعي وآخرون، **المعجم الشامل لمصطلحات الحاسب الآلي والانترنت**، مكتبة العبيكان، الرياض، 2001.

2- خدمة بروتوكول نقل الملفات File Transfer Protocol (FTP) .

3- خدمة الاتصال بحاسوب آخر Telenet .

4- خدمة الشبكة العنكبوتية العالمية World Wide Web أو شبكة الويب
    Web.

5- خدمة البحث في القوائم او خدمة الجوفر Gopher .

6- خدمة الإصبع للتقصي Finger .

7- خدمة المحادثة Talk .

8- خدمة التخاطب / التحاور Chat .

9- خدمة الفهرس او خدمة الآرتشي Archie .

10- خدمة القوائم البريدية Mailing Lists .

11- خدمة مجموعات الأخبار أو شبكات الأخبارNewsnets .

12- خدمة البحث باستخدام نظام WAIS .

13- خدمة المجلات او الدوريات الالكترونية E-Magazines .

14- خدمة فهارس الصفحات البيضاء White Page Directories .

15- خدمة المكالمات الهاتفية عبر الانترنت Telephone over the Internet .

16- خدمة البث الاذاعي عبر الانترنت.

17- خدمة النسخ الآلي Plug-in .

(2) خدمة البريد الالكتروني E-mail

تتيح هذه الخدمة للمستخدم تبادل الرسائل والمقالات والنصوص والصور
وغير ذلك مع شخص او أشخاص آخرين لهم بريد إلكتروني على الشبكة، ولا
يستغرق ذلك سوى ثوان معدودة. ويشترك ملايين الأشخاص في هذه الخدمة،
ويتبادلون البريد بسرعة فائقة.

مزايا البريد الالكتروني

1- السرعة: تصل رسالة البريد الالكتروني في الغالب خلال ثوان أو دقائق معدودة إلى صاحبها، او خلال ساعات كحد أقصى.

2- قلة التكلفة: فتكلفة الرسالة التي تحتوي على (7500) بايت اي ما يعادل ثلاث صفحات هو (0.1) دولار فقط، وكل (7500) بايت إضافية تكلف (0.2) دولار، وهذا أرخص من البريد العادي.

3- البريد الالكتروني غير رسمي؛ إذ يتم تبادل الرسائل البريدية الالكترونية على أساس الاسم الاول.

4- الزمان والمكان ليس لهما حساب؛ فيمكن للشخص فحص صندوق بريده في أي وقت من اليوم، ومن أي مكان في العالم.

5- السرية في الحفاظ على مضمون الرسالة: فلا يقرأ الرسالة عبر البريد الالكتروني إلا صاحبها الحقيقي بسبب وجود كلمة سر لكل شخص Password، ويمكن كذلك تشفير الرسائل باستخدام نظام خاص للتشفير يسمى (Pretty Good Privacy) (PGP) وهو بروتوكول تشفير الرسائل.

6- البريد الالكتروني يمكن أن يكون مركزا؛ إذ يمكن ان نقول (لا) أو نقول (نعم) فقط، ونتجنب الرسميات التي ترد في البريد العادي او الفاكس.

7- إمكانية العمل عن بعد؛ فيمكن ان يستخدمه الصحفيون لإرسال مقالاتهم من موقع الحدث.

8- يساعد البريد الالكتروني في إدامة الصلة بين الأصدقاء، وذلك بسبب دوام الرسائل واستمرارها بين الاصدقاء، حتى لو لم يكن لدينا الوقت لكتابة تعبيرات طويلة.

9- البريد الالكتروني سهل الاستعمال، وخاصة بعد إرسال الرسالة الاولى، وبعد ذلك يوفر مرونة كبيرة في إرسال الرسائل وكتابتها.

10- إمكانية إرسال الرسالة نفسها الى أكثر من جهة واحدة، وخاصة في مجال الاعمال والتجارة والدعاية والاعلان.

11- الاعتماد على الكتابة المنسقة وتوحيد الخطوط والابتعاد عن غموض الخط كما هي الحال في الرسائل العادية[1].

تطبيقات البريد الالكتروني في التعليم

هناك العديد من التطبيقات التي يمكن الاستفادة منها من البريد الالكتروني في التعليم (وخاصة التعليم الالكتروني)، ويتمثل أهمها في الآتي:

1- استخدام البريد الالكتروني وسيطاً بين المعلم والطالب من خلال إرسال الرسائل لجميع الطلبة سواء فيما يتعلق بإرسال الأوراق المطلوبة في المقررات الدراسية المختلفة، أو إرسال الواجبات المنزلية إلى الطلبة، او الرد على استفساراتهم العديدة حول مسائل معينة تتعلق بالمواد المقررة، أو الاستفادة من البريد الإلكتروني كوسيلة للتغذية الراجعة لمعلومات الطلبة.

2- استخدام البريد الالكتروني وسيطاً لتسليم الواجبات المنزلية وتسلُّمها؛ إذ يقوم المعلم بتصحيح الاجابات وإعادتها الى طلبته مرة أخرى، وفي ذلك توفير للوقت والجهد وتوفير للمال فيما يتعلق بالورق، بالاضافة الى إمكانية إرسال الواجبات في أي وقت في النهار أو الليل دون مقابلة المعلم شخصيا.

3- إمكانية الاتصال والتواصل مع المتخصصين في موضوعات معينة من مختلف دول العالم من أجل الاستفادة من خبراتهم وابحاثهم في شتى المجالات بشرط معرفة عناوينهم البريدية.

---

(1) فاروق سيد حسين، **الانترنت: شبكة المعلومات**، هلا للنشر، القاهرة، 1999.

4- الاتصال بين أعضاء هيئة التدريس والمدرسة أو دائرة الشؤون الادارية
فيها.

5- إمكانية الاتصال بين الطلبة ودائرة الشؤون الادارية في وزارة التربية
والتعليم او غيرها من الوزارات من خلال استلام التعميمات والأوراق
المهمة والاعلانات الخاصة بالطلبة فيما يتعلق بدراستهم أو بحوثهم او
مطالبهم الكثيرة والمتجددة.

6- استخدام البريد الالكتروني وسيلة لإرسال اللوائح والتعميمات وما يستجد
من أنظمة وقوانين وتعليمات لأعضاء هيئة التدريس وغيرهم.

7- الاستفادة من الخبرات العلمية للمتخصصين سواء في تحرير الرسائل
الجامعية او الدراسات الخاصة او الاستشارات العلمية، من أي مكان،
مما يوفر الوقت والجهد والمال من خلال إمكانية التواصل بين الأطراف
في أماكنهم.

8- الاتصال والتواصل بين الجامعات والمعاهد والكليات ومراكز الأبحاث
والدراسات، سواء بين المحلية منها أو بين المحلية والأجنبية.

(2) خدمة بروتوكول نقل الملفات File Transfer Protocol (FTP)
تسمح هذه الخدمة بنقل الملفات من حاسوب الى آخر:
أ- تسمى عملية النقل من حاسوب بعيد الى الحاسوب الشخصي
(Downloading) .

ب- تسمى عملية النقل من الحاسوب الشخصي الى حاسوب آخر
(Uploading).

(3) خدمة الاتصال بحاسوب آخر Telenet أو الولوج عن بعد Remote Log-in:

تسمح هذه الخدمة بدخول المستخدم الى حاسوب آخر موصول بالشبكة من خلال حساب (Account) وكلمة مرور (Password)، ويمكن بذلك الاستفادة من المعلومات والبيانات الموجودة في الحاسوب الآخر.

الفوائد التي تقدمها الانترنت في مجال التعليم والتعلم عن بعد (التعليم الالكتروني): [1]

1- تعد آلية توصيل سريعة ومضمونة للوسائط التعليمية؛ فمثلا يمكن استخدامها في توزيع الوسائط التعليمية التقليدية كالمادة المطبوعة للمقررات الدراسية والأدلة والنصوص التي تحول الى صفحات بيانات كي يستطيع الدارسون الوصول اليها.

2- تتيح للطلاب الوصول الى كتل المعلومات وقواعد البيانات على شبكة الاتصالات العالمية (WWW)، والتحدث مع زملائهم من الطلاب على الهواء مباشرة، والمشاركة في جماعات التحاور او النقاش، وإرسال أسئلة بالبريد الالكتروني للمشرف الاكاديمي او تقديم تعيينات له إلكترونياً.

3- يستطيع المشرف الأكاديمي إدخال أسئلة تقويم ذاتي أو أسئلة موضوعية على الإنترنت للحصول على تغذية راجعة عاجلة من الطلاب الدارسين.

4- تزود الطلاب بمسارات لتحديد مواقع المعلومات المتعلقة بتعيين أي موضوع، وفي حالة صعوبة الوصول الى إحدى المكتبات او تعذره للحصول على معلومات إضافية حول موضوع أو بحث ما، فإن الانترنت

(1) ناد كمال عزيز، الانترنت وسيلة واسلوب للتعلم المفتوح داخل حجرة الدراسة، مجلـة التربيـة، الكويت، 1999.

يربط الباحث بقراءات إضافية على الشبكة العالمية (WWW) للإفادة من كتلة المعلومات المتوافرة عليها.

5- توفر فرصا كثيرة لتخفيف عزلة الطالب بالنسبة للزمن والبعد الجغرافي، ومثل هذه الفرص تعني ان الحدود الجغرافية قد زالت وأنه يتم توفير التعليم عن بعد في أي مكان في العالم.

6- يمكن استدعاء مشرفين أكاديميين على شاشة الانترنت اذا دعت الحاجة الى ذلك او كان هناك نقص في عددهم في مكان ما من البلاد، كما يمكن تنظيم لقاءات مع الطلاب من خلال الانترنت بتكلفة عادية.

7- يتيح البريد الالكتروني الاتصال الهاتفي للطلاب والمشرفين الاكاديميين كما يسمح بإرسال رسائل مكتوبة او تبادل النصوص مباشرة.

إيجابيات استخدام الانترنت في التعليم الالكتروني

1- تسهيل الحصول على المعلومات او المقررات الالكترونية في أي وقت وفي اي مكان في العالم.

2- توفير المقررات الالكترونية القائمة على الوسائط المتعددة التفاعلية والوسائط الفائقة مما يسهل التعلم الذاتي في المنازل بعيدا عن وجود المعلم.

3- تساعد إمكانية تحديث المقررات الالكترونية عبر الانترنت في تقديم الجديد والحديث في التخصص وبأساليب تعليمية مختلفة.

4- سرعة الوصول الى المعلومات من خلال مواقع إلكترونية عديدة مثل المكتبات الالكترونية والمؤتمرات والندوات العلمية العالمية مقارنة بالطرق التقيدية.

5- مساعدة الدارسين في التحاور والنقاش مما يساعد في التعلم التعاوني الجماعي.

6- عدم الاقتصار على معلومات وأفكار محدودة تقدم الى الدارسين من خلال وسائط تعليمية، مثل الراديو والتلفاز والأقراص المدمجة (CD ROMs) وافلام الفيديو؛ إذ تنقل الانترنت الدارس من المحلية الى العالمية.

7- إتاحة الفرص أمام الدارسين للنقاش مع دارسين آخرين من مختلف أنحاء العالم من جنسيات وثقافات مختلفة من خلال غرف المحادثة Chat، والبريد الالكتروني E-mail.

8- لم يعد المعلم مصدر المعلومات الوحيد، ولم يعد حجر الزاوية في العملية التعليمية كما يحدث في التعليم النظامي التقليدي؛ بل أصبح المعلم الالكتروني مرشدا وموجها ومستشارا.

9- لا تقتصر مناقشة الدارس على المعلم الالكتروني؛ بل تمتد الى إمكانية إجراء حوار أو نقاش مع الباحثين المختصين في المجال والمفكرين والعلماء.

10- عدم الالتزام بالحضور إلى مؤسسات تعليمية او فصول دراسية؛ بل إن الانترنت تجعل الدارسين في فصول بلا جدران.

11- مساعدة الباحثين والدارسين في الحصول على مادة تعليمية ثرية لاعداد البحوث والدراسات ومشاريع التخرج.

12- يعد التعليم الالكتروني عبر الانترنت أقل كلفة من التعليم التقليدي وخاصة مع تزايد أعداد الدارسين.

13- المعلم الالكتروني لا يلقن الدارسين، وإنما يعلمهم كيف يحصلون على المعلومات عبر الشبكة العالمية للمعلومات.

14- تغيير طرق التدريس التقليدية الى طرق تدريس حديثة ومتطورة.

15- إمكانية وضع وصلات Links بالموضوعات ذات الصلة بالموضوع الذي يدرسه المتعلم، فينتقل المتعلم الى مواقع أخرى ذات صلة، أو إلى مكتبات إلكترونية، او الى كتب الكترونية.

16- تمكن المعلم من حضور المؤتمرات والندوات العلمية المتخصصة عبر الانترنت.

17- تساعد الشبكة العالمية للمعلومات "الإنترنت" في تصميم صفحات دراسية ذات مواصفات تقنية عالية لاستخدامها في مجال التدريس عن بعد للطلاب والباحثين، ويطلق على تصميم هذه الصفحات Teaching Page Design ويتطلب استخدام النصوص الحية Hypertext Make up Language [1].

18- تتميز الانترنت بتوفير التفاعلية بين مستخدم الشبكة والبرنامج في الاتجاهين، فهي تجمع النص والصوت والصورة والحركة؛ أي الوسائط المتعددة التفاعلية Interactive Multimedia مما يسهل عرض المعلومات والوحدات التعليمية بصورة شائقة ويوفر التفاعل في الاتجاهين. ولا تتوقف الانترنت عند توظيف الوسائط المتعددة بل تتعداها إلى ما هو أبعد من ذلك.

19- تمد الشبكة العالمية للمعلومات "الانترنت" المتعلم بالمعلومات الحديثة والمتنوعة، وهذه المعلومات تشوق المتعلم للدراسة والبحث والابتكار والابداع، وهذا لا يتحقق في ظل التعليم التقليدي، ومن ناحية أخرى تتيح الفرصة لاستخدام الفيديو التفاعلي والتلفاز التفاعلي وكل منهما يتيح فرصة للتفاعل والاتصال متعدد الاتجاهات الذي تتسع من خلاله فرصة الاتصال بين أطراف عملية التعليم مما يساعد كل متعلم في نقل أفكاره وآرائه الى زملائه تارة والى المعلم تارة أخرى، وهذا لا يتحقق في معظم الوسائل التعليمية التقليدية وإنما يتحقق من خلال الانترنت.

---

(1) عبدالله الفهد، استخدام الشبكة العالمية للمعلومات في التدريس في السعودية، الجمعية المصرية للمناهج، 2001.

20- للإنترنت القدرة على تخزين استجابات المتعلم ورصد ردود أفعاله مما يجعلها سجلا تعليميا للمتعلم يرجع له عند الحاجة للتغلب على الصعوبات التي تواجهه ويعرف من خلاله مدى تقدمه.

21- تساعد الشبكة العالمية للمعلومات "الانترنت" في تحقيق مبادىء التعليم المفرد وأسسه التي لم نستطع تحقيقها في التعليم التقليدي؛ إذ تقدم المناهج الالكترونية او الانترنتية أو المقررات الالكترونية او الوحدات الالكترونية تعليما يتناسب مع القدرات والاستعدادات وأنماط التعلم المختلفة للمتعلمين.

تصميم مقرر إلكتروني (E-course) أو تطويره (المنهج الإنترنتي - وحدة تعليمية) عبر الإنترنت

قبل تناول الأسس والمعايير الخاصة بتصميم المقرر الالكتروني عبر الانترنت وتطويره، نحاول تحديد المقصود ببعض المصطلحات التي قد تتداخل في معناها بهدف إزالة الغموض بينها؛ مثل التصميم، والتطوير، والتنفيذ، والتقويم.

نبدأ بأحدث تعريفات تكنولوجيا التعليم للرابطة الأمريكية للاتصالات التربوية والتكنولوجيا AECT (1994)، التي ذكرت ان تكنولوجيا التعليم هي: "علم يبحث في النظرية والتطبيق فيما يتعلق بتصميم العمليات والمصادر وتطويرها واستخدامها وإدارتها وتقويمها من أجل التعلم"[1].

يؤكد التعريف السابق ان علم تكنولوجيا التعليم يهتم بالجانب المعرفي النظري وكذلك بتطبيق النظريات ونتائج البحوث التي يتوصل اليها في خمس عمليات أساسية تمثل مكونات مجال تكنولوجيا التعليم، وهي:

---

(1) باربرا سيلز، **تكنولوجيا التعليم ومكونات المجال**، ترجمة بدر الصالح، مكتبة الشقري، الرياض، 1998.

1- التصميم.

2- التطوير.

3- الاستخدام.

4- الإدارة.

5- التقويم.

إن العلاقة بين المكونات الخمسة السابقة هي علاقة تعاون وتفاعل وليست علاقة خطية.

عندما نقوم بإجراء بحث او دراسة في مجال تكنولوجيا التعليم، قد تنصب مشكلة الدراسة وإجراءات الاجابة فيها على أحد هذه المكونات دون الأخرى، لذلك يجب معرفة المهام التي يقدمها كل مكون وخاصة التداخل والخلط الذي قد يحدث بين المكونين الأول والثاني: التصميم والتطوير. وفي ذلك نقول إن: التصميم التعليمي Instructional Design له وظيفة أساسية يهتم بها، وهي عملية التخطيط اعتمادا على مجموعة من النماذج سواء على المستوى المصغر او المستوى المكبر، والتصميم هو عملية تحديد شروط التعلم، والهدف منه ابتكار استراتيجيات ومنتجات على المستوى الشامل، مثل البرامج والمناهج، وكذلك على المستوى المحدود مثل الدروس والوحدات التعليمية المصغرة، ويؤكد ذلك أهمية تحديد المواصفات التعليمية، ولكن تم توسيع نطاق التصميم التعليمي من تصميم مصادر التعلم أو المكونات الفردية للنظم الى التصميم الشامل للبيئات والنظم التعليمية Systemic Design. ويتضمن ميدان التصميم على الأقل أربعة موضوعات رئيسة من النظرية والتطبيق، وهي: تصميم النظم التعليمية، وتصميم الرسالة التعليمية، والاستراتيجيات التعليمية، وخصائص المتعلم. [1]

---

(1) Ibid.

وتعرف باربرا سيلز وريتا ريتشي تصميم النظم التعليمية بانه إجراء منظم يشمل الخطوات الخاصة بتحليل التعليم وتصميمه وتطويره وتنفيذه وتقويمه. إن كلمة "التصميم" لها معنى على المستوى الشامل وعلى المستوى المحدود؛ فهي تشير الى اسلوب النظم بعامة، وكذلك الى خطوة معينة في هذا الاسلوب. وتحددان المصطلحات السابقة بقولهما ان "التحليل" عملية تحديد ما ينبغي تعلمه، و "التصميم" عملية تحديد كيفية التعلم، أما "التطوير" فهو عملية تأليف المواد التعليمية وإنتاجها، بينما "التنفيذ" هو الاستخدام الفعلي للمواد والاستراتيجيات في سياقها المحدد، وأخيرا "التقويم" هو تقرير مدى كفاية التعليم. ومن خصائص عملية تصميم النظم التعليمية انه يجب إنجاز جميع خطواتها لكي تستخدم كل خطوة منها معياراً وعنصر توازن للخطوات الأخرى. [1]

وإذا كان التصميم التعليمي علماً يصف الاجراءات اللازمة لتنظيم التعليم وتحليله وتطويره وتنفيذه وتقويمه من أجل تصميم مناهج او مقررات الكترونية او عادية تعليمية تساعد في التعلم بطريقة أفضل وأسرع، فإن مراحل التصميم التعليمي ست هي:

- مرحلة التحليل: ويتم فيها تحليل البنية التعليمية، وتحديد الامكانات البشرية والمادية، وتحديد المصادر والمواد التعليمية، وتحديد الاحتياجات التعليمية أو التدريبية، وتحليل المحتوى، وتحديد الاهداف العامة والسلوكية، وتحليل خصائص المتعلمين.

- مرحلة التنظيم والتصميم: ويتم فيها تنظيم أهداف العملية التعليمية ومحتوى المادة التعليمية، واختيار الوسائل التعليمية وأساليب تقويمها، ووضع الخطط المناسبة.

---

(1) المرجع السابق .

- مرحلة التطوير والانتاج: وتتم فيها ترجمة تصميم التعليم والمواصفات التي تم وضعها الى مواد تعليمية مادية او حقيقية؛ أي ان التطوير هو الانتاج، ويجب التأكد من مدى مناسبة المادة التعليمية للمتعلمين وفاعليتها (التجريب المبدئي).

- مرحلة التنفيذ: ويتم فيها التنفيذ والتطبيق الفعلي للمنهج او المقرر الالكتروني.

- مرحلة الادارة: وتتضمن التأكد من حسن سير العملية التعليمية ومراقبة النظام.

- مرحلة التقويم: وتتضمن الحكم على مدى تحقيق الأهداف، وتحديد نقاط الضعف وعلاجها، ثم تطوير النموذج المستخدم وفق التغذية الراجعة.

ومن جانب آخر فإذا كان علم التعليم يهتم بوصف المبادىء الاجرائية التعليمية، وعلم التصميم التعليمي يأخذ هذه المبادىء الاجرائية ويستخدمها في وصف الطرق التعليمية المناسبة في أشكال وخرائط مقننة، فإن علم التطوير التعليمي هو الذي يستفيد من هذه الأشكال والخرائط للمساعدة في بناء المناهج والمقررات الالكترونية.

ولذلك فإن عملية تطوير البرنامج او المقرر - أي انتاجه وإظهاره الى حيز الوجود - تحتاج مرحلتين من التصميم التعليمي تسبقانها لتحديد المواصفات المناسبة من المواد التعليمية والأهداف والاستراتيجيات والوسائل التعليمية ... الخ، ووضعها في هيئة خطط وأشكال محددة، ثم يأخذ التطوير كل ذلك ويحوله الى مواد حقيقية. ولذلك فكل عملية تطوير تحتاج قبلها الى عملية تحليل وإلى عملية تصميم، ومن هنا يمكن القول إن:

تصميم المقرر الالكتروني وتطويره يتضمن وضع التصور المناسب في هيئة خطط وأشكال، وإبراز ما تتضمنه هذه الخطط والأشكال الى حيز الوجود.

وبعبارة اخرى، إذا أردنا التطوير فيمكن القول إنه يشمل ما يسبقه من خطوات من تحليل وتصميم، وكذلك فهو يتضمن التقويم والاستخدام والادارة.

الأسس الفلسفية والنفسية والتقنية لتصميم مقرر الكتروني عبر الانترنت وتطويره

يستند تصميم مقرر الكتروني عبر الانترنت وتطويره الى مجموعة من الأسس والمعايير الفلسفية والنفسية والتقنية؛ أي إلى أسس علمية، ولا يصمم بطريقة عشوائية. ويمكن تلخيص الأسس التي يأخذ بها او يتبعها القائمون على تصميم المناهج والمقررات الالكترونية وتطويرها في النقاط التالية:

1- يتم تصميم المقرر الالكتروني وتطويره (المنهج الانترنتي – وحدة تعليمية عبر الانترنت) في ضوء الأساس العقدي للدولة او المجتمع (الفلسفة التربوية للمجتمع او الدولة).

2- يتم تصميم المقرر الالكتروني وتطويره في ضوء النظرية التي يتبناها المصمم: النظرية البنائية Constructivism، أو النظرية السلوكية Behaviorism، أو النظرية المعرفية Cognitive Theory أو الجمع بين أكثر من نظرية.

3- يعتمد التصميم أيضا على مفهوم المنهج الذي يتبناه المصمم؛ المنهج التقليدي، أو المنهج الحلزوني، أو المنهج التكنولوجي. فهل يتم التصميم دون قواعد واسس؛ أي بطريقة عشوائية، أم يتبنى المصمم فلسفة المدخل

المنظومي Systematic Approach القائم على المدخلات والعمليات والمخرجات والتغذية الراجعة المتكاملة والمتفاعلة في بناء المناهج؟

4- يعتمد التصميم أيضا على النظرة إلى عملية التعلم أساساً نفسياً له؛ أي هل تتم العملية بطريقة تقليدية جماعية ام بطريقة مفردة؛ تقوم على تفريد التعليم الذي يستند الى فكرة التعلم الذاتي ومراعاة الفروق الفردية بين المتعلمين من خلال تقديم مجموعة من الخيارات والمصادر التعليمية، وكذا تحويل الاهتمام الى المتعلم وإعطاء المعلم أدواراً جديدة مثل الارشاد والتوصية والنصح؟

5- ويعتمد التصميم أيضا على مراعاة بعض الأسس التقنية في تصميم المقرر الالكتروني حتى تتحقق كفاءة هذا المقرر وفعاليته ويقبل المتعلم على متابعته وعدم النفور منه، خاصة إذا كان التعلم ذاتيا والعلاقة بين المتعلم وجهاز الحاسوب دون إشراف المعلم (التعلم الالكتروني عن بعد)، وتتمثل الأسس التقنية في:

• يجب أن تكون طريقة عرض المحتوى وتنظيمه مشوقة.

• لا يقتصر دور المتعلم على التلقي فقط، بل يتعداه إلى التفاعل بإيجابية مع المقرر.

• أن يعتمد المقرر على الوسائط المتعددة (النص، الصورة، الحركة، الصوت، الرسوم، المخططات).

• سهولة تصميم صفحات المقرر وسرعة عرضها.

• سهولة الوصول الى موقع المقرر على الانترنت لجميع المتعلمين.

• أهمية تقويم المقرر بعد الانتهاء من تصميمه.

• ضرورة تقديم التغذية الراجعة المستمرة للمقرر الالكتروني.

الوحدة التعليمية عبر الانترنت

تعرف الوحدة التعليمية عبر الانترنت بأنها وثيقة تربوية إلكترونية (تشمل النص والصوت والصورة والحركة ...) تضم مجمل المعارف والخبرات التي سيتعلمها الطلاب بتخطيط من المدرسة وتحت إشرافها. [1]

(4) الكتاب الالكتروني E-Book والتعليم الالكتروني

الكتاب الالكتروني كتاب محمل بلغة العصر، كتاب يفتح كأي كتاب، لكنه ليس مطبوعا على ورق. يتم فتحه بطريقة مبسطة فتظهر محتويات كل جزء من الكتاب على جانب الشاشة، وما على القارىء إلا أن يطلب ما يريد ان يراه من موضوعات مهما بلغ حجم الكتاب؛ فأهم ما يميز الكتاب الالكتروني صغر حجمه وسعته التي قد تصل الى سعة الموسوعات، ويمكن البحث عن اي كلمة او موضوع او صفحة في ثوان معدودة، كما انه بسيط التصميم للغاية ويمكن للقارىء أن يقلب صفحاته صفحة صفحة. [2]

مميزات الكتاب الالكتروني

هناك العديد من المزايا التي يتمتع بها الكتاب الالكتروني – من حيث هو تقانة – والنشر الالكتروني بوجه عام، منها:

1- قلة كلفة المنشور الكترونيا عن المطبوع الذي يحتاج الى نفقات الطباعة والتوزيع والشحن.

---

(1) عبدالله الهابس، **الاسس العلمية لتصميم وحدة تعليمية عبر الانترنت**، المجلة التربوية، العدد 57، المجلد الخامس عشر، 2000.

(2) احمد عبد الوهاب، **الكتاب المرئي والكتاب الالكتروني والمكتبات الالكترونية ثورة في التعليم**، القاهرة، 2001.

2- اختصار الوقت: فالمستخدم لا يحتاج الى أن يبحث عن كتاب معين في المكتبات ولا يحتاج الى مراسلة باحث معين كي يحصل على بحث او رسالة دكتوراة، وإنما يمكن ان يتم كل ذلك في دقائق عبر الشبكة عن طريق زيارة موقع يوزع الكتب الالكترونية او عن طريق زيارة موقع باحث معين على الشبكة.

3- سهولة البحث عن معلومات محددة: لم تعد هذه المزية خافية على أحد؛ فهي أبرز معطيات التقانة الحديثة وأقواها لتوفيرها الجهد البشري ووقت المستخدمين.

4- التفاعلية Interactivity: فباستخدام ما يعرف بنقط التوصيل Hyperlinks يمكن أن يتم توصيل القارىء في أثناء قراءته بمعلومات إضافية (مواقع على الشبكة أو توضيحات لكلمات معينة أو أصوات)؛ إذ يضغط القارىء على كلمة معينة لينتقل الى مواد إضافية.

5- توفير الحيز المكاني: لا تحتل الكتب الالكترونية حيزا من المكان في المنزل؛ فيمكن ان توضع على الحاسوب الشخصي للمستخدم، أو باستخدام جهاز حاسوب خادم Server يمكن أن تحمل عليه الكتب الالكترونية بمعزل عن الحاسوب الشخصي الخاص بالاستخدام المباشر.

6- إمكان التزويد بأجزاء من الكتاب او بيعها حسب احتياج القارىء، وهذا متعذر في الكتب الورقية؛ لأنك إما أن تشتري الكتاب الورقي كله أو تدعه كله.

7- سهولة تعديل المادة المنشورة إلكترونيا وتنقيحها؛ فباستخدام النشر الالكتروني لا يحتاج الناشر الى إعادة طباعة الكتب بالتعديلات الجديدة، وكل ما يحتاجه فقط تعديل المادة المخزنة الكترونيا باستخدام برامج معالجة الكلمات أو برامج النشر المكتبي ثم وضع المادة بالتعديلات الجديدة على الشبكة.

8- النشر الذاتي: يتيح النشر الالكتروني للباحثين والمؤلفين نشر إنتاجهم مباشرة من مواقعهم على الانترنت دون الحاجة الى مطابع او ناشرين او موزعين.

9- الحفاظ على البيئة: فالنشر الالكتروني يقلل استخدام الورق، وهذا يعني الحفاظ على الأشجار التي تقطع عادة وتحول الى أوراق فتقل بقطعها نسبة الاكسجين في كوكبنا.

وتوجد مواقع كثيرة عبر "الانترنت" تحمل اسم الكتاب الالكتروني أو المكتبة الالكترونية؛ إذ يستطيع المستخدم ان يطلب كتاباً ويتصفحه وأن يحمله على جهازه مقابل أجر زهيد، ومن هذه المواقع موقع لمؤسسة النشر الكبرى:

Barnes and Noble وموقعها هو htt://www.barnesandnoble.com .

(5) الكتاب المرئي والتعليم الالكتروني

هو كتاب يحتوي على الآلاف من الصفحات ويقدم للقارىء المعلومات في صورة مسموعة ومرئية ومقروءة، سهل التعديل والتطوير من قبل المستخدم، ويمكن أن يقرأه أو يشاهده القراء في أماكن مختلفة من العالم في الوقت نفسه.

ويمتاز الكتاب المرئي عن الكتاب الالكتروني بانه من السهل ان ترى الصور أو الرسومات متحركة بل ومتكلمة وتحدث أصواتا وتتجاوب مع القارىء فيستجيب لهذا النوع من الكتب التي استخدمت فيها كل وسائل التعليم المرئية والمسموعة والمقروءة. في هذا الكتاب لا تفتح الصفحات بل تطلب من الكتاب أي موضوع تريد قراءته وفي الحال يسألك الكتاب عن مزيد من المعلومات حتى يمكنك من الوصول الى ما تريد في ثوان. [1]

---

[1] أحمد عبد الوهاب، مرجع سابق.

(6) مؤتمرات الفيديو والتعليم الالكتروني Video Conferencing

تعددت المسميات التي أطلقت على هذه التقنية التي تستخدم في مجالات حياتية عديدة وخاصة في مجال التعليم؛ فتستخدم في التعليم الالكتروني وفي التعليم عن بعد، ومن مسمياتها: مؤتمرات الفيديو، والمؤتمرات عن بعد، والمؤتمرات المصورة عن بعد، والمؤتمرات المرئية - المسموعة، ومؤتمرات الفيديو على الإنترنت Video Conferencing on the Internet.

وتتمثل هذه التقنية في نقل صوت وصورة المتحدث او المتحدثين عبر الانترنت في الوقت نفسه، مثل نقل المؤتمرات عن بعد، ونقل الأخبار من مواقع الأحداث، ونقل إجراء العمليات الطبية والاستشارات الطبية، وهذه التقنية توفر الجهد والمال والسفر لحضور المؤتمرات في مواقع إقامتها. وتستخدم هذه التقنية حاليا في التعليم عن بعد؛ إذ تساعد في نقل المحاضرات من اساتذة ذوي خبرات وكفاءة عالية من جامعات من مختلف أنحاء العالم، وكذلك تتم مناقشة رسائل الماجستير والدكتوراة دون وجود لجنة الحكم على الرسالة في مكان واحد. ومن جانب آخر تسهم في إتاحة الفرصة للباحثين والمتخصصين للمشاركة في المؤتمرات والندوات العلمية من أماكن مختلفة من انحاء العالم، ويتم تفاعل المشاركين عن بعد مع الأعضاء الموجودين في المؤتمر وكأنهم موجودون في قاعة المؤتمرات نفسها. كما تساعد في ربط الجامعات والأقسام العلمية بعضها ببعض وتسهل عملية الإشراف على الرسائل العلمية عن بعد. وتستخدم هذه التقنية أيضا في التعليم الالكتروني لتسهيل متابعة الدارس للأستاذ الجامعي عند شرح مادته العلمية (صوتا وصورة) وعرض أفلام الفيديو المرئية ... ومناقشته والتفاعل معه بالرغم من وجوده في مكان بعيد كما لو كانوا جميعاً في قاعة محاضرات واحدة.

" ويوفر هذا النوع من التكنولوجيا فرصا عملية للتعلم والتعليم عن بعد دون اي اعتبار للحدود السياسية او الجغرافية. ويمكن القول إنها تساعد في تحقيق ما يسمى (تعليماً إلكترونياً كونياً) بطرق فعالة. وفي الواقع، فقد ارتبطت جامعات كثيرة في بلدان حول العالم ومنها جامعات في دول نامية بمراكز تعليمية بعيدة من خلال هذا النظام. وتتطلب هذه التكنولوجيا الإعداد المسبق للتعليم الذي يحتاج الى وقت أطول مما يحتاجه التدريس التقليدي. وتتطلب قفزة نوعية في وسائل التسليم، والتوزيع، وإبداعا من المحاضر الذي عليه تنويع وسائل إلقاء محاضراته من أجل الاستحواذ على انتباه الطلبة واهتمامهم"[1].

تعريف مؤتمرات الفيديو

تعرف مؤتمرات الفيديو بانها "اتصال مسموع مرئي بين عدة اشخاص موجودين في أماكن جغرافية متباعدة، يتم فيه تبادل الأفكار والخبرات وعناصر المعلومات، في جو تفاعلي يهدف الى تحقيق التعاون والتفاهم المشترك".

متطلبات استخدام تقنية مؤتمرات الفيديو

تحتاج هذه الخدمة إلى بعض المتطلبات المتمثلة في الآتي: [2]

(1) لوحة التقاط بيانات الفيديو Video Capture Board

وهي تسمح لجهاز الحاسوب بالحصول على أية صورة يتم التقاطها بكاميرا الفيديو وترجمتها إلى بيانات رقمية.

(2) كاميرا فيديو الانترنت الرقمية Digital Camera

يجب أن يتوافر فيها بعض المزايا مثل: إمكانية تثبيتها بسهولة فوق الحاسوب، وسهولة التحكم في سرعة ابتعاد الصورة واقترابها Zoom.

(1) جودت سعادة، عادل السرطاوي، استخدام الحاسوب والانترنت في ميادين التربية والتعليم، دار الشروق للنشر والتوزيع، عمان، 2003.

(2) جودت سعادة ، عادل السرطاوي ، المرجع السابق.

(3) بطاقة الصوت Voice Card

وهي التي تساعد في إظهار الصوت في أثناء الحديث، بالإضافة الى وجود ميكروفون للإرسال.

(4) برامج تشغيل مؤتمرات الفيديو عبر الانترنت Software

ومن أشهرها برنامج (Cu - Seeme) ، الذي يمكن تحميله مجانا من الموقع الآتي على الانترنت (http://Cu-seeme.cornell.edu).

(5) مودم سريع Modem

وذلك من أجل نقل الصورة الثابتة والصوت معا، او بطاقة ISDN التي تسمح بنقل الصوت والصورة عبر خطوط ISDN والشبكات المحلية والانترنت وفق مميزات نظام الاتصال.

(6) بطاقة صوت، وميكروفون، وسماعات، وتوصيلة ISDN

يمكن الربط مع اي مشترك آخر لديه المواصفات السابقة نفسها على جهازه الشخصي، والحصول على صورة متلفزة حقيقية من حيث الصوت والصورة.

المهارات الأولية اللازمة للتعامل مع مؤتمرات الفيديو

هناك العديد من المهارات الأولية الواجب توافرها في أعضاء هيئة التدريس وغيرهم من المتعاملين مع مؤتمرات الفيديو، ومن بينها:

1- التعامل مع نظام مؤتمرات الفيديو بهدوء وراحة نفسية واسترخاء، بعيدا عن التوتر والعصبية، مما يؤدي الى التركيز فيما يرسل ويستقبل في المؤتمر.

2- استخدام مؤتمر الفيديو بمثابة اتصال حي ومباشر من خلال كاميرا الانترنت، مما يتطلب من كل فرد التعامل بفاعلية لأن الآخرين يراقبون سلوكه عن قرب.

3- يجب إبداء الاهتمام بجميع المشاركين دون استثناء، وأن تكون لدى المشارك المعلومات القيمة والأسئلة المهمة التي يقدمها للمشاركين حتى تعود الفائدة عليه وعلى الآخرين.

4- يفضل ارتداء ملابس ذات ألوان أساسية، بدلا من أنماط الألوان المتداخلة والمعقدة، لأن ذلك يسبب عدم تركيز الكاميرا.

5- يجب أن تكون حركة مستخدم مؤتمرات الفيديو هادئة وبطيئة؛ لأن لقطات الفيديو تكون مضغوطة، فلا ترسل الكاميرا حركة سريعة؛ فالحركة او الإشارة السريعة تؤدي لوجود اهتزاز او ذبذبة في الكاميرا وعند الابتعاد عن الشاشة تكون الحركة غير واضحة لمستقبلها.

6- يجب أن توضع الكاميرا امام مستخدميها بشكل مناسب، خاصة لأن الصورة في الكاميرا غير حقيقية، وإنما فيها تكبير، وتشاهد العيون غائرة بشكل ما والايادي على غير حقيقتها قليلا.

7- التحدث بصوت قوي ومسموع حتى يتمكن الآخرون من سماعه بوضوح والتفاعل معه، كما يجب عدم مقاطعة المتحدث.

8- التأكد من المطبوعات قبل عرضها على المشاركين والطلاب من خلال مؤتمرات الفيديو، بحيث يتم عرض المعلومات الرئيسية فقط في المساحة المسموح بها من الشاشة.

9- أفضل الألوان المستخدمة هي الأزرق والأصفر لتكون الصورة واضحة ومرئية للمشاهد، بالإضافة إلى اللونين الأبيض والأسود.

10- يجب الكتابة ببطء حتى يتمكن الطالب من القراءة والفهم والتفاعل.

11- معلومات الصوت والصورة يجب ان يتم ضغطها قبل وصولها لشبكة نقل المعلومات وهي في طريقها للاتجاه الآخر، ويمكنك استخدام أجهزة أو برامج لتنفيذ عملية الضغط وفك المعلومات المرئية والمسموعة.

12- توجد طريقتان يمكن استخدامهما عند الاتصال بين نقط متعددة لمشتركين في أماكن مختلفة هما:

أ. اختيار المواقع المتعددة التي يتم الاتصال بها أوتوماتيكيا، ويتم الإرسال حسب أولوية الإرسال.

ب. تحديد موقع يكون الشخص الذي يديره هو الرئيس الذي يستطيع التحكم في إعطاء أولوية الإرسال للمشاركين.

13- تعتمد مؤتمرات الفيديو على وجود شخص مرسل وآخر مستقبل يتم ربطهما بشبكة واحدة، إلا أن الجهاز الرئيسي ووحدة MCU يساعدان في الاتصال بين عدة مواقع يصل عددها إلى 7 مواقع، بحيث يقابل أحدهما الآخر بصورة مستمرة؛ أي انه لموقع واحد أو مشترك واحد يمكن الاتصال مع المواقع الأخرى المحددة جميعها.

فوائد مؤتمرات الفيديو التعليمية

تستخدم مؤتمرات الفيديو التعليمية لنقل المعلومات ومناقشتها والتفاعل معها بسهولة وسرعة. ومن فوائد مؤتمرات الفيديو التعليمية ما يلي:

1- سرعة عقد الاجتماعات التعليمية بين أعضاء هيئة التدريس والإدارة التعليمية.

2- استضافة الخبراء المتخصصين في جميع المجالات لمناقشتهم في خبراتهم وافكارهم وأبحاثهم.

3- توفير الوقت اللازم لنقل المعلومات والتعرف على الآراء والأفكار ومناقشتها.

4- تطوير مفهوم أعضاء هيئة التدريس والطلاب تجاه المستحدثات والتكنولوجيا وأهمية استخدامها لتطوير التعليم.

5- تطوير مفهوم التعليم عن بعد ثنائي الاتجاه باستخدام الاتصال المرئي المسموع في الوقت نفسه وإن تعددت أماكن الطلاب.

6- تقديم اساليب تدريس جديدة لعرض المعلومات بأشكال متنوعة.

7- تخفيض حساسية الاتصال وجها لوجه لدى الطلاب الذين يعانون من بعض المشكلات النفسية عند مقابلة معلميهم.

8- تشجيع المعلمين والطلاب على الحوار المباشر بصفة مستمرة وفي اي وقت لمناقشة صعوبات التعلم التي تواجههم.

9- انخفاض تكاليفها مقارنة بحضور الخبراء والمتخصصين إلى اماكن المؤتمرات والاجتماعات.

(7) برامج الأقمار الاصطناعية والتعليم الالكتروني Satellite Programs

تتميز تقنية الأقمار الاصطناعية بسرعة نقل البرامج والأحداث الى جميع بقاع الأرض، إضافة الى إمكانية نقل الرسائل المكتوبة والمنطوقة.

ويمكن عن طريق هذه التقنية إذا توفرت المحطات الأرضية، وأجهزة الاستقبال، وتم ربطها بشبكات الاتصالات العالمية، نقل جميع الخبرات (منطوقة أو مكتوبة أو مرئية) الى المستفيد خلال دقائق من إرسالها من المركز؛ فقد تطورت هذه التقنية في الآونة الأخيرة بحيث يستقبل المستفيد ما يريد من دروس مباشرة في منزله، بعد ظهور هوائيات خاصة لاستقبال إرسالات الأقمار الاصطناعية من شتى بقاع الأرض وفي مجالات عديدة: عمليات جراحية، محاضرات، نشرات، صحف... الخ [1].

ويعتقد أنه خلال السنوات القليلة القادمة ستكون هناك خمس شبكات مخطط لها العمل تسمح بتوفير مساحة بث عالية للاتصالات ونقل البيانات والمعلومات؛

(1) عبد الحافظ سلامة، رسائل الاتصال والتكنولوجيا في التعليم ، دار الفكر، عمان، 1990.

فمن المتوقع خلال عشر سنوات أننا سنستمتع بالسرعة العالية لاتصالات الانترنت عبر الأقمار الاصطناعية وبالتالي لن يكون الاعتماد الأساسي على شبكات الهاتف الأرضية ضرورياً لهذا الغرض. ومن ناحية أخرى تجرى أبحاث لاستخدام مستقبلات الأقمار الاصطناعية ذات الاتجاهين للدخول للإنترنت، وستكون أقل تكلفة وأعلى سرعة. [1]

فوائد استخدام برامج الأقمار الاصطناعية

1- إيصال المعلومات إلى الطلبة في جميع البلاد.

2- زيادة كفاءة نظام التعليم عن بعد وتحسين نوعيته.

3- زيادة الخدمات الاكاديمية لأفراد المجتمع.

4- تعزيز فاعلية التعليم عن بعد بواسطة التفاعل بين الطلبة والمدرسين من جهة وبين الطلبة أنفسهم من جهة ثانية.

5- توزيع المعلومات على مراكز التعليم التابعة للجامعات المفتوحة.

6- بث برامج تربوية وبرامج خدمة اجتماعية متنوعة.

7- عرض أنشطة الجامعات المفتوحة وفعالياتها.

8- تمكين طلبة الدراسات العليا من التواصل والتعاون في البحث العلمي وإقامة الندوات والمؤتمرات التعليمية. [2]

ويبين الشكل رقم (18) منظومة التعليم الإلكتروني، والشكل رقم (19) الخطوات والمراحل التقنية والإدارية التي يتضمنها التعليم الإلكتروني.

---

(1) جمال محمد الباز، التعريف بالانترنت والوسائل الالكترونية المختلفة واستخداماتها في العملية التعليمية وتكنولوجيا المعلومات، كلية التربية، جامعة الملك سعود، الرياض، 2002.

(2) Chinnanon, Sanong, **Sattellite for Education, Life Long Education**, Ministry of Education, Bangkok, 1996.

منظومة التعليم الالكتروني E-LEARNING SYSTEM

مخرجات الموقف التعليمي
التغذية الراجعة
تعزيز دور الهيئة الادارية وعقد الدورات لتدريبها
انشاء موقع Web
التأكد من تحقق الأهداف عن طريق وسائل التقويم
تأهيل الطلاب للتحول لنظام التعلم
تعزيز نتائج الطلاب وعلاج نقاط ضعفهم
تدريب أعضاء هيئة التدريس
تعزيز دور المدرس وتدريبه
تحديد الأهداف التعليمية
تطوير الموقع في ضوء النتائج
توفير أجهزة الحاسوب
تطوير المقررات الالكترونية
توفير خطوط الاتصال بالانترنت
التسجيل واختيار المقررات
الإعلان عن المؤسسة الالكترونية
تنفيذ الدراسة الالكترونية
تدريب إدارة المدرسة وتأهيلها
متابعة الدروس الالكترونية
تهيئة أولياء الأمور لتقبل النظام الجديد
استخدام التقنيات الالكترونية
الاستعانة بالفنيين والاختصاصيين لصيانة الشبكة
مرور الطالب بالتقويم البنائي
تصميم المقررات الالكترونية وبناؤها وتقويمها
تأهيل متخصصين في تصميم البرامج والمقررات الالكترونية
تجهيز قاعات التدريس ومعامل الحاسوب

الشكل رقم (18)
منظومة التعليم الالكتروني .

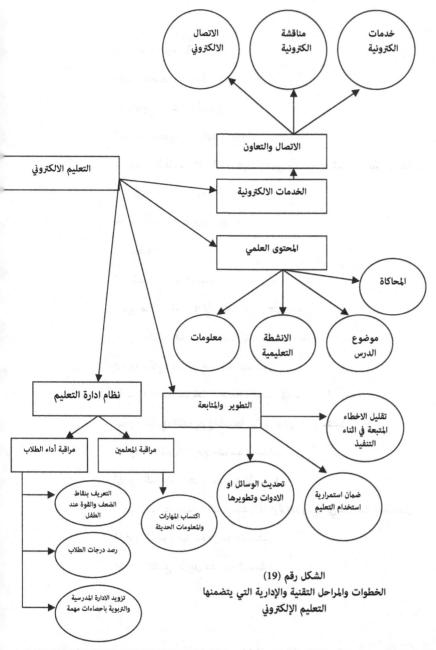

الشكل رقم (19)
الخطوات والمراحل التقنية والإدارية التي يتضمنها
التعليم الإلكتروني

(3) الجامعة الافتراضية ومدرسة المستقبل

الجامعة الافتراضية

مفهوم الجامعة الافتراضية

تكنولوجيا الواقع الافتراضي

الاهمية التعليمية للواقع الافتراضي

متطلبات الجامعة الافتراضية فيما يتعلق بأعضاء هيئة التدريس والطلاب

مبررات الأخذ بالجامعة الافتراضية

جامعة افتراضية عربية مقترحة

مدرسة المستقبل

تعريف مدرسة المستقبل

تصور مقترح لمدرسة المستقبل في الوطن العربي

المحور الاول : فلسفة مدرسة المستقبل واهدافها

المحور الثاني: مناهج مدرسة المستقبل

المحور الثالث: تقنيات التعليم والتعلم في مدرسة المستقبل

المحور الرابع: التقويم والامتحانات في مدرسة المستقبل

المحور الخامس: خريج مدرسة المستقبل

المحور السادس: معلم مدرسة المستقبل

المحور السابع: الادارة التعليمية والادارة المدرسية في مدرسة المستقبل

المحور الثامن: مبنى مدرسة المستقبل

المحور التاسع: تمويل مدرسة المستقبل

(3) الجامعة الافتراضية ومدرسة المستقبل

(1) الجامعة الافتراضية Virtual University

كان لتطور الوسائل الإلكترونية تأثير فاعل في منظومة التعليم الجامعي عن بعد؛ فقد سهلت تلك الوسائل ربط المؤسسات التعليمية بالدارسين وبمعلميهم، وغدت المحاضرات تلقى في أي مكان وفي أي وقت يناسب الدارس دون التقيد بقرب المكان، كما وفرت تلك الوسائل إمكانية التفاعل فيما بين الدارسين، والمواجهة بينهم وجها لوجه بغض النظر عن بعد الأماكن التي يوجد فيها الدارسون، كما يحدث في مؤتمرات الفيديو Video Conferences، وبرامج الأقمار الاصطناعية Satellite Programs، والمحادثات المباشرة عن بعد On-line Discussions ، وغرف الصف الافتراضية Virtual Classrooms.

تعد الجامعة الافتراضية Virtual University نمطاً جديداً للتعليم الجامعي عن بعد، وقد ظهرت نتيجة انتشار استخدام تكنولوجيا المعلومات والاتصالات التي تشهد تطورا مستمرا في السنوات الأخيرة. وتسمى الجامعة الافتراضية لأنها دون مبانٍ تعليمية حقيقية أو مكاتب لأعضاء هيئة التدريس أو معامل للحاسوب أو اللغات أو ملاعب، بل تشتمل على مخطط لتدريس المقررات والبرامج عبر الشبكة العالمية للمعلومات (الإنترنت). ويطلق على الجامعة الافتراضية مسميات مختلفة مثل: الجامعة الالكترونية E-University، وجامعة الاتصال المباشر On-line University، والجامعة التكنولوجية Technological University .

ومن أمثلة الجامعات الافتراضية:

- الجامعة الافتراضية الكندية Canadian Virtual University (CVU).
- الجامعة الافتراضية الأفريقية African Virtual University (AVU).
- الجامعة الافتراضية السورية Syrian Virtual University (SVU).

وتقوم الجامعة الافتراضية على أساسين مهمين هما:

- التعليم العالي المستمر والذاتي مدى الحياة لجميع أفراد المجتمع مهما اختلف المكان والزمان وذلك من خلال استخدام تكنولوجيا المعلومات والاتصالات في التعلم والتعليم.

- استخدام المحاكاة Simulation؛ أي محاكاة الواقع عبر تقديم واقع افتراضي أو نماذج مشابهة للواقع الحقيقي لكي تتم الممارسة من خلال برمجيات الحاسوب ومن خلال استخدام الشبكة العنكبوتية التي تسهل عملية المحاكاة والتفاعل. ومن الأمثلة على تلك النماذج نماذج المحاكاة المستخدمة في كليات الطب لإجراء العمليات الجراحية، أو النماذج المستخدمة في إجراء تجارب في معامل الكيمياء أو تصميم برمجيات حاسوبية وإنتاجها في معامل الحاسوب.

مفهوم الجامعة الافتراضية

تعرف الجامعة الافتراضية بانها "مؤسسة جامعية تقدم تعليما عن بعد، وتحاكي الجامعة التقليدية بما تتميز به من سرعة فائقة وقدرة عالية على الاتصال والتفاعل مع طلابها في جميع أنحاء العالم باستخدام الحاسبات الآلية والشبكات العالمية، وهي جامعة تقوم بالتدريس في أي وقت وفي أي مكان"[1].

وتعرف الجامعة الافتراضية أيضاً بانها مؤسسة توفر فرصا تعليمية للطلبة من خلال استخدام تكنولوجيا المعلومات والاتصالات لتوصيل برامجها ومقرراتها، وتقديم الدعم التعليمي، بالإضافة إلى استخدام التكنولوجيا نفسها للأنشطة الأساسية مثل الأنشطة الإدارية كالتسويق وتسجيل الطلاب ودفع المصروفات، وإنتاج المواد

---

(1) عادل عبد الفتاح سلامة، **التعليم الجامعي عن بعد، مخرجات التعليم الجامعي في ضوء معطيات العصر**، مركز تطوير التعليم الجامعي، جامعة عين شمس، القاهرة، 2001.

التعليمية وتوزيعها وتطويرها، وإلقاء المحاضرات والتعليم، وتقديم النصح أو الاستشارة المهنية، وتقييم الطلاب وعقد الامتحانات.

ويمكن تعريف الجامعة الافتراضية أيضاً بأنها: " مؤسسة جامعية تقدم تعليما عن بعد من خلال الوسائط الإلكترونية الحديثة التي تنتجها تكنولوجيا المعلومات والاتصالات مثل الإنترنت، والبريد الإلكتروني، والقنوات والأقمار الاصطناعية التي تستخدم في نشر المحاضرات والبرامج والمقررات وتصميم المواد التعليمية وإنتاجها وتقييم الطلاب، وتنفيذ الإدارة الناجحة بغرض تحقيق أهداف محددة."

تكنولوجيا الواقع الافتراضي

يتمثل الواقع الافتراضي Virtual Reality في إمكانية تجاوز الواقع الحقيقي والدخول إلى الخيال أو الى عالم خيالي كأنه الواقع؛ فهو عالم تم إنشاؤه بديلاً للواقع لصعوبة الوصول إليه أو لخطورته مثل الحضور إلى مواقع انفجار البراكين أو إجراء تجارب خطيرة في معامل الفيزياء أو الكيمياء. ولذلك كان البديل الواقع الافتراضي للبعد عن خطورة المكان الحقيقي من خلال التعامل مع جهاز الحاسوب.

وتوفر تكنولوجيا الواقع الافتراضي عروضا بانورامية Panoramic ترتبط بثلاثة مكونات تتمثل في العين والأذن والأيدي، ولا زالت المحاولات مستمرة لربطها بجميع أجزاء الجسم المختلفة من خلال لباس كامل يغطي جميع أجزاء الجسم ومن ثم توصيل مناطق الإحساس المختلفة والأعصاب بأطراف توصيل أجهزة تغذية مرتدة لإحداث اتصال مباشر بسطح بشرة المستخدم، مما يتيح له معايشة الواقع الافتراضي بالكامل والتفاعل المباشر معه.

وباستخدام الواقع الافتراضي يمكن أن تقوم بجولة داخل مكتبة الكونجرس، أو تزور إحدى مدن الفراعنة القديمة وتسير في شوارعها

وتعايش الحياة القديمة للفراعنة عـن طريـق الحاسـوب المـزود بتكنولوجيـا الواقـع الافتراضي.

الأهمية التعليمية للواقع الافتراضي

يعمل الواقع الافتراضي على نقل الـوعي الإنسـاني إلى بيئـة افتراضية تـتم هيكلتها إلكترونيا، من خلال تحرير العقل للغوص في عالم الخيال بعيدا عن الجسد، وهو - وإن لم يكن حقيقياً - ليس وهمياً بدليل حدوثه ومعايشته. وتنبـع أهميـة الواقع الافتراضي في التعليم مما يلي:

1- الواقـع الافتراضـي أوجـد الفعاليـة في تعلـيم الطـلاب مـن خـلال تصـميم معلومات ثلاثية الأبعاد وتمثيلها كبرامج متعددة الوسائل في بيئـة افتراضية Virtual Environment، مما يساعدهم في بناء خبرات تعليمية فعالة.

2- يستخدمه الطالب لتنفيذ تجارب ومشاريع تعليميـة متنوعـة؛ إذ إن بيئتـه قابلة للسيطرة عليها وتحديد مكوناتها، وهي تشجع الطالب علـى اسـتخدام الحاسوب لتطبيق المعلومات بما تتيحه تلك البيئة من أدوات تصـميم، وفن تصويري، وأدوات تقديم العروض في الواقع الافتراضي.

3- يقـدم التعلـيم بصـورة جذابـة تنطـوي علـى المتعـة والتسـلية ومعايشـة المعلومات.

4- يحقق الخيال التعليمي للطلاب؛ فكل ما يحلم الطالب بتحقيقه يتحقـق؛ إذ يرى المعلومات تتحرك امامـه ويعيش بـداخلها، كـأن يطـير داخـل المجرة الفضائية.

5- يظهر الأشياء ثلاثية الأبعاد، ابتداءً بصفحات الكتب والخرائط التي تحتويها، وانتهاءً بالحبر الذي يكتب به الطالب؛ إذ يظهر وله سمك قابل للقياس علـى الورقة.

6- يساعد في جعل المعلومات حقيقية بشكل أكبر، مما يجعل الطلاب قـادرين على التحصيل بسرعة أكبر.

7- يمكن الطالب من حل مشكلات التعليم الحقيقية؛ فهو يساعدهم في تخيل المشكلات وطرح حلول لها إلى جانب فهم تلك الحلول واستخدامها.

8- يوجد لدى الطلاب الرغبة في التعليم، والدافعية لمعايشة الأحداث ومشاهدتها.

متطلبات الجامعة الافتراضية فيما يتعلق بأعضاء هيئة التدريس والطلاب

لكي يؤتي التعليم الافتراضي ثماره فلابد من الاستجابة لبعض المتطلبات الخاصة بعضو هيئة التدريس والطالب، ويمكن إيجازها في الجدول التالي:

الجدول رقم (2)

متطلبات الجامعة الافتراضية فيما يتعلق بأعضاء هيئة التدريس والطلاب.

الأدوار الجديدة للمعلم	الأدوار الجديدة للطالب
يتحول المعلم من الحكيم والمحاضر الذي يزود الطلاب بالإجابات إلى الخبير بإثارة الجدال لييسر التعلم ويرشد الطلاب ويمدهم بالمصادر التعليمية.	يتحول الطلاب من أوعية تحفظ الحقائق عـ قلب وتتعامل مع أدنى مستوى للمعرفة إلى و حلول للمشكلات المعقدة تبني معارفهم.
يصبح المعلمون مصممين للخبرات التعليمية مع إمداد الطلاب بالدفعة الأولى للعمل، وزيادة تشجيعهم على التوجيه الذاتي، والنظر إلى الموضوعات برؤى متعددة مع توكيد النقاط البارزة فضلا عن التنافس بين المعلمين مقدمي المحتوى للوصول الى الجودة.	ينقح الطلاب أسئلتهم، ويبحثون عن إجا بأنفسهم، ويرون الموضوعات بمنظورات مت وفقا لعملهم في مجموعات، ويؤدون الوا التعاونية مع ملاحظة ان تفاعل المجموعة يؤ ازدياد خبرات التعلم.

يعد المعلم مركز القوة لإحداث التغيرات؛ فهو يتحول من العضو المنزوي في مراقبته الكلية لبيئة التعلم الى عضو في فريق التعلم، ليصبح مشاركا في البيئة التعليمية رفيقاً للطلاب المتعلمين.	التشديد بدرجة أكبر على تلقائية الطلاب والاستقلال بذاتهم، مع حثهم على إدارة وقتهم وعمليات تعلمهم، والدخول إلى مصادر التعلم.
تأكيد حساسية المعلم لنماذج تعلم الطلاب.	تأكيد اكتساب استراتيجيات التعلم في كل من المستوى الفردي والمستوى التعاوني، واستخدام المعرفة فضلا عن ملاحظة خبرة المعلم الأدائية اللازمة لاجتياز الطلاب الاختبار، ومناقشة الطلاب في عملهم داخل حجرة الدراسة.

مبررات الأخذ بالجامعة الافتراضية

أ- تحول الاقتصاد العالمي

يشهد الاقتصاد العالمي اليوم نقطة تحول مهمة تجاه الاقتصاد المبني على المعلومات؛ فقد شهد العالم نمو نظام اجتماعي اقتصادي جديد، من سماته أنه عالمي النطاق، ويعمل من خلال نظام للاتصالات يسمح للناس باستخدام الحواسيب الإلكترونية لتبادل المعارف والمعلومات في شبكة معقدة، ويقوم على المركزية، وعلى التخصص.

ولا تستطيع أي دولة الاستمرار في ذلك النظام الاقتصادي للقرن الحادي والعشرين دون أمرين مهمين؛ الأول: هو توفير البنية التحتية الإلكترونية المتضمنة الحواسيب الإلكترونية، والاتصال لتبادل البيانات والدخول إلى أوسع مجموعة

متنوعة ممكنة من قواعد المعلومات والمعارف. أما الأمر الثاني فهو: مؤسسات تعليمية وجامعات يواكب خريجوها هذا التحول في النظام الاقتصادي.

ب- التعلم الذاتي

يذكر بيتر أيويل Peter Ewell أن الأصوات تتعالى بشكل متزايد لتحقيق التحول عما تقوم به الجامعات من مجرد تزويد الطلاب بالمعلومات إلى توفير كافة الفرص للتعلم الذاتي واكتساب المهارات بأنفسهم. ويشير أيويل إلى أن تكامل استراتيجية التعلم الذاتي مع التكنولوجيا الجديدة لهو مزيج من التكامل القوي للتغلب على قيود الزمان والمكان للمتعلمين ، بحيث يقوم كل طالب بتعلم مجموعة من المواد التعليمية بنفسه وبالسرعة التي تناسب قدراته العقلية.

ج- تغير بنى المهن والوظائف

إن التغيرات في نماذج التشغيل والمنافسة المتزايدة في أسواق العالم، جعلت الحكومات في الدول الصناعية تأخذ الحاجة الى التعلم والتدريب مدى الحياة على محمل الجد نظرا لفناء العديد من الأعمال القديمة أو تحولها بفعل التكنولوجيا الجديدة.

د- الانتشار التكنولوجي المتسارع

أدت سرعة انتشار التكنولوجيا إلى انخفاض أسعار الحواسيب، الأمر الذي أدى إلى زيادة مبيعات الأجهزة الشخصية وإدخال الإنترنت. فعلى سبيل المثال كانت هناك 11 دولة فقط في أفريقيا في عام 1996 لديها إمكانية استخدام الإنترنت، ولكن توجد اليوم في أفريقيا 45 دولة لديها تلك الإمكانية.

هـ- مضاعفة أعباء التعليم الجامعي

تعد خدمة الإنسانية على المستويين الفردي والمجتمعي من أعظم مهمات التعليم الجامعي؛ فهو مطالب بأن يكون أداة الإسهام في اقتحام سبل جديدة لمستقبل أفضل للفرد والمجتمع، وتطوير الطاقات وتقديم التوجيه والمشاركة، والإسراع في تنفيذ رغبات الآخرين لاستشراف هذا المستقبل. ومن أجل هذا الاستشراف فإن التعليم الجامعي له مهمات مضاعفة كالمشاركة الفعالة في حل المشكلات الأساسية على المستوى العالمي والإقليمي والمحلي مثل الفقر، والجوع، والأمية، وثقافة العنف، وغياب التضامن الفكري والأخلاقي... إلخ.

و- مواجهة نمو التعليم الجامعي كمطلب

أصبحت ظاهرة التوسع في التعليم الجامعي لاستيعاب الأعداد المتزايدة من الطلاب من الظواهر العالمية، إلا أن نسبة الدول التي خططت لهذا التوسع لم تتجاوز 5% وفقا لليونسكو. ويعاني العديد من الدول - وخاصة في افريقيا - من نقص الاعتمادات المالية وضعف التمويل.

جامعة افتراضية عربية مقترحة

يقترح سليمان عبد ربه وعزة الحسيني (2002) إنشاء جامعة افتراضية في الوطن العربي كصيغة للتعليم الجامعي عن بعد في المنطقة العربية تتمثل أهدافها في:

1- توفير الفرص لقبول الطلاب دون التقيد بشرط الشهادة أو العمر أو الجنس أو أي قيد آخر بالنسبة للوطن العربي حتى تكون لديهم القدرة على متابعة الدراسة.

2- استيعاب أعداد كبيرة من الجماهير العربية التي تحول ظروف الأفراد فيها دون مواصلة التعليم، كظروف العمل والبعد الجغرافي وعدم توفر

الإمكانات الاقتصادية، ولذلك يمكن أن تصل الخدمة التعليمية للجامعة الافتراضية إلى جميع الأفراد في الوطن العربي.

3- تقديم تعليم مستمر مدى الحياة للكبار الراغبين في متابعة تعلمهم.

4- تعزيز التعليم عن بعد باستعمال التكنولوجيا الحديثة في توصيل المعلومات بهدف بناء القدرات ودعم التطور الاقتصادي والتوسع في إدخال مصادر تعليمية متعددة إلى الطلاب.

5- سدّ الثغرات التي تعوق الجامعات التقليدية في مد المجتمع العربي بحاجاته من المتخصصين والمدربين في كافة المجالات العلمية والفنية، وذلك بالإفادة القصوى من مستحدثات التقنيات الحديثة في مجالات التربية.

6- تأكيد الذات العربية والإسلامية والتصدي للتحديات الرامية لطمس دورها الحضاري في بناء الحضارة الإنسانية، والمساهمة في إظهار القيم الإنسانية والعلمية التي قدمتها الحضارة العربية الإسلامية للعالم.

7- تفعيل دور الشبكة العربية للتعليم عن بعد في تعزيز العمل المشترك وربط الجامعات والمؤسسات العاملة في التعليم عن بعد.

8- مسايرة التطورات المعرفية والتكنولوجية المستمرة؛ فعالم اليوم وما يحمله القرن الحادي والعشرون يتميز بتطور هائل في الجوانب المعرفية والتكنولوجية يفرض على أنماط التعليم كافة تحديا كبيراً يتمثل بضرورة التكيف والتواؤم بين المجتمع وهذه التطورات. والجامعة الافتراضية هي الأقدر على مواكبة التطورات الحالية والمتوقعة كافة نظرا لما تتمتع به من مرونة في تعديل محتوى التعليم وأهدافه من حين لآخر.

مدرسة المستقبل

في ظل العقبات والمشكلات العديدة التي تواجه نظمنا التعليمية في الدول العربية (زيادة أعداد السكان - الانفجار المعرفي الهائل - عدم مراعاة الفروق الفردية - عدم توافر المعلمين المؤهلين)، وزيادة تطور تكنولوجيا المعلومات والاتصالات وتقدمها وازدياد دورها الفاعل في العملية التعليمية، في ظل ذلك كله انقسم التربويون فريقين فيما يتعلق باستخدام التقنيات الحديثة في العملية التعليمية؛ فيرى الفريق الأول أهمية الاعتماد على التقنيات التعليمية الحديثة لما لها من دور كبير في توفير التعليم لكل فئات المجتمع، وبالتالي يؤكد هذا الفريق أهمية مدرسة المستقبل / المدرسة الالكترونية/ المدرسة الذكية. اما الفريق الثاني فهو المتخوف من تطبيق التقنيات الحديثة في العملية التعليمية لعدم التأكد من فاعليتها وعدم وجود بنية تحتية ولوجود كثير من المعوقات.

ان الجدل حول فائدة استخدام التقنيات التعليمية أو ضرورتها في التعليم العام لم يحسم بعد. لكن الذي لا يختلف عليه اثنان هو ذلك التحدي الكبير الذي يواجه مدارسنا اليوم، وهو كيف تتغير المدارس لتواجه متطلبات المستقبل، بما في ذلك تسخير التقنيات المختلفة تسخيراً فاعلاً، بحيث تحتل موقعاً فيما يسمى " طريق المعلومات السريع " (Information Superhighway)؛ بمعنى أن مدارسنا يجب أن تشتمل على بنية تحتية جيدة، ونظام مرن، وإدارة وفاعلة، كي تكون مهيأة لاستخدام التقنيات التعليمية بفاعلية، وليس مجاراة للآخرين.

لذا كان من الضروري إعادة النظر في المدارس الحالية وتطويرها في ضوء التطور الهائل لتكنولوجيا المعلومات والاتصالات، وذلك للتغلب على القصور العلمي والتكنولوجي وتخريج طالب يستطيع التكيف مع الحياة في القرن الحادي والعشرين.

إن الحديث عن "مدرسة المستقبل" وما يحمله هذا المفهوم من دعوة إلى تجديد التعليم وتطويره كي يصبح أكثر اعتماداً على الحاسب الآلي والتقنية، وما

يصحب ذلك من وجود المدارس الإلكترونية والفصول الذكية وغيرها، يـذكر بالحركـة التقدمية التي ظهرت في العشرينيات من القـرن المـاضي، والتـي انبعثـت مـن كليـة المعلمين بجامعة كولومبيا.

تعريف مدرسة المستقبل

تعرف مدرسة المستقبل بانها: "المدرسة المتطورة التـي يسـعى التربويـون إلى إيجادها لتلبي حاجات المتعلمين المختلفة وتزودهم بما يؤهلهم للعيش بفعاليـة ويجعلهم يتكيفون مع مجتمعهم الحديث".

عرف مكتب التربية لـدول الخلـيج العربـي (1420هـ) مدرسـة المستقبل بأنها: "مشروع تربوي يطمح لبناء نموذج مبتكر لمدرسة حديثة متعـددة المسـتويات تستمد رسالتها من الإيمان بقدرة المجتمعات على النهوض وتحقيق التنمية الشاملة، معتمدة على جودة إعداد بنائها التربوي والتعليمي، لذا فان المدرسة تعد المتعلمـين فيها لحياة عملية ناجحة مع التركيز على المهارات الأساسية والعصريـة والعقليـة بمـا يخدم الجانب التربوي والقيمي لدى المتعلمين ".[1]

تصور مقترح لمدرسة المستقبل في الوطن العربي

تم عرض تصور مقـترح لمدرسـة المسـتقبل –في الـوطن العربـي –في شكل خطوط عريضة دون الدخول في التفاصيل التي تناسب كل دولة عربية على حدة – في الوثيقة الرئيسية للمؤتمر التربوي الثاني لوزارة التربية والتعليم المنعقـد بدمشـق في تموز من عام 2000، ويشمل هذا التصور المحاور التاليـة: الفلسـفة والأهـداف، المناهج، تقنيات التعليم والتعلم، التقويم والامتحانات، خريج مدرسـة المسـتقبل، معلم

---

(1) مكتب التربية لدول الخليج العربي، مشروع مدرسة المستقبل.

مدرســة المســتقبل، الإدارة التعليميـة والمدرسـية، المبنـى والتجهيـزات، والتمويـل. ونحاول فيما يلي ان نلقي الضوء على هذا التصور.[1]

المحور الأول: فلسفة مدرسة المستقبل وأهدافها

يمكن اقتراح إطار لصياغة فلسفة المدرسـة وأهـدافها في القـرن الحـادي والعشرين كما يلي:

1- تعزيز الانتماء الديني والقومي لدى الأجيال العربيـة في سـياق التواصـل الحضاري والإنساني.

2- تدعيم قيم الحق والخير والعدالة القائمة على هدي من العقيدة الدينيـة وترسيخها وإكسابها الطلبة.

3- تمكين المتعلم من التعامل والتكيف الإيجابي والفعال مع بيئته ومجتمعه المحلي والوطني والعالمي.

4- اكساب المتعلم مهارات التعلم الذاتي.

5- تنمية شخصية المـتعلم مـن جوانبـها المتعـددة، بمـا يمكنـه مـن الإسـهام الفاعل في تحقيق ذاته وتقدم مجتمعه.

6- إكساب الفرد أنماط التفكير، وبخاصة التفكيـر النـاقد، والتفكيـر الإبـداعي، والتفكير العلمي.

7- تمكين المتعلم من الاستيعاب السـليم لمفـاهيم: الديمقراطيـة (الشـورى)، والسلام العادل والشامل، والحرية.

8- تحقيق الإيمان بأهمية العلم والتقانة وتدعيمه، مع تأكيد ضرورة امتلاك المتعلم مهاراتهما.

---

(1) المنظمة العربيـة للتربية والثقافة والعلوم، **مدرسـة المسـتقبل**، الوثيقـة الرئيسـية، مـؤتمر وزراء التربية والتعليم العرب، دمشق، 2000.

9- تمتع الأنظمة التربوية في الدول العربية بدرجة عالية مـن المرونـة حتـى تتجاوب مع المستجدات والتحولات العالمية.

10- جعل المدرسة مؤسسة للبحث والتطوير والتدريب.

11- وضـع هيكليـة جديـدة للمدرسـة وتحديد معـايير لأداء المهمـات والواجبات للعاملين فيها.

12- التعامل مع المدرسة على أنها نظام مفتوح، وتحويل بيئتها الحاليـة الى بيئة مفتوحة تعتمد على شبكات المعرفة ووسائل التقنية الحديثة.

المحور الثاني: مناهج مدرسة المستقبل

يمكن اقتراح بعض المؤشرات حول الأسس والمبادىء والسياسات التي ينبغي ان يعتمد عليها عند وضع مناهج مدرسة المستقبل، وأهمها:

1- النظر إلى المناهج على أنها منظومة متكاملة، وتحديد آلية إعدادها التي تراعي تعدد الجهات المشاركة في اختيار مضامينها، وعـدم اقتصار ذلك على المختصين، مع المراجعة الدائمة والمستمرة لها.

2- تحديـد المـواد الأساسـية التـي يجـب أن يتعلمهـا الطالـب في مدرسـة المستقبل بما يحقق تكيف خريج هـذه المدرسة مـع متغيرات العصر ومتطلبات المجتمع.

3- إيـلاء مناهج اللغـة العربيـة عنايـة خاصة للارتقـاء بمستوى تعليمهـا وإكساب المتعلمين مهاراتها.

4- الاهتمام بتعليم اللغات الأجنبية بوصفها قنوات الاتصال بالعالم الخارجي والحضارات الانسانية ووسائله.

5- تنظيم المنهج بما يمكن الفرد من التعلم الذاتي والتعلم المستمر وتفريد التعليم.

6- التركيــز عــلى منظومــة القيــم الوطنيــة والقوميــة والأخلاقيــة لمواجهــة التغيرات الناجمة عن التطور العلمي والتقني.

7- تخصيص مســاحات أوســع للنشــاطات العلميــة والتجــارب التطبيقيــة في المناهج الدراسية.

8- بناء المناهج الدراسية بما يخدم التوجه نحو التعليم التعاوني والابتكاري والاستكشافي.

9- العمل على إحداث مركز عربي لتطوير المناهج الدراسية مــن شــانه أن يسهم في إعداد المناهج وتطويرها في الدول العربية.

10- وضع مواصفات للكتب الدراسية والبرمجيات والمواد التعليمية الأخرى المسموعة والمقروءة والمرئية المطلوبة للمدرسة.

المحور الثالث: تقنيات التعليم والتعلم في مدرسة المستقبل

1- إبراز المفهوم الشامل لمنظومات تقنيات التعليم والتعلم التي تضم:

- منظومة التقنيات الحديثة المتمثلة بالمعلوماتية وتطبيقاتها.

- منظومة التقنيات الحديثة الخاصة بالأجهزة والوسائل التقنية المساعدة.

- منظومة التقنيات الحديثة المستخدمة في الإعلام التربوي والبرامج التعليميــة التلفازية.

2- إبراز دور الحاسوب بوصفه وسيلة تعليمية، وتشــجيع إنتــاج الـبرامج التعليميــة المدمجة (CDs) التي تمثل الكتب الإلكترونية المساعدة في التعلم الذاتي.

3- إقامة مؤسسات عربية لإنتاج برمجيات تعليمية باللغة العربية تلبي متطلبــات تنفيذ المناهج الدراسية.

4- دعوة المنظمات الدولية والإقليمية إلى التعاون والتنسيق من أجل تنفيذ بــرامج مشتركة في مجال إعداد المواد التعليمية والبرمجيات اللازمة لعمليــات التعليــم والتعلم.

5- اعتبار استخدام التقنيات التربوية في التعليم والتعلم إحدى الكفايات الأساسية لمعلم مدرسة المستقبل.

6- تأكيد توظيف تقنيات المعلومات وتأثيرها في كل عنصر- من عناصر العملية التعليمية داخل المدرسة وخارجها.

المحور الرابع: التقويم والامتحانات في مدرسة المستقبل

(1) إبراز شمول التقويم جانبين أساسيين هما: تقويم الطالب، وتقويم العملية التربوية بكل مكوناتها وفق أساليب وأدوات ملائمة.

(2) تحديد الكفايات والمعايير لكل عنصر من عناصر العملية التعليمية داخل المدرسة.

(3) الارتقاء بمستوى التقويم التربوي في المدرسة تأكيداً للإتقان.

(4) التركيز في تقويم الطالب على:

- تقويم المهارات والجوانب القيمية، إضافة إلى التحصيل المعرفي.

- التقويم المستمر وعدم الاقتصار على الامتحانات النهائية.

- تقويم التجارب والتطبيقات العملية التي يقوم الطالب بتنفيذها.

- اعتماد التقويم الذي يهتم بتحديد مدى اتقان المهارات المطلوبة.

- تبني التقويم الذاتي بواسطة الحاسوب وغيره من الأساليب الاخرى الملائمة.

(5) ضرورة تنوع مصادر التقويم وتهيئة المناخ النفسي المريح للطلاب.

(6) العمل على وضع معايير وبناء مقاييس عربية لمستويات جودة التعليم.

(7) العمل على إنشاء مركز عربي للتقويم والامتحانات.

(8) دراسة إمكانية اعتماد نظام موحد للشهادة الثانوية في الدول العربية.

المحور الخامس: خريج مدرسة المستقبل

يجب أن يمتلك خريج مدرسة المستقبل عـدداً مـن الكفايـات والمهـارات،
من أهمها ما يلي:

(1) القدرة على المحافظة على الهوية الوطنية والقومية والدينيـة والثقافيـة،
محصنا من تأثيرات العولمة والغزو الثقافي.

(2) امتلاك مهارات التواصل الثقافي والحضاري في عالم متغير.

(3) امتلاك مفاتيح المعرفة ليصبح قادرا على التعلم الذاتي.

(4) القدرة على العمل مع الفريق في إطار روح التعاون والمشاركة والإبداع.

(5) امتلاك مهارات التفكير الناقد، والنقد البناء، والحوار مع الآخرين.

(6) القدرة علـى استخدام أجهـزة الحاسـب الآلي وأنـواع التقنيـات الحديثـة
الأخرى في مختلف جوانب الحياة.

(7) التمكن من اللغة العربية واتقان مهاراتها.

(8) القدرة على استخدام اكثر من لغة حية.

المحور السادس: معلم مدرسة المستقبل

هناك عدد من الخصائص والمواصفات التـي ينبغـي ان تتـوافر في معلـم
مدرسة المستقبل لتمكنه من أداء أدواره بالشكل المطلوب، منها:

(1) الفهم العميق للبنى والأطر المعرفية في الموضوع الذي يدرسه.

(2) فهم جيد للتلاميذ الذين يدرسهم.

(3) القـدرة علـى استخدام التـعلم الفعـال، والطرائـق والأسـاليب المناسبة
لتحويل المحتوى الذي يراد تدريسه الى صيغ وأشكال قابلة للتعلم.

(4) فهـم أسـاليب التقـويم وطرائقـه الملائمـة لتشـخيص قـدرات الطلبـة
واستعداداتهم لتعلم موضوع ما وقياس ما حققوه من تعلم.

(5) التفاعل مع الطلاب وإتاحة الفرصة للمناقشة والحوار، والتحرر من الصورة التقليدية للمعلم.

(6) الاتزان الانفعالي.

(7) القدرة على تبسيط المعارف واستخدام التقانات الحديثة في البحث والتدريس.

(8) امتلاك مهارات استخدام الحاسوب في الحياة العملية وفي التعليم بوصفها وسيلة تساعد في تطوير طرائق التدريس وتجعلها أكثر تشويقا وفاعلية.

المحور السابع: الإدارة التعليمية والإدارة المدرسية في مدرسة المستقبل

لابد من إعادة النظر في الأساليب والسياسات والممارسات الإدارية على مستويات النظام التعليمي كافة، وأخذ ما يلي بعين الاعتبار:

(1) التوجه نحو اللامركزية في الإدارة التربوية.

(2) التوسع في استخدام المعلوماتية في تحديث الإدارة التربوية والإدارة المدرسية عن طريق الشبكات الداخلية والربط بشبكة المعلومات العالمية.

(3) إقامة معاهد خاصة لتأهيل العاملين في الادارات التربوية والإدارات المدرسية، وإدخال شرط المؤهل الإداري والمؤهل التربوي في أسس القبول للعمل في الإدارات التربوية.

(4) استحداث أنظمة خاصة بالتوجيه والإشراف الإداري في المدارس.

(5) العمل على ايجاد مصفوفات للكفايات التي ينبغي أن يتحلى بها مدير المدرسة.

(6) إشراك الطلاب بصورة مناسبة في الحياة المدرسية بكل جوانبها، تعزيزا لقيم الديمقراطية وتعويدا لهم على ممارستها.

المحور الثامن: مبنى مدرسة المستقبل

تستدعي التطورات والتغيرات المتوقعة في المحاور السابقة ان يعاد النظر

في التصميم المعماري والهندسي لمدرسة المستقبل وفقا لما يلي:

(1) مراعاة جودة البناء المدرسي من الناحية النوعية.

(2) التنوع في البناء المدرسي والتجهيزات وفق نماذج متعددة، بما يتواكب مع العمليات التي تتم داخل المدرسة وتبعا للمرحلة التعليمية ونوع التعليم.

(3) تأكيد ضرورة توفير قاعات للأنشطة متعددة الأغراض.

(4) تطبيق نظام القاعات الدراسية التخصصية، نظرا لما توفره من بيئة تعليمية وتعلمية مناسبة تسمح باستخدام التقانات.

(5) التوجه نحو البناء المدرسي القابل للاستخدامات متعددة الأغراض.

(6) التركيز على المعايير الفنية المناسبة للبناء المدرسي.

(7) مراعاة البناء المدرسي لأوضاع الطلاب ذوي الحاجات الخاصة.

المحور التاسع: تمويل مدرسة المستقبل

(1) دعوة المجتمعات المدنية من قطاع خاص، ومؤسسات، وافراد، وجامعات، لمشاركة الحكومات في تدبير المصادر لتمويل التعليم والإنفاق عليه.

(2) استخدام نظام الإعفاء الضريبي الذي يوفر حوافز لمن يتبرع للتعليم.

(3) فتح الباب امام مساهمات المؤسسات الإنتاجية والخدمية، وخاصة الصناعية والزراعية والتجارية والمالية.

(4) الاتجاه لجعل المدارس مراكز للانتاج الى جانب تقديم الخدمات الاستثمارية.

(5) زيادة التعاون العربي في تمويل التعليم، مع الاستعانة بالمنظمات والصناديق المالية والدولية كلما كان ذلك ممكنا ومفيدا.

الباب الخامس

الحقائب التعليمية

- الرزم والحقائب التعليمية
- تعريفات الحقائب التعليمية
- عناصر الحقائب التعليمية
- تصميم الحقائب التعليمية
- الحقائب التعليمية والتغذية الراجعة
- الحقائب التعليمية والتقنيات التعليمية

الباب الخامس

الحقائب التعليمية

المقدمة

يشهد هذا العصر تطورا هائلا في المعرفة والتقدم العلمي والتقني، وقد أدى ذلك إلى تحديات واجهت التربية، واستدعت إحداث العديد من التغييرات التي شملت بنية التربية وطرائقها، ووسائطها وطرق تقويمها، والتحول من التعليم إلى التعلم، ومن المعلم إلى الطالب، ومن التخطيط غير النظامي الى التخطيط بأسلوب النظم، ومن الكتاب المدرسي المقرر إلى مصادر التعلم، ومن التعليم الجمعي الى التعليم المفرد.

ويقصد بالتعليم المفرد ذلك النمط من التعليم المخطط والمنظم والموجه فرديا أو ذاتيا، الذي يمارس فيه المتعلم الفرد النشاطات التعليمية بمفرده، وينتقل من نشاط الى آخر متجها نحو الأهداف التعليمية المقررة بحرية، وبالمقدار المناسب والسرعة المناسبة مستعينا في ذلك بالتقويم الذاتي، وتوجيهات المعلم وإرشاداته إذا لزم الأمر. ويؤكد كمب ان التعليم المفرد يتيح للمتعلم تحمل مسؤولية تعلمه فيمارس النشاطات ويتعلم المواد التعليمية بحسب قدرته وسرعته الذاتية، كما يتيح للمتعلم اختيار طريقة تعلمه سواء بمفرده او في مجموعة صغيرة وممارسة الأنشطة التعليمية في الوقت المناسب لتعلمه.

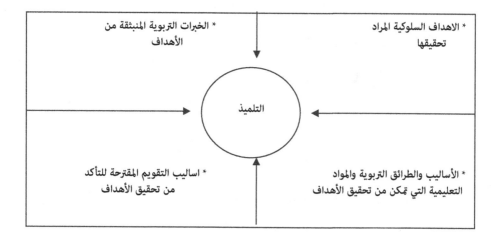

الشكل رقم (20)

ركائز التعليم المفرد .

والتعلم الفردي والحالة هذه بحاجة الى طريقة منهجية وأسلوب في العمل لكي يتمكن المتعلم من السير خطوة تلو الأخرى نحو تحقيق الأهداف السلوكية المحددة، ويتمكن من الإفادة من الخبرات التربوية المنبثقة منها، ومن ثم تصميم الاستراتيجيات والأساليب والمواد التعليمية التي تمكن من تحقيق الأهداف، وأخيرا تحديد الأسلوب المناسب للتاكد من تحقيق الأهداف.

لقد اعتقد كثير من رجال التربية حتى منتصف الستينات من القرن الماضي ان الطلاب يتعلمون بمستوى الجودة ذاته سواء أكانت المجموعة المتعلمة كبيرة أم صغيرة، وسواء أكانت المحاضرة هي نمط التعليم المتبع أم المناقشة، أم كلتيهما معا، وسواء قام المعلم بتعليم طلابه بنفسه، أو تركهم يتعلمون بأنفسهم. ومن الجدير بالذكر ان معظم الاحصاءات والدراسات حول مشكلات التعليم التي تواجه النظام التعليمي وتحسينه لم تكن تهتم إلا بأعداد المتعلمين، ولم تكن تهتم بنوعية تعلمهم، أو مستواهم العلمي، بحيث كان الاهتمام ينصب كليا على الكم دون الكيف. إلا أنه، بعد

ذلك، توالى كثير من البحوث والدراسات التي أكدت نتائجها أن طرائق التعليم التقليدية التي تقوم على الشرح، والتوضيح، ونقل المعرفة إلى المتعلم عن طريق المعلم باستخدام المحاضرة وغيرها من الطرائق المماثلة، لا تؤدي الى تحسين العملية التعليمية، ولا إلى تحسين مستويات المتعلمين، حتى لو كان المعلمون جيدين؛ لأن كون معلم جيداً لا يعني أن يكون طلابه، بالضرورة، جيدين، والمعلم الممتاز في تعليمه ليس بالضرورة ان يحصل طلابه على تقدير ممتاز في تحصيلهم. كما بذلت جهود كثيرة من أجل التغلب على المشكلات التعليمية التي يواجهها النظام التعليمي في أثناء عمليتي التعلم والتعليم، وانصبت الجهود على تحسين طرائق التعليم والتعلم المتبعة، وذلك باتباع تقنيات تعليمية حديثة تقوم على:

- تطبيق نظريات التعلم في مواقف التعلم والتعليم المختلفة بحسب الواقع العملي.
- تطبيق الأصول والنظريات الهندسية في تصميم معدات وآلات تفيد في مجال التعلم والتعليم وإنتاجها، في سبيل اتباع التقنيات التعليمية، وتعديل صيغة التعليم نفسه ومحتواه وتتابعه بصورة تتناسب مع احتياجات المتعلم باعتباره فرداً له ميوله واهتماماته واتجاهاته واحتياجاته الخاصة به، وهو ما أصبح الآن يعرف بطرائق " التعليم الفردي ".

وبطبيعة الحال، فإن القرارات التي تتخذها السلطة أو المعلم في التعليم الفردي هي التي تحدد درجة تفريده؛ إذ إن عملية التفريد لها مستوياتها التي تمتد في مسار طويل له مستوياته الكثيرة. فعملية التعليم الفردي تقوم على عدة مسلمات رئيسة هي:

- اختلاف الأفراد في خصائصهم النفسية والشخصية.
- مراعاة الفروق الفردية بين المتعلمين مما يؤدي إلى ازدياد التعلم وتحقيق الأهداف بالوصول إلى درجة عالية من الاتقان.

وثمة أمر مهم أيضا، لا بد من أخذه بعين الاعتبار، وهو تفجر المعرفة الـذي نشـهده اليوم، والذي يقودنا الى ضرورة تعليم الفرد كيف يتعلم بمفرده، فأصبحت مثل هـذه المهارات أكثر أهمية من المعرفة ذاتها. من ناحية أخرى فإن دىمقراطيـة التعليـم، كاتجـاه حـديث، تؤكد ضرورة إيلاء حرية الفرد أهمية خاصة في عملية الـتعلم. فإذا كـان الفـرد يحتاج الى الحريـة في اختيار طريقة الحياة التي يحياها، فإنه، بالضرورة، يحتاج الى اختيار الطريقـة التـي يـتعلم بهـا، والمادة التي يتعلمها، وهذا يحققه التعلم الفردي.

تعددت طرائق التعلم الذاتي؛ فمنها: التعلم المبرمج، ونظام الإشراف السـمعي، وبـرامج التربية الموجهة للفرد، والتعلم الموصوف للفرد، والـتعلم الإتقـاني، والـتعلم بمساعدة الحاسـوب، والفيديو المتفاعـل، وخطـة " كيلـر "، والحقائب والمجمعـات التعليميـة. وتكـاد هـذه الطرائـق جميعها تتقارب من حيث المبادىء العامة التي يقوم عليها التعلم الذاتي؛ إذ تعد هـذه المبـادىء القاسم المشترك بينها جميعا، إلا أن لكل منها ملمحاً (أو عدة ملامح) خاصاً بها.

تعد الحقائب التعليمية من أكثر طرق التعلم الفردي مراعـاة لمبادىء الـتعلم الـذاتي. وهي بذلك تستجيب لأكبر عدد من المشكلات التـي تواجههـا العمليـة التعليميـة التعلميـة في مختلف الجوانب، كالمشكلات الخاصة بنواتج التعلم، مثل تصميم التعليم، ونقل أثره الى مواقف أخرى، والمسؤولية، والكلفة، والفاعليـة، والمشكلات التـي تتعلـق بـالتعلم بصـفته عمليـة، مثـل مشكلات الجانب الشخصي والاجتماعـي، وعـلاج الأداء وتطـويره للمعلـم والمـتعلم، والمشكلات الخاصة بالعرض أو تقديم التعليم، مثـل سـهولة الحصـول عليـه، مـن حيـث المكـان أو الزمـان، والتسهيلات الماديـة، والمشـكلات الأخـرى التـي تتعلـق بالمتعلمين، كمشكلة الفروق الفرديـة، والاهتمامات، والمستوى المعرفي السابق، والنمط المعرفي المفضل، ومعدل سرعة التعلم.

تراعي الحقائب التعليمية الفروق الفردية بين الطلبة، بحيث يسير الطالب في تعلمه بحسب سرعته الذاتية. وتتيح له ان يعلم نفسه بنفسه، بما توفره هذه الحقائب من إرشادات ونشاطات، ومن تغذية راجعة مناسبة، تفتقر إليها الطريقة التقليدية. كما تعطيه حرية اختيار طريقة تعلمه من بين التعلم في مجموعة كبيرة أو صغيرة، أو بشكل فردي، فضلا عن أنها تركز على استخدام المنحى النظامي في تصميم عملية التعلم والتعليم وتنفيذها وتقييمها. وبصورة خاصة، فإن هذه الطريقة، تكسب الطالب أكثر من غيرها عادة التعلم الذاتي فيما يعرف بالتربية المستمرة، فيفيد منها طوال حياته، وفي كل المجالات، وبعد تخرجه من الإطار المدرسي والجامعي.

وهكذا يمكن القول إن العملية التربوية شهدت منذ بداية النصف الثاني من القرن العشرين، تحديات وضغوطات كبيرة، نتجت عن التفجر المعرفي، والتغيرات السريعة المواكبة له في جميع المجالات الحياتية، وقد فرض ذلك على التربية متطلبات جديدة، لا يمكن مجابهتها إلا بتمكين الفرد من استيعاب هذه التغيرات، ومعايشتها، والتكيف معها.

وبناء على ما تقدم فإن أبرز النتائج التي ألقت بظلالها على التربية بعامة، وعلى المناهج المدرسية بخاصة، تمثلت فيما يلي:

- المدة التي يقضيها الطلبة في المدرسة لا تتجاوز تسعة أشهر في السنة، فهي لا تكفي لمواكبة التطورات العلمية. من هنا جاءت فكرة التربية المستدامة.
- الطلبة الذين يتخرجون من المدارس او من الجامعات، يتعرضون، بعد سنوات تخرجهم، الى افكار، ومفاهيم، وممارسات، وسلوكات، لم يتعلموها في أثناء دراستهم. لذلك فهم بحاجة الى ان يتعملوا بأنفسهم ما يستجد ويناسب رغباتهم واحتياجاتهم.

- يعد اختيار المحتوى الدراسي للمنهج من أهم العقبات أمام المسؤولين، في ظل التفجر العلمي المعرفي.

- يتحتم في ظل التفجر المعرفي أن يكون التغيير شاملا العملية التربوية بكاملها، من حيث أهدافها، ووسائلها، وطرائقها، وكوادرها ... إلخ.

لقد أدت النتائج المعروضة أعلاه، إلى تداعي الفكرة القائلة إن تزويد الفرد ببعض الخبرات، وتدريبه عليها يمكنه من مواجهة الحياة المستقبلية. فقد أكدت البحوث ان التربية المستمرة، وعمادها التعلم الذاتي، هي الوسيلة التربوية الأنجع. لذلك يمكن القول إن نمط التعلم الذاتي (الحقائب التعليمية) يستخدم لمواجهة الظروف غير العادية التي يتعرض لها الطلبة أو المؤسسات التعليمية، والتي أبرزها عدم انتظام الدراسة.

وحتى يتأكد لنا مفهوم التعلم الذاتي بدرجة أكبر، لا بد من الحديث عن مستلزمات التعلم الذاتي. وفي هذا المقام نقول " إن التعلم الذاتي يقوم على تنشيط دور المتعلم واقحامه في العملية التعليمية باعتباره الركن الاساسي والفاعل فيها".

وفيما يلي عرض لأهم هذه المستلزمات:

1- ان يحرص المصمم على الإلمام بالخصائص العامة لتلاميذه وبحاجاتهم النمائية.

2- أن ينوع المهمات والنشاطات الفردية في مجال التعلم الفردي.

3- أن تتفاوت المهمات التي يكلف بها التلاميذ والمشكلات التي يطلب منهم حلها.

4- أن يوفر تشكيلة متنوعة من المصادر التعليمية.

5- أن ينظم عملية التواصل، من خلال تقديم العون والتوجيه للمتعلمين.

6- ان ينظم السجلات الأساسية التي تساعده في رصد تقدُّم طلابه.

7- ان يعمل على توفير مناخ تعليمي سوي، ويكون ذلك من خلال:

أ-   توفير ظروف مادية مناسبة في غرفة الصف.

ب-   توفير ظروف نفسية ملائمة تناسب الطلبة على اختلاف ميولهم.

ج- توفير الأمن والعدالة للتلاميذ.

د- الأناة والصبر مع التلاميذ بطيئي التعلم.

هـ- إتاحة جو من الحرية في العمل.

و- تشجيع الطلاب على التعاون فيما بينهم (Jonassen, 1980).

الرزم والحقائب التعليمية

اعتمد التعلم الفردي على الحقائب التعليمية اعتماداً كبيراً ومباشرا من أجل تحقيق التعلم الذاتي لكل تلميذ، وتمكين المتعلم من الممارسة العملية للخبرات والمهارات النظرية التي يكتسبها، هذا بالإضافة الى أن الحقائب قادرة على افساح المجال أمام المعلم لملاحظة درجة تمكن التلاميذ من تحقيق الأهداف المحددة. وتقوم الحقيبة التعليمية على فلسفة تعليمية محورها المتعلم بخصائصه الفريدة؛ إذ ترتكز هذه الفلسفة على مبادىء أهمها:

1- ان جميع الأفراد لديهم القدرة على التعلم بدرجات متفاوتة؛ أي ان بعضهم أسرع من البعض الآخر في التعلم الذي يستمر مدى الحياة.

2- توجد فروق فردية بين المتعلمين في النمو العقلي والخلفية العلمية والخبرات السابقة ومستوى التحصيل الأكاديمي وأنماط التعلم.

3- يتعلم الأفراد أفضل وأسرع عندما يتلاءم التعليم، بما فيه المواقف التعليمية في حجرة الصف والمواد التعليمية والأنشطة، مع ذكاء هؤلاء الأفراد وخلفياتهم السابقة وشخصياتهم، واهتماماتهم وأنماط تعلمهم المفضلة[1].

---

(1) محمد ذيبان غزاوي، وبدر قاسم، **التصميم النظامي للمجمعات التعليمية**، مجلة العلوم الاجتماعية، 1988.

تعد الحقائب التعليمية من أهم التقنيات التربوية التي ساعدت في تحقيق مبدأ التعلم الذاتي، والشكل رقم (21) يمثل العلاقة بين التعلم الفردي والتخطيط لاستخدام الحقائب التعليمية.

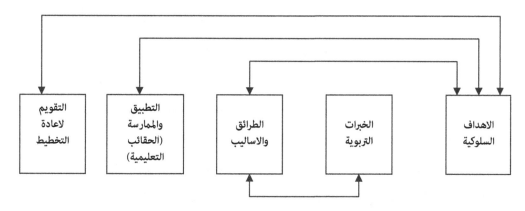

الشكل رقم (21)

العلاقة بين التعلم الفردي والتخطيط لاستخدام الحقائب التعليمية[1].

الخلفية النظرية للحقائب التعليمية

من أهم الاتجاهات الحديثة في عمليتي التعليم والتعلم استخدام اكثر من وسيلة واحدة (Multi-Media) لعرض موضوع واحد بحيث تعمل كل منها على تدعيم التعلم وتحقيق تكامل بناء المفاهيم والخبرة التعليمية[2].

ومن الاستراتيجيات الحديثة التي يعتمد عليها التعليم المراعي للفروق الفردية بين الطلبة الحقائب التعليمية (Learning Packages) ، وتؤكد الأبحاث التربوية المعاصرة أنها من أكثر الأساليب الحديثة المستخدمة في هذا المجال؛ ذلك

---

(1) الشكل مأخوذ من مقال لسعدية بهادر منشور في مجلة تكنولوجيا التعليم.

(2) حسين حمدي الطوبجي، **المركز العربي للوسائل التعليمية**، مجلة تكنولوجيا التعليم، 1983.

لأنها تمكن التلميذ من اكتساب المهارات والخبرات بشكل أفضل، كما تفتح المجـال امـام المعلـم لملاحظة درجة تمكن كل تلميذ من تحقيق الأهداف المحددة له وقياسها[1].

وهناك اختلاف بين العاملين في مجال الوسائل التعليميـة وتكنولوجيـا التعليـم حول تعريف هذه الوسيلة؛ فهـي تسمى المجموعـة او الرزمـة أو الحقيبـة التعليميـة، وقد انتشرت التسمية الأخيرة، ومن الضروري تفهم دلالـة مثل هـذه المفـاهيم ووظائفهـا للوصول الى تصور واضح لهذه المواد لنتمكن من استخدامها بالصورة التي تحقق الأهداف التعليميـة المرجوة منهـا بدرجة عالية[2].

وقد تكون الكتب المستخدمة في التعليم المدرسي والجامعي بداية الحقائب التعليمية؛ إذ إنها تزود التلاميذ بالمعلومات التي يحتاجونها، إلا أن الحقائب التعليمية تتسم بصفات خاصة تميزها عن الكتب المسـتخدمة في التعليـم المدرسي والجامعي، وكذلك عـن الأطقـم التعليميـة متعددة الوسائل[3].

ومع ان الحقائب التعليمية حديثة النشأة ، فإن لهـا جـذورا في المـاضي خاصة عنـدما عملت هيلين باركهيرست (Helen Parkhurst) عام 1920 على تطبيق طريقتها المعروفة بطريقـة دالتون التي ركزت على ان الطالب أمامه عدد من الوسائل والطرق التي يستطيع بهـا أن يحقـق الأهداف التربوية المتوخاة ويتقن تعلـم محتـوى المـادة المطلوبـة منـه حسـب قدرتـه وسرعتـه الخاصة[4].

---

(1) ياسين خلف، **تكنولوجيا التعليم والاتجاهات الحديثة في التدريس**، جامعة عدن ، اليمن، 1997.
(2) حسين حمدي الطوبجي، **المركز العربي للوسائل التعليمية**، مرجع سابق.
(3) نرجس حمدي وآخرون، **تكنولوجيا التربية**، الطبعة الاولى، منشورات جامعة القدس المفتوحة، عمان، الاردن، 1993.
(4) جودت احمد سعادة، **نموذج للتعلم الفردي**، رسالة المعلم، المجلد (23)، آذار، 1983.

وقد ظهرت البادرة الأولى من هذه الحقائب في مركز مصادر المعلومات في متحف الأطفال في مدينة بوسطن (Boston) بالولايات المتحدة الأمريكية، وكان ذلك في اوائل الستينات من القرن الماضي حين قامت الهيئة المشرفة على مركز مصادر المعلومات في المتحف باختراع اطلقوا عليه في ذلك الوقت اسم صناديق الاستكشاف (Discovery Boxes)، وهي عبارة عن صناديق جمعت فيها مواد تعليمية متنوعة تعرض موضوعا معينا او فكرة محددة تتمركز جميع محتويات الصندوق حولها، لتبرزها بأسلوب يتميز بالترابط والتكامل[1].

وقد وجه كثير من النقد لتلك الصناديق بسبب تركيزها على المفاهيم السهلة.

ولقد جاءت باكورة هذه الصناديق كما يلي:

- صندوق الدمى والعرائس الذي يمثل انماطا مختلفة من بعض البلدان العالم.
- صندوق السيرك الدولي الذي يحتوي على الألعاب والشخصيات الدولية.
- صندوق الحيوانات المتنوعة المختلفة.
- صندوق السيارات المتنوعة المختلفة التي تمثل نماذج سيارات منتشرة في العالم.

وقد لاقت هذه المجموعات اهتماما كبيرا من الاطفال الذين زاروا المتحف، كما كان لها أثر كبير في نفوس الآباء والمعلمين؛ فقد أعرب الاباء والمعلمون عن رغبتهم في استعارة هذه الصناديق لاستخدامها مع أطفالهم، وقد وافق أعضاء المتحف على هذا الطلب بعد القيام بإدخال بعض التعديلات على هذه الصناديق ومحتوياتها.

---

(1) سعدية محمد بهادر، **تطور صناديق الاستكشاف الى حقائب تربوية متعددة الأهداف والاستخدامات**، مجلة تكنولوجيا التعليم، المجلد الثالث، العدد الخامس، 1983.

ثم بدأ مجلس الإدارة في المتحف بالتخطيط والاعداد لتكوين المزيد من الصناديق الأكثر تطورا مستخدمين في ذلك المواد التعليمية ثلاثية الأبعاد، كما احتوى كل صندوق - ولأول مرة - على كتيب للتعليمات إضافة إلى خرائط تحليلية وصفية توضح الهدف من استخدام الصندوق وتبين أفضل الأساليب وأسهلها التي يجب على مستخدم الصندوق اتباعها لتحقيق الأهداف المنشودة [1].

ثم طورت هذه الصناديق وعدلت في أواخر الستينات من القرن الماضي نتيجة للنقد الذي وجه إليها بسبب قصورها في إكساب الأطفال المفاهيم المركبة والمعقدة، وعدم قدرتها على تدريب الطفل على حل المشكلات، وأطلق عليها اسم وحدات التقابل (Match Units) وذلك بعد تغيير محتوى الصندوق ليشتمل على مواد تعليمية متنوعة الاستخدامات ومتعددة الاهداف مثل الصور الثابتة والأفلام المتحركة والأشرطة المسجلة والألعاب التربوية ...، كما احتوى كل صندوق على كتيب للتعليمات أو دليل للمعلم فيه توضيح لأهم الأنشطة الفردية والجماعية الحرة والموجهة التي يمكن أن يخطط لها المعلم، وعرض مفصل لأهم الخبرات والمهارات التي يمكن ان تنبثق من كل جزء من أجزاء الصندوق، ولقد تنوعت الموضوعات التي عرضتها وحدات التقابل وتعددت لترضي جميع الميول والاهتمامات.

وتطورت تلك الوحدات بعد ذلك إلى ما اطلق عليه وحدات التقابل المصغرة Mini-Match Units التي هدفت الى التركيز على جزء واحد من اجزاء وحدات التقابل الرئيسة، واستمر مجلس إدارة مركز المعلومات في المتحف في البحث عن افضل الأساليب التي تساعد في إدخال المزيد من التعديلات على صناديق الاستشكاف بعد تجريبها على مجموعات كبيرة من الأطفال وتسجيل النتائج والملاحظات والاقتراحات في أثناء عملية التجريب، إضافة الى تجميع آراء

(1) سعدية محمد بهادر، **مرجع سابق.**

المعلمين والتربويين واقتراحاتهم حول تلك الوحدات، وأسفرت نتائج التجريب والتعديل عن تصميم نمط جديد من صناديق الاستكشاف أطلق عليه اسم الحقائب التربوية للأطفال وقد شاع تداولها في كثير من دول العالم المتطورة.

تكونت الحقيبة التربوية للأطفال من دليل يتضمن معلومات واضحة عن المواد المستخدمة فيها، واقتراحات حول طريقة استخدامها، وأنسب الأوقات للاستخدام، والمواد التي يجب أن يبدأ بها الطفل، والأنشطة التي يجب أن تصاحب التطبيق، والخبرات التي يجب أن تنبثق من استخدام الحقيبة[1].

وبعد ظهور هذه التقنية التعليمية الى حيز الوجود بدأ كثير من المعاهد والشركات في التفكير في إنتاجها؛ فقد قام معهد البحوث الأمريكية في ولاية كاليفورنيا بإعداد حقائب تعليمية تعرف بوحدات التعليم والتعلم بحيث توجه هذه الوحدات نشاط المتعلم نحو تحقيق أهداف محددة، وأنتجت مؤسسة كترنج (Kettring Foundation) من خلال مشروع معهد تطوير الأنشطة التربوية وحدات تعليمية تسمى (Unipacs). وهذه البرامج عبارة عن حقائب يقوم المعلمون بإعدادها بعد تلقي تدريب معين، وتتم مراجعتها للتأكد من صلاحيتها واتفاقها مع معايير وأسس معينة، كما ركزت جامعة تكساس في مدينة الباسو على إنتاج مجمعات التعلم الذاتي، ويمكن اعتبار هذه المجمعات بمثابة لبنات لبناء الحقائب التعليمية[2].

وقد ابتكرت مدارس نوفا (Nova) في ولاية فلوريدا في محاولتها لتفريد التعليم رزم النشاط التعليمي أو حقائب النشاط التعليمي، وتركز هذه الرزم او

(1) سعدية محمد بهادر، **مرجع سابق.**

(2) سليمان طواها، **تصميم حقيبة تعليمية ومقارنة بين أثر طرق التدريس بالحقائب التعليمية وطريقة الالقاء على تحصيل طلاب الصف الأول الثانوي الأكاديمي في الجغرافيا**، رسالة ماجستير غير منشورة، جامعة اليرموك، اربد ، الأردن، 1983.

الحقائب على تهيئة ظروف تعلم مثالي لكل متعلم عن طريق توفير بدائل متعددة تتيح لكل متعلم فرصة اختيار ما يناسب قدراته وميوله[1].

كما طورت شركة (Gateway Educational Products) عام 1993 حقيبة تعليمية اشتملت على سلسلة كتب هدفت إلى تعليم قراءة اللغة الانجليزية للأطفال والأميين ابتداء بالحروف الهجائية وانتهاء بالنصوص الأدبية الموسعة.

وقد استمر المخططون والمصممون للحقائب التربوية في بذل المزيد من الجهد لتزويدها بالمواد التعليمية وبطاقات العمل البسيطة ومعقدة التركيب في الوقت نفسه لتلبية حاجات الطلبة مكن مختلف المستويات، كما عملوا على إعداد بطاقات عمل ذات مهام وأعمال موجهة تتطلب التدخل المستمر للكبار والتوجيه الدائم المستمر منهم، كما أعدوا بطاقات عمل ذات مهام حرة أو غير موجهة وذات نهايات مفتوحة مما لا يتطلب التدخل أو التوجيه، بل يفتح أمام كل من المتعلمين فرص الانطلاق والاستكشاف والابتكار ليمتد تعلمه الى مجالات أخرى أكثر اتساعا ويعتمد على نفسه وعلى إمكاناته الذاتية، كما شارك الأطفال بعضهم بعضا في مجموعة من المهام المصممة لهذا الغرض، ومن ثم وضعت التعليمات الخاصة باستخدام الحقيبة في كتيب التعليمات الذي تطور ليضم جميع الخبرات والمهارات والأنشطة، ولم ينس المخططون أهمية تقويم محتوى كل حقيبة للتأكد من تحقيقها لأهدافها وصمموا لهذا الهدف بطاقات خاصة، وأوصوا بضرورة تدريب المعلمين على الاستخدام الجيد للحقائب[2].

---

(1) فوزي احمد زاهر، **الرزم التعليمية خطوة على طريق التفريد**، مجلة تكنولوجيا التعليم، العدد الخامس، السنة الثالثة، حزيران، 1980.

(2) سعدية محمد بهادر، **مرجع سابق.**

ومهما اختلف البعض في تعريف الحقيبة التعليمية والرزمة التعليمية في الشكل، فإن التعريفات تتفق في مضمونها[1].

وقد اختلف البعض في تعريف الحقيبة التعليمية والرزمة التعليمية؛ فمن الباحثين من وجد ان المصطلحين اسمان للمفهوم نفسه ومنهم من ميز بينهما على أسـاس أن الرزمـة جـزء او مكون من مكونات الحقيبة.

تعريفات الحقائب التعليمية

الحقيبة التعليمية عبارة عن كراسة حول موضوع معين، تحتوي على أهـداف سـلوكية حول ذلك الموضوع، وتقترح انشطة لتحقيق تلك الاهداف، كما تتضمن تقويما يبين مدى تحقيـق تلك الاهداف[2].

كما تعرف بأنها مجموعة من المواد المبرمجة بشكل واسـع تـزود كـل طـالـب بالبـدائل عن: (كيف؟ وماذا؟ ومتى؟)، وتعتمد على أن الطالب يتعلم في أثناء اسـتخدامه الفعـلي لسلسلة من النشاطات التي غالبا ما تناسبه في أي وقت وبحسب سرعته ومستواه[3].

وتعـرف بانهـا خطـة تعليميـة تبـين للمـتعلم مـا يتعلمـه بوضـوح باسـتخدام وسـائل وأساليب متعددة[4].

---

(1) نرجس حمدي، ويوسف قطامي، ونايفة قطامي، **تصميم التدريس**، الطبعة الاولى، منشورات جامعة القدس المفتوحة، عمان، الأردن، 1994.

(2) Cardarelli, M., **The Feasible Vehicle of Individualization**, Educational Technology Review, Series No. 5, 21-27, 1973.

(3) Smith, L.W. and Kapfer, P.G., **Classroom Management of Learning Packages Programs**, Educational Technology Review, Series No. 5, Library of Congress Cataloging.

(4) Ward, P.S., **Learning Packages**, New York, Parker, 1976.

عرفها سميث بأنها برنامج محكم التنظيم يقترح مجموعـة مـن الأنشـطة والبـدائل التعليمية التي تساعد المتعلم في تحقيق أهداف محددة [1].

ويعرفها عبد الملك الناشف بأنها مجموعـة مـن المكونـات التـي تتـألف منهـا وحدة تعليمية محددة، تتضمن من جملة ما تتضمن الفئة المستهدفة وحاجاتها، والأهـداف التعليميـة والوسائط والدليل ومختلف انواع الاختبارات والتغذية الراجعة والمتابعة [2].

أما الطوبجي فيرى أنها بناء متكامل لمجموعـة مـن المكونـات اللازمـة لتقـديم وحدة تعليمية؛ فهي تحتوي على مجموعة من الوسائل التعليمية وتعد محاولة لتحقيق أهداف التعلم الذاتي، وتتيح فرص التعلم الفردي [3].

وعرفها خلف بأنها برنامج في مجال معـين صـمم لتحقيـق هـدف او أهـداف محـددة لجمهور ما، وضم فيلما سينمائياً وشريط فيديو وشفافيات وشرائح ومطبوعات ورسوما تخطيطية وصورا ونماذج وعينات مع دليل لاستخدام المدرس والطالب، وأنتج من قبل اختصاصيين في مجال تكنولوجيا التعليم لإحداث تعلم أفضل [4].

يلاحظ مما سبق أن الحقائب التعليميـة علـى اخـتلاف تسـمياتها، تشـترك في العناصـر الأساسية التالية: الأهداف التعليمية، والاختبـار القبـلي، والمـواد والأنشطة التعليمية، والاختبـار النهائي.

(1) فوزي احد زاهر، **الرزم التعليمية خطوة على طريق التفريد**، مجلة تكنولوجيا التعليم، العدد الخامس، السنة الثالثة، حزيران، 1983.
(2) عبد الملك الناشف، **الحقائب والرزم التعليمية**، مجلة تكنولوجيا التعليم، العدد الخامس، السنة الثالثة، حزيران، 1983.
(3) حسين حمدي الطوبجي، **المركز العربي للوسائل التعليمية**، مرجع سابق.
(4) ياسين خلف، **تكنولوجيا التعليم والاتجاهات الحديثة في التدريس**، جامعة عدن، الجمهورية اليمنية، 1997.

ويمكن القول إن الحقيبة التعليمية تشكل برنامجا تعليميا متكاملا ذا عناصر متعددة ومتنوعة من الخبرات التدريسية ويتم تصميمها واعدادها من قبل فريق يضم مصمم التدريس، وخبيرا في المادة التعليمية، ومعلم المادة، وخبراء فنيين لتطوير التقنيات اللازمة للحقيبة، وذلك بطريقة منهجية ومنظمة ومنسقة، وتستخدم بمساعدة المدرس او دون مساعدته من أجل تحقيق أهداف أدائية محددة.

تتمتع الحقيبة التعليمية بالاكتفاء الذاتي؛ بمعنى انها تضم كافة المواد التعليمية اللازمة لتحقيق أهدافها، فهي تشتمل على مواد وأنشطة وخبرات تعليمية تتصل بموضوع تعليمي معين، وتتضمن العناصر الأساسية للتدريب (الأهداف، والنشاطات، والمواد، والخبرات التعليمية، والتقويم)، كما تضم إرشادات وتوجيهات تيسر على المتعلم توظيفها في التعلم.

عناصر الحقيبة التعليمية

تشترك الحقائب التعليمية في شمولها مجموعة من العناصر المشتركة، إلا أن ترتيب هذه العناصر قد يختلف من حقيبة لأخرى باختلاف الموقف التعليمي ولغة المصمم وفيما يلي عرض لهذه العناصر.

1- **العنوان:** هو أول مكونات الحقيبة التعليمية ويعكس الفكرة الأساسية للوحدة المراد تعلمها، ويبذل المصمم جهداً كبيرا في تحديد العنوان وذلك بتحديد الأفكار الرئيسة والفرعية في الموضوع المراد تعلمه، كما يبذل الجهد في تنظيم هذه الأفكار والمفاهيم.

2- **دليل الحقيبة والتبرير:** يتضمن معلومات واضحة عن كل مادة تعليمية مستخدمة وافضل الطرق والأساليب لاستخدام الحقيبة، وأنسب الاوقات لاستخدامها، والمواد التي ينبغي البدء بها، والأنشطة المقترحة التي يجب أن تصاحب أي تطبيق، والخبرات والمهارات التي يتوقع ان يمر بها المتعلم.

3- **الأهداف:** تحتوي الحقيبة على أهداف تعليمية مصاغة صياغة سلوكية تصف بصورة واضحة السلوك النهائي المراد تحقيقه حتى يفهمه المتعلم، وتعكس هـذه الأهـداف مجـالات الـتعلم المختلفة: المعرفية والانفعالية والحركية.

4- **أدوات الاختبار:** والاختبارات ثلاثة أنواع :

أ- الاختبارات القبلية.

ب- الاختبارات الذاتية.

ج- الاختبارات البعدية.

5- **البدائل والأنشطة التعليمية**

وتعتبر البدائل التعليمية من أهم عناصر الحقيبة، وذلك لأن أي حقيبة تعليمية تقوم على مبدأ تفريد التعلم، لذا ينبغي توفر مجموعة من البـدائل والأنشـطة التـي تسـمح للمتعلم باختيار ما يتناسب وخصائصه.

ومن هذه البدائل والأنشطة:

أ- تنوع الوسائل التعليمية.

ب- تعدد طرق التدريس والأساليب.

ج- تعدد الأنشطة التعليمية.

د- تعدد مستويات المحتوى.

هـ- تعدد الاختبارات.

6- **النشاطات الإثرائية**

تحتوي الحقيبة على مجموعة من النشاطات التـي تعمـق قـدرات الطلبـة، وتتناسـب وسرعة كل منهم في التعلم.

تصميم الحقائب التعليمية

الشكل رقم (22) مأخوذ من مقال د. فوزي زاهر بعنوان الرزم التعليمية خطوة على طريق التفريد، وفيه يبين الدكتور زاهر مسار التعلم في الرزم التعليمية. ويتضمن هذا المسار الخطوات الواجب اتباعها عند تصميم الحقائب التعليمية.

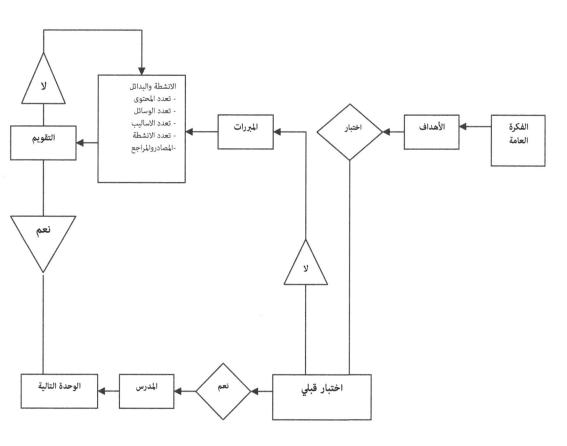

الشكل رقم (22)

مسار التعلم في الحقيبة التعليمية.

خطوات تصميم الحقيبة التعليمية

تعد عملية تصميم الحقيبة التعليمية عملية معقدة تستغرق الكثير من الوقت والجهد، وهي بحاجة الى جهد فريق عمل متكامل، وفيما يلي عرض لأهم خطوات تصميم الحقيبة.

أولاً: صفحة العنوان والغلاف الخارجي

على المصمم التعليمي ان يراعي ان تشمل صفحة العنوان أو الغلاف الخارجي الفكرة الأساسية التي تدور حولها الحقيبة التعليمية، وأن يصمم الغلاف الخارجي بشكل جذاب يثير انتباه الطلبة واهتمامهم، ويحفزهم على التعلم، وعليه ينبغي أن تستخدم فيها تقنيات التصميم المختلفة من ألوان، وأحرف بارزة، وخطوط وغيرها.

ثانياً: الفكرة العامة العامة أو التبرير

تهدف هذه الخطوة الى اعطاء فكرة عامة - ولكن بشكل موجز- عن محتوى الحقيبة وأهميته وإلى اثارة اهتمام الطالب بها وبالنشاطات التي ينبغي القيام بها. تحديد الفكرة الرئيسة للحقيبة يساهم في تحديد العلاقة بين موضوع الحقيبة التعليمية والمنهج الدراسي، كما يساعد التلميذ الذي لديه خلفية سابقة عن الموضوع في تذكر أهم الأفكار الرئيسة[1].

ثالثاً: تحديد الأهداف التعليمية

يقصد بالهدف التعليمي النتاج التعليمي الأدائي الذي يتوقع من الطالب أن يحققه بعد مروره بجميع الخبرات والنشاطات المطلوبة، وعادة تصاغ هذه الأهداف

(1) جودت احمد سعادة، **الحقيبة التعليمية نموذج للتعلم الفردي**، مرجع سابق.

على نحو سلوكي يمكن الدارس من تحديد مستوى الأداء المطلوب بشكل قابل للقياس، ومقارنته بمستوى أداء محدد[1].

ولا بد لمصمم الحقيبة التعليمية من اتقان عملية صياغة الأهداف السلوكية وفهم تصنيفات الأهداف التي تحدد المستويات الادراكية العقلية، والعمل على توزيعها بشكل متكافىء دون تركيزها في مستوى التذكر والفهم فقط، كما يتوجب على المصمم ان يحاول تحديد ما يريد أن ينجزه تلاميذه، وأن لا يكتفي فقط بكتابة الهدف بل يجب صياغته بشكل واضح ومحدد وقابل للقياس والمقارنة والا فإن التلاميذ لن يتمكنوا من معرفة الغايات التي تسعى الأهداف الى تحقيقها، وهذا ينعكس على مستوى تحصيلهم الدراسي وفهمهم للموقف التعليمي[2].

ويمكننا تلخيص أهمية تحديد الأهداف التعليمية وصياغتها على نحو سلوكي في ثلاث نقاط رئيسة:

1- التخطيط

ترتبط مهمة معلم العلوم التي تتطلب توفير المواد والأنشطة التعليمية للتلاميذ بشكل مباشر ووثيق بالأهداف التعليمية؛ إذ يراعي المعلم عند اختياره لهذه المواد والأنشطة أن تكون بمثابة تطبيق فعلي للأهداف المنشودة. وفي حال التعلم الذاتي وحين يمتلك المتعلم دراية كافية بالهدف التربوي فإنه يتمكن من البحث واختيار المواد والأنشطة التعليمية التي تساعده في تحقيق هذا الهدف.

وهكذا تعمل الأهداف على تعديل سلوك الطالب من حيث الأداء والترتيب الذي يسعى لتحقيق الأهداف من خلاله.

---

(1) عبد الملك الناشف، **الحقائب والرزم التعليمية**، مرجع سابق.
(2) عبد الرحيم صالح عبدالله، استخدام الصور المستوية في اطار تطبيقات التعلم المصغر في المرحلة الابتدائية في مجال (اعمل وتحدث)، مجلة تكنولوجيا التعليم، العدد الأول، السنة الأولى، يونيو، حزيران، 1978.

وفي ضوء ذلك يمكننا تحديد الأهداف الرئيسة المرجو تحقيقها من تـدريس العلـوم في الأهداف الستة التالية:

1- مساعدة التلاميذ في اكتساب معلومات مناسبة بصورة وظيفية.

2- مساعدة التلاميذ في اكتساب المهارات العلمية الاساسية.

3- تدريب التلاميذ على التفكير العلمي واكسابهم مهاراته، وتنمية قدراتهم الابتكارية.

4- مساعدة التلاميذ في اكتساب الاتجاهات العلمية المرغوب فيها بصورة وظيفية.

5- مساعدة التلاميذ في اكتساب الميول العلمية المناسبة بصورة وظيفية.

6- مساعدة التلاميذ في اكتساب أوجه التقدير العلمية المرجوة بصورة وظيفية[1].

2- الدافعية

تحدد الأهداف التعليمية للمعلم الغايات التي يسعى الى اثارة دافعيـة الطلاب نحـو تحقيقها. وفي غياب هذه الاهداف المحددة قد تتجه دافعية الطلاب الى امور أخرى غـير الهـدف المنشود وتؤدي بالتالي الى نتائج غير مرغوبة، ويتلخص دور المعلم في اثارة دافعية الطالب عـبر جعله يشعر بأن هذه الأهداف التي وضعها المعلم هي نفسها الأهداف التـي يسـعى (الطالـب) الى تحقيقها، وهذا يقود إلى انخراط التلميذ بشكل أكثر ايجابية في عملية التعلم وزيادة تفاعلـه وفاعليته في الموقف التعليمي.

---

(1) صبري الدمرداش، **مقدمة في تدريس العلوم**، مكتبة الفلاح، الكويت، 1994.

3- التقويم

يعتمد وضع طرق التقويم وتحديدها بالدرجة الاولى على الأهداف التعليمية؛ إذ تفقد الأهداف دورها المميز في التخطيط والدافعية اذا كانت النتائج التعليمية غير مطابقة للسلوكات المطلوب تحقيقها. وعادة تسمح الأهداف التعليمية ذات الصياغة السلوكية الواضحة والمحددة بقدر من المرونة بإتاحة استخدام طرق مختلفة من التقويم، وبالاضافة الى ذلك فان قدرة الطالب على التقويم الذاتي تتحسن بشكل ملحوظ عندما تكون الأهداف التي يسعى المعلم إلى تحقيقها محددة وواضحة، بحيث يتاح له التركيز عليها عند التعلم بدلاً من اضاعة الوقت في تخمين أهداف التعلم.

رابعاً: وضع الاختبار القبلي Pre – Test

يعد الاختبار القبلي بالدرجة الأولى اختباراً محكياً يهدف الى تحديد ما اذا كان المتعلم يستطيع في هذه المرحلة ان يحقق الأهداف الموضوعة للحقائب التعليمية أم لا. وهكذا يقوم المعلم بإجراء الاختبار القبلي قبل دراسة محتوى الحقيبة من أجل معرفة الخلفيات السابقة للمتعلمين وتحديد نقطة البدء بالنسبة لهم، فاذا اظهر المتعلم أن لديه المعارف والمهارات التي تسعى الحقيبة التعليمية الى تعليمه إياها يتم إعفاؤه من دراسة محتوى الحقيبة والانتقال الى حقيبة أخرى ذات مستوى أعلى، اما اذا ظهر أنه ما زال بحاجة الى تعلم بعض المهارات والخبرات فعندها يتوجب عليه دراسة الحقيبة[1].

ويتخذ الاختبار القبلي للحقيبة التعليمية انواعاً متعددة حسب الأهداف؛ فقد تكون أسئلة الاختبار مقالية أو موضوعية (اسئلة اختيار من متعدد)، ويستخدم

---

(1) فوزي احمد زاهر، الرزم التعليمية خطوة على طريق التفريد، مجلة تكنولوجيا التعليم، العدد الخامس، السنة الثالثة، حزيران، 1983.

الاختبار القبلي جنباً الى جنب مع الاختبار البعدي لتحديد مدى نجاح الطالب في تحقيق أهداف الحقيبة التعليمية[1].

خامساً: كتابة محتوى جسم الحقيبة

يعد هذا الجزء قلب الحقيبة التعليمية، ويقسم الى عدة أجزاء يتوقف عددها على نوع الأفكار الثانوية وعددها من جهة، وعلاقتها مع الاهداف والأنشطة من جهة أخرى. يتضمن كل جزء من الحقيبة أهدافاً سلوكية، ونشاطات مرجعية، ونشاطات تطبيقية، ويقصد بالنشاطات سلسلة الاجراءات والحوادث المصممة على نحو يكفل تحقيق الأهداف التعليمية المحددة القابلة للقياس، ومن المستحسن تخطيط النشاطات التعليمية استناداً الى السلوك القبلي للدارس. وتحوي الحقيبة التعليمية مجموعة متنوعة من المواد التعليمية، مما يثريها ويساهم في تنويع الوسائل والأساليب. وتنقسم المواد التعليمية الى عدة مجموعات هي:

1- مواد مرئية يقوم التلميذ مشاهدتها كما يقوم بتنفيذ الأنشطة المتصلة بها، كالصور والخرائط والافلام والشرائح والشفافيات.

2- مواد مسموعة كالاسطوانات والتسجيلات الصوتية.

3- مواد تجريبية او عملية مثل التجارب العلمية وفحص العينات والشرائح الميكروسكوبية.

4- مواد مطبوعة مثل القيام ببعض البحوث والقراءات المكتبية[2].

وتهدف النشاطات المرجعية الى تأمين المعلومات الضرورية للحقيبة من خلال استخدام المواد التعليمية المذكورة آنفاً مع مراعاة تنوع المواد التعليمية، وتعدد المستويات بشكل يتيح للطلاب المجال لاختيار ما يناسب اهتماماتهم

---

(1) جودت أحمد سعادة، **الحقيبة التعليمية نموذج للتعلم الفردي**، مرجع سابق.

(2) حسين حمدي الطوبجي، **التكنولوجيا والتربية**، مرجع سابق.

وقدراتهم، أما النشاطات التطبيقية فيتم تصميمها بحيث تشجع الطالب على التعامل مع محتوى النشاطات المرجعية السابقة أي معرفة مدى ما حققه الطالب فعلاً من خلال النشاطات المرجعية التي قام بها، والتي حددت في الأهداف السلوكية للحقيبة. ومن الأمثلة على الأنشطة المرجعية: قراءة كتب مقررة، والاستماع الى محاضرة، ودراسة الشفافيات. اما النشاطات التطبيقية فهي: كتابة بحوث عمل، او إعداد لوحة، او صنع نموذج معين، أو تلخيص موضوع، أو اجابة اسئلة، أو طرح مقترحات لتطوير موضوع ما، على سبيل المثال[1].

وكما ذكرنا سابقاً، فان أحد أهم أسس الحقيبة التعليمية تنوع الوسائل والخبرات بشكل يتيح للمتعلم الاختيار من بينها ما يناسب نمط تعلمه وقدراته وسرعته في التعلم مما يحقق الهدف الأساسي من الحقيبة، وهو المساعدة في التعلم الذاتي. بالاضافة الى ذلك تشتمل الحقيبة التعليمية على مستويات متعددة للمحتوى، وذلك بسبب الاختلاف بين الطلاب في القدرات العقلية والخلفية المعرفية، ولذلك فهي تضم عدة مستويات تتدرج في الصعوبة والعمق بحيث يجد كل متعلم المادة التي تناسب قدراته مع مراعاة أن تضم جميع المستويات الحد الأدنى من الأساسيات التي يتعين على كل متعلم اجادتها.

ومن المفيد في هذا المجال ان يجيب المصمم عن هذه الأسئلة عند تصميمه للنشاطات التعليمية:

1- ما المواد التعليمية المتوفرة ؟

2- هل الهدف المراد تحقيقه مهم لدرجة تتطلب استخدام اكثر من نشاط تعليمي لتحقيقه ؟

3- ما الخصائص التي يتصف بها التلاميذ الذين سيستخدمون الحقيبة التعليمية؟

4- هل تتصف الغرف الصفية بمزايا او عيوب تؤثر في انجاز أحد النشاطات؟

---

(1) جودت أحمد سعادة، مرجع سابق.

وبعد تصميم نشاطات التعلم الملائمة وبنائها، ينبغي تجربتها على مجموعة صغيرة من التلاميذ من أجل ملاحظتها بشكل جيد وتعديلها عن طريق التغذية الراجعة[1].

أما فيما يتعلق بمحتوى الحقيبة التعليمية فيتم تحديده واختياره من قبل المعلم حسب ما يراه مناسباً، وعادة يحدد المحتوى من خلال المفاهيم والأفكار الجزئية التي تتضمنها الحقيبة، ويطور باستخدام الأنشطة والمواد التعليمية المختلفة. والجدير بالذكر هنا أن الحقيبة التعليمية تضم فكرة رئيسة واحدة تطور من خلال انشطة ومواد تعليمية مختلفة، وهنا تجدر الاشارة الى ان تعدد مستويات المحتوى من أهم ما يميز الحقيبة وأهم التحديات التي يتوقع من المصمم أن يواجهها؛ فعلى المصمم أن يعمل على احتواء الحقيبة على مستويات مختلفة من حيث الصعوبة والعمق، بحيث يجد كل متعلم المادة التي تناسب قدراته. ولكي يتحقق ذلك يجب تحليل محتوى المادة وتحديد الحد الأدنى من الأساسيات التي يتعين على كل متعلم اجادتها، كما ينبغي أن تحوي مستويات متقدمة تتيح للطالب النابه أن يشبع رغبته في التعمق.

سادساً: بناء الاختبار الذاتي (التقويم)

يسبق الاختبار الذاتي الاختبار البعدي، وسيلة للحصول على التغذية الراجعة بحيث يتعرف الطالب إلى نقاط ضعفه وقوته وجوانب الحقيبة التي لا يزال في حاجة الى مراجعتها ودراستها والجوانب التي أتقنها بالفعل؛ فالاختبار الذاتي يوضح مدى التقدم الذي أحرزه الطالب.

---

(1) عبد الرحيم صالح عبدالله، استخدام الصور المستوية في اطار تطبيقات التعلم المصغر في المرحلة الابتدائية في مجال (اعمل وتحدث)، مرجع سابق.

سابعاً: بناء (الاختبار) البعدي للحقيبة

يقيس هذا الاختبار مدى تحقيق الطالب لأهداف الحقيبة، ويتألف مـن عـدة فقـرات يختلف عددها حسب الفكرة الرئيسة والأفكار الثانوية في الحقيبة من ناحيـة ومسـتوى الطـلاب وخبراتهم السـابقة مـن ناحيـة أخـرى، وتكـون أسـئلة الاختبار ذات أجوبـة قصـيرة أو أسـئلة موضوعية، ويصحح هذا الاختبار لمعرفة النسبة المئوية التي حصل عليها الطالـب، لتقريـر مـا اذا كان قد وصل فعلاً الى النسبة المطلوبة أم لا.

ثامناً: اقتراح نشاطات متعمقة

في حال اهتمام بعض الطلاب بمفهوم معين أو موضوع ما، فلا بد مـن تشجيعهم عـلى مواصلة هذا الاهتمام عن طريق وضع قسم آخر في الحقيبة يسمى نشـاطات متعمقـة، ويقـترح فيه عدد من النشاطات الاضافية التي تتيح للطالب فرصة متابعة اهتمامه بهذا الموضوع، مثال ذلك أن يقـوم الطالـب بالكتابـة في موضـوع مـن موضـوعات الحقيبـة التعليميـة أو مفاهيمهـا المتعددة، وقد يكافأ الطالب على هذا العمل من أجل تشجيع غيره على القيام بهـذه النشـاطات وعدم الاكتفاء بالنشاطات المرجعية والتطبيقية.

تاسعاً: كتابة قائمة بمصادر الحقيبة وموادها المطبوعة

في نهاية الحقيبة التعليمية، يرفق المصمم ملحقاً يضم صوراً من المـواد المطبوعـة مـن الكتب والمراجع والمجلات المختلفة حتى تصبح الحقيبة ذات محتوى جيد، كما يجب كتابة قائمة بجميع المصادر والمراجع التي استعين بها أو الاشارة اليها داخل الحقيبة[1].

---

(1) جودت أحمد سعادة، الحقيبة التعليمية، نموذج للتعلم الفردي، مرجع سابق.

الحقائب التعليمية والتغذية الراجعة

ان وظيفة التقويم في الحقيبة التعليمية ليست مجرد اصدار احكام على المتدرب، بإعطائه درجة معينة، وانما مساعدته في اتقان المهارة او المهارات التي ترمي الحقيبة الى تحقيقها لدى المتعلم، ومن هذا المنطلق لا يتم التقويم في الحقيبة إلا بعد الانتهاء من ممارسة الخبرات والنشاطات المتضمنة فيها؛ فالهدف من التقويم في الحقيبة هو مساعدة المتعلم في اكتساب المهارة وتزويده بالتغذية الراجعة المستمرة، التي يتحدد من خلالها مدى اتقان المتعلم للمهارة أو المهارات التي تهدف اليها الحقيبة، وعادة يشتمل هذا الجزء على اقتراح بعض الأنشطة للمتابعة، وتعزيز عملية التدريب واكساب المهارات للمتعلم، ومن الممكن ان تكون هذه الأنشطة أنشطة تدريبية، او قراءات اضافية، او القيام ببعض البحوث والدراسات التي تسهم في اغناء النمو المهني للمتعلم وتعزيزه، واذا بلغ المتعلم المستوى المطلوب من اتقان المهارة، ينتقل الى حقيبة اخرى، اما اذا لم يبلغ المستوى المطلوب فإنه يكرر عملية تعلم الحقيبة ثانية.

الحقائب التعليمية والتقنيات التعليمية

تشكل الحقيبة التعليمية نظاماً تعليمياً متكاملاً، يقوم أساساً على مبدأ التعلم الفردي؛ ذلك المبدأ الذي يعد أحد أهم تطبيقات التكنولوجيا المعاصرة، ويعنى باستخدام العلم والمعرفة في المواقف التعليمية المخطط لها وتقويم فعالية هذه المواقف، لذا يتبع الاعداد لتصميم الحقيبة بصفتها نظاماً تعليمياً المنحى النظامي؛ فهو يبدأ بتحديد الأهداف بصيغة سلوكية وتحديد صفات المتعلمين لمساعدة المصمم في اختيار المواد التعليمية المختلفة وتصميمها بشكل يتيح للمتعلم حرية اختيار النشاط المناسب وطريقة التدريس الملائمة لذلك النشاط من أجل اتقان أهداف التعلم.

تتميز الحقائب التعليمية عن غيرها من نماذج التعلم الفردي باعتمادها الواضح على استخدام التقنيات التعليمية، كما تتميز بتركيزها على تنويع الوسائل التعليمية بمختلف أنواعها من سمعية الى بصرية الى سمعية بصرية الى متفاعلة، فتنتشر فيها اشرطة الصوت وأشرطة الفيديو وأقراص الحاسوب وغيرها من الوسائل والتقنيات التي من شأنها أن تغني الموقف التعليمي بكثير من الحيوية والحركة، وتزود المتعلم بالصورة والصوت للقيام مقام المعلم في بعض الاحيان، وينبغي على مصمم الحقيبة التعليمية أن يوائم بين اختيار الوسيلة وبين الهدف والمحتوى وطبيعة المتعلم.

إن تنوع الوسائل التعليمية من شفافيات وشرائح مجهرية واشرطة صوت وفيديو واقراص حاسوب يختلف باختلاف المتعلمين وتفضيلهم التعلم اللفظي، أو البصري، أو السمعي؛ فالأفراد يختلفون في استجاباتهم للمثيرات المختلفة.

الأمور الواجب مراعاتها عند استخدام الحقيبة التعليمية

إن استعمال الحقائب التعليمية أسلوب جديد في التعلم، لذلك يتوجب مراعاة بعض الأمور عند استخدامها وإلا فإن إهمال هذه الأمور سيؤدي الى فشل مهمة الحقائب، ومن أبرز هذه الأمور ما يلي:

1- ضرورة نشر الوعي بأهمية الحقائب التعليمية قبل البدء بتطبيقها، لجدتها في الحقل التربوي في عالمنا المعاصر، وبالتالي سيشعر التلميذ بعدم الكفاءة في التعامل مع الحقيبة وصعوبة التكيف معها إذا أقدم على تطبيقها دون مقدمات. كما يختلف دور المعلم عن دوره التقليدي السابق، ولذلك لا بد من تعويد كل من الطالب والمعلم على استعمال الحقيبة التعليمية بالشكل الصحيح.

2- تتطلب الحقيبة التعليمية وقتاً كبيراً وجهداً اضافياً من المعلم من حيث الاشراف على الطلاب وارشادهم ومساعدتهم بشكل فردي، وهذا يعني ضرورة تخفيف العبء الروتيني الواقع على المعلم حتى يجد وقتاً كافياً لبناء الرزم التعليمية اللازمة.

3- تتطلب الحقيبة التعليمية من المعلم الاشراف الدقيق والمتابعة لكل طالب، لذلك يتوجب عليه استخدام أسلوب التقويم المستمر للتأكد من أن كل تلميذ يسير في تعلمه بالسرعة المناسبة لقدراته ومؤهلاته [1].

الفوائد التربوية للحقيبة التعليمية

يحقق استخدام الحقائب التعليمية الفوائد التربوية التالية:

1- يساعد في تحقيق أهداف تعلم محددة مسبقاً ومخطط لها بعناية.

2- يساعد كل تلميذ في السير في تعلمه بالسرعة التي تناسب قدراته ومستوى تحصيله، ويعطي التلاميذ البطيئين في التعلم مزيداً من الوقت بحيث يمكنهم من تحقيق الأهداف التربوية دون أن يشعروا بالفشل، كما تتيح للتلاميذ العاديين الوقت الكافي لانجاز المهام التي يجدون صعوبة في انجازها.

3- لا تعمد طريقة الحقائب الى مقارنة مستوى التلميذ التحصيلي بمستوى أي تلميذ آخر، وبذلك فهي تجنب التلاميذ الضعاف الشعور بالنقص في حالة مقارنتهم بالمتفوقين، وهذا يقي التلاميذ من الاحباط الذي ينفرهم من التعلم، علماً بأن وقاية التلميذ من التعرض لمشاعر الاحباط تزيد من متعة التعلم والاقبال عليه.

---

(1) عبد الرحيم صالح عبدالله، **مرجع سابق.**

4- تتطلب استعمال أساليب التشخيص الفردي للتلاميذ، وذلك من أجل أن يعرف المعلـم اهتمامات تلاميذه، وحاجاتهم، وقدراتهم قبل ان يقدم لهـم الأنشـطة التعليميـة وفي اثناء ممارستهم لها بشكل فردي.

5- مما سبق يتبين أن الحقائب التعليمية تقي التلاميذ من الشعور بالخوف من الفشل، فهي لا تصنف التلاميذ في فئة الفاشلين اذا عجزوا عن تحقيق المسـتوى المرغوب مـن الكفاءة، وبدلاً من ذلك يتعاون المعلـم مـع التلميـذ في العمـل عـلى تحقيـق مسـتوى الكفاءة المرغوب فيه.

6- تعود الحقائب التعليمية التلاميذ على تحمل مسؤولية تعلمهـم، وفي الوقت نفسـه تقدم لكل منهم الكثير من المساعدة في توجيه تعلمه؛ فمثلاً يسـاعد الاختبار الـذاتي الذي تحتوي عليه الحقيبة في تحديد المكانة التي وصل إليها، وما اذا كـان يسـير نحـو الأهداف الموضوعة أم لا.

7- تساعد الحقائب التعليمية المعلم في اعادة النظر بعناية ودقة في خططه التعليميـة وتعديلها بشكل يساعد التلميذ في النجاح في تحقيق أهداف تعلمه، وذلك مـن خـلال ادراك مدى اتقان التلميذ لأهداف الـتعلم ومـدى تـأخره في اتقانها في أي وقت مـن الاوقات[1].

وينبغي ان نؤكد هنا ان نجاح استخدام هـذه الحقائب لا يتوقـف فقـط عـلى حسـن تصميمها وجودة اعدادها، بل يحتاج الأمر ايضا الى قدر كبير من المرونة التنظيميـة في العمليـة التربوية، كسلطة اتخاذ القرارلدى المعلم الذي يفترض أن يقترب من الطالب أكثر فيما يتعلق بمـا يرغب في تعلمه او فيما يتعلق بالجدولة أو بالتنظيم داخل المجموعات، كما ان المعلم في حاجـة الى تعرف ملامح دوره الجديد ضمن إطار هذا النظام والاقتنـاع بـه، ثـم التـدرب عليـه واتقانـه، وأخيراً لا بد من أن تتوفر المواد أو الحقائب التعليمية الكافية كماً ونوعاً.

---

(1) عبد الرحيم صالح عبدالله، **مرجع سابق.**

انتاج الحقائب التعليمية

تكمن أهمية الحقيبة التعليمية في أنها تمكن المتعلم من الممارسة العملية للخبرات والمهارات المسموعة والمرئية والحسية المناسبة، والحصول على المعلومات وإفساح المجال للملاحظة والتدقيق والتعامل مع المواد بشكل مباشر الى الدرجة التي تمكن من تحقيق الأهداف المطلوبة.

ولا بد قبل البدء بانتاج الحقيبة التعليمية من الاعداد الجيد لها، وذلك بدراسة المناهج بشكل متعمق والتعرف إلى المواضيع والأنشطة المتشابهة التي من الممكن انتاج حقيبة تعليمية تخدمها، ودراسة الفائدة التي يمكن تحقيقها من خلال هذه الحقيبة، ومدى انعكاس آثارها الايجابية على الطلبة بما يساهم في رفع سوية تفكيرهم، ويساعد في تبسيط القوانين والنظريات الواردة في المناهج الدراسية، مما يسهل فهمها، ويساعد في ترسيخها في أذهان الطلبة.

دراسة فاعلية الحقيبة التعليمية

ولتحقيق ذلك يتم في البداية انتاج عدد محدود من الحقيبة التعليمية، ومن ثم تعقد ورشة عمل يشارك فيها الأشخاص الذين اقترحوا اعداد هذه الحقيبة اضافة الى بعض المشرفين وعدد من المعلمين وقيمي المختبرات المتميزين، يتم خلالها تجريب الحقيبة التعليمية ودراسة ملاحظات المشاركين بهدف ادخال التعديلات المقترحة على الحقيبة قبل انتاجها بالشكل النهائي.

توزيع الحقائب التعليمية

يتم توزيع الحقائب التعليمية على المدارس التي تتوافر فيها الصفوف التي تتضمن مناهجها الموضوعات التي عالجتها الحقيبة التعليمية، شريطة أن يتم ذلك بعد عقد ورش عمل يتم من خلالها تدريب المعلمين ذوي العلاقة على كيفية توظيف الحقيبة التعليمية في العملية التربوية.

استخدام الحقيبة التعليمية وتوظيفها

إن لاستخدام الحقيبة التعليمية شروطاً عدة، منها:

− الاطلاع المسبق من قبل المعلم على الحقيبة التعليمية، ودراستها، والتعرف إلى مدى ملاءمتها للمتعلمين.

− تحديد دور الحقيبة وكيفية استخدامها بما يتناسب وطريقة التعليم المتبعة.

− امكانية استخدام بعض موضوعات الحقيبة بما يتناسب واحتياجات المتعلمين.

− قد تستخدم الحقيبة لتدريس عدة نشاطات، وقد تستخدم أكثر من حقيبة لنشاط واحد.

− ضرورة التنسيق المسبق بين دور الحقيبة ودور المعلم في الحصة الصفية.

− ضرورة الانتباه الى أن الحقيبة التعليمية وسيلة ايضاح وليست وسيلة تقويم.

دراسة أثر الحقيبة التعليمية في العملية التربوية (تقويم الحقيبة)

التقويم خطوة أساسية من خطوات تصميم الحقيبة التعليمية؛ إذ يتم من خلاله التعرف إلى مدى تحقيق أهداف الحقيبة التعليمية، كما يقدم تغذية راجعة لكل من المعلم والمتعلم. لذلك فإن من الضروري بعد مرور وقت معين على توزيع الحقائب التعليمية واستخدامها في العملية التربوية من قبل شريحة كبيرة من المعلمين والطلبة جمع الاستبانات المرفقة بالحقيبة لدراستها، ودراسة ملاحظات مستخدميها، وذلك بهدف التعرف إلى أثر الحقيبة التعليمية التي تم انتاجها في العملية التربوية.

ويكون تقويم الحقيبة التعليمية بإحدى الطرق التالية:

− مقارنة أداء المتعلم قبل استخدام الحقيبة التعليمية وبعده.

− مقارنة أداء المتعلم الذي يستخدم الحقيبة باداء متعلمين آخرين لا يستخدمون الحقائب التعليمية.

− التقويم وفق محك أو معيار خارجي.

أنواع التقويم

- **التقويم التكويني او البنائي**: يبدأ في أثناء اعداد الحقيبة، ولكل عنصر من عناصرها، ويهدف الى تقديم تغذية راجعة من عدة مصادر (المعلم، المتعلم، الخبراء، ...).

- **التقويم النهائي**: يتم بعد الانتهاء من اعداد الحقيبة وتقويمها تقويماً بنائياً ومن ثم طرحها للاستخدام، ويكون بتجريبها على مجموعتين من المتعلمين بهدف دراسة مدى فاعليتها في توفير المعلومات [1].

أثر استخدام الحقائب التعليمية في تدريس العلوم

يختلف تصميم الحقيبة التعليمية التي يمكن استخدامها باختلاف المرحلة التعليمية؛ ففي مرحلة التعليم الأساسي يجب التركيز على الخبرات المباشرة قدر الامكان. ويتمثل ذلك في الاعتماد على الاشياء الحقيقية كالعينات والنماذج والصور والمجسمات. ويعتبر ذلك ضروريا في هذه المرحلة لعدم قدرة التلميذ على التجريد والتخيل لأشياء غير موجودة أمامه.

كذلك يجب استخدام تقنيات تعليمية جديدة تراعي الفروق الفردية بين الطلبة، واكسابهم بعض الحقائق والمفاهيم المتعلقة بالبيئة.

---

(1) جاسم محمد عواد، **الحقائب التعليمية، كيفية تصميمها وانتاجها واستخدامها وتوظيفها**، وزارة التربية والتعليم، بغداد، 1992.

الباب السادس
تصميم التعليم

- مقدمة
- مفهوم علم تصميم التعليم
- تعريف علم تصميم التعليم
- خصائص عملية تصميم التعليم
- جذور علم التصميم
- أهمية علم تصميم التعليم
- الأطر النظرية الأساسية المحددة لتصميم التعليم
- الأسس النظرية التي تساهم في تصميم التعليم
- خطوات تصميم التعليم :
  - تحديد الأهداف التعليمية
  - تحليل المحتوى التعليمي
  - تحديد السلوك المدخلي للمتعلم
  - كتابة الأهداف الأدائية السلوكية
  - بناء الاختبارات محكية المرجع
  - تحديد استراتيجية التعليم
  - تنظيم المحتوى التعليمي
  - اختيار المواد التعليمية التعلمية وتصميمها
  - التقويم التكويني

الباب السادس
تصميم التعليم

مقدمة

يعد علم تصميم التعليم (Science of Instruction Design) من العلوم الحديثة التي ظهرت في السنوات الاخيرة من القرن العشرين في مجال التعليم، وهو علم يصف الاجراءات التي تتعلق باختيار المادة التعليمية (الادوات، والمواد، والبرامج، والمناهج) المراد تصميمها، وتحليلها، وتنظيمها، وتطويرها، وتقويمها، وذلك من اجل تصميم مناهج تعليمية تساعد المتعلم في التعلم بطريقة أفضل وأسرع، وتساعد المعلم في اتباع أفضل الطرق التعليمية في أقل وقت وجهد ممكنين.[(1)]

مفهوم علم تصميم التعليم

يعني مفهوم التصميم اصطلاحاً هندسة الشيء بطريقة ما، وفق محكات معينة، أو عملية هندسية لموقف ما، والتصميم هو عملية تخطيط منهجية تسبق تنفيذ الخطة.[(2)]

ويعد علم تصميم التعليم من العلوم التعليمية التي حاولت الربط بين الجانب النظري من ناحية، والجانب التطبيقي من ناحية أخرى؛ فالجانب النظري هو ما

(1) محمد ذيبان غزاوي، **ورقة عمل مقدمة في المؤتمر التربوي**، بيروت، لبنان، 1996.

(2) يوسف قطامي، نايفة قطامي، نرجس حمدي، **تصميم التدريس**، جامعة القدس المفتوحة، عمان،الاردن، 1994.

يتعلـق بنظريـات علـم الـنفس العـام، وخاصـة مـا يتعلـق بنظريات التعلم، بينما يتعلق الجانب التطبيقي بمجالين رئيسـين هـما: [1]

أ. وصف البرامـج التعليميـة والاسـتراتيجيات المناسبة للتعلـيم، وكيفية استخدامها في غرفة الصف (Software).

ب. تحديد الأداة التعليمية أو الوسيلة التكنولوجيـة المناسبة للتعليم، كاسـتخدام الحاسـوب والتلفـاز التربـوي والإذاعـة المدرسـية والمسـجلات والأفـلام التعليميـة وغيرهـا، وكيفية اسـتخدام هـذه الأدوات أو الوسائل في غرفة الصف (Hardware) . [2]

تعريف علم تصميم التعليم

هناك عدة تعريفات لعلم تصميم التعليم، أهمها:

- تعريف ميريـل الـذي يعرفـه بأنـه "تحديـد ظـروف بيئيـة وإنتاجهـا بحيث تدفع المتعلم إلى ما يؤدي إلى تغيير سلوكه". [3]

- تعريف ريجليوث الذي يعرفه بأنه "العلم الـذي يهـتم بفهـم طـرق التدريس وتحسينها وتطبيقها"، أو هـو "العمليـة التـي يقـرر مـن خلالها أيـة طريقـة تعليميـة أنسـب لتحقيـق التغـير في المعرفـة والمهارات بالنسبة لموضوع معين ولمجتمع وجمهور مستهدف مـن المتعلمين". [4]

---

(1) أفنان دروزة، **اجراءات في تصميم المناهج**، مركز التوثيق والأبحاث، جامعة النجـاح الوطنيـة، نابلس، فلسطين، 2001.

(2) Reigeluth, C.M., **Instructional Design, What Is It and Why Is It?** In C.M. Reigeluth (Ed)., 1983.

(3) Merrill, David, **Insturctionl Design Theory**, Englewood Cliffs, NJ: Educational Technology Publications, 1994 .

(4) Reigeluth, C.M., (**Op. Cit.**)

- تعريف "المنشي" التي تعرفه بأنه "عملية وضع خطة لاستخدام عناصر بيئة المتعلم والعلاقات المترابطة فيها بحيث تدفعه للاستجابة لمواقف معينة تحت ظروف محددة من أجل إكسابه خبرات محددة وإحداث تغيرات في سلوكه أو أدائه لتحقيق الأهداف المنشودة". [1]

- أما دروزة فتعرفه بأنه "حقل من الدراسة والبحث يتعلق بوصف المبادئ النظرية والإجراءات العملية المتعلقة بكيفية إعداد البرامج التعلمية والمناهج المدرسية والمشاريع التربوية والدروس التعليمية التعلمية المرسومة". وهو أيضاً "علم يتعلق بطرق تخطيط عناصر العملية التعليمية التعلمية وتحليلها وتنظيمها وتصويرها في أشكال وخرائط قبل البدء بتنفيذها. وسواء كانت هذه المبادئ وصفية أو إجرائية عملية فهي تتعلق بسبع خطوات أساسية هي: اختيار المادة التعليمية، وتحليل محتواها، وتنظيمها، وتطويرها، وتنفيذها، وإدارتها، وتقويمها". [2]

ويعرف قطامي وأبو جابر وقطامي تصميم التعليم بأنه "إجراءات مختلفة تتعلق باختيار المادة التعليمية المراد تصميمها وتحليلها وتنظيمها وتطويرها وتقويمها لمناهج تعليمية تساعد المتعلم في التعلم بطريقة أسرع وأفضل من ناحية، واتباع الطرائق التعليمية بأقل جهد ووقت ممكنين من ناحية أخرى". [3]

وبذلك فتصميم التعليم علم وتقنية، وهو يبحث في وصف أفضل الطرق التعليمية التي تعمل على تحقيق النتاجات التعلمية المرغوب في تطويرها، وفق شروط

---

(1) كمال اسكندر ومحمد الغزاوي، **مقدمة في التكنولوجيا التعليمية**، مكتبة الفلاح، الكويت، 1994.

(2) أفنان دروزة، **مرجع سابق**.

(3) يوسف قطامي، ماجد أبو جابر، ونايفة قطامي، أساسيات في تصميم التدريس، دار الفكر، عمان، 2001.

معينة، ويعد هذا بمثابة حلقة وصل بين العلوم النظرية والعلوم التطبيقية في مجال التربية والتعليم. [1]

خصائص عملية تصميم التعليم

تتصف عملية تصميم التعليم بمجموعة من الخصائص، أبرزها أنها عملية:

1. موجهة بأهداف.
2. منطقية وإبداعية في الوقت نفسه.
3. تهـدف إلى حـل المشـكلات، أي انهـا عـادة تتبـع منهجيـة حـل المشكلات نفسها وصولاً الى حل المشكلة.
4. تتأثر بالكثيـر مـن العوامـل، منهـا الخلفيـة المعرفيـة والمهاريـة والوجدانيـة للمصممين، وخبراتهم السـابقة، وطبيعة الموضـوع، والقيـود والمحـددات المحيطـة بالمصـممين، وموضـوع التصـميم، والإمكانات المادية اللازمة والمتوافرة.
5. ذات طابع إنسـاني واجتماعي، أي ان المصمم لا تنفصـل ذاتـه عـما يصممه.

جذور علم التصميم

ترجع جذور علم تصميم التعليم ونماذجه المختلفة بصفته جـزءاً من تكنولوجيا التربية الى المحاولات التي بـذلت في أمريكا في الحرب العالمية الثانية وبعد الحرب مبـاشرةً، وذلك لتعليم أعـداد كبيـرة مـن افراد الجيش استخدام التقنيـات الحديثة (المعـدات الحربية) بأقصر وقت وأقل تكلفة.

وقد تطور هذا المجال عبر عدد من المراحل التي اعتمدت بشكل أساسي على الأعمال السلوكية التقليدية الأولى لسكنر وبريسي، وتطورت بعد ذلك اعتماداً على أعمال سكنر المتقدمة، التي نقلت الاهتمام مـن نظريـة الـتعلم إلى نظريـة التدريس، كـما أكـدت الاهتمام بالبيئـة التعليمية، والتغيرات التقنية المتضمنة منهجية تصميم التدريس.

كما تم تأكيد أهمية التقنيات والبرامج التي تطبق في مواقف التدريس المختلفة بصفتها وسائط لتسهيل مهمة التعليم، وأدى هـذا كله إلى تغير النظرة تجاه تصميم التدريس.

---

(1) محمد الحيلة، تصميم التعليم: نظرية وممارسة، دار المسيرة، عمان، الاردن، 2005.

وقد حدد بولوك عام 1982م عددا من الركائز التي اعتمدها نظام تصميم التدريس السلوكي، وهي:

1. الموضوعية: التي تشير إلى أن وحدة تحليل السلوك الإنساني قائمة على ملاحظة الأحداث الخارجية.
2. البيئة: التي تشير إلى أن البيئة احد العناصر المهمة التي تحدد سلوك الإنسان.
3. التعزيز: الذي يشير إلى أن احتمال زيادة ظهور سلوك تعليمي يتوقف عادةً على نتائجه؛ إذ إن السلوك محكوم بنتائجه. [1]

أهمية علم تصميم التعليم

تكمن أهمية علم تصميم التعليم في محاولته بناء جسر- يصل بين العلوم النظرية من جهة (نظريات علم النفس العام، وبخاصة نظريات التعلم)، والعلوم التطبيقية (استعمال الوسائل التكنولوجية في عملية التعلم) من جهة أخرى. فيهدف هذا العلم الى استعمال النظرية التعلمية بشكل منظم في تحسين الممارسات التربوية.[2] ولعل المربي ريجليوث يعد من أوائل العلماء الذين دعوا الى الربط بين نظريات التعلم والمواقف التربوية، فهو القائل: "إن التعلم لا يتم إلا عن طريق العمل والخبرة". ولكن السؤال الذي يطرح نفسه هو: هل نحتاج إلى دراسة علم تصميم

---

(1) ماجدة السيد عبيد وآخرون، **أساسيات تصميم التدريس**، دار صفاء للنشر والتوزيع، عمان، الاردن، 2001.

(2) أفنان دروزه، **اجراءات في تصميم المناهج**، مرجع سابق.

التعليم؟ والجواب بالتأكيد هو نعم، فنحن نحتاج الى دراسة علم تصميم التعليم، لأننا في وقت احوج ما نكون فيه الى التعليم على مستوى التطبيق بدلاً من التعليم على مستوى التذكر والحفظ، فالتعليم في صورته الراهنة يفتقر الى الجانب التطبيقي؛ إذ يركز على الجانب النظري فقط. ولما كانت التربية العامة السائدة ليست هي التربية التي نطمح إليها، وهذا نراه واضحاً في تذمر الأهالي، وأفراد المجتمع المحلي، والطلبة انفسهم والمعلمين كذلك، فقد اصبحت الحاجة ماسة وملحة الى تعليم يهدف الى تنمية الطالب جسمياً، ونفسياً، وعقلياً، وانفعالياً، واجتماعياً، وإعداده للحياة العملية بعد تخرجه من المدرسة، ثم وضعه في المهنة التي توافق كفاءته العلمية، وقدراته، واستعداداته، وميوله (دروزة، 1986 ؛ Reigeluth, 1983).

إن العصر الذي نعيش فيه يتميز بالتغير والتطور السريعين وتسود فيه ظاهرة التفجر الثقافي والسكاني والتكنولوجي، هذا بالإضافة الى أننا نعيش في عصر العولمة الذي يغزو فيه جهاز الحاسوب والإنترنت جميع مرافق الحياة العامة والخاصة، مما يجعلنا في أمس الحاجة الى التزود بالتخصصات العلمية المختلفة في جميع مجالات العلم والمعرفة، التي يعد مجال التعليم واحداً منها، وربما من أهمها، فلكي نواجه هذا التغير السريع الذي يحدث في المجتمع والمدرسة، علينا ان نستخدم أجود الطرق والاستراتيجيات التعليمية التي تؤدي الى تحقيق الاهداف والغايات التعليمية في أقصر وقت وجهد ممكنين، وأقل تكلفة اقتصادية ممكنة، فالعلم الذي يزودنا بالطرق التعليمية والاستراتيجيات الفعالة هو علم تصميم التعليم الذي يصف لنا هذه الطرق والاستراتيجيات التعليمية ويصورها في أشكال وخرائط مقننة يمكن استعمالها وفق شروط خاصة (قطامي وقطامي وحمدي، 1994؛ Reigeluth, 1983).

يرى جانييه وبريجز ووجر (Gagne, Briggs and Wager, 1988) المشار اليهم في قطامي وأبي جابر وقطامي (2001)، أن هدف تصميم التعليم هو صياغة الأهداف وتحديد الطريقة التي تتحقق بها، وبيان متى يمكن ان يتحقق ذلك. وتستند

هذه العملية الى تطور نظرية التعلم السلوكية التي تزود المصمم التعليمي بمجموعة من الادوات التي تسمح له بأن يسهم في زيادة إمكانيات التعلم الفردية مثل التعلم المبرمج وآلات التعلم.

إن مصمم التعليم معني بتصميم بيئة المتعلم سواءً أكانت البيئة ذهنية أم نفسية أم مادية، من أجل تسهيل عملية التعلم، وتزويدها بالمصادر المتنوعة والدوافع، وهو أيضاً معني بتحديد درجة تنظيم مواقف التعلم، وتشكيل المواقف التعليمية المتنوعة وتنظيمها لتلبية احتياجات المتعلمين، ويقوم كذلك انطلاقاً من نظرية التعليم والتعلم المتطورة والمعدة للمواقف التعليمية التعلمية بتنظيم استراتيجيات التعليم وفق أحدث طرق تعليمية فاعلة (قطامي وابو جابر وقطامي، 2001: 30).

ويمكن تلخيص فائدة علم تصميم التعليم وأهميته في خمس نقاط جاء بها برات (Prat, 1980) المشار اليه في (دروزة، 1986 ؛ Reigeluth, 1983):

1. يؤدي تصميم التعليم الى توجيه الانتباه نحو الاهداف التعليمية, من الخطوات الاولى في تصميم التعليم، وتحديد الاهداف التربوية العامة، والاهداف السلوكية الخاصة للمادة المراد تعليمها، وهذه الخطوة من شأنها أن تساعد المصمم في تمييز الاهداف القيمة من الأهداف الجانبية، وتمييز الاهداف التطبيقية من الاهداف النظرية.
2. يعمل تصميم التعليم على توفير الوقت والجهد؛ فبما أن التصميم عبارة عن عملية دراسة ونقد وتعديل وتغيير، فإن الطرق التعليمية الضعيفة أو الفاشلة يمكن حذفها في أثناء التصميم قبل الشروع المباشر بتطبيقها. فالتصميم والتخطيط المسبق عبارة عن اتخاذ القرارات المناسبة المتعلقة باستعمال الطرق التعليمية الفعالة التي تؤدي الى تحقيق الاهداف المرغوبة .

3. يعمل تصميم التعليم على تسهيل الاتصال والتفاعل والتناسق بين الأعضاء المشتركين في تصميم البرامج التعليمية وتطبيقها ويقلل من المنافسات غير الشريفة بينهم.

4. يقلل تصميم التعليم من التوتر الذي قد ينشأ بين المعلمين، جراء التخبط في اتباع الطرق التعليمية العشوائية، لذا فتصميم التعليم من شأنه أن يقلل حدة هذا التوتر، بما يزود به المعلمين من صور وأشكال ترشدهم الى كيفية سير العمل داخل غرفة الصف.

ويرى الغزاوي (1996) أن هدف تصميم التعليم هو صياغة الاهداف العامة والسلوكية، وتحديد الاستراتيجيات، وتطوير المواد التعليمية التي يؤدي التفاعل معها الى تحقيق الاهداف.

ويرى أن أهمية تصميم التعليم تكمن في الآتي:

1. تجسير العلاقة بين المبادئ النظرية وتطبيقاتها في الموقف التعليمي.

2. استعمال النظريات التعليمية في تحسين الممارسات التربوية عبر التعلم بالعمل.

3. الاعتماد على الجهد الذاتي للمتعلم في عملية التعلم.

4. استخدام الوسائل والمواد والأجهزة التعليمية المختلفة بطريقة مثلى.

5. العمل على توفير الوقت والجهد عبر استبعاد البدائل الضعيفة، والإسهام في تحقيق الأهداف.

6. دمج المتعلم في عملية التعلم بطريقة تحقق أقصى درجة ممكنة من التفاعل مع المادة.

7. توضيح دور المعلم على أنه منظم للظروف البيئية التي تسهل حدوث التعلم.

8. تقويم تعلم الطلبة، وتدريس المعلم.

9. تفريغ المعلم للقيام بالواجبات التربوية الأخرى إضافة الى التعليم.

يتضح من ذلك أن للمعلم دوراً كبيراً في عملية التعليم؛ إذ يقوم بإدارة تنفيذ المصممات التعليمية في الموقف التعليمي آخذاً بعين الاعتبار المستجدات التي قد تطرأ وتؤدي الى إجراء بعض التغييرات في أثناء التنفيذ.

الأطر النظرية الأساسية المحددة لتصميم التعليم

يذهب علماء الاتجاه السلوكي إلى أن التعلم تغير في السلوك نتيجة المرور بخبرة أو تدريب ما.

ويرتكز الأساس النظري لتصميم التدريس على الأطر السبعة الآتية:

1. طريقة حدوث التعلم.
2. العوامل التي تؤثر في التعلم.
3. دور الذاكرة.
4. انتقال أثر التعلم والتدريب.
5. نواتج التعلم المفضلة التي تتحقق وفق هذا الاتجاه.
6. الافتراضات النظرية التي تتعلق بتصميم التعليم.
7. أسلوب تنظيم الموقف التعليمي. [1]

الإطار الأول: طريقة حدوث التعلم

يتم تحديد المحتوى الذي يراد تعلمه وفق أهداف سلوكية تتم صياغتها في صورة نواتج تعليمية مبتدئة بأفعال إجرائية قابلة للملاحظة والقياس والتقويم وظاهرة وفق مستويات.

---

(1) ماجدة السيد عبيد وآخرون، **أساسيات تصميم التدريس**، مرجع سابق.

ويهدف التعلم الى زيادة سيطرة المتعلم على الظروف البيئية والتحكم بها عن طريق إجراء تغيرات تحدث لدى المتعلم ويتم قياسها بقياسات بارامترية يتم فيها تحديد خط البدء ومرحلة السلوك النهائي الذي يمثل قدرة المتعلم على الأداء.

وتتحدد هذه المتغيرات عادة من خلال كمية التغير الذي يحدث في صورة أداءات، والأداء هو وحدة قياس التعلم السلوكية؛ إذ يتحدد التعلم بمستوى الأداءات التي تحدث لدى المتعلم.

ويتحدد نوع التعلم الذي يحدث لدى المتعلم من خلال السلوك الإجرائي للحصول على التعزيز المناسب الذي يزيد من احتمالية ظهور السلوك المرغوب.

الإطار الثاني: العوامل التي تؤثر في التعلم

يعطي السلوكيون دراسة المتعلم وخصائصه، والبيئة ومتغيراتها وشروطها أهمية كبيرة، ويتم في العادة إجراء اختبارات بعدية لتحصيل المهمة أو التدرب الذي يحققه المتعلم بعد مروره في خبرة معينة، وذلك لتحديد درجة التحسن، ومدى تحققه، والمعززات التي تقدم واختبار فاعليتها في تحقيق المستوى المخطط له، وتحديد نوع التعزيز الذي يناسب المتعلم أو التدريب الذي يستجيب له. ويعنى السلوكيون أيضاً بعملية تنظيم المثيرات وإدارتها وما يترتب عليها من نتائج ضمن الظروف البيئية المعدة لذلك.

ويرى السلوكيون ان التغيير أو التعديل في السلوك هو تغير ظاهر ناتج عن الخبرة أو الممارسة وضبط المثيرات البيئية، التي تتضافر معاً وتسهم في استثارة الحصول على الاستجابة التي تهيء الفرصة للحصول على التعزيز المناسب، الذي يزيد من احتمالية ظهورها.

وقد أدى هذا الفهم الى ظهور افتراض مفاده أن الاستجابة المعززة هي المثير المهيء لظهور استجابة تالية معززة، كما ادى ذلك الى تسليط الضوء على مفهوم تاريخ الشخص فيما يتعلق بالتعزيز، الذي يرجع الى مبدأ مفاده أن كل

شخص محكوم بنظام تعزيز خاص به طوره في مراحـل نمـوه وتنشئته، ولذلك فهو تحت تأثيره في كثير من الحالات.

الإطار الثالث: دور الذاكرة

تتحدد خبرات المتعلم بالسلوك الذي لاقى تعزيـزاً كافيـاً أدى إلى تثبيتها واسترجاعها عند الحاجة، لذلك يعد التذكر مرادفاً للخبرات المعززة، في حين يرادف النسيان الخبرات متدنية التعزيـز. وعليـه فـإن الذاكرة ضمن هـذا النظام مجموعـة مـن المثيرات المحـددة بـروابط اتبعت بتعزيز مناسب، ويتحدد ظهور الاستجابة المناسبة مـن الـذاكرة بكميـة التعزيـز التـي قدمت في أثناء تشكيل الـتعلم وفق تسلسـل تعزيزي لاستجابات مناسبة ومتتابعة.

الإطار الرابع: انتقال اثر التعلم والتدريب

يشير انتقال أثر التعلم إلى تطبيق المعرفة المتعلمـة بطريقـة جديدة في مواقف جديدة، بالإضافة الى الطريقة التي يؤثر فيها الـتعلم السابق في التعلم الجديد. ويرى السلوكيون أن الانتقال يحدث نتيجـة للتعميم؛ إذ إن المواقف التي تضم عناصر متشابهة ومشتركة ومتقاربـة تسمح بنقل الخبرات السابقة وتعميمها على الخبرات الجديدة.

وقد حدد جانييه ورفاقه (1988) نوعين من الانتقال، هما:

1. الانتقال الأفقي: وهـو الانتقـال الـذي يـتم بوجـود عنـاصر تتسـم بمستوى متكافئ من الصعوبة.

2. الانتقـال العمـودي: ويـتم حـين يواجـه المـتعلم مواقـف تتطلـب خبرات أساسية للانتقال الى مستوى أعـلى مـن الصعوبة، ويشـترك مع الخبرات السابقة.

ويتم الانتقال – كما ذكر ثورندايك - من خـلال التـدريب، الـذي يـوفر عناصر الشبه بين الاستجابات المتعلقة، التـي هـي عبـارة عـن الـروابط التدريبية المتشكلة في خبرات المتعلم والمتدرب.

ويذكر جويتس والكسندر واش(1992) أن بعض الخبرات يعيـق نقـل خبرات جديدة، وهذا يسمى الانتقال السلبي، كما بينوا مفهوم الفشـل الاسترجاعي الـذي يواجهه المـتعلم في أثنـاء اشـتراكه في تعلم برنامج تعليمي.

الإطار الخامس: نواتج التعلم المفضلة التي تتحقق وفق هذا الاتجاه

افترض "دين" أن السـلوكية حاولت وصف الاسـتراتيجيات الأكـثر فائـدة وملاءمـة وتقويـة للـروابط بـين المثيرات والاسـتجابات، متضمنة استخدام التلميحـات التعليمية والممارسة، وتعزيـز الـروابط المتحققة لدى المتعلم.

وقد تم التوصل الى دلالات صادقة وموثوقة عـلى أن تسـهيل الـتعلم يمكـن أن يحـدث وفـق التغـيرات والتعمـيمات التـي يجريهـا المـتعلم، ممـا يسـاعده في اسـتدعاء الحقـائق والمبـادئ والمفـاهيم والـروابط، وإحـداث تعلم السلسـلة وتأديـة الخبرات المتعلمـة وفـق اجراءات محددة.

لذلك يتطلب التعلم السلوكي القائم عـلى الربط، والتذكر، والاستدعاء، والحفظ، واسترجاع الخبرات المرتبطة بتلميحات ومنبهـات تم إنشاؤها من أجل تحقيـق عمليـة الحفظ، آليـة محـددة تتمثل في تنمية المهـارات واكتسـاب العـادات التـي يصـادفها المـتعلم في خبراتـه الصفية والخبرات المشابهة لها.

الإطار السادس: الافتراضات النظرية التي تتعلق بتصميم التعليم

في السنوات الأخيرة بدأت تطبيقات التعلم السلوكي تظهـر في التعلم القائم على برمجيات الحاسوب وتعلم الإتقان. ومن الافتراضات التي تؤكد دور المعلم في تصميم التعليم السلوكي – كما ذكر اريتمـر ونوبي – ما يأتي:

1. تأكيد النـواتج القابلـة للملاحظـة والقياس مـن خـلال عمليـات صياغة الأهـداف السـلوكية وتحليـل المهمـة، والتقويم المعيـاري والمحكي.

2. إجراء اختبار قبلي يحدد نقطة البدء في موقف التعليم والتدريب، وما تم تصنيفه تحت عنوان تحليل مدخلات المتعلم ليسهم ذلك في تخطيط التعلم المناسب للمتعلمين والمتدربين.

3. تأكيد إتقان الخطوات الاولية البسيطة قبل التقدم نحو مستويات أكثر تعقيداً، ويتمثل ذلك في تدرج العرض التدريبي وتتابعه، وإتقان التعلم.

4. استخدام التعزيز الذي يقوي التعلم ويعمل على صيانته من خلال المعززات المحسوسة، والتغذية الراجعة المستمرة والنهائية.

5. استخدام التلميحات والتشكيل والممارسة لتأكيد الروابط القائمة بين المثيرات والاستجابات للعمل على تسريع التعلم الذي يتدرج من البسيط الى المعقد.

6. اتباع المتعلم والمدرب بعض أنماط السلوك التي تؤدي الى معرفة النتائج، مما يعزز الاستجابة المعززة ويقويها ويزيد احتمال ظهورها.

7. التغيير أو التعديل أمر دائم وثابت نسبياً، وهو يحدث بمقدار ما يتحقق لدى المتعلم من تعزيز في أثناء عملية التعلم.

الإطار السابع: أسلوب تنظيم الموقف التعليمي

يهدف التعليم السلوكي إلى استمرار الاستجابة المرغوبة من المتعلم، الذي تقدم له عادة مجموعة من المثيرات أو المواقف التعليمية المستهدفة، والى ان يتحقق ذلك يجب أن يكون المتعلم قادراً على إحداث الاستجابات المناسبة أو إجرائها وفق ظروف حدوث الأداء. وينظم موقف التعلم السلوكي عادةً بحيث يتضمن عرض المثيرات وما يرتبط بها من استجابات يصدرها المتعلم، وتهيئة الفرص المناسبة لضمان تحقيق الممارسة للحصول على الاستجابة المناسبة، ومن اجل توفير الروابط بين ازدواج المثيرات والاستجابات تتضمن مواقف التعلم التلميحات التي تحض على الاستجابة، ويعمل التعزيز على تقوية الاستجابة الصحيحة للمثيرات المحددة التي يتضمنها الموقف. لذلك يعمل ضمان ترتيب الموقف وتسلسله وتدرجه وزيادة احتمالية الاستجابة وزيادة فرصة اتباعها بتعزيز، على تسهيل التعلم وتحقيق النواتج المرغوبة.

الأسس النظرية التي تساهم في تصميم التعليم
نظرية ريجليوث التوسعية (Reigeluth Elaborative Theory)

تتناول نظرية ريجليوث التوسعية تنظيم محتوى المادة الدراسية على المستوى الموسع (Marco-Level)، بعكس نظريات المكونات التدريسية لميريل. وهذا المستوى يتناول تنظيم مجموعة من المفاهيم أو المبادئ أو الإجراءات او الحقائق والمعلومات التي تكون محتوى وحدة دراسية أو محتوى منهج دراسي يتم تدريسه في سنة أو فصل أو شهر.

لقد تم بناء هذه النظرية على أساس مفاهيم المدرسة الجشتالطية التي تؤمن بأن التعلم يتم عن طريق الكل وليس عن طريق الجزء. وقد تمكن جونسون وفاو (Johnson and Fao) [1] من التوصل لأربعة أسس لهذه النظرية، وذلك بعد دراسة البنية المنطقية والاجراءات المتبعة في تنفيذها، وهذه الأسس هي:

1. التعلم الهرمي (Hierarchical Learning) وفق نموذج جانييه وبريجز وويجر (Gagne, Briggs and Wager).

ويشير هذا النموذج الى التدرج في التعليم؛ إذ يبدأ بالتعلم الإشاري، وينتهي بتعلم المشكلات، وقد افترض جانييه (Gagne, 1985) ما أسماه المقدرات (Capabilities) كوحدة تعلم لاكتساب أي خبرة، كما افترض وجود المتطلبات السابقة (Pre-requisites) أساساً لتعلم أي خبرة جديدة. وهذا يؤدي الى حدوث فراغ قد لا يتحقق بعد التعلم إلا بتوفير المتطلب السابق، وبذلك يستمر التعلم وينمو إلى أن يصل الى قمة الهرم (Eggen and Kauchak, 1992 : 452)، وتعتمد هذه الاستراتيجية على مفهوم بنية التعلم التي تتضمن البنى المفاهيمية التي تظهر الحقائق والأفكار التي ينبغي تعلمها قبل أي فكرة جديدة.

---

(1) Johnson, K. and Fao, L., **Instructional Design**, 1989.

النموذج الحلزوني (Spiral Model)

يركـز فيـه برونـر [1] (Ausubel, 1968) [2] عـلى ان المحتـوى التدريسي يجب ان يبدأ بمستوى عـام يتضـمن المعرفـة اللاحقـة التـي يجب اتباعها بخطوات تدريسية تشتمل عـلى عـرض عمليـات تسـاعد المتعلم في احداث عمليات تمايز متعاقبة، والتدرج في تقديم معلومات أكثر تفصيلاً من المعلومـات المحـددة التـي تـدور حـول افكـار تعـرض بصورة عامة. وأكد أوزوبـل أن الخبـرات الجديـدة يمكـن اكتسـابها إذا كانت ذات معنى وترتبط مع الاجزاء الاخرى المتضمنة مـا تـم تعلمـه، وذلك من خـلال تنظيـم الخبـرات في ذاكـرة المـتعلم بشكل مبـدئي في صورة هرمية.

ويركز أوزوبل على المتضمنات (Subsumptions) من حيـث هي مجموعة الافكـار الفرعيـة التـي تشـتمل عليهـا الفكـرة الرئيسـية وترتبط معها بعلاقة منطقية. وتعمل المتضمنات روابـط ودعامـات فكرية للمعرفة الجديدة؛ إذ تقوم بعمليـات ربط الخبـرات الجديـدة بـالخبرات السـابقة وتسـهل مهمـة دمجهـا وتكاملهـا مـما يـؤدي الى استيعاب المعلومات الأكثر تفصيلاً لتصبح اكثر وضوحاً في ذهن المتعلم. وتتضمن النظرية التوسعية المكونات الآتية:

1.   المقدمة الشاملة، وتشـير الى الافكـار الرئيسـية و الشـاملة التـي يتضمنها محتوى المـادة الدراسـية المـراد تنظيمهـا سـواء كانـت هـذه الافكـار في طبيعتهـا مفـاهيم أو مبـادئ او اجـراءات او حقائق.

2.   المستوى الاول مـن التفصـيل (First Level of Elaboration)، ويشير الى ذلك الجزء من محتوى المادة الدراسية الـذي يزودنـا بمادة تفصيلية للأفكار التي جاءت في المقدمة الشاملة.

---

(1) Bruner, 1966.

(2) Ausubel, D., **Educatioal Psycholgy; A Cognitive Point of View**, New York: Holt, Rinehart and Winston, 1968.

3. المســتوى الثـاني مــن التفصـيل (Second Level of Elaboration)، ويشــير الى ذلـك الجـزء مــن محتـوى المـادة الدراسية الـذي يزودنـا بمـادة تفصيلية للأفكار التـي وردت في المستوى الاول من التفصيل.

4. المســتوى الثالـث مــن التفصـيل (Third Level of Elaboration)، ويشــير الى تفصـيل اكـبر للافكـار والمـادة التعليمية التي وردت في المستوى الثاني من التفصيل.

5. التركيب والتجميع، ويشير الى وضع العناصر الأساسية للمحتوى الذي تم عرضه في صورة معرفة مفصلة (Generalization)، في صورة معرفة مكثفة، وذلك وفق تعميمات محـددة تصـاغ في صـورة جمل خبرية واضحة تسهل عملية الاستيعاب، كـما تمثل جميـع الخبرات التـي تـم تفصيلها وفـق اطـار يسـهل تـذكره لاحتوائـه عـلى خبرات محـددة بمتغـيرات قليلـة العـدد يسـهل ربطهـا بالعنوان والفكرة الرئيسية التي تـم تحديـدها في مرحلـة المقدمة الشاملة.

6. الملخص، ويشير الى عـرض مـوجز لأهـم الافكـار التـي وردت في المادة التعليمية، ويتم دمج المعـارف وعرضـها في صـورة تمثل العلاقات الضرورية التي تمثل الخبرات بشكل عام وواضح.

خطوات تصميم التعليم

الخطوة الأولى في تصميم التعليم
(تحديد الأهداف التعليمية)

تمهيد

التعلـيم عمليـة مخططـة ومقصـودة، تهـدف الى احـداث تغييرات إيجابية مرغوبة في سلوك المتعلمين. والأهداف حجـر الزاويـة في العملية التعليمية التعلمية، وهي بمثابة التغيرات المـراد إحـداثها في سلوك المتعلمين نتيجـة عمليـة الـتعلم. وعليـه، ولـكي تكـون العمليـة التعليمية التعلمية عملاً منظماً وناجحاً, لا بـد مـن أن تكـون موجهـة نحو تحقيق أهـداف وغايـات محـددة ومقبولـة، ويعـد وضـوح هـذه الأهداف والغايـات ودقتهـا ضـماناً لتوجيـه عمليتـي التعلـيم والـتعلم بطريقة علمية منظمة، وبالتالي لتحقيق الأهداف والغايـات التعليميـة المنشودة.

الهدف التعليمي

ينبثق تعريف الهدف التعليمي مـن مفهـوم التعلـيم الـذي يهدف الى إحداث تغيرات إيجابية معينـة في سـلوك الفـرد أو فكـره أو وجدانه. وعليه، يصبح الهدف التعليمي عبارة عن التغير المراد إحداثه في سلوك المتعلم او فكره او وجدانه. ويمثل الهدف التعليمي السـلوك المراد تعلمه من قبل المـتعلم باعتبـار ذلـك السـلوك النتـاج التعليمـي المراد بلوغه عند نهاية عملية التعليم، وبذلك يشـير الهـدف التعليمـي الى أثر العملية التعليمية في سـلوك المـتعلم. والسـلوك هـو الاسـتجابة التي تصدر عن الفرد رداً على منبـه سـواء أكانـت الاسـتجابة ظاهريـة تأخذ شكل الفعل أو القول، أم

داخلية مستترة. أما المنبه فقد يكون مصدراً خارجياً (المعلم مثلاً) أو داخليا من الطالب نفسه.[1]

إن تغيير السلوك هـو تغـير ايجـابي في سـلوك الفـرد المـتعلم، انطلاقاً من المبدأ التربوي العـام الـذي يـرى أن عمليـة التعلـيم عمليـة مخططة مقصـودة تتطلـب مـن المعلـم فكـراً سـليماً، وجهـداً إبـداعياً يتناول المتعلم بفكره ووجدانه بقصـد إنمـاء فكـره، وتهـذيب وجدانـه، وصقله صقلاً سليماً.

إن أولى الخطوات التي يقوم بها المصمم التعليمي في عمليـة تصـميم التعلـيم (تصـميم المـواد والـبرامج والمنـاهج التعليميـة) هـي تحديد الأهداف التعليمية العامة. ويعرف الهدف التعليمي العام بأنـه عبارة عن جملة إخبارية تصف على نحو موجز الإمكانات التـي بوسـع المـتعلم أن يظهرهـا بعـد تعلمـه وحـدة تعليميـة، أو منهاجـاً دراسـياً. فالهدف التعليمي هو هدف عام يصف السلوكات الكلية النهائية التي يتوقع من المتعلم أن يظهرها بعد عملية التعلم.[2]

تكمـن أهميـة تحديـد الاهـداف التعليميـة العامـة في أنهـا تسـاعد مصـمم التعلـيم في الانطـلاق الى اختيـار المحتـوى التعليمـي وتنظيمه وترتيبه بطريقة تتفـق واسـتعداد المـتعلم ودوافعـه وقدراتـه وخلفيتـه الأكاديميـة والاجتماعيـة، وتسـاعده ايضـاً في تعـرف الطـرق التعليمية المناسـبة لتحقيـق هـذه الأهـداف، وطـرق التقـويم اللازمـة لقياسها، وبعد ذلك يقوم المصمم بتنظيمها وترتيبها بشـكل يسـاعد في تحقيق عمليتي التعلم والتعليم، وتحديد المحتوى التعليمـي، وتحديـد طرائق التعليم والتقويم.[3] وبمعنى آخر فـإن عـلى المصـمم أن يأخـذ بعـين الاعتبـار اشـتمال المحتـوى التعليمـي عـلى مفـاهيم، ومبـادئ، واجراءات، وحقائق تغطي جميع الاهداف التعليمية التـي مـن شـأنها أن

---

(1) محيي الدين توق، **تصميم التعليم**، معهد التربية، اونروا/ يونسكو، دائرة التربية والتعليم، E 39، 1993.

(2) Reigeluth, C.M., (**Op. Cit.**)

(3) أفنان دروزة، **اجراءات تصميم المناهج**، مرجع سابق.

تعمل على تعليم هذا المحتوى بطريقة مناسبة، وتعمل –
من جهة أخرى – على تحقيق الأهداف التعليمية المرسومة بطريقة
فعالة. [1]

هذا بالإضافة الى أن عليه ان يصمم ويختار الطرق التقويمية التي
تناظر الاهداف التعليمية بمستوياتها وتقسيماتها كافة.

ويلخص "ميجر" أهمية الأهداف التعليمية وفائدتها في ثلاث نقاط
رئيسية هي:

1. مساعدة المعلـم والمسؤولين عـن التعليم في اختيـار المـادة
    التعليمية المناسبة، وطرق تعليمها وتقويمها.

2. مسـاعدة المسؤولين في معرفـة مـدى نجـاح عمليتـي الـتعلم
    والتعليم.

3. مساعدة المتعلم في تنظيم جهوده ونشاطاته من أجل إنجاز مـا
    خططت له عملية التعليم.

أنماط الأهداف التعليمية

تنقسم الأهداف التعليمية بشكل عام إلى ثلاثة أنماط، هي:

1. الأهداف المعرفية الادراكية (Cognitive Domain).

2. الأهداف الوجدانية العاطفية (Affective Domain).

3. الأهداف النفس - حركية (Psychomotor Domain).

تعرف الاهداف المعرفية الادراكية بأنها ذلك المجـال الـذي
يكتسب فيه المـتعلم المعرفة والمهارات العقلية والقـدرات الذهنية،
ويعمل على تنميتها وتطويرها. مثال ذلك القدرة على التذكر، والفهم،
والتمييـز، والتحليـل، والتفسـير، والتطبيـق، وغيرهـا. في حـين تعرف
الاهداف الوجدانية العاطفية بأنها ذلك المجال الـذي يكتسب فيه
المتعلم الميول، والاتجاهات، والقيم، والرغبات والانفعـالات الايجابية،
ويعمل على تنميتها وتطويرها، فهـذا المجـال يتعلـق بتقـدير المـتعلم
لشخص ما، أو

---

(1) Reigeluth, C.M., (**Op. Cit.**)

موضوع ما، أو حادثة ما، وهو مجال يتعلـق بالانفعـالات والعواطف، والرغبات والميول والدوافع الكامنة. مثال ذلك الرغبة في الاستماع الى الموسـيقى، أو العـزف عـلى البيـانو، أو الرسـم، أو إنشـاد الشعر، وكذلك ما يتعلق بتذوق الجمال. أما الاهداف النفس- حركيـة فتعرف بأنها ذلك المجال الذي يكتسب فيه المتعلم المهـارات الحركيـة التي لها علاقة بالحركات العضلية وتوافقها مع الجهاز العصبي. [1]

ولما كان مجال الاهداف الوجدانية العاطفيـة مجالاً تصعب فيه الملاحظة المباشرة للانفعالات الداخلية، ويصعب فيه تنظيم هـذه الانفعالات وترتيبها بشكل هرمي كمـا يحـدث في المجال المعرفي، ولا توجد فيه فكرة الانتقال من الانفعال المحسوس الى الانفعـال المجـرد، ويصعب فيه قياس نمو الانفعال وتطوره في فترة زمنية معينة، ويصعب فيه قياس الانفعال بشكل دقيق واعطاؤه درجـة تقديريـة، ولا يمكـن ادراك العلاقات بين كل فئة انفعالية واخرى، لذلك كله سـوف نركز في هذه الخطوة على المعرفة الادراكيـة العقليـة. هـذا مـن ناحيـة، ومـن ناحية اخرى فإن مجال الاهداف المعرفية الوجدانية العاطفية لا يمكن فصله عن مجال الاهداف المعرفية العقلية؛ إذ إن النمو العقلي يضمن النمو الوجداني. كما ان الاهداف العقليـة في حقيقتها ليسـت مجردة عن اهتمامات الفرد ورغباته وميوله واتجاهاته. هـذا بالاضافة الى ان المعلم في أثناء محاولته تنمية المجال العقلي يضع في اعتبـاره ان ينمـي في المتعلم - بطريقة مباشرة أو غـير مباشرة - الاتجاهـات الايجابيـة، والقيم الاخلاقيـة، والرغبـة في حب العلم واستمرار عمليـة الـتعلم؛ فدروس التاريخ - مثلاً - لا تكسب المتعلم معرفة عقلية وحقائق عـن تاريخ أمته فحسـب، وإنما تنمـي لديه أيضاً حب الانتمـاء الى امتـه، والاعتزاز بدينه وعاداته وتقاليده. كما ان المجال المعرفي أكثر المجالات التي يتعامـل بهـا المعلمـون ومصـممو المناهج التعليميـة وواضعوها ومطوروها.

(1) محيي الدين توق، تصميم التعليم، مرجع سابق.

أما في مجال الاهداف النفس - حركية، فلم يحظ هذا المجـال بالاهتمام الكافي الذي حظي به المجال المعرفي والمجال الانفعالي، ولعـل السـبب في ذلـك يعـود الى ان نـواتج الـتعلم في هـذا المجـال تكـون في الغالب على شكل مهارات وأنماط من الأداء الحركي لا تصلح لقياسها الاختبارات الكتابية، بل يكون الاعتماد فيها على الملاحظة المباشرة.

وقد قدم كيلر وباركر ومـايلز (Killer, Parker and Miles) تصنيفاً يعتمد على التسلسل في أنماط النمو عند الأطفال، وفيه يتطور السلوك الحركي من الحركـات الغليظـة الى الحركـات الدقيقـة، وتتطـور عملية الاتصال من التعبير اللفظي الى التعبير غير اللفظي. [1]

---

(1) عبد الله زيد الكيلاني، اعـداد الاختبـارات محكيـة المرجـع، اونروا/ يونسـكو، دائـرة التربيـة والتعليم، معهد التربية، E14، 1994.

الخطوة الثانية في تصميم التعليم
(تحليل المحتوى التعليمي)

تمهيد

تحليل المحتوى التعليمي أسلوب يؤدي عند استخدامه مع الأهداف التعليمية، الى تحديد المهمات الفرعية الملائمة المطلوبة من المتعلم لتحقيق الهدف التعليمي. وعلى الرغم من أن المهمة الفرعية قد لا تكون ذات أهمية بحد ذاتها، إلا أنه لابد من تعلمها قبل أن يصبح بالإمكان تعلم مهمة أعلى، أو تعلم المهمة الرئيسية. إن تعلم المهمة الفرعية يسهل تعلم المهمة الرئيسية، أو يعمل على إحداث انتقال أثر التعليم الإيجابي. ولعل أفضل الامثلة على هذا الأمر يأتي من تعلم مفاهيم الرياضيات؛ إذ ليس من السهل تعليم الطرح قبل الجمع، وليس من السهل تعليم القسمة قبل الضرب والطرح والجمع، وبهذا المفهوم يكون الجمع مهمة فرعية للطرح، ويكون الجمع والضرب مهمتين فرعيتين للقسمة. [1]

يعرف المحتوى المعرفي للمادة التعليمية بأنه المعلومات والمعارف التي تتضمنها المادة التعليمية وتهدف الى تحقيق أهداف تعليمية تعلمية منشودة، وهذه المعلومات والمعارف تعرض للطالب مطبوعة في صورة رموز، أو أشكال، أو صور، أو معادلات، أو تقدم إليه بقالب سمعي، أو بصري، أو سمعي بصري.

وتتضمن الرموز التي هي شكل من أشكال المحتوى المعرفي، أربع معلومات أساسية من وجهة نظر المربي الامريكي "دافيد ميرل"، هي: المفاهيم، والمبادئ، والإجراءات، والحقائق. [2]

---

(1) محيي الدين توق، **تصميم التعليم**، مرجع سابق.

(2) أفنان دروزة، **اجراءات في تصميم المناهج**، مرجع سابق.

وتعرف المفاهيم بأنها مجموعة الموضوعات، او الرموز، أو العناصر، أو الحوادث، التي تجمع فيما بينها خصائص مميزة مشتركة بحيث يمكن أن يعطى كل جزء منها الاسم نفسه. فالمفاهيم مجموعة الفئات التي تندرج في اطارها عناصر متشابهة وذات خصائص مشتركة، تمكن المتعلم من تصنيف هذه العناصر تحت الاسم نفسه.

وتعرف المبادئ بأنها العلاقة السببية التي تربط بين متغيرين أو أكثر، او تربط بين مفهومين او اكثر، وتصف طبيعة التغير بينهما. وغالباً تسمى هذه العلاقة علاقة (السبب - النتيجة). وقد تكون هذه العلاقة طردية او عكسية، ومثال ذلك أنه كلما زادت السرعة قل الزمن. ولعل الاجابة عن السؤال الآتي: "لم تحدث الاشياء"؟ هي التي تحدد محتوى المبادئ او القواعد او القوانين او النظريات.

أما الاجراءات، فتعرف بأنها المهارات، او الطرق، او الاساليب، او الخطوات التي يؤدي أداؤها بتسلسل معين الى تحقيق هدف ما، والاجراء قد يكون نظرياً، وقد يكون عمليا؛ فإجراء تجربة في المختبر (مثلاً) يحتاج الى المعرفة النظرية لكيفية العمل والمعرفة العملية التي تهيئ المتعلم للانخراط الفعلي في العمل. ولعل الاجابة عن السؤال التالي: " كيف يتم عمل الاشياء؟" هي التي تحدد محتوى الاجراءات.

أما الحقائق فتعرف بأنها مجموعة من المعلومات اللفظية الاخبارية التي بها نسمي الاشياء ونؤرخ الحوادث ونطلق الألقاب ونعطي العناوين ونرمز بالرموز، مثال ذلك: ما اسمك؟ وما عنوانك؟ ومتى ولدت؟ وأين تقع مدينتك؟...الخ.

ولعل الاجابة عن الاسئلة الآتية: ما رمز الشيء؟ وأين يحدث؟ ومتى يحدث؟ هي التي تحدد محتوى الحقائق.

العلاقات التي تحكم أجزاء المحتوى التعليمي

بغض النظر عن نمط المحتوى المعرفي الـذي تتكـون منـه أي مادة تعليمية، فثمة اربعة أنـواع - عـلى الاقـل - مـن العلاقـات التـي تربط بين اجزائه، وهي: [1]

1. **علاقة عليا - دنيا**: وهـي الرابطـة التـي تربـط بـين المعلومـات العامة من ناحية، والمعلومات الأقل منها عموميـة مـن ناحيـة اخـرى، فهذه الرابطة هي علاقة تربط بين الكل والجزء، وبـين المفهـوم المجرد والمفهوم المحسوس. مثال:

تعد العلاقة التي تربط بين مفهوم الفقاريـات ومفهـوم الطيـور علاقـة عليا - دنيا، لأن الطيور تندرج تحت اطار الفقاريـات، وهي جـزء منهـا، في حـين نـرى العلاقـة التـي تربـط بـين مفهـوم الحشـرات ومفهـوم اللافقاريـات علاقـة دنيا - عليـا، لأن المفهـوم الاول جـزء مـن المفهـوم الثاني.

وسواءً اكانت العلاقة التي تربط بين اجزاء المحتوى علاقـة عليـا - دنيـا ام علاقة دنيا- عليا، فهي هرمية في طبيعتها، بحيـث لا يسـتطيع المتعلم أن يتعلم المفهوم العام (حسب رأي جانييه) قبـل أن يـتعلم المفهـوم الجزئي الاقل عمومية. ومن الجدير بالذكر هنا ان المفهوم الواحـد قـد تربطه علاقة عليا بمفهوم اشمل منه، وعلاقة دنيا بمفهـوم أقـل منـه عمومية في آن واحد؛ فمفهوم الفقاريـات - مـثلاً - اقـل عموميـة مـن مفهوم المملكة الحيوانية، واكثر عمومية من مفهوم الزواحف، والشكل رقم (23) يوضح ذلك.

---

(1) احمد بلقيس، **تحليل مهمات التعليم والتعلم**، معهد التربية، اونروا/ يونسكو، E 2 ، 1993.

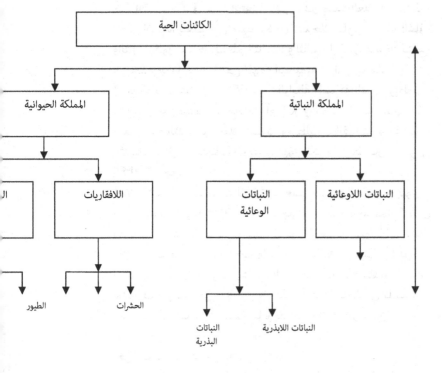

الشكل رقم (23)

العلاقة التي تحكم اجزاء المحتوى التعليمي. [1]

2. علاقة متساوية: وهي الرابطة التي تربط بين عناصر محتوى المـادة التعليمية التي تقع عـلى المسـتوى نفسـه وأجزائـه، مـن حيـث درجـة الصعوبة التعلمية. بمعنى آخر تعرف العلاقة المتساوية بأنهـا الرابطـة بين مجموعة من المفاهيم، أو المبادئ،

(1) افنان دروزة، اساسيات في علم النفس التربـوي، اسـتراتيجيات الادراك والمنشـطات كأسـاس لتقييم التعليم، مكتبة الحرية، نابلس، فلسطين، 1995.

أو الاجراءات التي لها الدرجة نفسها من صعوبة التعلم، وتقع على خط افقي واحد في سلم التعلم، ففي مثل هذه العلاقة يستطيع المعلم أن يبدأ بتعليم أي منها ليكون مدخلاً سلوكياً لتعلم الثاني، والثاني ليكون مدخلاً لتعلم الثالث، والثالث ليكون مدخلاً لتعلم الرابع... وهكذا إلى ان تنتهي المهمة التعليمية المراد إنجازها.

3. علاقة ذات عناصر مشتركة: وهي الرابطة المشتركة التي تربط بين مفهومين، او إجراءين، أو مبدأين، أو اكثر في الوقت نفسه، مثال ذلك: يعد مفهوم الثدييات عاملاً مشتركاً، ومتطلباً سابقاً لتعلم مفهومي الثدييات المائية والثدييات البرية، ومفهوم الكثافة يربط بين مفهومي الكتلة والحجم.

4. لا علاقة: في هذه الحالة لا يرتبط تعلم مفهوم الضغط الجوي – مثلاً – بتعلم مفهوم الوزن، لأنه لا توجد علاقة تربط بينهما، كما ان احدهما لا يعد متطلباً سابقاً لتعلم الآخر، ولا مدخلاً سلوكياً له، مثال ذلك، لا يعد تعلم مفهوم الخضروات ذا علاقة بتعلم مفهوم الفواكه، او الحمضيات، او الحبوب، وغيرها، إلا إذا صنفت هذه الاشياء في قائمة المأكولات النباتية. من هنا نرى أن هذه اللاعلاقة تتجلى في قائمة من مفردات الكلمات غير المنظمة، ما لم تصنف وفق أساس معين.

إجراءات تحليل المحتوى التعليمي

تعرف عملية تحليل المحتوى التعليمي بأنها جميع الاجراءات التي يقوم بها واضع المادة التعليمية لتجزئه المهمات التعليمية الى العناصر التي تتكون منها، حتى يتوصل الى ذلك الجزء من المعرفة الذي يمتلكه المتعلم، ويوجد ضمن معرفته السابقة؛ فعملية تحليل المحتوى عملية يتعرف واضع المادة التعليمية من خلالها الى محتوياتها من ناحية، والى خصائص الفرد المتعلم العقلية، وقدرته الادراكية، وخبراته السابقة، وكيفية تعلمه، من ناحية اخرى، وذلك بهدف تهيئة

الطريقة المثلى له في التعلم.[1] وعملية التحليل هذه سوف تسفر عن قوائم تتضمن عناصر محتوى المادة التعليمية وأجزائه، مثل: قائمة بالمفاهيم، وقائمة بالمبادئ، وقائمة بالاجراءات، وقائمة بالحقائق، كما ستسفر هذه العملية عن أشكال وخرائط توضح كيفية ترتيب هذه العناصر وتسلسلها بحيث تؤدي الى التعلم الهادف الذي يحقق الاهداف المنشودة.

وهكذا فإن عملية التحليل هذه تحاول أن تجيب عن الأسئلة الآتية (بلقيس، 1993؛ دروزة، 1986؛ Reigeluth, 1983):

1. ما الذي على المتعلم أن يعرفه كي ينجز المهمة التعليمية؟
2. ما الذي على المتعلم أن يعرفه كي يصل الى الهدف التعلمي النهائي؟
3. ما اتجاه السير الذي يجب ان يتبعه المتعلم في أثناء تعلمه لمحتوى المادة التعليمية للوصول الى الهدف الكلي المنشود في أقل وقت وجهد وتكلفة؟

يتعلق السؤال الاول بتحليل محتوى الاجراءات، وهذا يسمى تحليل المهمة لمعالجة المعلومات، ويتعلق السؤال الثاني بتحليل محتوى المفاهيم والمبادئ والحقائق، وهذا يسمى التحليل الهرمي للمهمة، ويتعلق بالمهارات العقلية، في حين يتعلق السؤال الثالث بكيفية تنظيم محتوى المادة التعليمية.

يتطلب تحليل المهارات الحركية تحديد الخطوات الرئيسية، والخطوات الفرعية، ما يتعلق منها بالقرارات أو العمليات، ثم ترتيبها بشكل يؤدي الى النتيجة النهائية والفعل المرغوب، في حين يتطلب تحليل المهارات العقلية تحديد المتطلبات السابقة اللازمة لتعلم المهمة التعليمية المرغوبة، وترتيبها بشكل هرمي بحيث يتعلم المتعلم ما يجب تعلمه اولاً قبل ان ينتقل الى تعلم ما هو أعقد منه.

إلا أن بعض المهمات التعليمية في المحتوى التعليمي يتطلب التحليلين معا:

(1) احمد بلقيس، **تحليل مهمات التعليم**، مرجع سابق.

الإجرائي، والهرمي، وغالباً يحدث ذلك في تعلم المهارات النفس - حركية المركبة، وهناك التحليل الثالث الذي يدعى التحليل الانتقالي ويجمع التحليلين السابقين.

أ.   **التحليل الاجرائي للمحتوى التعليمي (الاتجاه الخطي في التحليل)**

هـو الاسـلوب التحليلـي الـذي يتعلـق بمحتـوى الاجـراءات، ويهدف الى تحديد الخطوات اللازمة لتعلم المهارة الحركية، وتجزئتها الى الخطوات الرئيسية والفرعية التي تتكون منها، ثم ترتيبها بتسلسل معين يوضح كيفية اجرائها منـذ بدايـة عمليـة الـتعلم وحتـى نهايتها. ويستخدم هذا الاسلوب في التحليل في المهمات البسيطة، وفي الـتعلم اللفظي إضافة الى التعلم الحركي، اكثر من استخدامه في تعلم المفاهيم والمبادئ المعقـدة التـي غالبـاً مـا تحتـاج الى الأسـلوب الهرمـي في التحليل[1]، أما الخطوات العامـة التـي يتكـون منهـا التحليل الاجرائي فيمكن ايجازها بالنقاط الآتية:

1.   اختر المهمة التعليمية.

2.   اطرح السؤال: هل المهمـة التعليميـة مهـارات حركيـة، تتطلـب القيـام بـاجراءات معينة؟ إذا كـان الجـواب نعـم، فانتقـل الى الخطوة الآتية. إذا كان الجواب لا، فتوجه الى التحليل الهرمي.

3.   حلل هذه الاجراءات الى الخطوات الرئيسة والخطوات الفرعيـة التي تتكون منها المهارة، وتأكد مـن أن عمليـة التحليـل كاملـة ومفصلة بحيث يكون قد تـم تحديد الخطوات الصغيرة جـداً التـي هـي عـلى مسـتوى قـدرة المـتعلم، إضافة الى ان هـذه الخطوات قد رتبت بالاتجاه الصحيح الـذي يـؤدي الى الـتعلم المرغوب فيه.

4.   حلل المعرفة اللازمة قبل اجراء كل خطوة من خطوات المهارة الحركية؛ بمعنى آخر، حدد المتطلبات السابقة اللازمة لإجراء كل خطوة من خطوات

_____

(1) محيي الدين توق، تصميم التعليم، مرجع سابق.

هذه المهارة، وهذا يتطلب تحديد المفاهيم والمبادئ والحقائق التي تجب معرفتها نظرياً قبل القيام بأية خطوة عملية، ثم ترتيبها بشكل متسلسل يوضح طريقة تعلمها الى ان تصل الى ذلك الجزء من المعرفة الذي هو ضمن معرفة المتعلم السابقة.

5. راجع نتائج التحليل ثم اكتب تقريراً يصف ذلك.

ب. التحليل الهرمي للمحتوى التعليمي

يتم تحديد نوع التعلم والمستوى المطلوب في هدف تعليمي ما، وهذا يتطلب تحديد المهمات الفرعية التي لا بد من تعلمها قبل تعلم الهدف النهائي عن طريق استخدام التحليل الهرمي الذي يتعلق بمحتوى المفاهيم أو المبادئ أو الحقائق ويهدف الى تحليل المهارات العقلية المعرفية. ومن ثم يتم تحديد المفاهيم والمبادئ والحقائق وتجزئتها الى العناصر التي تتكون منها، ثم ترتيبها بتسلسل هرمي معين يوضح كيفية تعلمها، وهنا يبدأ المتعلم بتعلم ذلك الجزء من المعرفة الذي يعد متطلباً سابقاً لتعلم الجزء الاعلى منه، الى ان يتحقق الهدف التعليمي الكلي. وبمعنى آخر، فالاسلوب الهرمي في التحليل يعمل على تحديد المفاهيم والمبادئ والحقائق التي يجب ان يتعلمها المتعلم قبل غيرها، لأنها تعد متطلبات سابقة للتعلم الجديد ومدخلات سلوكية له (دروزة 2001؛ توق، 1993؛ بلقيس، 1993؛ Reigeluth, 1983).

وتستمر عملية التحليل هذه الى ان يصل واضع المادة التعليمية الى ذلك الجزء من المعرفة الذي يمتلكه المتعلم ضمن معرفته السابقة، ومن هذا الجزء تبدأ عملية التعلم وتتصاعد تدريجياً الى ان يتحقق الهدف التعليمي المرغوب. وقد تسفر نتيجة التحليل عن قائمة بالمفاهيم والمبادئ والحقائق، بشكل يصور كيفية التدرج في تعلم هذه القائمة؛ فالاسلوب الهرمي يحاول أن يجيب عن السؤال الآتي: ما المعرفة التي يجب ان يلم بها المتعلم قبل غيرها، كي يتمكن من تعلم المعرفة الأكثر منها تعقيداً، ومن ثم ينجز المهمة المراد تعلمها؟

اما الخطوات العامة التي يتكون منها التحليل الهرمي، فيمكن إيجازها بالنقاط الآتية: [1]

1. اختر المهمة التعليمية.
2. حلل المهارات العقلية الى المفاهيم والمبادئ والحقائق التي تشتمل عليها، مع مراعاة أن تكون عملية التحليل كاملة وشاملة، بحيث يمكن التوصل الى ذلك الجزء من المعلومات الذي يمتلكه المتعلم ضمن معرفته السابقة, مع مراعاة ان تكون تلك المفاهيم والمبادئ والحقائق مرتبة في الاتجاه الهرمي الصحيح الذي يؤدي الى تحقيق الهدف النهائي.

أهمية تحليل المحتوى التعليمي

من الواضح ان اجراءات تحليل المحتوى التعليمي تنحصر ـ في أربع خطوات اساسية هي:

1. تعرف أنماط المحتوى من مفاهيم ومبادئ واجراءات وحقائق.
2. تعرف العلاقات التي تنتظم فيها هذه المفاهيم والمبادئ والاجراءات والحقائق.
3. تعرف طرق تحليل المحتوى والإلمام بالاسلوب الاجرائي، والاسلوب الهرمي، والطريقة الانتقالية.
4. الانخراط الفعلي في تحليل المحتوى وموضوعاته.

إن هذه الاجراءات التحليلة لها فائدة ثلاثية لكل من واضع المحتوى، والمعلم، والمتعلم.

1. فبالنسبة لواضع المحتوى يستطيع ان يتعرف عن طريقها الى اجزاء المحتوى وعناصره، من أجل أن ينظمها بشكل يتناسب والمرحلة التعليمية للمتعلم.

---

(1) Reigeluth, C.M., (Op. Cit.)

2. وبالنسبة للمعلم يستطيع ان يتعرف عن طريقها الى اجزاء المعرفة التي يريد ان يدرسها لمرحلة تعليمية معينة، والى الطريقة التعليمية المثلى التي عليه ان يسلكها في أثناء تعليمه للمحتوى. إن التحليل يفيد المعلم في تحديد نواحي النقص في المادة التعليمية، واهدافها، ومحتواها، واجراءات تدريسها، وأساليب تقويمها. ويفترض في كل من المعلم والمتعلم أن يقرأ المحتوى أولاً، لكن الممارسة العملية تشير الى غير ذلك.

3. أما بالنسبة للمتعلم، فيتعرف بهذه الاجراءات التحليلية ما يريد ان يدرسه في المحتوى (المنهاج) من معرفة ومعلومات، ثم يتعرف الطريقة المثلى في الدراسة التي تتوافق والطريقة التي انتظمت فيها هذه المعرفة والمعلومات في المنهاج او المحتوى. ولا يتم ذلك إلا اذا اتبعت اجراءات تحليلية لنوع المهمة التعليمية، او نوع المهنة المراد احترافها، وتم التعرف الى اجزائها وخطواتها، ومتطلباتها السابقة، وذلك بهدف ارشاد المتعلم الى افضل الطرق التعلمية التي عليه ان يسلكها لتحقيق الهدف النهائي المرغوب بسهولة ويسر.

وقد يتصور بعض التربويين أن عملية تحليل المحتوى التعليمي من المهمات الصعبة التي تتطلب وقتاً وجهداً كبيرين، إلا ان هؤلاء التربويين سيدركون فيما بعد ان هذه العملية في الحقيقة ما هي الا عملية اقتصادية توفر الكثير من الوقت والجهد والمال على الصعيد العملي، حيث توضح للمتعلم اتجاه السير الصحيح الذي يجب عليه ان يسلكه في اثناء انجازه للمهمة التعليمية، وبالتالي فإنه سيسير وفق هذه الاجراءات بسرعة ويسر، بدلاً من ان يتخبط في عملية تعلمه، ويتعثر فيها تعثراً يضطره الى العودة الى اول خطوة بدأها، ولكن بعد ان يكون استنفد كثيراً من الطاقة البشرية والموارد والمصادر المادية دون جدوى. وعندها قد يتساءل مندهشاً: ماذا علي ان افعل ازاء هذه المشكلة التي اعترضت سير تعلمي؟ إنني لا استطيع التقدم، فلو ان المهمة التعليمية كانت قد درست وحللت مسبقاً بشكل دقيق، وعرفت اجزاؤها وخطواتها خطوة خطوة لما تعرض المتعلم لمثل هذه المشكلة،

ولما اضطر الى البدء في عملية التعلم من جديد، ولو حدث ذلك فعملية التحليل - وخاصة الطريقة الانتقالية - تكون قد زودته بالاجراءات البديلة، والقوانين المناسبة التي عليه ان يطبقها لتلافي المشكلة الطارئة ثم المضي قدماً نحو التعلم. والجدير ذكره ان عملية التحليل إن حددت جميع العناصر الجزئية للمهمة التعليمية والاجراءات اللازمة لها، فقد يستغني المعلم او المتعلم عن الكثير من هذه الاجراءات نظراً لألفة المتعلم بها، او لخبرته السابقة فيها، او لارتفاع معامل ذكائه، بحيث يمكنه تحقيق الهدف المرغوب دون المرور بجميع التفصيلات.

وبهذا نرى ان الاجراءات التحليلية مهمة، ومفيدة في إعداد المحتوى التعليمي، بهدف تعرف ما تشتمل عليه من معرفة ومعلومات ثم تنظيمها بطريقة تتفق وخصائص الفرد المتعلم.

الخطوة الثالثة في تصميم التعليم
(تحديد السلوك المدخلي للمتعلم)

تمهيد

إن الخطوة المنطقية التي تلي تحليل المحتوى التعليمي هـي تحديد المهارات التي لا بـد مـن أن يمتلكها المتعلم قبل بـدء عملية التعليم. فحتى تكون المادة التعليمية فعالة، لا بـد مـن وجـود درجـة عالية من التوافق بين المادة والمتعلم. إننا كثيراً ما نسمع متعلماً يقول إن كتاباً ما مفيد للغاية، ولكنني لم استطع ان انهي الفصل الاول منه، او لقد سجلت لهذا المساق لأنني اعتقدت انه شائق ومفيد، ولكنني سرعـان مـا اكتشفت انني لم أجـد فيـه شيئاً جديداً. في الحـالتين السابقتين كلتيهما لم يكن ثمة تطابق بين السلوك المدخلي لهذا المتعلم والمادة التعليمية (توق، 1993). فما هو السلوك المدخلي إذاً؟

معنى السلوك المدخلي

يشير مفهوم السلوك المدخلي الى مستوى المتعلم قبل أن يبدأ التعليم، وبكلمـة أدق يشير هـذا المفهـوم الى مـا سـبق للمتعلم أن تعلمـه، والى قدراتـه العقليـة وتطـوره، والى دافعيتـه، والى بعـض المحددات الاجتماعية والثقافية لقدرته على التعلم. ولعل أقرب شيء لهذا المفهوم المتطلب القبلي، فإذا كان المحتوى التعليمي هـو المعرفة بالكسـور العشـرية، فـإن الكسـور العاديـة تشكل السـلوك المدخلي للمعرفة بالكسور العشرية. ولذا فإن المعلمين الخبراء غالباً يعدون في بدايـة كـل فصـل دراسي اختبـاراً للكشـف عـن مـدى امتلاك المتعلم المفاهيم والمبادئ والمهـارات الضـرورية لكي يتمكن مـن بـدء تعلُّمه بشكل ناجح، وهذا الاختبار يسمى اختبار السلوك المدخلي. إن التقدير الزائد أو المنقوص لقدرات المتعلمين ما يـزال وسيبقى موضع اهتمام المربين، وتتمثل هذه المشكلة باستمرار في المواقف الصفية التي يقول فيها

المعلم إنه يعرف تماماً مستوى طلبته، ويعرف أيضاً من أين يبدأ التعليم. ثم سرعان ما يكتشف أن عددا من طلبته لا يتعلمون كما يجب بعد ان يكون قد أضاع وقتاً ثميناً. وتراه بعد ذلك يختلق الذرائع لتفسير اخفاق الطلبة. وكذلك الحال بالنسبة لمصممي التعليم ومعدي الكتب المدرسية والجامعية الذين توجد بينهم وبين الطلبة فجوة عمرية وثقافية واقتصادية. لذا، فإن على المصمم ان يقوم بجهد كبير ومنظم لتحديد خصائص المتعلمين المهمة إذا أراد ان يكون تصميمه ناجحاً. ولعل الحكمة القديمة القائلة: "ابدأ من حيث انتهى المتعلم"، تلخص القول في هذا المجال. [1]

المفاهيم المرتبطة بالسلوك المدخلي

من المفاهيم الرئيسة التي نحن بصدد تناولها: الفئة المستهدفة، والمتطلبات السابقة، والخصائص العامة للمجموعة. فما المقصود بهذه المفاهيم؟ يشير مصطلح الفئة المستهدفة الى فئة المتعلمين التي سيوجه إليها التعليم، وعادةً توصف المجموعة عن طريق العمر والمستوى الدراسي وأحياناً عن طريق الجنس، ومن المهم بالنسبة لمصمم المادة التعليمية أن يلم بشيء أكثر من مجرد الأوصاف العامة للمجموعة، وأن يكون اكثر تحديداً في معرفته للخصائص العامة، والسلوك المدخلي للمتعلمين الذين سيوجه التعليم اليهم.

أما بالنسبة لمفهوم المتطلبات السابقة للفئة المستهدفة، فيشير الى المهارات المحددة التي تمتلكها تلك المجموعة، وتستطيع أن تبرهن على امتلاكها قبل بدء التعليم الفعلي. وحتى تتحق الفائدة المرجوة، فإنه لا بد من وصف المتطلبات السابقة (التعلم القبلي) وصفاً تفصيلياً، وكذلك الامر بالنسبة لتحليل مهمة التعليم.

---

(1) افنان دروزة، **اساسيات في علم النفس التربوي**، مرجع سابق.

كما ان عبارة التعلم القبلي يجب ان تشتمل على فعل يصف ما يمتلكه المتعلم قبل تعلمه المفهوم الجديد.

أما مفهوم الصفات العامة للفئة المستهدفة فهو أكثر عمومية من مفهوم السلوك المدخلي، فعند النظر الى الكت

ب المدرسية نجد كتاباً للرياضيات للصف الثالث، وآخر للرابع... الخ، وهكذا فإن تصميم الكتب المدرسية غالباً يأخذ بالحسبان مستوى النمو العقلي، والخصائص الادراكية، والقدرة على التركيز، والدافعية لدى الطلبة.

كيف نحدد السلوك المدخلي للطلبة؟

من اجل تحديد السلوك المدخلي للمتعلمين لا بد من تحديد المتطلبات السابقة التي يجب ان يمتلكها الطلبة قبل البدء بالتعلم الجديد، لذلك يجب ان تسأل نفسك ببساطة: "ماذا يجب ان يعرف طلبتي؟ أو ماذا باستطاعتهم فعله قبل أن أبدا بتدريسهم؟" وعلى الرغم من بساطة هذا السؤال فهو يتطلب بعض التحليلات لتحديد المهارات المناسبة والمعارف والاتجاهات، وفي معظم الاحيان نفترض أن لدى طلبتنا المهارات اللازمة للبدء بتعلم موضوع معين. [1]

وفي مجال تصميم التدريس أو في اثناء التعليم الصفي، فإن تقدير المهارات والمعارف والاتجاهات لا يستمر على اساس رسمي خلال السنة الدراسية، لأن كثيراً من التعليم يبنى على التعلم السابق. وعندما نختبر طلبتنا بعد جزء من التعليم، تزودنا نتائج الاختبار بمعلومات عن مدى استعدادهم لتعلم الجزء التالي، فعندما نختبر طلبتنا في نهاية وحدة تعليمية، فإن الاختبار لا يستخدم فقط دليلاً على مقدار ما تعلموا من تلك الوحدة، ولكنه يستخدم أيضاً دليلاً على مدى توافر المتطلبات السابقة الضرورية لدراسة الوحدة التعليمية اللاحقة. وبذلك تصبح

---

(1) ولتر ديك وروبرت ديزر، **التخطيط للتعليم الفعال**، ترجمة د. محمد ذيبان غزاوي، الاردن، 1991.

المشكلة الأساسية ما إذا كنا سنخصص وقتاً تعليمياً إضافياً لأولئك الطلبة الذين لم يكتسبوا المتطلبات السابقة (التعلم السابق) الضرورية. وقد اطلق اسم التعلم المتقن على المنحى التعليمي الذي يصمم لتزويد المتعلمين بالوقت التعليمي الذي يحتاجونه.[1]

وربما تتضمن الطريقة الأكثر شيوعاً لتقدير مهارات المتطلبات السابقة والمعارف إجراء اختبار قبلي للطلبة (اختبار سلوك مدخلي)، وتقدر (تقيس) فقرات هذا الاختبار المعارف والمهارات التي يجب أن يمتكلها الطلبة عند البدء بالتعلم الجديد. وإذا كان بعض المتطلبات السابقة التي يجب ان يمتلكها الطلبة مهارات حركية او اتجاهات، فإنه من الأنسب ملاحظة الطلبة في أثناء توضيحهم بعض مهارات المتطلبات السابقة، بدلاً من اخضاعهم لاختبار كتابي (ولتر ديك وروبرت ديزر، 1991).

إن تحديد السلوك المدخلي للمتعلمين قبل بدء التعليم، مهمة اكثر تحديداً من التوصل الى الخصائص العامة للمجموعة. إنه يستمدّ مباشرة من تحليل المحتوى التعليمي؛ فكلما كانت عملية التحليل دقيقة وتفصيلية، وكلما عاد المحلل الى الوراء والى اساسيات المهمة اصبح تحديد السلوك المدخلي اسهل. إن المصمم المحترف يستطيع ان يعرف أن الفئة المستهدفة كلها أو بعضها تتقن مستوى معيناً من المهارات الفرعية، ويكون تحديد السلوك المدخلي عندئذ بكل بساطة بوضع خط فاصل بين هذه المهمات التي يفترض معرفتها، وتلك التي ينوي المعلم تعليمها. ويتم التأكد من صحة ذلك، وهناك ثلاثة احتمالات لهذا الاختبار هي (توق، 1993: 32):

1. أن يكون الخط الذي حدده متلائماً مع مستوى قدرات طلابه، وعندئذ يبدأ تعليم الطلبة من النقطة التي حددها الخط.

(1) ولتر ديك وروبرت ديزر، **مرجع سابق**.

2. أن يكون الخط الذي حدده اعلى من مستوى قدرات الطلبة، وعندئذ يعود المعلم في تعليم الطلبة الى الوراء حيث المهمات الفرعية الادنى.

3. أن يكون الخط الذي حدده أقل من مستوى قدرات الطلبة، وعندئذ يرتفع المعلم في تعليم الطلبة الى المهمات الفرعية الاعلى.

من التحليل السابق يتضح أن الصفات العامة للفئات المستهدفة قد تختلف من فئة لأخرى، إلا ان المهارات اللازمة لأداء المهمة التعليمية وتحقيق الهدف لا تختلف. ويبقى التباين بين الأفراد والمجموعات كامناً في كم المهارات التي يمتلكها الفرد ونوعها، أو تلك التي تمتلكها المجموعة عند بدء التعلم؛ فمستوى مهارة المتعلم إذاً، يحدد أي المهارات سيكون سلوكاً مدخلياً وأيها سيدخل ضمن مهمة التعليم.

الخطوة الرابعة في تصميم التعليم
(كتابة الأهداف الأدائية السلوكية)

تمهيد

إن أكثر أجزاء عملية التصميم ألفة بالنسبة لعدد كبير من المعلمين ذلك الجزء المتعلق بكتابة الاهداف الادائية التي تسمى في كثير من الأحيان الاهداف السلوكية (Behavioral Objectives). إن كتابة الاهداف الادائية ليست غاية في حد ذاتها؛ إذ لا يرجى كبير امل من مجرد كتابة الاهداف، ما لم تكن هذه الاهداف جزءاً لا ينفصل عن عملية تحليل المحتوى، وتعمل بالتالي على المساعدة في اختيار المحتوى، وتصميم المادة التعليمية، واختيار طريقة التعليم المناسبة، وصياغة الاسئلة التي ستستخدم في الاختبارات وعملية التقويم. وبمعزل عن هذه الامور تبدو عملية صياغة الاهداف عقيمة، كما تبدو صعبة جداً بالنسبة لبعض المجالات، وخاصة في مجال العلوم الانسانية. إن استخدام الاهداف التعليمية بشكل فعال يتطلب الآتي:[1]

- تحديد السلوكيات التي سيتم تعليمها.
- تحديد استراتيجية تعليم هذه السلوكيات.
- تحديد معايير تقويم اداء المتعلمين بعد انتهاء التعليم.

إن جوهر صياغة الاهداف الأدائية يكمن في الاجابة عن سؤال بسيط هو: "ماذا على المتعلم أن يعمل عند انتهائه من مادة تعليمية ما؟ أو ماذا على المتعلم ان يعمل ليبرهن انه قد أتقن المادة التعليمية؟" إن الاجابة عن هذا السؤال ليست مفيدة لمصمم التعليم فحسب، بل مفيدة ايضاً للطلبة والمعلمين والموجهين والمدربين.

---

(1) محمد صالح ابو جادو، **علم النفس التربوي**، دار المسيرة للنشر والتوزيع، عمان، الاردن، 2000.

صياغة الاهداف الأدائية

الهدف الأدائي وصف تفصيلي لما سيتمكن المتعلم من عمله عند إنهائه تعلم وحدة تعليمية، أو هو عبارة عن جملة إخبارية تصف وصفاً مفصلاً ما بوسع المتعلم أن يظهره بعد تعلمه مفهوماً أو مبدأ أو إجراء أو حقيقة في فترة زمنية قصيرة نسبيا لا تقل عن (45) دقيقة كما في الحصة الدراسية، ولا تزيد عن (80) دقيقة كما في المحاضرة الجامعية؛ فالهدف الأدائي (السلوكي) هو هدف خاص وملاحظ، وقابل للقياس والتقويم. وثمة مصطلحان آخران يستخدمان في الادب التربوي ويعنيان الشيء نفسه، وهما الاهداف التعليمية الخاصة، والاهداف السلوكية. وبغض النظر عن المصطلح المستخدم، فالتركيز هنا على السلوك الذي سيظهره المتعلم وليس على الجهد الذي سيبذله المعلم. وقد تجد في بعض الأحيان مصطلحاً يدعى الهدف الفرعي او الممكن (Subordinate or Enabling Objective)، فكما رأينا أننا عندما نحلل المهمة التعليمية نتوصل الى المهمات الفرعية، كذلك عندما نحلل الهدف فإننا نتوصل الى الاهداف الفرعية، أو الممكنة. المهم هنا ان نحول الهدف التربوي العام الى هدف تعليمي يمكن قياسه، وهذا الهدف يدعى احيانا الهدف النهائي (Terminal Objective).[1]

ثمة اكثر من نموذج في كتابة الاهداف التعليمية، ولكن أكثرها قبولاً الآن النموذج الذي يقول بوجوب توافر ثلاثة عناصر رئيسية في عبارة الهدف (حسب رأي ميجر)، وهذه العناصر هي:[2]

(1) محمد صالح ابو جادو، **علم النفس التربوي**، مرجع سابق.

(2) محمد وحيد صيام وآخرون، **دليل مشرفي التربية العملية في كلية التربية في جامعة دمشق**، منشورات جامعة دمشق، كلية التربية، قسم المناهج، 1995.

1. **السلوك النهائي**: وهو السلوك او المهارة المبينة في الهدف او المستمدة من تحليل المهمة التعليمية.
2. **الشروط**: وهي المواصفات التي تشير الى الظرف الذي سيوجد عند أداء المتعلم للمهمة، او تصف ذلك الظرف.
3. **المعيار**: وهو الذي يستخدم لتقويم أداء المتعلم، او تحقيقه الهدف.

ولكي تتحقق المزايا المرغوبة من كتابة الاهداف التعليمية، لا بد من أن تكتب بعبارات تصف وصفاً دقيقاً السلوك الذي سيقوم به المتعلم، وإذا تعذر ذلك، واستخدمت عبارات مثل: "أن يفهم، و أن يعتقد، وان يستمع" فلا بد من وضع قائمة بالسلوكيات الدالة على الفهم والاعتقاد والاستماع من وجهة نظر كاتب الهدف لتصبح عملية القياس ممكنة.

والآن، اين موقع الاهداف السلوكية من نموذج تصميم التعليم؟ اختلف العلماء في ذلك؛ فمنهم من ود ان تصاغ الاهداف الادائية بعد تحديد الاهداف التربوية العامة، وتحليل المحتوى التعليمي، وذلك لتكون الاهداف مشتقة مباشرة من المحتوى التعليمي، ومطابقة للمعرفة والمهارات التي يشتمل عليها. ورغب فريق آخر في أن تأتي الاهداف السلوكية مباشرة بعد تحديد الاهداف التربوية العامة، والاهداف السلوكية الخاصة. والأفضل أن تصاغ الاهداف السلوكية بعد تحليل المحتوى التعليمي المراد تصميمه، وذلك لضمان الدقة والشمول، وللتأكد من أن جميع مهارات المحتوى التعليمي قد غطيت بالاهداف السلوكية، ولم يغفل عن اي منها.

مواصفات الهدف السلوكي (الأدائي) الجيد

للهدف السلوكي الجيد شروط ومواصفات اهمها:[1]

1. **الوضوح:** ويعني ذلك ان يكون مكتوباً بلغة سليمة، خالية من الاخطاء النحوية، بحيث يستطيع القارئ من خلال قراءته معرفة الهدف الذي سيحققه المتعلم مباشرة، وكلما كان الهدف واضحاً أدى ذلك الى سهولة تحقيقه وتطبيقه.
2. **المحتوى التعليمي:** لكل هدف سلوكي محتوى تعليمي يعمل على تحقيقه؛ فالأهداف السلوكية لا توضع بحيث تكون ضرباً من الخيال، وإنما من المادة والمراجع العلمية المختلفة التي تساعد في تحقيقها. مثال ذلك: إذا كان الهدف السلوكي أن يعدد المتعلم إنجازات الخليفة عمر بن الخطاب - رضي الله عنه- في المجال الديني، فيجب ان تكون هناك وحدة دراسية في الكتاب المدرسي تتحدث عن هذه الانجازات، وإلا فإن المتعلم لا يطالب بتحقيق هدف لم يتعلمه، أو لم يرشد الى مراجع لاخذ المعلومات عنه.
3. **السلوك الملاحظ:** يجب ان يتضمن الهدف السلوكي الجيد سلوكاً ملاحظاً يقوم به المتعلم وليس المعلم، والسلوك عبارة عن الأداء أو الفعل الملاحظ الذي يتوقع من المتعلم القيام به بعد تعلمه مفهوماً أو مبدءاً أو إجراءً او حقيقة. فالسلوك يعبر دائماً عن فعل، أو اجراء، مثال ذلك: أن يكتب، أن يقرأ، أن يجرب، أن يعرف، أن يحلل، أن يركب، أن يفسر، أن يعيد بكلماته الخاصة، أن يصمم، أن يعطي مثالاً...الخ. كلها كلمات تعبر عن الافعال السلوكية التي يتوقع من المتعلم القيام بها، وهي كذلك افعال قابلة للملاحظة والقياس. أما الأمثال الآتية: أن يفهم، ان يعرف، أن يدرك، أن يستعين، أن يستمع، أن يثق، أن يدمج...الخ، فكلها اهداف غير قابلة للملاحظة والقياس، لذا على المعلم الابتعاد عنها، ووضع

(1) المرجع السابق.

قائمة بالسلوكيات الدالة على الفهم والمعرفة من وجهة نظر كاتب الهدف لتصبح عملية الملاحظة والقياس ممكنة.

4. **المستوى الاكاديمي**: يجب أن يصف الهدف السلوكي المستوى الاكاديمي للمتعلم الذي سيقوم بالسلوك، وذلك للحكم على جودة هذا السلوك من خلال قدرة المتعلم على القيام به. فالهدف الذي يكون اعلى من قدرة المتعلم ومستواه الاكاديمي لا يعد هدفاً جيداً، لأنه يطلب من المتعلم أن يحقق شيئاً هو عاجز عن تحقيقه، فعلى الهدف ان يوضح ما اذا كان المتعلم في المرحلة الأساسية، او الثانوية، او الجامعية، وذلك لاتخاذ التدابير المناسبة لتحقيقه. مثال: أن يقرأ طالب الصف الأول الأساسي، وأن يرسم طالب السنة الرابعة في كلية الهندسة خارطة البناء... الخ.

5. **الشروط**: يجب ان يذكر الهدف السلوكي الشرط الذي ستتم في ضوئه عملية التعلم؛ بمعنى آخر، فإن الهدف يجب أن يصف الظروف التعليمية التي لا يتم تحقيقه إلا بوجودها. مثال: أن يرسم المتعلم باستخدام الأدوات الهندسية المناسبة، أن يضرب على الآلة الكاتبة، أن يعين مدناً بعينها على خارطة العالم الصماء... الخ.

6. **المعيار**: يجب ان يوضح الهدف السلوكي الشرط الذي يحكم جودة سلوك المتعلم ومدى كفايته، مثال ذلك: أن يشرح بعبارات واضحة، أن يحل حلاً صحيحاً، أن يكتب بلغة سليمة، أن يرسم الزاوية بدقة...الخ.

الخطوة الخامسة في تصميم التعليم
(بناء الاختبارات محكية المرجع)

تمهيد

إن معظم الاختبـارات التـي يكتبهـا المعلمـون تتحـدد باهتماماتهم وقدراتهم اكثر مما تتحدد بطبيعة المادة التي تم تدريسها (الاختبار هو اجراء منظم لقياس عينة من السـلوك). وحديثاً ظهـرت مجموعة من المتخصصين في كتابة الاختبارات، وهـم يختارون فقرات تغطي مدى واسعاً من محتوى مقر، وغالباً يعمل هـؤلاء علـى حـذف تلك الأسئلة التي يخفق او ينجح فيها غالبية الطلبة. وعلى الـرغم مـن ان هذا الاجراء قـد يحسـن ثبـات الاختبار، الا انه لا يغير كثيراً مـن صدقه. وفي السـنوات الاخيـرة وتحـت تـأثير "ميجـر" (Mager) تزايـد الاهتمام بالاهداف الادائية بصفتها مصـدراً رئيسـياً لكتابة الاختبارات على اعتبار انها هي تلك السلوكيات التي يتوقع مـن الـدارس انجازهـا، وبالتالي بدأ النظر الى الاختبار العادل والمنصف على انه الاختبار الـذي يقيس تلك السلوكيات المحددة. [1]

مفهوم الاختبارات محكية المرجع

الاختبـارات التـي تصـمم لتقيس مجموعـة محـددة مـن الاهـداف تسـمى الاختبـارات محكيـة المرجـع (– Criterion Referenced Tests)، وهذه الاختبارات مهمة للغاية من أجل (تـوق، 1993):

- قياس تعلم الطلبة وتقويم تعلمهم وتقدمهم.
- تقويم فاعلية المواد التعليمية التي استخدمها المعلم.
- تقويم طريقة التعليم التي اتبعها المعلم.

---

(1) محيي الدين توق، تصميم التعليم، مرجع سابق، ص 25.

يتألف الاختبار محكي المرجع من عينة ممثلة من المهمات لقياس مستوى اداء الفرد في مجال سلوكي محدد، وبهذا المعنى فإن مفهوم "مجال سلوكي محدد" لا ينطبق على سلوك مفرد أو مهارة بسيطة أو هدف خاص، ولا بد له من ان ياخذ معنى شمولياً يتمثل في ذلك الصنف او تلك الفئة من نماذج السلوك الصادرة عن المتعلم. ومن جهة ثانية، فإن المجال السلوكي لا يقتصرـ على وصف الأفعال أو العمليات السلوكية، بل لا بد له من ان يأخذ بعداً أساسياً في "المحتوى"، فإذا عرفنا المجال السلوكي بأنه: مجموعة من نتاجات التعلم المستهدفة باعتبارها اهدافاً تعليمية، فإن كلاً من هذه الاهداف يأخذ بعده الأول من نوع السلوك أو الاستجابة، وبعده الثاني من محتوى محدد،[1] وبذلك فإن مواصفات المجال السلوكي تشمل هذين البعدين بشكل متكامل.

وبالتالي فإن نتائج الاختبارات المحكية تنبئ المعلم بمدى إتقان المتعلمين لكل هدف تعليمي، وبذلك فهي تعد جزءاً رئيساً من عملية تصميم التعليم، من هنا جاء هذا الموضوع مباشرة بعد صياغة الاهداف التعليمية وتنظيم المحتوى التعليمي، وليس بعد استراتيجية التعليم والمواد التعليمية (او اختيارها) كما يتوقع في الاتجاهات التقليدية في التعليم. إن منطلق ذلك هو ان فقرات الاختبار التي يتم تطويرها يجب ان تقابل الاهداف التعليمية تماماً. وبالتالي فإن الأداء المطلوب في الاختبار هو الاداء المتوقع في الهدف.[2]

مميزات الاختبارات محكية المرجع

تتميز الاختبارات محكية المرجع بالخصائص الآتية (الكيلاني، 1998: 14-15):

---

(1) عبد الله زيد الكيلاني، اعداد الاختبارات محكية المرجع، مرجع سابق، ص 4.
(2) محيي الدين توق، تصميم التعليم، مرجع سابق.

1. الوصـف التفصيلي لسـلوك المحـك ومسـتوى الاداء المتوقـع: يهـتم واضع الاختبار بشمولية الوصف لمجال التحصيل بجانبيه: السلوك، والمحتوى. ولا يستثني المهمات الاولية البسيطة، او المهمات التـي قد تكون على مستوى متقدم من التركيب او الصعوبة؛ فالشمولية والتفصـيل في الوصـف اكثر اهميـة مـن الحصـول عـلى تبـاين في استجابات المفحوصين. وعندما يقتصر واضع الاختبار على المهمات التي تميز بين المفحوصين وتكون صـعوبة فقراتهـا عـادة في المـدى المتوسط، فيلجأ الى حذف الفقرات السهلة جداً، كما هـو متبـع في الاختبارات معيارية المرجع. اما في الاختبارات محكية المرجـع فـإن الدقة في وصف سـلوك المحـك وصـفاً تفصـيلياً شـاملاً لا تأخـذ في الاعتبار صعوبة المهمات او خاصيتها التميزية.
2. الدقة في وصف اداء الفرد بدلالة المحك: عنـدما يعـد الاختبـار بنـاءً على مواصفات شمولية وتفصيلية للمحـك، وبمراعـاة احكـام بنيـة الاسئلة وصياغتها، نستطيع ان نكون اكثر دقـة وضـبطاً في وصـف مستوى اداء الفرد في مهمات المحك.
3. تقدم الاختبارات محكية المرجع دلالات تشخيصية مفيدة: يمكـن ان يشمل وصف اداء الفرد للاختبار تحليلاً لطبيعة المهمات التي كان الأداء فيها مرتفعاً، وتلك التي كان الاداء فيها متدنياً، فيتم التعرف الى جوانـب القـوة والضـعف عنـد المـتعلم، كـما يمكـن ان يقـدم التحليل معلومات تشخيصية ليس فقـط عـن اداء الطالـب، وإنمـا ايضاً عن اداء المعلم وخطة التدريس.
4. تفيـد الاختبـارات محكيـة المرجـع في تقـويم فاعليـة التـدريس: ان الوصــف الشــمولي والتفصــيل للنتاجـات المتحققـة في عمليـة التدريس، تجعل الاختبارات محكيـة المرجـع حساسـة في الكشـف عـن تـأثير عمليـة التـدريس، وتقـويم فاعليتهـا،عبر تحليـل الاداء للمهمات التي كان يفترض ان لعملية التدريس دوراً مباشراً فيها.

5. يتم إعداد الاختبارات محكية المرجع لأي برنامج تعليمي تبعاً لمتطلباته الخاصة، فمن المتوقع ان تختلف البرامج التعليمية تبعاً لأهدافها ومناهجها الخاصة، وفي هذه الحالة قد لا تكون الاختبارات معيارية المرجع ملائمة لها، نظراً لأنها قد لا تأخذ بالاعتبار النتاجات المتوقعة في برنامج خاص، علاوة على انها كثيراً ما تكون ملوثة بتحيزات ثقافية، مما يجعل الاختبارات محكية المرجع اكثر ملاءمة للنتاجات المتوقعة في البرنامج الخاص، عندما يتحدد محك الاداء على اساس هذه النتاجات.

أشكال الاختبارات محكية المرجع

يتكون الاختبار المحكي من فقرات تقيس مباشرة السلوكات التي تتضمنها الاهداف السلوكية (الادائية)، وقد استعمل المصطلح (محك) لأن فقرات الاختبار تعمل باعتبارها دلالة او معياراً لتقرير مدى ملاءمة اداء المتعلم للهدف المتوقع، إذا كان المتعلم قد حقق هدف الوحدة التعليمية (توق، 1993).

وحتى نتمكن من الحكم على اختبار ما بأنه اختبار محكي المرجع، يجب الاجابة عن الآتي:

- هل تقابل فقرات الاختبار السلوكات النهائية المنصوص عليها في الاهداف او توازيها؟
- هل تتضمن عبارات الهدف معايير تحدد درجة الجودة المتوقعة في اداء المتعلم للمهارة كي يتعلم الهدف؟

هناك أربعة أنواع من الاختبارات محكية المرجع هي:[1]

1. اختبار السلوك المدخلي: وهو الاختبار محكي المرجع الذي صمم لقياس المهارات التي يعدها المعلم أساساً لبدء التعليم بفاعلية، وهو يشمل الادوات التي

(1) محيي الدين توق، **تصميم التعليم**، مرجع سابق.

تقيس المهارات التي يعتقد المعلم انها مهمة، ويجب ان تكون ضمن معرفة المتعلم وخبرته السابقة، وذلك قبل البدء في عملية التعليم، حيث تعد هذه المهارات مدخلات سلوكية أو متطلبات سابقة لعملية التعلم الجديدة. وهذه السلوكات تتمثل في امتحانات القبول، وامتحانات المستوى العام.

2. الاختبار القبلي: وهو اختبار محكي المرجع لتحصيل الاهداف التي ينوي المصمم (المعلم) تعليمها قبل أن يبدأ التعليم الفعلي، ويهدف الى قياس المهارات الاساسية التي تؤلف متطلبات مسبقة لتعلم جديد، او مكونات الاستعداد التحصيلي، والى تقدير نوع البرنامج التعليمي الذي يتناسب وقدرات الطلبة ومستواهم، والى تقدير المستوى القاعدي في قياس مدى التقدم المتحقق من عملية التعليم.

3. الاختبار المتضمن: وهذا ليس بالضرورة اختباراً واحداً، وإنما قد يكون عدة اختبارات تجمع من عدة فقرات توضع في المادة التعليمية، وتقيس مباشرة أهدافاً محددة، ويخدم هذا النوع من الفقرات قياس تعلم الطلبة مباشرة دون الانتظار حتى موعد الاختبار البعدي من ناحية، ومن ناحية أخرى يزود المتعلم والمعلم بتغذية راجعة فورية لأن تلك الفقرات متضمنة في التعليم الفعلي، وهي الادوات التي تقيس مدى تمكن المتعلم من الاهداف السلوكية اولاً بأول في اثناء عملية التعليم، وهذه الاختبارات تتمثل بالاختبارات اليومية، والاختبارات الشهرية.

4. الاختبار البعدي: هو اختبار محكي المرجع يهدف الى قياس مدى اتقان المتعلم للاهداف الادائية المحددة، وغالباً تكون فقرات هذا الاختبار هي نفسها فقرات الاختبار القبلي، او صورة مكافئة له.

مبادئ عامة في بناء الاختبارات محكية المرجع

من المبادئ العامة التي تؤخذ بعين الاعتبار عند بناء هذه الاختبارات ما يأتي: [1]

1. تعريف المجال السلوكي باعتباره مؤلفاً من نتاجات تعلم مستهدفة، ويمكن ان يتم ذلك من خلال تحليل نتاجات التعلم – باعتبارها اهدافاً – في بعدي السلوك والمحتوى، وتنظيم نتائج التحليل لفئات الهدف وعناصر المحتوى في جدول مواصفات، ويمكن ان يكون جدول المواصفات إجراء مناسباً لنوعي الاختبارات محكية المرجع ومعيارية المرجع، لكن الاهتمام بشمول التحليل وضبط توزيع متوازن ومتناسب لجوانب السلوك وعناصر المحتوى يكون أكثر احكاماً في الاختبارات محكية المرجع. وهنا فإن على المصمم (المعلم) أن يكتب سؤالاً أو اكثر لكل سلوك مدخلي أو هدف تعليمي، وألا يكتب اي سؤال او فقرة لأي مهارة تم استثناؤها من عملية التحليل التعليمي.

2. تعريف الاهداف التعليمية بعبارات سلوكية تعبر عن الاهداف باعتبارها نتاجات تعلم وتصف سلوك المتعلم عندما يتحقق الهدف، كما تصف مستوى الاداء المتوقع، وفي بعض الحالات قد يكون من المناسب وصف الشروط او الظروف التي تحدد وقوع الاداء.

3. إن تحديد معيار الاداء المقبول له اهمية خاصة في الاختبارات محكية المرجع، وبخاصة اذا اشتملت مواصفات المحك على تحديد مستوى الاتقان، ويمكن تحديد مستوى الاداء المقبول في المهمات البسيطة على شكل نسبة مئوية، أو تقدير كمي للإجابات الصحيحة. أما في المهمات المركبة فيمكن تحديد المواصفات (النوعية والكمية) التي يجب ان تتوافر في الاستجابة حتى تعد صحيحة ومقبولة.

---

(1) عبد الله زيد الكيلاني، اعداد الاختبارات محكية المرجع، مرجع سابق.

4. اختيار عينة المهمات في الاختبار محكي المرجع بحيث تمثل المجال السلوكي تمثيلاً متناسباً مع الاهمية التي تعطى لكل من عناصر المحتوى وفئات الاهداف، ويمكن ان يتم اختيار العينة بطريقتين؛ في الاولى يتم إعداد "تجمع" للاهداف باعتبارها نتاجات تعلم، ويتم اختيار عينة من هذا التجمع لتكتب عنها الاسئلة فيما بعد. أما في الثانية فيتم إعداد تجمع من الاسئلة يشمل جميع نتاجات التعلم، ويتم اختيار عينة من تجمع الاسئلة.

5. اختيار الاسئلة او كتابتها بحيث تقيس في محتواها وبنيتها وطريقة صياغتها السلوك الخاص المحدد في الاهداف التي نريد قياسها.

6. تحديد طرق تصحيح الاختبارات ووضع العلامات بحيث تصف مستوى اداء الطالب لمهمات جديدة، والمثال الواضح على مثل هذا الوصف استخدام النسبة المئوية للإجابة الصحيحة؛ فمثلاً يستطيع الطالب ان يعرف تعريفاً صحيحاً 80% من المصطلحات الواردة في الوحدة. اما الأساليب المستخدمة في التعبير عن الأداء للاختبارات معيارية المرجع، فلا تصلح للاختبارات محكية المرجع، لأنها لا تصف أداء الفرد للمهمات المحددة، وإنما توازنه بأداء مجموعة مرجعية.

خطوات بناء الاختبارات محكية المرجع

ان الخطوات التي نتبعها في بناء الاختبارات محكية المرجع تعتمد بشكل رئيس على المفاهيم الافتراضية التي يعرف بها هذا النوع من الاختبارات؛ فالمحك مفهوم أساسي يعرف بمجال سلوكي محدد المواصفات، ويعرف المجال السلوكي بمجموعة من نتاجات التعلم، او الاهداف التعليمية، ويدخل في مفهوم المحك تحديد معيار الاداء المقبول بمواصفات نوعية، او تقدير كمي للأداء. وقد ينطبق معيار واحد على جميع الاهداف إذا كان بينها نوع من التجانس، ومن الممكن ان يكون

لكل هدف تعليمي معيار الأداء المناسب له. وباعتبار هذه الافتراضات، فقد اقترح عدد من الباحثين خطة لإعداد اختبار محكي المرجع. [1]

أولاً: الاجراءات التمهيدية

1. يحدد الغرض من الاختبار بدلالة القرار الـذي سيبنى علـى نتائج الاختبار والكيفية التي ستستخدم فيها العلامات في الاختبار.

2. تستخلص مواصفات الفئات المستهدفة مـن الافـراد الـذين سيطبق عليهم الاختبـار ومـا إذا كانت ثمـة متطلبـات خاصـة تفرضها خصائص معينة في هذه الفئات، مثل: العمـر، الجنس، المسـتوى الثقافي والتعليمي...الخ.

3. تستخلص مسبقاً - وبدراسة مستفيضة - متطلبـات الجهـد والوقت والكلفـة والخـبرة المتخصصـة والتـدريب...الخ لإنتـاج الاختبـار وتطبيقه وتصحيحه واستخراج النتائج.

4. تستخدم المعلومات السابقة في تقدير عدد اسئلة الاختبار ونوعها، ومـا إذا كانـت ثمـة حاجـة لأكـثر مـن صورة للاختبار إذا كـان سيسـتخدم علـى نطـاق واسـع، أو سـيتكرر اسـتخدامه لفئـات متعددة.

ثانيا: وصف مجال التحصيل

1. يعـرف مجـال التحصيـل مـن حيـث طبيعـة المـادة الدراسـية، وموضوعاتها، ومستواها، وفترة تعلمها، وأية محددات أخرى.

2. تحلـل نتاجـات التـعلم في مسـتوى الاهـداف الاتقانيـة والاهداف التطورية، وتعد هذه الخطوة على درجة كبيرة مـن الاهميـة، لأن نتائج هذا التحليل ستؤلف المجال السلوكي الذي تختار منه عينة ممثلة يتم تناولها في اسئلة الاختبار. ويستحسن

---

[1] عبد الله زيد الكيلاني، اعداد الاختبارات محكية المرجع، مرجع سابق.

ان يتم اعداد الاهداف التعليمية في مرحلتين: الأولى تستخلص فيها أهداف ذات طبيعة عامة تصاغ بعبارات تصف نتاجات تعلم عامة. وفي الثانية تسرد تحت كل هدف المهمات الخاصة التي تصف الاداء الذي يقوم به المتعلم بعد انتهاء عملية التعلم فيما لو تحقق عنده الهدف وكان تعلمه ناجحاً.

3. يحلل محتوى مادة التحصيل بتجزئته الى وحدات مناسبة، لكل منها عنوان معرف بشكل واضح، وتندرج تحته عناصر بينها نوع من الترابط والتكامل. وإذا كان الاختبار سيستخدم لغرض التشخيص، فيراعى اختيار عناصر في المحتوى يكون احتمال الخطأ فيها كبيراً، إضافة إلى العناصر الاساسية التي تتشكل منها بنية الوحدة.
4. تنظم نتائج تحليل الاهداف (بصفتها سلوكاً) والمحتوى على شكل جدول مواصفات. وإذا تذكرنا ان الاختبار سيجرى على عينة مهمات تم اختيارها لتمثل مجالاً سلوكياً واسعاً، فإن جدول المواصفات يوفر لنا طريقة منظمة لوصف المجال السلوكي الواسع، كما يوفر لنا أسساً موضوعية لاختيار عينة المهمات التي سيتناولها الاختبار.

إن تنظيم جدول مواصفات لاختبار محكي المرجع في المستوى الاتقاني لهو عملية بسيطة ومحددة، تتلخص في خطوتين اساسيتين هما: تحديد الاهداف باعتبارها نتاجات تعلم عامة، ووصف المهمات الخاصة بكل هدف، وتتألف منهما خلايا جدول المواصفات.

ثالثا: اختيار عينة ممثلة للمجال السلوكي

ان اختيار عينة ممثلة للمجال السلوكي او نتاجات التعلم المستهدفة، أمر على درجة كبيرة من الاهمية في بناء الاختبار محكي المرجع؛ فلو فرضنا اننا نتيجة تحليل مجال التحصيل في الحساب توصلنا الى (200) مهمة تمثل المجال بكامله، فلن يكون الامر سهلاً او عملياً ان نستخدم اختباراً من (200) مهمة، وعلينا

عندئذ ان نختار منها عدداً محدداً، (20) مهمة مثلاً لتؤلف اختباراً يمكن تطبيقه على الطلبة الصغار في زمن معقول. لكننا نريد ان يكون الأداء للاختبار القصير المؤلف من (20) مهمة فقط دالاً بدقة على الاختبار (الافتراضي) المؤلف من (200) مهمة لو تيسر ذلك. فلو فرضنا أن طالباً تمكن من الاجابة الصحيحة عن (16) مهمة (أي 80% من المهمات) في الاختبار القصير، فيمكننا أن نستنتج أن هذا الطالب سيتمكن من الإجابة عن (80%) من المهمات في الاختبار (الافتراضي) الطويل.

لكن السؤال المهم هنا هو: كيف يمكن ان نختار العينة المؤلفة من (20) مهمة، في هذه الحالة، بحيث تمثل المجال السلوكي الأكبر المؤلف من (200) مهمة؟ لا بد لنا من ان نوجه مثل هذا السؤال عند كتابة الاختبار محكي المرجع، عند أي مجال سلوكي نختاره.

ويمكن لجدول المواصفات ان يوفر لنا طريقة منظمة لوصف المجال السلوكي؛ فكل خلية في جدول المواصفات تتضمن مجموعة من المهمات، ومنها نختار اسئلة الاختبار بالنسبة المحسوبة من تقديرات الاهمية النسبية لفئات الهدف وعناصر المحتوى، وإذا كانت المهمات في الخلية الواحدة على درجة كبيرة من التجانس من حيث مستوى الصعوبة والتركيب وطبيعة المهمة، فعندئذ يمكننا ان نستعمل العشوائية في اختيار العدد المطلوب، أما اذا كان ثمة خلاف واضح في خصائص هذه المهمات فنختار منها عينة مقصودة تتمثل فيها جميع مستويات الصعوبة والتركيب ونوع المهمة.

والطريقة الاخرى لاختيار عينة المهمات للاختبار - عندما تكون المهمات المرتبطة بنتاجات التعلم على درجة معقولة من التجانس، مما هو متوقع عادةً في المستوى الاتقاني - ان نعد تجمعاً بجميع المهمات التي يتألف منها المجال، ونختار العينة منها عشوائياً.

وإذا كانت العينة صغيرة (في اختبار قصير مثلاً) موازنة بمجال سلوكي واسع، ازداد احتمال اخطاء المعاينة، ولا تكون العينة ممثلة تمثيلاً جيداً للمجال السلوكي. أضف الى ذلك أنه ليس من السهل الحصول على درجة عالية من التجانس في نتاجات التعلم او المهمات المتصلة بها، وربما كان من المفضل توزيع عناصر "التجمع" أو تصنيفها في فئات متجانسة، بحيث يتم الاختيار العشوائي داخل كل فئة.

وبدلاً من إعداد تجمع بالمهمات او نتاجات التعلم الخاصة، يمكن كتابة عدد كبير من الاسئلة التي تشتمل على جميع المهمات في المجال، وإعداد "تجمع" من الاسئلة، ثم اختيار نسبة عشوائية من الاسئلة في هذا التجمع الكبير. أما إذا امكن تصنيف اسئلة التجمع في فئات متجانسة، فيتم الاختيار العشوائي من كل فئة بما يتناسب وحجم الفئة واهميتها النسبية.

إن الطريقة التي تستخدم فيها نتائج تحليل الفقرات في انتقاء فقرات اختبار معياري المرجع، لا تصلح في انتقاء فقرات اختبار محكي المرجع؛ فهناك ميل عند معدّي الاختبارات معيارية المرجع لاستبعاد الفقرات السهلة جداً والفقرات الصعبة جداً، واستبقاء الفقرات التي تقع دلالات صعوبتها في المدى المتوسط، في الوقت الذي يمكن أن تؤثر فيه عملية الحذف هذه سلباً في شمول الاختبار جميع نتاجات التعلم، وتقحم فيه عوامل تحيز ناشئة عن اخطاء المعاينة، ويختل الاختبار نتيجة عدم توفر "صدق المحتوى" له.

ومن المفيد استخراج دلالات صعوبة الفقرات لاختبار محكي المرجع، والحصول على قيم متفاوتة للصعوبة حتى نتمكن من التمييز بين فئات تختلف في مستوى إتقانها للمحك، لكن الفقرات السهلة والفقرات الصعبة لا تستبعد، على الرغم من ان وجودها يؤدي الى خفض تباين العلاقات، وبالتالي الى خفض قيمة ثبات الاختبار.

ويمكن استخراج دلالة تمييز الفقرة من خلال موازنة الاداء للفقرة بين مجموعات من الافراد تباينت في ادائها على المحك، ويمكن ان نعتبر التباين المشاهد بين هذه المجموعات في ادائها للفقرة مؤشراً على صدق الفقرة في قياسها لناتج مستهدف. وعادة نلجأ الى احكام الخبراء في تقدير صدق الفقرة بدلالة درجة التوافق بين محتوى الفقرة والناتج المستهدف منها.

رابعا: كتابة الأسئلة

قبل ان نكتب الاسئلة، يجب ان نحدد ما الذي نريد ان نقيسه في هذه الاسئلة. ولما كان اهتمامنا هو باختبارات التحصيل، فإن اعداد جدول المواصفات يوفر لنا معلومات اساسية عما نريد قياسه في الاسئلة.

لكن تظل هناك اعتبارات اخرى تواجه معدّ الأسئلة، منها ان الاسئلة انواع وأشكال مختلفة في بنيتها، وطريقة صياغتها، وخصائصها المميزة، والاغراض الخاصة التي تستخدم من أجلها؛ فهناك الأسئلة المقالية التي تعتمد على الاستجابة الحرة للمفحوص ينتجها او ينشؤها بطريقته الخاصة استجابة للسؤال او المشكلة المطروحة، ويستخدم فيها قدراته الخاصة في انتقاء الافكار وتنظيمها والتعبير عنها، ويمكن ان نعتمد فيها الاجابة القصيرة المحددة او الاجابة المقالية المطولة. وهناك الاسئلة الموضوعية التي تكون إجابتها معطاة على شكل بدائل، ويطلب من المفحوص ان يختار من بينها البديل الذي يقدر أنه الإجابة الصحيحة للسؤال، وهذا أيضاً يكون على أشكال مختلفة منها اسئلة الاختيار من بديلين، واسئلة الصواب والخطأ، واسئلة الاختيار من متعدد، واسئلة المقابلة.

فإذا كانت الاسئلة أنواعاً وأشكالاً مختلفة، فكيف يختار معدّ الاسئلة من بينها ما يلائم اغراضه الخاصة؟ هناك اعتبارات اخرى يمكن ان تحكم اختياره لكل سؤال، منها ما يتعلق بخصائص المفحوصين، ومنها ما يتعلق بظروف التطبيق والتصحيح والحدود الزمنية المتاحة، وكتابة الاسئلة بحد ذاتها فن ومهارة، وتعتمد

على معرفة معدّ الاسئلة وخبراته واطلاعه وشيء من خياله وإبداعه. وبعد تحديد شكل الاسئلة، يسترشد في كتابة الاسئلة بجدول المواصفات الذي يفترض أنه أعد مسبقاً بحيث يتحقق التناظر بين مجموعة الاسئلة والمهمات التي تم اختيارها. تعد الاسئلة في صورتها الاولية، ويفضل كتابة عدد من الاسئلة أكبر من العدد المقرر للصورة النهائية للاختبار، وتتم مراجعة الاسئلة وتنقيحها بالاستعانة بعدد من المحكّمين من المختصين، وخبراء القياس، ويعطي هؤلاء أحكامهم على الامور الآتية:

- مدى التوافق بين كل سؤال والهدف الذي وضع السؤل لقياسه.
- درجة تمثيل مجموعة الاسئلة للمجال السلوكي (مجال التحصيل).
- درجة تحرر الاسئلة من عوامل التحيز والنمطية.
- سلامة البنية والصياغة، ووضوح المعنى.

وبناءً على تقدير المحكمين تجري عملية تعديل الاسئلة، وربما حذف بعضها وكتبت اسئلة اضافية.

هذا ويمكن تجريب الاسئلة على عينة تجريب اولي من الافراد المستهدفين بالاختبار، واستخراج دلالات عن خصائصها الاحصائية، وبناءً على نتائج التجريب يعاد النظر ثانية في الاسئلة بالتعديل والتنقيح والحذف والإضافة حيثما كان ذلك ضرورياً.

خامساً: تحديد معيار الأداء المقبول

يتم تحديد معيار الأداء المقبول لكل فقرة (معيار الاجابة الصحيحة) وللاختبار بكامله (مستوى الاتقان المحكي)، وإذا تألف الاختبار من عدة اجزاء فيحدد معيار للأداء في كل جزء (مستوى الأداء المقبول في المستوى الاتقاني)، ويؤخذ باعتبارات ذات صلة بطبيعة المهارة او مادة التعليم. ففي بعض المهارات (البسيطة بخاصة) قد يكون المطلوب الاتقان التام بنسبة (100%)، وفي بعضها

الآخر قد تحدد نسبة (80% - 85%)، ويعود القرار في هذا الشأن الى الخبير، أو واضع الاختبار، أو المعلم.

سادساً: التجريب الأولي للاختبار

1. يفترض في هـذه المرحلة أنـه تـم انتقاء الفقرات بعد تعـديلها وتنقيحها بناءً على تقديرات المحكمين، وتوزيعها في صورة واحـدة للاختبار، أو صـورتين متكـافئتين أو أكـثر (إذا كـان الاختبار سيستخدم على نطاق واسع، وهناك تعدد في الفئات التي سيطبق عليها في أوقات مختلفة). كذلك يفترض ان تعد تعليمات الاجابة (للمفحوصـين) وتعليمات التطبيـق (للفاحصـين)، وتعليـمات التصحيح واستخراج العلامـات، وتعد كراسـات الاختبار، وأوراق الاجابة (منفصلة). ويتضمن كراس الاختبار: الفقرات، وتعليمات الاجابة، وأمثلة للتدريب على الاجابة تسبق كل نوع من الفقرات، ويتم اخراج الاختبار مطبوعاً في تنظيم محكم واضح بحيث يسهل تتبـع تعليـمات الاجابـة، ويتم اعـداد الـنماذج الخاصة لتفريغ استجابات افراد العينة لاستخدامها في عمليـات تحليل البيانات فيما بعد.

2. يتم اختيـار عينـة التجريب الأولي بحيث تتوافر فيها مواصفات العينات المستهدفة في التطبيق الرئيس للاختبار، ويتم تطبيق الاختبـار على العينـة حسـب التعليمات التي اعـدت مسبقاً. ويجمع الفاحص ملاحظاته في اثنـاء عملية التطبيـق، عـن مـدى وضوح تعليمات الاجابة، وملاءمتها، ومدى وضوح المطلوب مـن الاسـئلة، ومـدى ملاءمـة الـزمن المحـدد للإجابـة، ومـدى ملاءمـة التطبيق.

3. تحليـل بيانـات التجريـب الأولي لاسـتخراج دلالات احصـائية عـن خصائص الفقرات وخصائص الاختبار، مـن حيـث معامل صعوبة الفقرة ومعامل تمييزها، واستخراج دلالات عن فاعلية البدائل (اذا كـان الاختبار اختيـاراً مـن متعـدد). ويجـب ان يتميـز الاختبـار بالثبات، ويحسب الثبات عن طريق الاعادة، اي

بحساب معامل ارتباط (بيرسون) بين العلامات عند تطبيق الاختبار على العينة أول مرة، والعلامات عند تطبيقه على العينة نفسها للمرة الثانية بعد فترة أخرى. ويمكن ايضاً حساب ثبات الاختبار محكي المرجع بطريقة الصور المتكافئة، اما الطرق المعتمدة على معادلات الاتساق الداخلي فتعطينا قيماً متدنية للثبات بسبب انخفاض التباين بشكل عام في معاملات الاختبار.

ويجب أن يتميز الاختبار بالصدق، أي أن يقيس الاختبار ما أعد لأجله، ويفترض أنه تم التحقق من صدق المحتوى من خلال إجراءات سبقت التجريب الاولى، وتتألف الدلالات التي يقدمها معد الاختبار عن صدق المحتوى من:

1. نتائج التحليل المنطقي لنتاجات التعلم، ومحتوى مادة التعلم، وجدول المواصفات، والأسس التي اعتمدت في بناء الفقرات.
2. تقديرات الحكام والخبراء فيما يتعلق بملاءمة مواصفات المجال السلوكي، ونتائج تحليل النتاجات التعليمية، والمحتوى، ومدى ملاءمة الفقرات في بنيتها وصياغتها للنتاجات التي اعدت لقياسها.

سابعاً: اخراج الاختبار بصورته النهائية
1. يتم تنقيح الفقرات وتعديلها بناءً على نتائج التجريب الاولى، ويتم ترتيبها بشكل مناسب في كراس الاختبار الذي تتم طباعته في صورته النهائية مع تعليمات الاجابة، وأمثلة التدريب، وتنظيم صفحة الغلاف بعنوان الاختبار والبيانات الشخصية عن المفحوص.
2. إذا كان الاختبار سيستخدم على نطاق واسع في برنامج تعليمي، أو منطقة تعليمية، أو لأغراض البحث التربوي بحيث تستخدم منه عينات كبيرة، فيعد للاختبار "دليل" للفاحص والباحث يتضمن معلومات عن: الغرض من الاختبار،

ومجــالات اسـتخدامه، وتعلـيمات تطبيقـه وتصـحيحه، واسـتخراج العلامات وطرق تفسيرها.

تـذكر أن ترتيـب الاهـداف السـلوكية مـن البسـيط الـذي يحقـق التعلم على مستوى التذكر، الى المركب الذي يحقق التعلم على مستوى التطبيق والاكتشاف، يجب ان يتفق ايضاً مع تسلسل محتـوى الوحـدة الدراسية.

الخطوة السادسة في تصميم التعليم
(تحديد استراتيجية التعليم)

تمهيد

إن معظم الكتب الدراسية تعد بالدرجة الاولى مصادر للمعلومات، والقليل منها يشير الى الاهداف، والسلوكات المدخلية، وطريقة قياس التحصيل. أما استراتيجية التعليم التي ستمكن المتعلم من تعلم المهمة التعليمية، فغالباً ما يتركها الكتاب للمعلم او المتعلم؛ إذ إن على المعلم كتابة الاهداف، وإعداد خطة الدرس، وإعداد الاختبارات، وتحضير الطلبة، وتزويدهم بالمعلومات، وتطبيق الاختبارات، وإجراء عملية التقويم. [1]

معنى استراتيجية التعليم

إن كلمة "استراتيجية" نحت عربي، أي ليس لها كلمة مرادفة في العربية، ومصدرها كلمة (Strategy) الانجليزية، وهي مشتقة بدورها من كلمة إغريقية قديمة هي (Strategy) وتعني الجنرالية (Generalship)، والكلمة الاغريقية هذه مكونة من شقين هما (Agein) ومعناها جيش، و (Stratos) ومعناها يقود، وبذلك فإن المعنى الأصلي لكلمة "استراتيجية" طبقاً لاشتقاقها اللغوي، يشير في مجمله الى "فن قيادة الجيوش" أو الى "اسلوب القائد العسكري" (زيتون، 1999: 279). وفي الادبيات التربوية تجد ان استراتيجية التدريس تأخذ مسميات أخرى هي إجراء التدريس، او الانشطة التعليمية التعلمية، او استراتيجيات التعليم والتعلم...الخ.

---

[1] محيي الدين توق، تصميم التعليم، مرجع سابق.

ويشير زيتون[(1)] الى معنيين عامين لكلمة الاستراتيجية عند استخدامها في المجال التربوي هما:

- المعنى الأول: وفيه ينظر الى الاستراتيجية على أنها فن استخدام الامكانات والوسائل المتاحة بطريقة مثلى لتحقيق الاهداف المتوخاة بدرجة عالية من الاتقان.

- المعنى الثاني: وفيه ينظر الى الاستراتيجية على أنها خطة محكمة البناء ومرنة التطبيق، يتم خلالها استخدام كافة الامكانات والوسائل المتاحة بطريقة مثلى لإتقان الأهداف المتوخاة.

ويعرف جونز وآخرون [(2)] الاستراتيجيات بأنها "اجراءات او طرائق محددة لتنفيذ مهارة معينة"، ويكون التعلم استراتيجياً عندما يعي المتعلمون المهارات والاستراتيجية الخاصة التي يستعملونها في التعلم ويضبطون محاولاتهم لاستعمالها. أما التعليم الاستراتيجي فيعرفه جونز وآخرون بأنه "دور وعملية في آن واحد، فهو يصف المعلم بأنه شخص يفكر ويصنع القرارات على الدوام، وأنه يمتلك قاعدة وافرة من المعرفة للمحتوى التعليمي واستراتيجيات التعليم والتعلم، وأنه نموذج ووسيط للتعلم الصفي".[(3)]

وبذلك يمكن القول ان استراتيجية التدريس هي مجموعة الاجراءات والانشطة والاساليب التي يختارها المعلم او يخطط لاتباعها الواحدة تلو الاخرى، وبشكل متسلسل مستخدماً الامكانات المتاحة، لمساعدة طلبته في إتقان الاهداف المتوخاة.

---

(1) حسن حسين زيتون، **تصميم التدريس، رؤية منظومية**، عالم الكتب، بيروت، 1999.

(2) جونز وآخرون، **التعلم والتعليم، والاستراتيجيات: التدريس المعرفي في مجالات المحتوى**، (ترجمة د. عمر الشيخ)، من منشورات معهد التربية، اونروا/ يونسكو، عمان، الاردن، 1988.

(3) جونز وآخرون، **مرجع سابق**.

عناصر استراتيجية التعليم

استراتيجيات التعليم هي مجموعة الأساليب والانشطة والوسائل والطرق التعليمية التي يؤدي استخدامها الى حدوث التعلم، وتصف استراتيجية التعليم المكونات الرئيسة لمنظومة من المواد التعليمية والاساليب التي ستستخدم لإظهار نتاجات تعلمية محددة لدى المتعلم. وبهذا المعنى فإن الاستراتيجية أكثر من مجرد وصف للمحتوى الذي سيقدم للمتعلم، فالمحتوى وتسلسله جزء من الاستراتيجية، ولكنه ليس جزءاً كافياً لأنه لا يقول لنا شيئاً عما يأتي: [1]

- ما الذي سيفعله المعلم قبل إعطاء المادة التعليمية؟
- ما الذي سيفعله المعلم بهذه المادة في أثناء تعرضه لها؟
- كيف سيتم اختيار المادة التعليمية؟

إن استراتيجية التعليم برأي جانييه وبريجز تشتمل على خمسة عناصر رئيسة على الأقل، وهذه العناصر هي: [2]

1. نشاطات ما قبل التعليم.
2. تقديم المعلومات.
3. مساهمات الطلاب.
4. القياس.
5. المتابعة.

مما سبق يمكن التوصل الى ان المنطلق الأساسي من عملية تصميم التعليم يستند الى:

أ. أهداف تعليمية محددة.

---

(1) ولترديك وروبرت ديزر ، **مرجع سابق.**
(2) محيي الدين توق، **تصميم التعليم**، مرجع سابق.

ب. المتطلبات القبلية (السلوك المدخلي للمتعلم) من خلال عملية تحليل المهمة التعليمية.

ج. التسلسل في تقديم التعليم بما يتلاءم وتسلسل المهمات الفرعية.

د. المحتوى المطلوب من خلال عملية التحليل التي تم القيام بها.

هـ الفقرات المناسبة للاختبارات التي ستكون هناك حاجة لها.

لذلك يمكنك الاعتماد على النموذج الذي طوره "ديك وكاري" (Dick and Carey) الموضح في الشكل رقم (24) لمساعدتك في التخطيط والتدريس، وبإمكانك تعديل هذا النموذج بما يتناسب وأهدافك، ومادتك العلمية، وطبيعة طلبتك.

نشاطات التعليم		الأهداف	
		الهدف رقم (1)	الهدف رقم (2)
- نشاطات ما قبل التعليم	الدافعية الاهداف المتطلبات السابقة		
- تقديم المعلومات	تقديم المحتوى الأمثلة		
- مساهمات الطلاب والاختبارات المتضمنة	التدريب التغذية الراجعة		
- نشاطات المتابعة	التقوية والعلاج الإثراء		

الشكل رقم (24)

نموذج "ديك وكاري" لتطوير استراتيجية التعليم .

أهمية الدافعية للتعلم

إن كل شخص يعرف بشكل بدهي أن الدافعية امر مهم وحيوي لنجاح اي موقف تعلمي، ولكن عدداً قليلاً من الناس يعرفون ما هي الدافعية، وكيف تستعمل بشكل منظم. وهذا يظهر في عدم الاهتمام بالدافعية في الادب النظري التقني. وفي الحقيقة فإن أمر الدافعية لا يكاد يذكر في معظم نظريات التعليم، او تصميم التعليم، أو الوسائل التعليمية.

أشارت نظريات "كيلر" في التعلم الى الدافعية باعتبارها شيئاً ضرورياً، يجب ان يتوافر قبل البدء في التعليم مباشرة لجذب اهتمام الطلبة للدروس، او لتحفيز الطالب للتعلم، ولكنها ليست عنصراً مركزاً للتعليم نفسه. ومهما تكن برامج التعليم ممتازة فلن تزيد من الدافعية لدى الطلبة، وبذلك فإنه عندما يكون مستوى الدافعية منخفضاً تكون الاستجابة لدى المتعلم منخفضة كذلك. ومهما بلغت البرامج التعليمية المصممة من دقة وتعقيد، فهي لن تستطيع تحقيق النتائج المرجوة منها إذا لم تتضمن ما يثير دافعية الطلبة للتعلم. وفي الوقت الذي تطورت فيه معظم مظاهر التكنولوجيا التعليمية تطوراً سريعاً، فإن تكنولوجيا الدافعية لم تتطور، والحقيقة أن اي تعلم يجب ان يحفز بشكل كبير إذا ركز المدرب (المعلم) على مظاهر الحوافز.[1]

---

(1) محمد الحيلة، تصميم التعليم، نظرية وممارسة، مرجع سابق.

الخطوة السابعة في تصميم التعليم
(تنظيم المحتوى التعليمي)

تمهيد

إن إحدى الخطوات المهمة التـي يقـوم بها مصمم التعليم، بعد ان يكون قد أتـم عمليـة تحليـل المحتـوى التعليمـي وتجزئتـه الى العناصر التي يتكون منها، هي عملية تنظيم هـذه الاجـزاء بمـا يتفـق واحـدث النظريـات التـي ابتكـرت في علـم تصـميم التعليـم. ومـن النظريات التي عملت على تنظيم اجزاء المحتوى التعليمي بطريقة تتفق والعمليات العقلية الادراكية للمتعلم: نظرية "جانييـه" الهرميـة، وطريقة "جلبرت" في التسلسل التقدمي، والتسلسل الرجعي، وطريقة "اوزوبل" الاستعراضية، ونظريـة "ميـرل" للعنـاصر التعليميـة، ونظريـة "ريجليوث" التوسعية. [1]

تعريف عملية تنظيم المحتوى التعليمي

تعرف عملية تنظيم المحتوى التعليمـي بأنهـا تلـك الطريقـة التي تتبع في تجميع أجزاء المحتوى التعليمي وتركيبها وفق نسـق معين، وبيان العلاقـات الداخليـة التـي تـربط بـين اجزائـه، والعلاقـات الخارجية التي تربطه مع موضوعات اخرى، على نحو يؤدي الى تحقيق الاهداف التعليمية التي وضع من اجلها في اقصر وقت وجهد ممكنـين وبأقل تكلفة اقتصادية ممكنة.

وبذلك نعنـي بتنظيم المحتوى التعليمي وضعه في ترتيب تسلسلي او تنظيم تتابعي لمفرداتـه بغيـة تسـهيل تعلـم الطلبـة لتلـك المفردات بأقصى درجة من الفاعلية. وتستند أهمية هـذه العمليـة الى مسلمتين هما: [2]

---

(1) افنان دروزة، اجراءات في تصميم المناهج، مرجع سابق.
(2) حسن حسين زيتون، تصميم التدريس، رؤية منظومية، مرجع سابق.

1. لا يتعلم الطالب مفردات المحتوى مرة واحدة، بل يتعلمها الواحدة تلو الاخرى.

2. لتنظيم تتابع المحتوى علاقة وثيقة بتيسير تعلم الطالب للمحتوى بطريقة تخزينه في ذاكرته طويلة المدى.

ومن الجدير بالذكر ان عملية تنظيم المحتوى التعليمي تتم على أكثر من مستوى، وهذه المستويات هي: [1]

1. مستوى المقرر (الكتاب المدرسي): وفيه يتم تنظيم تتابع موضوعات الكتاب الكبرى، أي تنظيم تتابع تدريس مفردات المقرر (الكتاب).

2. مستوى الوحدة التعليمية: وفيه يتم تنظيم تتابع الموضوعات المتضمنة في كل وحدة تعليمية، أي تنظيم تتابع مفردات الوحدة.

3. مستوى الدرس الواحد: وفيه يتم تنظيم تتابع مفردات المحتوى داخل الدرس الواحد، أي تنظيم تتابع مفردات الدرس المعلوماتية والمهارية.

هذا، ويطلق على تنظيم المحتوى في المستوى الأول والمستوى الثاني، تنظيم المحتوى على المستوى الموسع (الكلي)، وفي المقابل يطلق على تنظيم تتابع المحتوى في المستوى الثالث، تنظيم المحتوى على المستوى المصغر.

ومن الضروري لدى القيام بعملية التنظيم أن يثير المصمم التعليمي، أو المعلم في نفسه مجموعة من الاسئلة تنحصر ـ في مجالين رئيسين هما: [2]

1. كيف سأنظم عناصر المحتوى التعليمي الذي سيدرس في فترة زمنية؟ أي كيف سأرتب الأفكار والمعلومات التي جاءت فيه؟ هل أبدأ بعرض الأفكار العامة اولاً ثم اتبعها بالامثلة التي توضحها؟ أم أبدأ بعرض الأمثلة ثم اتبعها بالافكار العامة؟ وأين ستأتي الفقرات التدريبية للممارسة، واسئلة التقويم الذاتي؟ وأين

(1) المرجع السابق.
(2) افنان دروزة، النظرية في التدريس وترجمتها عمليا، رابطة الجامعيين، دائرة البحث والتطوير، الخليل، 1992.

مكان التغذية الراجعة؟ وهل يحتاج النص الى تفصيلات؟ وهل يحتاج الى مقدمات وملخصات وخاتمات؟

2. كيف سأربط الافكار التي جاءت في هذا المحتوى بعضها ببعض؟ وما هو النسق الذي سأتبعه؟ بمعنى آخر، كيف سترتبط الفكرة "أ" بالفكرة "ب"، وأين موضوع الفكرة "ج" من كلتيهما؟ وكيف سترتبط هذه الافكار مع افكار اخرى في موضوعات اخرى ذات علاقة؟

لقد تناول كل من "جانييه" و "جلبرت" و "ميرل" تنظيم المحتوى التعليمي على المستوى المصغر (يتعلق بتنظيم عدد محدد من الافكار العامة المتمثلة بالمفاهيم والمبادئ والاجراءات، وتنظيم الامثلة التي توضحها، بحيث تدرس تلك المواضيع في فترة زمنية محددة تقدر بحصة دراسية مدتها (45) دقيقة)؛ ذلك المستوى الذي يتناول تنظيم وتعليم مفهوم واحد فقط أو مبدأ او اجراء او حقيقة، ثم الانتقال الى مفهوم آخر فآخر، الى ان ينتهي تنظيم جميع اجزاء المهمة التعليمية، وتعلمها، وهذا يطلق عليه تصميم التدريس. أما طريقة "اوزوبل" الاستعراضية، ونظرية "ريجليوث" التوسعية، فقد تناولتا تنظيم المحتوى التعليمي على المستوى الموسع (يتعلق بتنظيم عدد كبير نسبياً من المفاهيم والمبادئ والاجراءات والامثلة، التي تشكل منهجاً دراسياً يدرس في مدة أقلها اسبوعان، واقصاها سنة درسية)؛ ذلك المستوى الذي يتناول تنظيم محتوى وحدة دراسية كاملة، أو منهاج تعليمي (وهذا يطلق عليه تصميم التدريس).[1]

ان طريقة تنظيم المحتوى التعليمي بنوعيها (المستوى المصغر، والمستوى الموسع) قد تنمي عملية التعلم على مستويين رئيسيين هما: مستوى التذكر، ومستوى التطبيق؛ فمستوى التذكر يطلب من المتعلم ان يسترجع المعلومات التي تعلمها سابقاً إما بشكل حرفي او بشكل غير حرفي، كأن يصوغها بلغته الخاصة،

(1) افنان دروزة، **اجراءات في تصميم المناهج**، مرجع سابق.

في حين يطلب مستوى التطبيق من المتعلم توظيف ما تعلمه سابقاً من معلومات عامة وأفكار مجردة في مواقف تعليمية جديدة.

تنظيم المحتوى التعليمي

عند تنظيم المحتوى التعليمي نحتاج الى توافر أمرين هما: [1]

1. وجود قائمة بمفردات المحتوى المراد تنظيمه، وهي تلك المفردات التي يتم تحديدها مسبقاً من خلال عملية تحليل المحتوى سابقة الذكر.

2. تبني احد توجهات تنظيم المحتوى وتوظيفه في تنظيم تتابع تلك المفردات؛ فلا توجد قاعدة معينة لتنظيم تتابع المحتوى تعد محل اتفاق بين المتخصصين في مجال تصميم التعليم، لذلك نرى العديد من التوجهات بهذا الخصوص، ولكل منها أسسه ومنطلقاته وقواعده الخاصة به، ومن ثم فعلى مصمم التعليم اختيار احد هذه التوجهات، والعمل على توظيفه في تنظيم تتابع مفردات المحتوى الذي يتعامل معه، ومن أبرز هذه التوجهات تلك التي ذكرها زيتون، وهي: [2]

- اولاً: التوجه الهرمي: وفيه يتم ترتيب مفردات المحتوى بشكل تدريجي، أي في عدة مستويات متدرجة في تعقيدها كلما اتجهنا الى المراتب الاعلى، اي ترتيبها في صورة تراكمية بحيث يصبح المحتوى في المستوى السابق متطلباً قبلياً لتعلم المستوى اللاحق؛ بمعنى ان تعلم مفردات كل مستوى منها يتأسس على ما قبله من مستويات ويؤسس لتعلم ما بعده من مستويات. ويمكن القول إن هذا التوجه يأخذ بعدد من مبادئ تنظيم المحتوى الشائعة، ومن ابرزها الآتي:

1. الانتقال من الجزء الى الكل.

2. اهمية توافر متطلبات التعلم السابقة (القبلية) لدى الطلبة اللازمة لتعلم المحتوى الجديد.

---

(1) حسن حسين زيتون، تصميم التدريس، رؤية منظومية، مرجع سابق.

(2) المرجع السابق.

3. الترتيب المنطقي للمحتوى.
4. الانتقال من البسيط الى المعقد.
5. الانتقال من المألوف الى غير المألوف.

- **ثانيا: التوجه التفصيلي (التوسعي):** يرتب المحتوى طبقاً لهذا التوجه من العام الى التفاصيل (الاجزاء المفصلة)؛ فمثلاً يبدأ الترتيب عادةً بما يسمى مجمل المقرر وهو بمثابة مقدمات عامة أو تنظيم متقدم لمحتوى المقرر باعتباره كلاً، ثم يلي ذلك تفصيل هذا المجمل الى عدد من الموضوعات (الوحدات الدراسية) التي يختص كل منها بإحدى الأساسيات المتضمنة في مجمل المقرر، ثم يرتب محتوى كل وحدة بحيث يبدأ بمجمل الوحدة الذي يتفرع منه عدد من الدروس التي يختص كل منها بإحدى أساسيات مجمل الوحدة، ثم يرتب محتوى كل درس منها بحيث يبدأ بمجمل الدرس الذي يتضمن اساسيات هذا الدرس، واخيراً تفصل هذه الاساسيات تدريجياً الى التفاصيل المطلوبة لشرح اي من الاساسيات.

إن التوجه التفصيلي (التوسعي) لتنظيم المحتوى يمثل مزجاً بين مبدأين تنظيميين لتتابع المحتوى هما:

1. مبدأ التنظيم الحلزوني: وفيه يتم تنظيم المحتوى حول عدد من المفاهيم الكبرى للمقرر الدراسي، بحيث يتم تقديم هذه المفاهيم أكثر من مرة (دورة) على أن تزداد اتساعاً وعمقاً في كل دورة عن سابقتها، أي ان هذه المفاهيم تقدم في الورقة الاولى بصورة مبسطة اجماليا، ثم يعاد تقديمها مرة اخرى بصورة اكثر تعقيداً وبتفاصيل اكثر مما كان عليه الأمر في الدورة الاولى، وهكذا يستمر تقديمها في عدد آخر من الدورات حتى تصل إلى أعلى مستوى تعقيد معرفي لها مطلوب إنجازه.
2. مبدأ التمايز التدريجي: وفيه يتم تنظيم المحتوى وفق مدخل من القمة الى القاع، أي إن الأكثر تجريداً وعمومية وشمولية يرد أولاً، ثم تليه الأفكار الأقل تجريداً

وعمومية وشمولية، وهكذا يستمر تمايز الافكار تدريجياً حتى نصل الى الافكار المحسوسة والنوعية.

ويشير زيتون [1] الى أنه عند تقديم المحتوى التعليمي للطلبة في أثناء تنفيذ الدرس وفقاً للتوجة التفصيلي فإن المجمل العام يسبق دائماً التفاصيل الخاصة به، غير أن ذلك لا يعني أن الصلة بين هذا المجمل وتفاصيله تنقطع عند مرحلة تناول التفاصيل، بل يجب ان نعود بالمتعلم الى المجمل العام من حين إلى آخر.

- **ثالثا: التوجه النمائي**: يستند هذا التوجه الى الفرضيات التي طرحها "بياجيه" في نظريته عن النمو المعرفي للإنسان، وهذه الفرضيات هي:

1. يمر التفكير الانساني بمراحل نمو تختلف باختلاف المرحلة العمرية للفرد.
2. الخبرات الحسية مفاتيح التفكير الانساني، كما تساعد في نموه.
3. عدم الاتزان بين الفرد وبيئته المحيطة شرط أساسي من شروط التعلم.

وقد ذكر "بياجيه" أن النمو العقلي للإنسان يمر في مراحل أربع هي:

1. المرحلة الحس - حركية (0 – سنتين): يتعلم الطفل فيها الكثير من المهارات العقلية والحركية عن طريق الحديث والمشي- واللعب والمرور بالخبرة المباشرة.
2. مرحلة ما قبل العمليات (3-6 سنوات): تتميز بالنمو اللغوي، والاعتماد على الادراك الحسي المباشر في تكوين صورة عقلية لكثير من الأشياء.
3. مرحلة العمليات العيانية (7-10 سنة): يكتسب الطفل فيها التصنيف، والترتيب، والمقارنة، وتصور النتائج المتوقعة، ونمو المفاهيم العددية.
4. مرحلة العمليات المجردة (11-15 سنة): ينتقل الطفل في تفكيره من المستوى الحسي- الى المجرد، واستخدام الرموز في العمليات العقلية مع القدرة على ادراك العلاقات بين الأشياء.

(1) حسن حسين زيتون، **تصميم التدريس، رؤية منظومية**، مرجع سابق.

إن هذه المراحل التي جاء بها "بياجيه" تتطلب محتوى دراسياً يتماشى في تتابعه مع تتابع هذه المراحل؛ أي تنظيم المحتوى بحيث يبدأ بالمفردات المحسوسة وينتهي بالمفردات المجردة.

- رابعاً: التوجه الزمني: وفيه يتم تنظيم تتابع مفردات المحتوى التعليمي وفق التسلسل الزمني او التاريخي للأحداث بحسب مدتها أو تطورها الزمني، فما كان سابقاً لغيره في الحدث يأتي أولاً، ثم يليه ما بعده مباشرة ثم ما كان بعده...وهكذا.

- خامساً: التوجه التتابعي: نتبع هذا التوجه عند تنظيم العمليات او الخطوات الفرعية المكونة لمهارة او إجراء معين؛ إذ يتم تنظيم تلك العمليات او الخطوات الفرعية بصورة نسقية حسب تسلسل حدوثها عند ممارسة المهارة او الاجراء بالفعل في الواقع العملي.

وفي هذا المجال يفترض " ريجليوث" (Reigeluth)[1] ان نظريات تصميم التعليم تنظم اجزاء المحتوى التعليمي بتسلسل يبدأ من العام الى الخاص، ومن المجرد الى المحسوس، ومن البسيط الى المعقد، إضافة الى تزويد المتعلم بالافكار الرئيسة، والمواقف الجزئية (الأمثلة) التي تطبق فيها. كل ذلك سينمي عملية التعلم على مستوى التطبيق، لأن المتعلم في مثل هذا التنظيم سيكون ملماً بالافكار العامة والمواقف الجزئية التي ستطبق فيها هذه الافكار.

وبعامة، فعند تنظيم المحتوى التعليمي يجب مراعاة التسلسل الآتي:

1. التسلسل الذي يبدأ من العام الى الخاص، كأن يأتي ترتيب مفهوم الفقاريات قبل مفهوم الطيور، وهذا الترتيب يقابله التنظيم من أعلى الى اسفل كتنظيم النظرية التوسعية " لريجليوث "، وتنظيم منظومة المعلومات "لأوزوبل"، وتنظيم نظرية "ميرل" للعناصر التعليمية التي تعرف الفكرة العامة اولاً، ثم المثال الذي يوضحها.

---

(1) Reigeluth, C.M., **Instructional Design**, (Op. Cit.)

2. التسلسل الذي يبدأ من السهل الى الصعب، ومن أسفل الى أعلى، كأن تأتي المفاهيم المادية قبل المفاهيم المجردة، كتنظيم "جانييه" الهرمي والتسلسل التقدمي "لجلبرت".

3. التسلسل الذي يبدأ من المألوف الى غير المألوف، مثل ان يتعلم الفرد مفهوم عائلته قبل مفهوم عائلة في مجتمعه، ومفهوم العائلة في مجتمعه قبل مفهوم العائلة في مجتمعات أخرى اجنبية، وخير مثال على ذلك التنظيم الهرمي والتسلسل التقدمي " لجلبرت".

4. التسلسل الذي يبدا من الاكثر اهمية الى الاقل اهمية، ويقصد بالاهمية هنا درجة ارتباط المفهوم المتعلم بالهدف التعليمي المنشود من ناحية، ودرجة ارتباطه بواقع المتعلم وبيئته من ناحية أخرى، وهنا تلعب خبرة المعلم وحسه العام الدور الأكبر في تحديد الأهمية، بالاشتراك مع الفرد المتعلم؛ إذ إن البدء بتعليم الموضوع المهم يجعل المتعلم اكثر حماسة واندفاعاً لعملية التعلم، ويدفعه الى تذوق ما يتعلمه وإدراكه؛ فعلى سبيل المثال ينبغي أن يبدأ الطالب العربي بتعلم التاريخ العربي قبل أن يبدأ بتعلم التاريخ الامريكي.

أهمية تنظيم المحتوى التعليمي

ينظر بعض التربويين أمثال "ميرل" و "ريجليوث" و "وبرجر" و "كاليسون" و"باتن"، الى تنظيم المحتوى التعليمي على أنه من مقومات نجاح العملية التعليمية التعلمية إن لم يكن أهمها؛ فعن طريق المحتوى التعليمي يمكن تحقيق الفوائد الآتية:[1]

- يستطيع التربويون تطبيق نظريات التعلم من ناحية، ونظريات التعليم من ناحية أخرى، والإفادة منها في مجال تحسين العملية التعليمية التعلمية في غرفة الصف.

---

(1) افنان دروزة، اجراءات في تصميم المناهج، مرجع سابق.

- يستطيع المعلم خاصة في التعليم المبرمج، أن يتبنى طرقاً تعليمية فاعلة، تتفق والطريقة التي نظمت فيها المعلومات في الكتاب المدرسي.
- إن تنظيم المحتوى التعليمي مفتاح لاسترجاع المعلومات من ذاكرة المتعلم واستخدامها في حياته، وهذه العملية تشبه عملية استخراج الكتب من المكتبة؛ فلولا عملية تنظيمها في فهارس وفق العناوين، والموضوعات، والمؤلفين، لما استطاع الفرد ان يستخرج اي كتاب منها لكثرتها وضخامتها، وكذلك الحال في ذاكرة الانسان الذي يتعرض الى كمية ضخمة وهائلة من المعلومات في حياته ولا يعرف متى سيحتاج اليها. ولولا عملية تنظيمها في الدماغ في وحدات وأنماط عليا، ولولا عملية ربطها بما يوجد في ذاكرته من معلومات سابقة، لاختلطت عليه المعلومات واضطربت، وعجز عن استخدامها في الوقت المناسب.
- إن تنظيم المحتوى التعليمي وسيلة جيدة لفهم ذلك المحتوى، واستيعاب ما جاء فيه من معلومات واستخدامها وقت الحاجة. وعملية التنظيم كما يقول " لندزي" و "نورمان" (Lindsay and Norman)، تتم من خلال الربط بين المعلومات القديمة المخزونة، والمعلومات الجديدة ذات العلاقة، ومن هنا بنى الكثيرون من التربويين أمثال: "اوزوبل" و "برجز" و "جانييه" و "نورمان" وغيرهم نماذجهم التنظيمية بناءً على الدراسات التي اجريت حول ذاكرة المتعلم وكيفية معالجتها للمعلومات.
- يحقق التنظيم اختصاراً في الوقت وتوفيراً في الجهد وتحسيناً في جودة التعليم ويعمل على استمراريته، ناهيك عما ينتجه من الشعور بالرضا والارتياح لدى المتعلمين؛ ذلك الشعور الذي يؤثر في تعلمهم اللاحق ويدفعهم الى الاقبال عليه.
إن التنظيم الجيد للمحتوى التعليمي عملية مثيرة لدافعية المتعلم، ومحفزة لحب استطلاعه، ومعززة لتعلّمه، ولا يقتصر ـ نفعها على المتعلم، وإنما ينتشر أثرها ليعم جميع المشتركين في تحقيق أهداف العملية التعليمية التعلمية.

الخطوة الثامنة في تصميم التعليم
(اختيار المواد التعليمية التعلمية وتصميمها)

تمهيد

ان اختيـار اسـتراتيجية التعلـيم، وتنظـيم المحتـوى، يجـب ان يقودنا تلقائياً الى اختيار المواد التعليمية التعلمية أو تصميمها؛ فنتائج الاختبار التكويني تساعد في تعديل المادة التعليمية.

والمواد التعليمية التعلمية تشمل جميـع مصـادر التعلـيم المتاحـة مـن وسائل (اجهزة ومواد) ولوحـات ومجسـمات...الخ، اضافة الى اوراق العمل، وصحائف الملاحظات، والادوات والمـواد المخبريـة، والانشـطة الإثرائية، وانشطة التعمق...الخ، أي كل ما من شـأنه مسـاعدة المـتعلم في بلوغ النتاجات التعليمية التعلمية.

وهنـاك مجموعـة مـن العوامـل المـؤثرة في اختيـار المـواد التعليمية التعلمية أو تصميمها، وهي:

1. البيئة التعليمية.
2. درجة اعتماد المادة التعليمية على المعلم.
3. توافر المواد المستخدمة.
4. حجم التعليم المتوقع.
5. التعليم الفردي، او الزمري، او الجمعي.
6. حجم الفئة المستهدفة وخصائصها.
7. الجهاز البشري، والامكانات، والتجهيزات المتاحة.

إن مجموعـة المـواد التعليميـة التـي يختارهـا او يصممها او يصفها المعلم أو المصمم تشمل جميع أشكال مصادر التعلم والوسائل التعليميـة التعلميـة. والوسائل التعليميـة التعلميـة هـي "مجموعـة الأدوات، والمواد، والاجهزة التعليمية، والطرق

361

المختلفة التي يستخدمها المعلم بخبرة ومهارة في المواقف التعليمية، لنقل محتوى تعليمي، أو الوصول اليه، بحيث تنقل المتعلم من واقع الخبرة المجردة الى واقع الخبرة المحسوسة، وتساعد في تحقيق تعلم فعال بجهد اقل وبوقت اقصر ـ وكلفة ارخص في جو مشوق ورغبة تعلم أفضل". [1]

مفهوم المواد (الوسائل) التعليمية التعلمية

تتعدد المعاني والدلالات المعطاة لمصطلح الوسائل التعليمية في الادب التربوي ذي العلاقة، فلا يوجد اتفاق في هذا الادب حول تعريف محدد لهذا المصطلح، لأن ثمة رؤى مختلفة مطروحة في هذا الشأن.

ومن تعريفات المواد التعليمية التعلمية نذكر الآتي: [2]

- الوسائل التعليمية التعلمية: "هي أي شيء يستخدم في العملية التعليمية التعلمية بهدف مساعدة المتعلم في بلوغ الاهداف بدرجة عالية من الاتقان".

- وهي أيضاً: "جميع المعدات (Hardware) و المواد (Software) والادوات التي يستخدمها المعلم لنقل محتوى الدرس الى مجموعة من الدارسين داخل غرفة الصف او خارجها، بهدف تحسين العملية التعليمية التعلمية وزيادة فاعليتها دون الاستناد الى الالفاظ وحدها".

- وهي أيضاً: "مجموعة المواقف والمواد والأجهزة التعليمية والأشخاص الذين يتم توظيفهم ضمن اجراءات استراتيجية التدريس بغية تسهيل عملية التعليم والتعلم، مما يسهم في تحقيق الأهداف التدريسية المرجوة في نهاية المطاف".

وفيما يلي تحليل تفصيلي للتعريف المذكور اعلاه:

---

(1) محمد محمود الحيلة، **تصميم التعليم، نظرية وممارسة**، مرجع سابق.

(2) المرجع السابق.

أولاً: تتضمن الوسائل التعليمية التعلمية اربعة عناصر: [1]

- **العنصر الأول هو المواقف التعليمية:** وهي تشـير الى الاحـداث الواقعيـة العيانيـة التـي يعايشـها الطلبـة داخـل المدرسـة أو خارجهـا، وتسهم في تسهيل عملية التعليم والتعلم وتحسينها. ومن أمثلة تلـك المواقف: التجريب المخبري والعـروض التوضيحية والزيارات الميدانيـة (الـرحلات التعليميـة) والاجتماعـات والمحاضرات العامـة والنـدوات والمؤتمرات.

- **العنصر الثاني هو المواد التعليمية التعلمية:** ويشير هذا المصـطلح الى أشياء تحمل، أو تتضمن، أو تخزن محتوى دراسياً معينـاً، ومـن امثلـة المواد التعليمية التعلمية: الكتب المدرسية المقررة، والأفلام السـينمائية، والتسجيلات الصوتية، وغيرها.

وللمادة التعليمية مكونان اساسيان هما:

- محتواهـا مـن المـادة الدراسـية ممثـلاً في المعلومـات أو المهـارات أو الاتجاهات او القيم...الخ، المخزنة في تلك المادة.

- صـورتها الفيزيقيـة ممثلـة في المـادة الخـام التـي يخـزن عليهـا هـذا المحتوى، وتشمل: الورق، او الشرائح الشفافة، او الشرائح البلاسـتيكية، أو الشرائح الممغنطة، أو الاقراص المدمجة (CDs) وغيرها.

فشريط تسجيل خاص بتعليم أحكام تجويد القرآن الكريم مـثلاً يمثل احـدى المـواد التعليميـة التعلميـة، وهـو مكـون مـن مـادة دراسـية (علمية)، ومهارات تتعلق بتعليم هذه الاحكام، والشريط الخـام الـذي تسجل عليه تلك المعلومات والمهارات.

- **العنصر الثالث هـو الأجهـزة والادوات التعليمية:** يشـير مصـطلح الاجهزة والادوات التعليمية إلى الاشياء التـي تسـتخدم لعـرض محتوى المـادة التعليميـة التعلميـة. ومـن امثلـة الاجهـزة: جهازعـرض الصـور المتحركة، ويتم من خلاله

---

(1) حسن حسين زيتون، **تصميم التدريس، رؤية منظومية**، مرجع سابق.

عرض افلام الصور المتحركة، وجهاز عرض الافلام التلفازية (الفيـديو) ويـتم مـن خلالـه عـرض هـذه الافـلام. ومـن أمثلتهـا أيضاً الادوات والسبورات بأنواعها.

- **العنصر الرابع هو الأشخاص**: وهم الافراد الذين يؤتى بهم الى الموقف التدريسي، بغية مساعدة الطلبـة في الـتعلم، ومـن امثلتهم المعلمون، والطلبة انفسهم، ورجال الدين، والسياسيون، وعلماء الاقتصاد والزراعة والتعليم ونحوهم.

ثانيا: تعد الوسائل التعليمية التعلمية جزءاً لا ينفصل عـن اسـتراتيجية التدريس، وإن اختيار تلك الوسائل لا يـتم بصورة منفصـلة عـن اختيار الإجراءات التدريسية؛ فاختيـار المعلـم إجـراءً تدريسياً معينـاً، رهـن بوجود الوسيلة او المواد التي تجعل هذا الاجراء ممكن التنفيذ عملياً.

يـتم توظيـف الوسـائل أو المـواد التعليميـة التعلميـة في الاجراءات التدريسية المقترحة كافـة؛ فهـي توظف في اجراءات تهيئـة الطلبة لموضوع التدريس، ومنها:[1]

- إثارة الدافعية للتعلم في بداية التدريس.
- إعلام الطلبة بالاهداف الأدائية للدرس.
- استدعاء متطلبات التعلم السابق لدى الطلبة ومراجعتها.
- تقديم البنية العامة لمحتوى موضوع التدريس.
- تعليم المحتوى التعليمي وتعلمه.

لذلك، يمكن القول إن الوسائل التعليمية التعلمية عنصرـ لا ينفصل بحال عن استراتيجية التدريس، لا بل يمكن اعتبار تلك الوسائل عنصراً أو مكوناً من مكونات منظومة استراتيجية التدريس.

(1) حسن حسين زيتون، **تصميم التدريس، رؤية منظومية**، مرجع سابق.

ثالثا: تعمل المواد التعليمية التعلمية على تسهيل عمليتي التعليم والتعلم، مما يساعد في تحقيق الاهداف التدريسية المرجوة، ولعل من ابرز اسهاماتها في هذا الشأن ما يلي: [1]

1. تعمل المواد التعليمية التعلمية على استثارة انتباه الطلبة وزيادة اهتمامهم بموضوع التعلم ودافعيتهم نحوه.

2. تزيد المواد التعليمية التعلمية من الاستعداد للتعلم؛ إذ يمكن من خلالها تزويد الطلبة بخلفية معرفية أو مهارية أو وجدانية عن موضوع الدرس الجديد.

3. توفر المواد التعليمية التعلمية الخبرات الحسية التي تعطي معنى ومدلولاً للعبارات اللفظية المجردة؛ بمعنى انها تسهل إدراك المعاني من خلال تجسيد الافكار المجردة بوسائل محسوسة، فتساعد في تكوين صورة مرئية في الأذهان.

4. تؤدي المواد التعليمية التعلمية الى زيادة مشاركة الطلبة بصورة نشطة وإيجابية في التعلم، وهذا نجده مثلاً في البرامج المحوسبة، وبعض البرامج المتلفزة؛ إذ يتم توجيههم من خلالها للقيام بأنشطة معينة تجعلهم يشاركون بشكل نشط في التعلم.

5. تجعل المواد التعليمية التعلمية محتوى المادة التعليمية أبقى أثراً، وأقل احتمالاً للنسيان؛ إذ تؤدي الى ترسيخ ما يتعلمه الطلبة من محتوى في ذاكرتهم، مما يقلل من احتمال نسيان ما تعلموه بسهولة بالمقارنة بالتعلم الذي يركز على العبارات اللفظية وحدها. كما توفر الخبرات الحسية التي تعطي العبارات اللفظية المجردة معنى ومدلولاً.

---

(1) محمد محمود الحيلة، تصميم التعليم، نظرية وممارسة، مرجع سابق.

6. تعمل المواد التعليمية التعلمية على تيسير تعليم موضوعات معينة، قد يصعب تدريسها بذات الكفاءة والفاعلية دون استخدام تلك المواد، مثل: الاحداث الماضية، والظواهر موسمية الحدوث، والظواهر الخطرة...الخ.

7. تعمل المواد التعليمية التعلمية على تنويع اساليب التعليم لمواجهة الفروق الفردية بين الطلبة؛ فمن المعروف أن الطلبة يختلفون في قدراتهم واستعداداتهم، فمنهم من يحقق مستوى عالياً من التحصيل بالاستماع للشرح النظري للمدرس وتقديمه امثلة قليلة، ومنهم من يزداد تعلمه عن طريق الخبرات البصرية مثل مشاهدة الافلام أو الشرائح، ومنهم من يحتاج الى تنويع المواد التعليمية التعلمية لتكوين المفاهيم الصحيحة... وهكذا.

8. باستخدام المواد التعليمية التعلمية الحديثة يمكن تنويع اساليب التعزيز التي تؤدي إلى تثبيت الاستجابات الصحيحة وتأكيد التعلم. ولعل اوضح مثال لذلك: الكتب المبرمجة، والبرامج المحوسبة؛ إذ يعرف الطالب مباشرة الخطأ أو الصواب في إجابته فور بنائها، فيتم تعزيز الاجابة السليمة ويستمر في تعلمه.

9. تسهم المواد التعليمية التعلمية في تنمية المهارات؛ فاكتساب مهارة قيادة السيارات مثلاً قد يتطلب مشاهدة احد السائقين من ذوي الخبرة وهو يقود السيارة موضحاً هذا الأمر خطوة خطوة، ثم يلي ذلك قيام الفرد بالتدرُّب الفعلي على القيادة أي ممارسة هذا الأداء، فهل يمكن ان يتم اكتساب هذه المهارة بكفاءة دون السائق والسيارة، وهما من الوسائل التعليمية التعلمية؟

10. تعمل المواد التعليمية التعلمية على إثراء التعلم، وتنويع مصادر المعرفة؛ فعادة تشتمل المواد التعليمية التعلمية مثل الأفلام، والبرامج المحوسبة على العديد من المعلومات التي تثري خبرات الطلبة حول الموضوعات الدراسية.

11. تسهم المواد التعليمية التعلمية في التدريس العلاجي؛ إذ يمكن عن طريقها تقديم وصفات علاجية تعمل على تصحيح أخطاء التعلم لدى الطلبة.

12. تـؤدي الاسـتعانة بـالمواد التعليمـية التعلمـية إلى تعـديل السـلوك وتكوين الاتجاهـات والقيم الجديـدة؛ إذ تسـتخدم بعـض المـواد التعليمية التعلمية كالملصقات وبـرامج التلفـاز والافلام بكثرة في محاولـة تعـديل سـلوك الافـراد واتجاهـاتهم وقيمهم وإكسـابهم أنماطاً جديدة من السلوك وتأكيد الاتجاهات والقيم التي تتماشى مع التغيرات الإيجابية في المجتمع.

أهمية المواد التعليمية التعلمية

تكمن أهمية المواد التعليمية التعلمية وفائدتها في تأثيرها في العنـاصر الرئيسـية الثلاثـة مـن عنـاصر العمليـة التعليمـية (المعلم، والمتعلم، والمادة التعليمية) على الشكل الآتي: [1]

أولاً: أهميتها للمعلم

- تساعد في رفع درجة كفاية المعلم المهنية واستعداده.
- تغـير دور المعلـم مـن ناقـل للمعلومـات وملقـن الى دور المخطـط والمنفذ والمقوم للتعلم.
- تساعد المعلم في حسن عرض المادة وتقويمها والتحكم بها.
- تمكن المعلم من استغلال الوقت المتاح كله بشكل أفضل.
- توفر الوقت والجهد المبـذولين مـن قبـل المعلـم؛ إذ يمكـن استخدام المواد التعليمية التعلمية مرات عديدة، ومن قبل أكثر مـن معلـم، وهذا يقلل من تكلفة الهدف من المـادة، ويقلـل الوقت والجهـد المبذولين من قبل المعلم في التحضير والاعداد للموقف التعليمي.
- تساعد المعلم في إثارة الدافعية لدى الطلبة وذلك مـن خلال القيـام بالنشاطات التعليمية لحل المشكلات أو اكتشاف الحقائق.

---

(1) محمد محمود الحيلة، **التربية المهنية واساليب تدريسها**، دار المسيرة، عمان، الاردن، 1998.

- تساعد المعلم في التغلب على حدود الزمان والمكان في غرفة الصف، وذلك من خلال عرض بعض الوسائل عن ظواهر بعيدة حدثت، أو حيوانات منقرضة، أو أحداث وقعت في الماضي أو ستقع في المستقبل.

ثانيا: اهميتها للمتعلم

أما اهمية استخدام المواد التعليمية التعلمية في غرفة الصف بالنسبة للمتعلم، فإنها تنبع من أنها تعود بالفائدة على المتعلم وتثري تعلمه، وذلك من خلال الآتي:

- تنمي في المتعلم حب الاستطلاع وترغبه في التعلم.
- تقوي العلاقة بين المتعلم و المعلم، وبين المتعلمين انفسهم، وبخاصة اذا استخدمها المعلم بكفاءة.
- توسع مجال الخبرات التي يمر فيها المتعلم.
- تعالج اللفظية والتجريد، وتزيد ثروة الطلبة وحصيلتهم من الالفاظ.
- تسهم في تكوين اتجاهات مرغوبة.
- تشجع المتعلم على المشاركة، والتفاعل مع المواقف الصفية المختلفة، وخصوصاً اذا كانت المواد التعليمية من النوع المسلي.
- تثير اهتمام المتعلم وتشوقه الى التعليم، مما يزيد من دافعيته وقيامه بنشاطات تعليمية لحل المشكلات والقيام باكتشاف حقائق جديدة.
- تجعل الخبرات التعليمية اكثر فاعلية وأبقى أثراً وأقل احتمالاً للنسيان.
- تتيح فرصاً للتنويع والتجديد المرغوبين، وبالتالي تسهم في معالجة مشكلة الرتابة ومشكلة الفروق الفردية.
- أثبتت التجارب أن التعلم بالمواد التعليمية التعلمية يوفر على المتعلم من الوقت والجهد ما نسبته (38%-40%).

ثالثا: أهميتها للمادة التعليمية

تكمن اهمية استخدام المواد التعليمية التعلمية في غرفة الصف بالنسبة للمادة التعليمية في النقاط الآتية:

- تســاعد في توصـيل المعلومـات والمواقـف والاتجاهـات والمهـارات المتضمنة في المادة التعليمية الى المتعلمين، وتسـاعدهم في إدراك هـذه المعلومات إدراكاً متقارباً وإن اختلفت المستويات.

- تساعد في إبقاء المعلومات حية وذات صورة واضحة في ذهن المتعلم.

- تعمل على تبسيط المعلومات والافكار وتوضيحها، وتساعد الطلبـة في القيام بأداء المهارات كما هو مطلوب منهم.

رابعا: الوسائل التعليمية التعلمية بصفتها دوافع لإثارة الدافعية

يتوقع معظم الباحثين وصانعي القرارات السياسـية المتعلقـة بالتعليم أن الوسائل التعليمية التعلمية تثير دافعيـة الطلبـة للـتعلم؛ فالاهتمام بالنظريات المعرفية للدوافع حفـز الباحثين لإجراء البحـوث الميدانية الحديثة للبحث عن أثر الوسائل التعليمية التعلمية في إثارة دافعية الطلبة للتعلم، وقد اشارت نتائجها الى وجود أثر كبير للوسائل في زيادة دافعية الطلبة للتعلم، وتزداد هذه الدافعيـة بتنـوع الوسائل التعليمية التعلمية، كما تثير دافعيتهم للتعلم من خلال أثر الجدة.

خامساً: الوسائل التعليمية التعلمية بصفتها أدوات عقليـة (ذهنية) لتعليم التفكير وإثارته وحل المشكلات

إن معظم الجهود البحثية الحديثة موجّه نحو اكتشاف طرق يمكـن فيهـا للوسائل التعليميـة التعلميـة الجديدة، مثل الحاسوب وأقراص الفيديو والانترنت، أن تعرض تعلـيماً يعلـم الطلبة التفكير في ضوء أدوات العرض، فيمكن لهذه البرامج التعليمية الحديثة مـثلاً، أن تحاكي تفكير الخبير، واستدلاله في الكتابة والنحو بشكـل رمزي، يتلاءم بخاصـة مـع الطريقـة التـي يتمثـل فيهـا الطلبة ذهنياً مثل هـذه المعلومات.

الخطوة التاسعة في تصميم التعليم
(التقويم التكويني)

تمهيد

التقويم التكويني هو الذي يبدأ مـن بدايـة الفصـل الـدراسي ويهدف الى كشف مواقف الضعف والقوة في المواقف التعليميـة، كـما يهدف الى تتبع أثر تحقق كل هدف من الأهداف السلوكية فور تقديم المواد والخبرات.

كـما يتعـرض التقـويم التكـويني الى المحتـوى والوسـائل والطرائـق المستخدمة والقدرة على استخدام التقنيات ومستوى اداء العـاملين في البرنامج، وهي عملية متصلة ومستمرة تحدث على مدار عمر البرنامج من خلال القائمين على تنفيذه.

مراحل تقويم المادة التعليمية المصممة

لا بـد مـن ان تخضـع المـادة التعليميـة المطورة أو المعـدة لتقـويم تكـويني مـن عـدة مراحـل قبـل استخدام المـادة التعليميـة المصممة في التعليم الفعلي. ولعل آفة المناهج الحديثة والكثير مـن البرامج التعليمية انها دفعت الى السوق قبل ان تجرب وتقوم بالشكل الكافي. ويشير مصطلح التقويم التكويني الى العملية التي يحصل بهـا المعلم على المعلومات اللازمة لزيادة فاعلية المادة التعليميـة المصممة والمواد التعليمية التعلمية وكفايتها في تحقيق اهـداف الـتعلم. ومـن الجدير بالـذكر ان تقويم المـادة التعليميـة المصممة قـد يكون بعد الانتهاء من تصميم المادة التعليمية بشكل كامـل، او بعد كل خطوة من خطوات تصميم التعليم كـما جاء في نمـوذج "روبـرتس" لتصميم التعليم، وتسير هذه العملية في ثلاث مراحل هي: [1]

(1) محيي الدين توق، **تصميم التعليم**، مرجع سابق.

1. التقويم التكويني على اساس فردي Individual Evaluation

إن اولى مراحل التقويم التكويني تبدأ بتجريب المادة التعليمية المصممة (الجديدة أو العلاجية) على افراد يمثلون المجتمع الاصلي؛ ذلك المجتمع الذي سوف تعد له تلك المواد والبرامج والمناهج التعليمية. وغالباً يتم التجريب على ثلاثة أفراد كل على حدة، يختارون بشكل عشوائي، بحيث يمثل احدهم افراد المجتمع الاصلي ذوي التحصيل المرتفع، والثاني افراد المجتمع الاصلي ذوي التحصيل المتوسط، في حين يمثل الاخير افراد المجتمع الاصلي ذوي التحصيل المنخفض.

وفي هذا النوع من التقويم، يجلس مصمم التعليم،او المطور، او المقوم، او الشخص المشرف على عمليات التقويم مع الفرد المتعلم في جو من الود والامان والثقة ويقدم له المادة التعليمية المراد تجربتها مبيناً له بعبارات واضحة الهدف من هذا التطبيق، ثم يطلب منه ان يكون صادقاً في اجابته، وان يجيب عن جميع ما تتطلبه المادة التعليمية من اسئلة، وأن يكون صريحاً في نقده وتعليقاته على هذه المادة، وأن يدون ملاحظاته كتابة في هامش كل صفحة حول ما يجده غامضاً أو غير مفهوم سواء كان ذلك في تعليمات المادة التعليمية أو في محتواها أو في اختباراتها أو في امثلتها أو غير ذلك مما تتضمنه هذه المادة. وعلى الشخص المشرف في مثل هذه الحالة أن يوضح للفرد المتعلم أن الخطأ في اجابته لن يفسر على انه ضعف في قدرته، بل قد يرجع الى نقص في تصميم المادة التعليمية التي بين يديه أو تنظيمها او اعدادها. كما ان العلامة الكلية على الاختبارات لن تكون وسيلة لتقويم قدراته، بل لتقويم مدى فعالية المادة التعليمية وجودتها، وعلى المشرف ايضاً ان يمنح الفرد المتعلم الوقت الكافي للإجابة.

2. التقويم التكويني على أساس جماعي Small-Group Evaluation

تبدأ المرحلة الثانية من التقويم التكويني بتجريب المادة التعليمية المصممة على مجموعة صغيرة من الافراد، يتراوح عددهم من (10) افراد الى (20) فرداً

ممـن يمثلون المجتمع الاصلي الـذي سوف تعد لـه المـواد والبرامج والمناهج التعليمية.

إن هذا العدد لم يأت بطريقـة المصـادفة او بشـكل عشـوائي، بـل تقرره نتيجـة التجـارب والدراسـات التي اجريت حـول التقويم التكويني، وبينت ان التقويم الذي يتم اجراؤه على اقل مـن عشرة افراد يـؤدي الى معلومـات ونتـائج لا يمكن تعميمهـا علـى المجتمـع الاصلي، وكذلك الحال لو طبق التقويم على عدد اكثر من عشرين فرداً، فقـد يـؤدي الى معلومـات اضـافية خارجـة عـن نطـاق اهـداف هـذا التقويم، وقـد لا تضيف هـذه المعلومـات الزائـدة شـيئاً جديـداً الى المعلومات التي حصل عليها المشرف جراء التطبيق على العينة المذكورة آنفاً. ومما يجدر ذكره ان العينة يجب ان تؤخـذ بشـكل عشـوائي مـن المجتمع الاصلي بحيث تمثل جميع طبقاتـه، وفئاتـه، ومستوياتـه، وبمعنى اخر يجب ان تتضمن العينة افـراداً مـن ذوي قـدرات عاليـة، وأخـرى متوسـطة، وثالثـة منخفضـة، وان تتضـمن ذكـوراً وإناثـاً مـن ذوي مستويات تحصيلية مختلفة.

في هـذا النـوع مـن التقـويم يـوزع المشـرف علـى عمليـات التقويم المادة التعليمية على افراد العينة المختارة، ثم يذكر لهم بعبارة واضحة الهدف من هـذا التطبيق، ويطلب منهم الصـدق في الاجابة والصراحة في النقد والتعليق علـى هـذه المـادة. ويجب ان يراعـي المشرف في توزيعـه المـادة التعليميـة الترتيـب والتسلسل الـذي سوف يتبـع في الموقـف التعليمـي الحقيقي، فإن كـان الموقف التعليمـي الحقيقي يتطلب اعداد اختبار قبلي يقيس الخلفية الاكاديمية للافراد المتعلمين قبل قراءة المادة التعليمية، على سبيل المثال، فمـن الواجـب ان يستعمل مثل هذا الاختبار ، وعلى المشرف ايضاً ان يقلل من تدخله في اجابات الافراد قدر المستطاع، الا اذا تطلب الامر غير ذلك.

ان هذا النوع من التقويم يختلف عن التقويم التكويني الفردي في انه يحتاج في نهاية انجازه الى توزيع استبانة تقيس فقراتها اتجاهات الافراد، وردود فعلهم نحو المادة التعليمية، وذلك بهدف معرفة كيفية ادراكهم وتقبلهم لهذه المادة.

3. التقويم التكويني الميداني Field Evaluation

تبدأ المرحلة الثالثة والأخيرة لمرحلة التقويم التكويني بتجريب المادة التعليمية المصممة على مجموعة كبيرة نسبياً من الافراد يبلغ عددهم ثلاثين فرداً فأكثر ممن يمثلون المجتمع الاصلي الذي اعدت له تلك المواد والبرامج التعليمية، ويجب ان تختار العينة من المجتمع الاصلي بشكل عشوائي بحيث تمثل جميع فئاته وطبقاته ومستوياته، وفي مثل هذا النوع من التقويم يحاول المصمم التعليمي، او المطور، او المقوم، او المشرف على عمليات التقويم، ان ينقل الصورة الى الواقع العملي الحقيقي الذي تجري فيه عملية تعلم المادة التعليمية (أو المنهاج)، اي ان يحاول المقاربة بين الموقف التجريبي والموقف الحقيقي الواقعي في المؤسسة التربوية.

وكما هو الحال في التقويم التكويني الجماعي، يقوم المشرف بتوزيع المادة التعليمية على افراد العينة المختارة، ثم يذكر لهم بعبارات واضحة الهدف من هذا التطبيق ويطلب منهم الصدق في الاجابة، والصراحة في النقد والتعليق على هذه المادة، وبعد الانتهاء من التقويم توزع على المفحوصين استبانة اتجاهات لمعرفة مدى تقبلهم للمادة التعليمية واتجاهاتهم نحوها.

وقد تمر المادة التعليمية في مرحلة واحدة من التقويم، او في مرحلتين، او في ثلاث مراحل. الا ان درجة الثقة في نتائج التقويم الجماعي تفوق درجة الثقة في نتائج التقويم الفردي، وان نتائج الثقة في نتائج التقويم الميداني تفوق درجة الثقة في نتائج كل من التقويمين الفردي والجماعي لكبر حجم العينة المستخدمة في التقويم الميداني، وكلما مرت المادة التعليمية المصممة بالمراحل التقويمية الثلاث، ادى ذلك الى درجة عالية من الثقة والى مستوى عال من الصدق.

ويحدد "ديك" و "كاري" تسعة اسئلة يمكن استخدامها في تقويم المادة التعليمية في المرحلتين الثانية والثالثة، وهذه الاسئلة هي: [1]

1. هل كان التعليم مشوقاً؟
2. هل فهمت ما كان متوقعاً منك تعلمه؟
3. هل كانت المادة على علاقة مباشرة مع الاهداف المعلنة؟
4. هل تضمنت المادة التعليمية تدريبات كافية؟
5. هل كان التدريب ملائماً؟
6. هل قاست الاختبارات حقاً اداءك على الاهداف المعلنة؟
7. هل تلقيت تغذية راجعة كافية في أثناء التدريبات؟
8. هل تلقيت تغذية راجعة كافية في نتائج اختباراتك؟
9. هل كانت مادة التقوية والاثراء ملائمة؟

أنماط تقويم التعليم

ثمة ثلاثة انماط رئيسية لتقويم التعليم هي: [2]

1. التقويم التكويني Formative Evaluation

هو عبارة عن مجموعة الاجراءات التي يقوم بها المقوم التعليمي (المعلم)، وتتعلق بمدى فعالية المادة التعليمية المصممة (الجديدة أو العلاجية) وجودتها في أثناء بنائها وتطويرها وتجربتها وقبل استخدامها، وبعبارة أخرى هو عبارة عن مجموعة الاجراءات التي تتعلق بتقدير مدى فعالية تعلم المتعلم، واتقانه المهارات التعليمية الجزئية الجديدة خلال الفصل الدراسي، او مجموعة الاجراءات التي تتعلق

---

(1) محيي الدين توق، **تصميم التعليم**، مرجع سابق.
(2) افنان دروزة، **اجراءات في تصميم المناهج**، مرجع سابق.

بتقدير مدى فعالية اسلوب التعليم الذي يستخدمه المعلم أول مرة في اثناء عملية التعليم. وقد عرفه "ميسانشك" (Misanchiuk) بأنه:

عملية جمع المعلومات التي تبين مدى استفادة المتعلمين من المنهاج التعليمي خلال الفصل الدراسي، ومدى اتقانهم الاهداف السلوكية الجزئية التي سوف تؤدي الى اتقان الاهداف التربوية العامة.

ويعود مصطلح التقويم التكويني الى المربي الامريكي "سكريفين" عندما حاول ان يقوم انجاز التلاميذ ومدى تحقيقهم للاهداف التعلمية السلوكية الجزئية خلال الفصل الدراسي. وقد اختلفت تعريفات التقويم التكويني باختلاف الدراسات والابحاث التي اجريت حوله، فلكل دراسة تعريف اجرائي يختلف عن تعريف غيرها من الدراسات.

2. التقويم الجمعي Summative Evaluation

هو مجموعة الاجراءات التي يقوم بها المقوم التعليمي، او المعلم، وتتعلق بتقدير مدى فعالية المادة التعليمية المعدة للاستعمال، واعطائها درجة تقديرية تبين مدى جودتها ونجاحها قبل ان تستعمل بشكل فعال في العملية التعليمية، او هو مجموعة الاجراءات التي تتعلق بالحكم على حدوث تعلم المتعلم المهارة التعليمية الكلية النهائية، وسيطرته عليها بعد عملية التعلم.

وبعبارة أخرى هو مجوعة الاجراءات التي تتعلق بالحكم على مدى فعالية الاسلوب الذي استخدمه المعلم في عملية التعليم، وذلك بعد انتهاء عملية التعلم.

وهذا النوع من التقويم يتم بعد عمليات تصميم التعليم وتطويره. لذا يعد هذا النمط من التقويم خارج نطاق عمليات تصميم التعليم.

3. التقويم التأكيدي Confirmative Evaluation

هو مجموعة الإجراءات التي يقوم بها المقوم التعليمي، وتتعلق بتقدير فعالية المادة التعليمية المستخدمة في المؤسسة التربوية، او هو مجموعة الاجراءات التي تتعلق بالحكم على مدى تطبيق المتعلم المادة التعليمية التي كان قد تعلمها في

السابق، وتوظيفها في المهنة التي يعمل فيها حالياً، او هو مجموعة الاجراءات التي تتعلق بالحكم على مدى فعالية اسلوب التعليم الذي كان المعلم قد استخدمه في السابق وما زال مستمراً في استخدامه.

إن هذا النمط من التقويم يتم ايضاً بعد عمليات تصميم التعليم وتطويره، بل وبعد استخدام المادة التعليمية في العملية التعليمية بهدف متابعتها.

إن الهدف الاساسي من التقويم التكويني هو التجريب، والتعديل، والتحسين، والتطوير، والتأكد من أن كل وحدة من الوحدات التعليمية تسهم في تحقيق اهداف المقرر التعليمي ككل. وتتجلى اهمية هذه العملية في توفير الوقت والجهد والمبالغ الطائلة التي قد تصرف في استخدام مقرر تعليمي غير فعال. ولقد بينت الدراسات التربوية في هذا المجال أن المادة التعليمية التي روجعت وعدّلت وهي في مرحلة البناء والاعداد، ولو مرة واحدة، قد اسهمت في تحسين عمليتي التعليم والتعلم بفرق ذي دلالة احصائية عن المادة التعليمية التي استخدمت مباشرة دون ان تمر بمثل هذه المراحل من المراجعة والتعديل.

العناصر التعليمية التي يدور حولها التقويم التكويني

هناك خمسة عناصر رئيسية يدور حولها التقويم التكويني في أي مادة تعليمية مصممة، وهي:[1]

1. المشكلة التعليمية

تبدأ عمليات التقويم التكويني - في اي مادة تعليمية جديدة او علاجية - بتقدير حجم المشكلة التعليمية التي تدور حولها تلك المادة، وتحديدها. والمشكلة التعليمية يتم تحديدها في نطاق مدى التباين بين ما هو كائن وما يجب ان يكون. وبعبارة اخرى، فإن المشكلة التعليمية عبارة عن الفرق بين الوضع الحالي والوضع

(1) المرجع السابق.

المثالي الذي تطمح اليه المؤسسات التعليمية، وغالباً يتم تقويم ذلك في ضوء اهداف المادة التعليمية واحتياجات المجتمع المحلي، فإن كانت عملية التقويم تدور حول مادة تعليمية جديدة، فعندها يتركز الاهتمام على معرفة مدى تحقيق هذه المادة لاحتياجات المجتمع من ناحية، والاهداف التي تنشدها وزارة التربية والتعليم (او المعلم المصمم) من ناحية اخرى. وبمعنى آخر: هل اهداف المادة التعليمية الجديدة تتوافق واهداف وزارة التربية والتعليم من ناحية (هل اهداف المجتمع التعليمي او الحقيبة التعليمية تتوافق مع اهداف المقرر الدراسي؟) وتسد النقص في احتياجات المجتمع من ناحية اخرى؟ اما اذا كانت عملية التقويم تدور حول مادة تعليمية علاجية لمادة قديمة غير صالحة، فعندها نركز الاهتمام على معرفة مدى معالجة هذه المادة التعليمية لنواحي القصور التي كانت في المادة التعليمية القديمة، أي هل تحقق المادة التعليمية العلاجية اهدافاً عجزت عن تحقيقها المادة التعليمية القديمة؟

2. الاهداف التعليمية العامة والأهداف السلوكية الخاصة

يجب ان تأخذ عملية التقويم التكويني الاهداف التعليمية العامة والأهداف السلوكية الخاصة لتلك المادة التعليمية بعين الاعتبار، ويعرف الهدف التعليمي العام بأنه: "مجموعة المهارات النهائية التي سيظهرها المتعلم في نهاية تعلمه الوحدات التعليمية وذلك بعد مضي فصل دراسي أو سنه دراسية"، في حين يعرف الهدف السلوكي الخاص بأنه: "ذلك السلوك الذي سوف يظهره الفرد المتعلم في نهاية تعلمه لمفهوم او مبدأ أو اجراء او حقيقة وذلك بعد تعلمه درساً تعليمياً يقدر بحوالي (45) دقيقة". ويتم تحديد فعالية الاهداف التعليمية العامة والسلوكية الخاصة في نطاق وضوحها وشمولها وتنوعها، وطريقة صياغتها، والشروط المحيطة بها، ومعاييرها، ومستوى صعوبتها، ومناسبتها للفرد المتعلم.

فالتقويم التكويني يزودنا بمعلومات وافية عن مواصفات الاهداف المنشودة؛ إذ ان هذه المعلومات من شأنها ان تساعد المشرف في تطوير المادة التعليمية بأن يغير فيها ويعدل بما يتوافق وخصائص الاهداف التعليمية والسلوكية الجديدة.

3. المحتوى التعليمي

يجب أن تأخذ عملية التقويم التكويني خصائص المحتوى التعليمي بعين الاعتبار، وهي مجموعة المفاهيم والمبادئ والاجراءات والحقائق التي يطلب من المتعلم تعلمها. ويتم تحديد فعالية المحتوى التعليمي في نطاق تنظيمه، وتسلسله، وشموله، ونوعية المعلومات التي يتضمنها وتوافقها مع الاهداف السلوكية (الادائية) الموضوعة، ووضوحه، ومستوى صعوبته، ومناسبته للمتعلم، وهذا لا يتم الا بعد تحليل عناصر المحتوى التعليمي؛ بمعنى آخر: هل محتوى المادة التعليمية مبني بطريقة منظمة ومتسلسلة؟ وهل معلوماتها متنوعة وقيمة؟ وهل يعمل المحتوى على تحقيق الاهداف السلوكية الموضوعة؟ وهل يناسب مستوى المتعلم وقدراته العقلية؟ وهل لغته واضحة ومعبرة؟ وهل نجحت الوحدات التعليمية في تحقيق اهدافها؟ ومن الجدير بالملاحظة في هذا المجال اهمية عرض المحتوى التعليمي على خبير مختص بموضوع تعليم المادة التعليمية، وذلك لإبداء الرأي حول جودته، وما إذا كانت تتوافر فيه الخصائص المذكورة آنفاً.

4. الطرق والأساليب التعليمية: تصميمها وإدارتها واستعمالاتها

يجب أن تأخذ علمية التقويم التكويني بعين الاعتبار الطرق التعليمية المقترحة: تصميمها، وادارتها، واستعمالاتها. وتعرف الطريقة التعليمية بأنها مجموعة الاساليب التي تستخدم في نقل المحتوى التعليمي وتعليمه للمتعلم بشكل يكفل التفاعل بين كل من المعلم والمتعلم والمحتوى التعليمي. وهناك طرق تعليمية متنوعة لا مجال لذكرها في هذا المقام. بيد انه من الجدير التنويه بان الطرق التعليمية المستعملة لتعليم محتوى تعليمي على المستوى المصغر، تختلف عن الطرق التعليمية المستعملة لتعليم محتوى تعليمي على المستوى الموسع. كما ان الطرق التعليمية المستعملة لتحقيق اهداف تعليمية على مستوى الاكتشاف تختلف عن الطرق التعليمية المستعملة لتحقيق اهداف تعليمية على مستوى التذكر والتطبيق، والطرق التعليمية المستعملة لتعليم مهارات حركية تختلف عن الطرق

المستعملة لتعليم التفكير والإدراك، والطرق التعليمية المستعملة لتعليم ذوي الذكاء المرتفع تختلف عن تلك المستعملة لتعليم ذوي الذكاء المنخفض.

وبإيجاز، فالطرق التعليمية تختلف باختلاف كل من الاهداف التعليمية، والمحتوى التعليمي، وخصائص الفرد المتعلم، والبيئة التعليمية. ولكن تحديد فعالية هذه الطرق يتم في نطاق وضوح تصميمها وإدارتها وسهولة استخدامها، ومدى مناسبتها لكل من الهدف، والمحتوى التعليمي، وخصائص الفرد المتعلم، وخصائص البيئة التعليمية التي تستخدم فيها؛ فالمجتمع التقني مثلاً قد يستعمل طرقاً تعليمية تعتمد على الآلة بشكل مباشر، في حين قد يستعمل المجتمع البدائي طرقاً تعليمية تعتمد على المواد المطبوعة بشكل اساسي.

فالتقويم التكويني يجب ان يزودنا بمعلومات وافية عن مدى جودة الطرق التعليمية المقترحة: تصميمها، وإدارتها، وكيفية استخدامها؛ فمثل هذه المعلومات من شأنها ان تساعد المشرف في تطوير المادة التعليمية بأن يغير فيها ويعدل بما يتوافق وخصائص الطرق التعليمية الجيدة الموضوعة لتحقيق الاهداف السلوكية.

5. الطرق التقويمية

يجب ان تأخذ عملية التقويم التكويني في أي محتوى تعليمي جديد او علاجي الطرق التقويمية لتحصيل المتعلم للمحتوى التعليمي بعين الاعتبار. وتعرف الطرق التقويمية بأنها مجموعة أساليب القياس التي تستخدم لرصد تحصيل المتعلم، ومدى تعلمه، ثم إصدار الحكم عليه. وهناك طرق تقويمية متنوعة، إلا ان الاسئلة التعليمية قد تكون موزعة في أماكن مختلفة من الوحدات التعليمية، فبعض هذه الأسئلة يأتي قبل الوحدة التعليمية، وبعضها يأتي بعدها، وبعضها ياتي مجمعاً في نهاية محتوى الكتاب الدراسي. ولا بد من الاشارة في هذا المجال الى ضرورة تنويع مستوى الاسئلة التعليمية، فيجب ان تكون الاسئلة متنوعة بحيث يقيس بعضها اهدافاً على مستوى التطبيق، ويقيس بعضها الآخر اهدافاً على مستوى الاكتشاف. كما يجب ان تكون لكل مستوى تعليمي درجات من الصعوبة تناسب

المتعلمين ذوي الذكاء المرتفع، وأخرى تناسب ذوي الـذكاء المتوسط والمنخفض. وباختصار، فإن الطرق التقويمية تختلف باختلاف كـل مـن الاهـداف التعليميـة، والمحتـوى التعليمـي، وخصـائص الفـرد المتعلم، والبيئة التعليمية، ولكن تحديـد فعاليـة هـذه الطرق يـتم في نطاق وضوح تصميمها، وتنوعهـا، ومـدى مناسبتها لكل مـن الهـدف، والمحتوى، وخصائص الفرد المـتعلم، وخصائص البيئـة التعليميـة التـي تستخدم فيها. فالتقويم التكويني يجب ان يزودنا بمعلومات وافية عن مـدى نجـاح معـد المحتـوى التعليمـي في اختيـاره الطرق التقويميـة المناسبة، ومدى مناسبة هذه الطرق في تحقيقها للأهداف المنشودة؛ إذ إن مثل هـذه المعلومـات مـن شـأنها أن تسـاعد المشرـف في تطـوير المحتوى التعليمي بأن يغير فيه ويعدل بمـا يتوافق وخصائص الطرق التعليمية الجيدة.

الباب السابع

تعليم الكبار

الباب السابع

تعليم الكبار

Adult Education (Andragogy)

مقدمـة

أصبحت التربية في عالم اليوم تشغل مكانة متزايدة في حياة الناس، وبات الاهتمام باستمرار تعليم الفرد وتثقيفه من المسلمات الأساسية في كل دول العالم سواء كانت متقدمة أو نامية، وأصبح زمن التعليم الآن هو زمن الحياة كلها من الطفولة الى الشيخوخة؛ وذلك ليتمكن الفرد من اكتساب المعارف والمعلومات ومن أجل مساعدته في تكوين المهارات لتسهيل تكيفه مع نفسه ومع المجتمع الذي يعيش فيه.

المقصود بتعليم الكبار (الاندراجوجي)

لاقى المربون صعوبات كثيرة للاتفاق على تعريف شامل لتعليم الكبار؛ وذلك لتعدد المصطلحات الخاصة به؛ فقد أورد جيرالد ابس Jerald Apps عدة مصطلحات تتعلق بتعليم الكبار، وذكر أن تعليم الكبار حقل من حقول التربية ازدادت أهميته مع مطلع القرن العشرين في كثير من الدول وبخاصة الدول المتقدمة، فماذا يقصد به؟ إن من المصطلحات ذات العلاقة بهذا الموضوع: تربية الجماهير Mass Education، وتربية المجتمع Community Education، والتربية الاساسية Basic Education / Fundamental Education، والتربية مدى الحياة Lifelong Education ، والتعلم المستمر Continuous Learning، والتربية العرضية Informal Education، والتربية غير المستمرة Non - continuous Education، وتعلم الكبار Adult Learning، والتربية الدائمة Permanent Education، أو التربية بعد المرحلة الثانوية

Post Secondary Education، وعلم تعليم الكبار Andragogy، والدراسة غير التقليدية Non-traditional Study.[1]

وقد أضاف مالكولم نولز Malcolm Knowles إلى ما سبق تأهيل الدارسين In - service Program، وتطوير القوى العاملة Manpower Development، والتربية من أجل التطوير Development Education.

هذه المصطلحات والمسميات الكثيرة التي أطلقت على تعليم الكبار أضفت عليه غموضاً أدى إلى تعدد تعريفاته؛ فقد عرف بـأنه" كل نشاط تعليمي أو خبرة تعليمية أو مهارة أو سلوك ينمو خارج نظام التعليم المدرسي في المؤسسات الاقتصادية والاجتماعية والسياسية، أو في المصنع او المشغل أو المزرعة، أو في منظمات الشباب والنقابات والاتحادات والجمعيات، أو في برامج الخدمة العامة ومراكز التدريب. وباختصار، فهو يشمل كل نشاط تعليمي هادف يجري في موقف من مواقف الحياة خارج إطار التعليم النظامي المدرسي ".

ويعرف أيضاً بأنه " التعليم الهادف المنظم الذي يقدم للبالغين والراشدين أو الكبار غير المقيدين في مدارس نظامية من أجل تنمية معارفهم ومهاراتهم، أو تغيير اتجاهاتهم وبناء شخصياتهم ".

وعرف في المملكة المتحدة بأنه " كل انواع التعليم غير المهني لمن تزيد أعمارهم عن 18 سنة، وتقوم بتقديمه جهات مسؤولة تحت إشراف السلطة التعليمية".

وعرفه كومبس (Coombs) بأنه " نشاط تعليمي منظم يقع خارج النظام التعليمي المؤسس بقصد خدمة الأفراد الراغبين في التعلم ولتحقيق أهداف تعليمية معينة "[2].

---

(1) ابراهيم محمد ابراهيم وزميله، **التعليم المفتوح ... تعليم الكبار**، دار الفكر العربي، القاهرة، 2004 .

(2) ابراهيم محمد ابراهيم، **تعليم الكبار ومشكلات العصر**، دار الاندلس، حائل، 1996 .

إن التعريفات السابقة تصنف تعليم الكبار ضمن التعليم غير النظامي، الذي عرفه كومبس Coombs بأنه "أي فعالية تربوية منظمة تجري خارج إطار النظام التربوي الرسمي، وتوفر أشكالاً مختارة من التعليم للناس، كباراً أو صغاراً. وهذا التعريف يصبغ على تعليم الكبار صفة التعليم غير النظامي، ويسمه بأنه متمم للتعليم النظامي" [1].

وقد أعطت المؤتمرات الثلاثة التي عقدتها منظمة اليونسكو في كل من السينور في الدنمارك (1949م)، ومونتريال في كندا (1960م)، وطوكيو في اليابان (1972م) تعليم الكبار أهمية كبيرة واهتماماً مستمراً، وذلك بتأكيدها أن البلدان مهما بلغت من تطور لا يمكن ان تصل إلى أهدافها، ولن تستطيع التكيف مع التغير، ما لم توجه اهتماماً زائداً ومستمراً لتعليم الكبار. لذا قدمت يونسكو التعريف التالي لتعليم الكبار: "إن تعليم الكبار عبارة تدل على مجمل العمليات التعليمية المنظمة، بصرف النظر عن مستواها ومحتواها وطريقتها، سواء كانت نظامية أو غير نظامية، أو كانت تشكل امتداداً أو بديلاً للتعليم الأولي المعطى في المدارس والجامعات، أو بشكل تدريب مهني بحيث تتيح للأشخاص الذين يعدهم المجتمع كباراً تنمية مهاراتهم وإثراء معارفهم وتحسين مؤهلاتهم الفنية أو المهنية أو إعطاءهم منحىً جديداً، وتطويراً لمواقفهم وسلوكهم بما يضمن التفتح الكامل لشخصيتهم من جهة، ويحقق المشاركة في تنمية اجتماعية واقتصادية وثقافية متوازنة ومستقلة من جهة ثانية، على أن تعليم الكبار لا يمكن أن ينظر إليه على أنه شيء قائم بذاته، وإنما هو جزء فرعي من مشروع شامل للتربية المستدامة ".

وتشير عبارة التربية المستدامة إلى مشروع شامل يهدف إلى إعادة تشكيل النظام التعليمي القائم، وإلى تنمية جميع الإمكانات التعليمية غير النظامية في أي مكان.

---

(1) P. H., Coombs

وقد أشار مؤتمر نيروبي بشأن تنمية تعليم الكبار الذي عقد في 26 من تشرين الثاني1976م، إلى أن تعليم الكبار يقصد به " المجموع الكلي للعمليات التعليمية المنظمة، أياً كان مضمونها ومستواها وأسلوبها، مدرسية كانت أو غير مدرسية وسواء كانت امتداداً أو بديلاً للتعليم المقدم في المدارس والكليات والجامعات، او في فترة التلمذة الصناعية، التي يخضع إليها الأشخاص بهدف تنمية قدراتهم وإثراء معارفهم وتحسين مؤهلاتهم الفنية او المهنية أو توجيهها وجهة جديدة، وتغيير مواقفهم او مسلكهم، مستهدفين بذلك التنمية الكاملة لشخصيتهم والمشاركة في التنمية الاقتصادية والثقافية المتوازنة والمستقلة ".

إلا ان مؤتمر التربية للقرن الحادي والعشرين في منطقة آسيا والمحيط الهادي في ملبورن بأستراليا، المنعقد في الفترة من 30 آذار - 3 نيسان 1998م، نفى أن يكون مفهوم التعليم مدى الحياة تعبيراً مرادفاً للتعليم، بل هو مفهوم يتضمن التعليم اينما يحدث ومتى يكون، ويعد الفصل الظاهري الموجود بين قاعات التربية المختلفة أمراً غير بناء؛ إذ إن الحاجة ماسة للتعاون بين هذه القطاعات الواقعة في إطار منظومة واحدة.

وبناءً على ما سبق، فإن تعليم الكبار لا يعد كياناً مستقلاً بذاته بل قسماً فرعياً وجزءاً لا يتجزأ من خطة للتربية المستدامة. اما تعبير التربية المستدامة، فيشير الى خطة شاملة تهدف الى تجديد بنى النظام التعليمي القائم وتنمية جميع الامكانات التعليمية خارج نظام التعليم.

مما تقدم، يمكننا أن نعرف تعليم الكبار بأنه: كل نشاط تعليمي هادف او تنمية مهارة او تعديل سلوك سواء أكان نظامياً أم غير نظامي، يوجه لجميع الفئات ممن هم أكبر من خمسة عشر عاماً. وهنا يمكن ان يبرز تساؤل رئيس هو: من الكبير وما خصائصه النمائية؟

يرى مالكولم نولز (Malcom Knowles) أن الكبير هو من يسلك سلوك الكبار، ويرى نفسه كبيراً أي ان الفرد يعد كبيراً إذا كان يؤدي واجبات اجتماعية

تحددها ثقافة مجتمع ما بأنها واجبات للكبار فقط، ومـن الناحيـة السـيكولوجية فـإن على الفرد أن يكون مسؤولاً مسؤولية تامة عن أعماله.[1]

يقصد بتعليم الكبار أنماط التعليم التي يقبل عليها طواعية الأفراد الراشدون، وهم في المملكة المتحدة الأشخاص الذين تعدوا الثامنة عشرة، والذين يستهدفون من خلالهـا تنميـة قـدراتهم واستعداداتهم الشخصية، وتعزيـز المسـؤولية الاجتماعيـة والأخلاقية والثقافية لديهم في إطار المواطنـة المحلية والقومية والعالمية دون اهتمام مباشر بالقيمة المهنية لهذه الأنماط، ويفترض هذا المصطلح مسبقاً – حسبما استخدم في المملكة المتحدة والدول الاسكندنافية – وجود مستوى عام للتعليم الإلزامي في مرحلـة الطفولة.

يقصد بتعبير تعليم الكبار المجموع الكلي للعمليـات التعليميـة المنظمـة أيـاً كان مضمونها ومستواها وأسلوبها، مدرسية كانت أو غير مدرسية، وسواء أكانت امتداداً أم بـديلاً للتعليم الـذي تقدمـه المـدارس والكليات والجامعـات أو في فـترة التلمـذة الصناعية، التي يتوسل بها الأفراد الذين يعدون من الكبار في نظر المجتمع الذي ينتمون إليه لتنمية قدراتهم وإثراء معـارفهم وتحسـين مـؤهلاتهم الفنيـة أو المهنيـة وتوجيهها وجهة جديـدة وتغيير مـواقفهم أو سـلوكهم مستهدفين التنميـة الكاملـة لشخصيتهم والمشاركة في التنمية الاجتماعية والاقتصادية والثقافية المتوازنة والمستقلة.

إن تعليم الكبار لم يعد مرادفاً لمحو الأمية او الدراسات الليبرالية أو التـدريب المهني وإنما أصبح شاملاً لأي نشاط منظم – ثقافي أو مهني تعليمي أو تدريبي – للكبار على مستوى يؤدي الى إعداد الفرد ليلعب دوراً نشطاً في بيئته، أي إلى تمكين جميع المواطنين من المشاركة الكاملة الحرة في دفع حركة التقدم

---

(1) ابراهيم محمد ابراهيم، **تعليم الكبار ومشكلات العصر**، دار الأندلس، حائل، 1996.

الإنساني إلى الأمام عن طريق السيطرة على الأساليب الفنية التي أتت بها العلوم والتكنولوجيا. [1]

وبما أن التغير كان هو الظاهرة التي فرضت نفسها على العالم، فإن تعليم الكبار ليس غاية في حد ذاته، بل وسيلة مهمة لملاحقة التغيرات السريعة في هذا العالم، وذلك من خلال الحفاظ على تنمية الثقافات التقليدية، وتهيئة الأفراد لقبول التغيير، وتوفير الفرص المتكافئة للنمو الذاتي للذكور والإناث وإعدادهم للإسهام في الحياة الاجتماعية وشغل اوقات فراغهم وتوفير فرص التعليم المهني لهم إلى جانب الاهتمام بقضايا المرأة والشباب وتعزيز التفاهم الدولي في عالم متغير.

أجرى هيلي (Hely) دراسة شاملة لتعليم الكبار في العالم، وخرج منها بالتعريف التالي لتعليم الكبار:

" تعليم الكبار عملية يقوم بواسطتها الأشخاص الذين لم يعودوا يتوجهون الى المدرسة بشكل منتظم طوال الوقت (إلا إذا كانت هناك برامج طوال الوقت موضوعة بصفة خاصة للكبار) بأنشطة متتابعة ومنظمة بهدف إحداث تغييرات في المعلومات أو المعرفة أو الفهم، أو المهارة، أو القيم والاتجاهات، أو بقصد التعرف إلى المشكلات وحلها".

تطور مفهوم تعليم الكبار ووظائفه

مع نهاية الحرب العالمية الثانية شهد العالم العديد من التحولات الاقتصادية والاجتماعية. وتعليم الكبار - شأنه شأن غيره من ميادين التربية - تأثر ويتأثر بالظروف والعوامل والاتجاهات التي أسهمت وتسهم في صياغة أهدافه ومحتويات برامجه، واستراتيجيات التدريس المستخدمة فيه، وحجم مجتمع المستفيدين منه وتنوع ذلك المجتمع.

---

(1) مصطفى عبد السميع محمد، **تعليم الكبار: رؤى وتوجهات**، دار الفكر العربي، القاهرة، 2004.

لقد أدت عوامل كثيرة منها الاتجاه نحو دمقرطة التعليم، وتطبيق مبدأ الفرص التعليمية وما استتبع ذلك من توفير فرص التعليم لفئات كثيرة في المجتمع طال حرمانها منه لسبب أو لآخر، والزيادة السكانية وما صحبها من ازدياد الطلب على التعليم بكافة أشكاله ومراحله وتخصصاته، والانفجار المعرفي والتقدم التكنولوجي وما نجم عنه من تغير في هيكل العمالة، والحاجة الملحة والمتزايدة إلى إعداد وتدريب وإعادة تدريب للأفراد حتى يستطيعوا ملاحقة هذه التطورات والتكيف معها، فضلاً عن التطور في تكنولوجيا التعليم الذي أدى الى تحطيم حواجز الوقت والمسافة والعزلة المصطنعة التي تصطبغ بها العملية التعليمية التقليدية، كل هذه العوامل وغيرها مما لا يتسع المجال لذكره كان لها الأثر في التطور الذي طرأ على مفهوم تعليم الكبار وأهدافه والمبادىء والوظائف التي يقوم عليها. [1]

المفاهيم المختلفة لتعليم الكبار

على الرغم من أن أشكال تعليم الكبار موجودة في كل المجتمعات منذ وقت طويل، فإن هناك خلافات عديدة بين الباحثين والمتخصصين حول تحديد المقصود بتعليم الكبار. وترجع هذه الخلافات أساساً إلى أمور لعل من أهمها:

1- عدم الاتفاق على كلمة "الكبار"؛ فهل يدخل الشباب تحت مفهوم الكبار ام لا؟ وهل الكبار هم من بلغوا سن الرشد؟ وهل الكبار هم من انتهوا من سن المراهقة[2]؟ هذا فضلا عن أن سن العمل قد يختلف عن سن الزواج، كما قد يختلف سن أداء الخدمة العسكرية عن سن الأهلية المدنية بالنسبة للفرد الواحد في البلد نفسه، وهي امور تتطلب كلها مستوى معيناً من النضج والرشد.

---

(1) سامي محمد نصار وفهد الرويشد، **اتجاهات جديدة في تعليم الكبار**، مكتبة الفلاح، الكويت، 2000، ص (53).

(2) عبد الفتاح جلال، **تعليم الكبار ووظائفه في الدول النامية**، سرس الليان، 1983 .

2- تنوع الأطر الثقافيـة والاجتماعيـة والاقتصادية بين المجتمعـات، وبالتـالي اخـتلاف الأيديولوجيات والاستراتيجيات والسياسات التعليمية وأهدافها، بما في ذلك اهـداف تعليم الكبار.

3- تباين الاحتياجات التعليمية للكبار وتنوعها.

مهما كان الأمر، فإن ذلك لم يمنع بذل الجهود المتواصلة من قبل المنظمات الدوليـة والاقليمية – وفي مقدمتها منظمة يونسكو – من أجل الوصول الى مفهـوم عـام وشـامل لتعليم الكبار، يستجيب لمختلف الأطر والثقافات والأمـاني القوميـة. وسـوف نتنـاول في الصفحات القادمة تطور مفـاهيم تعليم الكبار عبر المـؤتمرات الدوليـة التـي عقـدتها يونسكو.

أولاً: تعليم الكبار في اطار المفهوم الليبرالي

ارتبط تعليم الكبار في إطار المفهوم الليبرالي بالدول المتقدمة صناعياً في اوروبا الغربية؛ فقد وفرت هذه الدول لأبنائها الفرص التعليميـة النظاميـة المتنوعـة، غـير أنهـا نظرت الى تعليم الكبار على أنه مجرد خدمة اجتماعية وليس له اي دور في علاج أوجـه القصور في التعليم النظامي، أو في الحياة المهنية بالنسبة للفرد والمجتمع. ونلمـح هـذا جلياً في التعريف الذي قدمه هتشنسون Hutchinson ممثل المملكة المتحدة في المـؤتمر الدولي الأول لتعليم الكبار في إلسينور Elsinore بالدنمارك عام 1949م. [1]

ثانياً: تعليم الكبار في عالم متغير

ان بـرامج تعليم الكبار تتـأثر بـالتغيرات السرـيعة في العلم والتكنولوجيـا، والتحضير، والتصنيع، والتنمية الاقتصادية والاجتماعية والأسرية والثقافية.

---

(1) جون لو، **تعليم الكبار: منظور عالمي**، ترجمة المركز الدولي للتعليم الوظيفي للكبار، سرس الليان، 1978.

يستجيب تعليم الكبار لاحتياجات الدول المختلفة وأهدافها مستهدفاً ارساء دعائم التعاون المثمر بين مختلف المشاركين في مجال تعليم الكبار[1].

ثالثاً: تعليم الكبار في إطار التربية المستدامة

يجدر بنا قبل ان نتناول المفاهيم المختلفة لتعليم الكبار في إطار مفهوم التربية المستدامة أن نتعرف على هذا المفهوم الأخير الذي ظهر وشاع في الفكر التربوي في السنوات الأخيرة.

التربية المستدامة Lifelong Education مفهوم شامل يتضمن كافة أنواع التعليم النظامي وغير النظامي والعرضي التي تقدم للفرد خلال فترة حياته Life Span من أجل الوصول به إلى اقصى نمو ممكن في حياته الشخصية والاجتماعية والمهنية. وتنظر التربية المستدامة إلى التعلم نظرة شاملة تتضمن التعلم الذي يحدث في المنزل والمدرسة والمجتمع المحلي ومكان العمل وعبر وسائل الاتصال الجماهيرية وغيرها. [2]

وتوفر التربية المستدامة أيضاً معايير ومبادىء شاملة يمكن من خلالها الحكم على فعالية الأنشطة التعليمية كافة فضلاً عن تقديم الأساس المنطقي الذي يمكننا من الاختيار من بين البدائل التربوية المتاحة، كما تستهدف الحفاظ على نوعية الحياة Quality of Life وتحسينها، وتقوم ايضاً بوظيفة تصحيحية هي علاج أوجه القصور في النظام التعليمي القائم الذي يتعرض للنقد بسبب انعزاله عن المجتمع، وذلك من خلال الدمج بين التعليم المدرسي والتعليم خارج المدرسة، والربط بين التعليم في المنزل والمدرسة والمجتمع. [3]

---

(1) UNESCO. **Summary Report of the International Conference on Adult Education**. Paris, Unesco.

(2) Dave, R. H. et al. **Learning Strategies for Post Literacy and Continuing Education**Hamburg, UNESCO, 1985 .

(3) هاوس، **التعليم مدى الحياة والمدارس والمناهج في البلاد النامية**: تقرير عن الحلقة الدراسية الدولية، هامبورج، 9-13 كانون الأول، 1974 .

تتميز التربية المستدامة بمجموعة من الخصائص من أهمها:

–   الشمول، بحيث تشمل مختلف مراحل التعليم وأشكاله وبناه.

–   الاستمرارية، بحيث تغطي حياة الفرد بأكملها.

–   المعاصرة، بحيث تؤدي الى اكتساب المعارف والمهارات والاتجاهات
    وتجديدها على أساس ان ذلك يعد استجابة ضرورية للظروف دائمة التغير في
    حياتنا المعاصرة. [1]

–   المرونة والتنوع في محتوى التعليم وأدواته وأساليبه وأوقاته، بحيث تستجيب
    لمختلف حاجات الأفراد وظروفهم.

–   الديمقراطية بمعنى المساواة في الفرص وفي نتائج التعلم.

–   وترتبط بالخاصية السابقة خاصية أخرى هي ان التربية المستدامة تستوعب
    الأشكال البديلة للتعليم النظامي والعديد من استراتيجيات التعليم التي
    تقوم على الاستفادة من تكنولوجيا التعليم من اجل جعل التعليم متاحاً
    وموجهاً لكل فرد.

يتضح مما سبق ان التربية المستدامة تشمل كل جوانب الظاهرة التربوية؛
فهي تشمل كل ما يندرج تحت كلمة "التربية" من معان جزئية. ويذهب تقرير إدجار
فور Faure إلى أنه ليس ثمة في التربية جزء نعده مستمراً، وأجزاء أخرى غير مستمرة
طوال الحياة، وبعبارة أخرى فإن التربية المستدامة ليست نظاماً تربوياً ولا مجالاً خاصاً
من مجالات التربية، بل هي المبدأ الذي يقوم عليه التنظيم التربوي الشامل مما يستلزم
الاهتمام بكل جانب من جوانب التربية. ولهذا يوصي التقرير بأن تتبنى الدول المتقدمة
والنامية على السواء مبدأ التربية المستدامة كفكرة رئيسية في سياستها التربوية في
السنوات القادمة. [2]

---

(1)Cropley, A. J., **Towards a System of Life Long Education**, Hamburg, UNESCO Institute for
    Education, 1980 .

(2) ادجار فور، **تعليم التكوين**، ترجمة حنفي بن عيسى، ، الجزائر، يونسكو، 1976 .

ولكن تطبيق هذه الفكرة رهن بوجود المجتمع المتعلم، فما المجتمع المتعلم؟

إنه المجتمع الذي يشهد رصيده من المعرفة بصورة مستمرة عمليـات توسيع وتقـويم وتحديث، كما تعتمد عملية التعلم فيه على القدر نفسه من الأهمية التي يحظى بها نتاجها، وهو المجتمع الذي يدور فيه تفاعل عميق بين التربيـة والحقائق الاجتماعيـة والسياسية والاقتصادية، وكذلك بين المدرسة والعائلة والوسط الاجتماعي. ويترتب على هذا كله توافر الوسائل التي تمكن كل مواطن من التعلم والتدرب والتوقف بحسب ما تسمح له الظروف، وبذلك يتغير موقفه من التربية؛ لأنه سيصبح مسؤولاً عـن تربيـة نفسه، بعدما كان ذلك مفروضاً عليه.

بناءً على سبق، يمكن القول إن المجتمع المتعلم يكسب أفراده القدرة علـى التعلم من خلال توفير فرص التعلم ومواقفه المتنوعة أمامهم، وهـذه المواقـف في نظر البعض أربعة أنواع هي:

1- التعلم العرضي

ويحدث هذا النوع من التعلم دون أن تكون هناك محاولة واعيـة للتعلم سواء من جانب المتعلم أو من مصدر التعلم.

2- التعلم اللانظامي

ويكون التعلم هنا نتيجـة لمواقف يتـوافر فيها لـدى احـد طرفي العمليـة التعليمية - المتعلم أو مصدر التعلم وليس لدى كليهما - القصد والوعي والنية للتعلم.

3- التعلم غير النظامي (خارج المدرسة)

وهو التعلم غير المدرسي، الذي يكون فيـه لـدى طرفي العمليـة التعليميـة - المتعلم ومصدر التعلم - القصد والوعي والنية للتعلم.

4- التعلم النظامي (المدرسي)

وهو يختلف عن التعلم غـير النظامي في حدوثه داخل مؤسسـات تسـمى مدارس وتتميز باستخدامها نظام الفصول الدراسية المقسمة حسب السن ويتعلم فيها

الطلاب منهجاً ثابتاً تقوم بتدريسه هيئة تدريسية مؤهلة علمياً وتستخدم طرقاً تعليمية معترفاً بها. [1]

في هذا الإطار، عقد في مدينة طوكيو في اليابان المؤتمر الدولي الثالث لتعليم الكبار عام 1972، وقد انعقد الرأي خلال هذا المؤتمر على أن مستقبل تعليم الكبار يتحدد في إطار مفهوم التربية المستدامة، وقد ساد الاتجاه نحو تجاوز الصيغ والمقولات والتصريحات الفلسفية حول المفاهيم والأمور الخلافية والتركيز مباشرة على المشكلات العملية الخاصة بالتخطيط والإدارة والتمويل. [2]

الوظائف الرئيسية لتعليم الكبار

في الفترة نفسها تقريباً اقترح الدكتور عبد الفتاح جلال أن تقسم وظائف تعليم الكبار الى قسمين: وظائف مؤقتة مثل محو الأمية والتربية الأساسية ومواصلة التعليم Further Education، ووظائف دائمة مثل تنمية الفرد والمجتمع والتربية المستمرة مدى الحياة. ولا يعني هذا التقسيم التقليل من شأن المجالات المؤقتة بل إنها هي محور الارتكاز في برامج تعليم الكبار وبخاصة في الدول النامية، ولكن إذا تخلص مجتمع ما من الأمية فليس هناك داع للإبقاء عليها بين مجالات تعليم الكبار بينما تتبقى لتعليم الكبار وظائفه الأساسية الدائمة ، وهي:

1- محو الأمية والتمكن من اللغات الاساسية.

2- تقليل مظاهر اللامساواة الناشئة عن القصور في نظام التعليم.

3- التدريب المهني المستمر.

4- تنمية الإبداع وتطوير المشاركة في الأنشطة الثقافية والسياسية.

---

(1)Evans, David, R., **The Planning of Non-formal Education**, Paris, UNESCO International Institute for Educational Planning, 1981 .

(2) **Third International Conference on Adult Education, UNESCO,** Tokyo , 1972.

أهداف تعليم الكبار[1]

تتمثل هذه الاهداف فيما يلي:

أ- تعليم الكبار أداة لتنمية الوعي وأداة للتغير والتطبيع الاجتماعي، على ألا يفهم من التطبيع الاجتماعي هنا صب الجماهير في قوالب جامدة، بل التكامل الذي يستهدف خلق مجتمع متعلم.

ب- إعداد الفرد لنشاط منتج.

جـ- إعداد الفرد للاشتراك في إدارة المشاريع الانتاجية.

د- شغل أوقات فراغ الفرد والاستفادة منها في عمله أو لهوه البنّاء أو حياته المدنية.

هـ- تعزيز العمل من أجل السلام والتفاهم والتعاون على الصعيد الدولي.

و- تنمية الفهم الواعي للمشكلات والتغيرات الاجتماعية الكبرى المعاصرة، والقدرة على النهوض بدور إيجابي في تقدم المجتمع بغية تحقيق العدالة الاجتماعية.

ز- تنمية الوعي المتزايد بالروابط بين الشعوب والبيئات الطبيعية والثقافية المختلفة، وتعزيز الرغبة في تحسين البيئة، واحترام الطبيعة والتراث المشترك والممتلكات العامة وحمايتها.

ح- خلق روح التفاهم والاحترام للعادات والثقافات على اختلافها على الصعيدين الوطني والدولي.

ط- تعزيز التوعية والاستعانة بمختلف أشكال التواصل والتضامن على المستوى العائلي والمحلي والوطني والاقليمي والدولي.

(1) سامي محمد نصار وزميله، **اتجاهات جديدة في تعليم الكبار**، مكتبة الفلاح للنشر والتوزيع، الكويت، 2000.

ي- تنمية القدرة على اكتساب المعارف أو المؤهلات أو المواقف أو أشكال السلوك الجديدة الكفيلة بتحقيق النضج الكامل للشخصية، سواء تحقق ذلك فردياً او على مستوى الجماعات أو في إطار الدراسة المنتظمة في معاهد تعليمية تنشأ خصيصاً لهذا الغرض.

ك- كفالة الاندماج الواعي والفعال للأفراد في الحياة العامة، عن طريق تزويد الرجال والنساء بنوع من التعليم التقني والمهني المتقدم وتنمية القدرة على ابتكار أنواع جديدة من السلع واكتساب القيم الروحية أو الجمالية، سواء كان ذلك فردياً أو جماعياً.

ل- تنمية القدرة على الاستيعاب الكافي للمشكلات المتعلقة بتنشئة الأطفال.

م- تنمية القابلية للانتفاع الخلاق بأوقات الفراغ، ولاكتساب اي نوع من المعارف الضرورية أو المرغوب فيها.

ن- تنمية الفطنة اللازمة في استخدام وسائل إعلام الجماهير، ولا سيما الإذاعة والتلفاز والسينما والصحافة، وفي تفسير مختلف الرسائل التي يوجهها المجتمع الى كل من الرجل والمرأة العصريين.

س- تنمية قابلية الفرد لأن يتعلم كيف يتعلم.

كما ان لتعليم الكبار أهدافاً متعددة جماعية وفردية، وتختلف هذه الأهداف تبعاً لاختلاف المجتمعات ولحالتها الاقتصادية والاجتماعية، وما يسود فيها من قيم وعادات وتقاليد وأساليب حياة. ومن هذه الاهداف:

أولا: الأهداف الاجتماعية [1]

هناك عدة أهداف اجتماعية لتعليم الكبار، منها:

(1) المرجع السابق نفسه ، ص(74).

1- تكوين الرأي العام

وذلك عن طريق تكوين رأي مستنير لـدى الأفراد في جميـع مجـالات الحيـاة الدينية والاجتماعية.

2- معالجة التخلف

عن طريق تعليم الكبار يتم نشر التوعية الصحية للوقاية من بعض الأمـراض، أو للقضاء على بعضها، وكشف الميادين التي تتفق مع طبيعة الفرد واستعداده، وبـذلك ينعم بحياة هانئة مستقرة.

3- محاربة الأمية

تهدف حركة تعليم الكبار إلى رفع مسـتوى الأمـي ونصف الأمـي إلى نهايـة المرحلة الابتدائية، بحيث يستطيع الاعتماد على نفسه في أمور حياتـه اليوميـة المعتـادة مثـل قـراءة الرمـوز المكتوبـة عـلى المنتجـات الغذائيـة التـي يتناولهـا، والأدويـة التـي يتعاطاها، وإشـارات المـرور التي ترشـده للسـير في المدينـة ... وتـذليل غـير ذلـك مـن العقبات التي قد تواجه الأمي ونصف الأمي.

4- النمو المعرفي

وذلك بتنمية مواهب الفرد وقدراتـه العقليـة المعرفيـة، وتدريبـه عـلى التفكـير العلمي الموضوعي في جميع أمور حياته اليومية. وبذلك يصبح الفرد قادراً عـلى أن يعبر عن نفسه قولاً وكتابة، تعبيراً واضحاً، ويصبح قادراً على تقبل الأفكار الجديـدة، وبـذلك تتحقق فكرة تأكيد الذات، ويتغلب الفرد على شعوره بـالنقص، ويتحـرر مـن الضـعف الذي يحول بينه وبين قيامه بدوره الإيجابي في بيئته المعاصرة.

5- مواكبة الانفجار المعرفي والتغير التكنولوجي الذي يشهده العالم في العصر الحديث

إن المعلومـات تتضـاعف بصـورة مسـتمرة ، والتغـير الكبـير الـذي يحـدث في المعرفة يتبعه تغير في المهن، فينشـأ مـا يسـمى التبـاين الثقـافي، وهنـا يسـتطيع تعلـيم الكبار أن يقوم بدور عظيم في هذا المجال؛ فعن طريق تقديم البرامج المختلفة للكبار في المجالات المتنوعة التي تساعد الفرد في الابتكار والتجديد والإبـداع، يسـهم تعلـيم

الكبار في مساعدة افراد المجتمع في تحقيق التماسك الاجتماعي، والتكيف مع الظروف المتغيرة بتغير المعرفة العلمية وتطبيقاتها التقنية.

6- النمو العاطفي

يؤدي التطور الاجتماعي السريع إلى انتشار التوتر النفسي ـ والقلق والاختلال الانفعالي؛ وذلك لكثرة المشكلات التي يواجهها الفرد في حياته المعاصرة ولصعوبة مسايرة البيئة في مطالبها المتغيرة المتجددة، مما يحدث عند الفرد عدم استقرار نفسياً. لذا كان لزاماً على القائمين على حركة تعليم الكبار ان يوفروا للفرد سبيل الطمأنينة والراحة النفسية، وهذا لن يتأتى إلا إذا تعلم الفرد أساليب الاتزان الانفعالي والتوافق العاطفي مع انماط التيارات الاجتماعية.

7- النمو الاجتماعي والخلقي

تتطور حياة الفرد الاجتماعية من إطار الأسرة إلى نطاق المجتمع الكبير، وعلى الفرد ان يتعلم كيف يتعامل مع الناس، وعليه أن يقدرهم لمزاياهم الأصلية، لا لأموالهم أو جنسهم أو سنهم، وعليه أن يفرق بين آراء الأفراد وشخصياتهم ومذاهبهم المختلفة؛ فقد نختلف في آرائنا ولكننا نلتقي في شخصياتنا، وبالتالي يزداد التماسك الاجتماعي وتقل حدة التعصب. ولأن المجتمع القوي يعتمد في جوهره على الكيان العائلي الصحيح، فإن على الفرد أن يتعلم طرقاً ووسائل لإنشاء حياة عائلية سعيدة، وبما أن الأب هو العامل الرئيس في تكوين ضمير الطفل، فالنمو الخلقي ينشأ في إطار السلطة القائمة في العائلة، ثم ينتشر منها إلى قيم المجتمع القائم ومعاييره، ومن ذلك تتضح أهمية النمو الاجتماعي والخلقي في تكوين الأفراد والمجتمعات.

8- كسب الرزق

أصبح التدريب المهني بصورته المباشرة وغير المباشرة ضرورة للفرد في ظل التقدم الصناعي والتطور التكنولوجي، لذا كان على الفرد أن يداوم على تعلم المهارات الجديدة التي تنشأ نتيجة لظهور الاكتشافات والصناعات والآلات المختلفة. ولا يستطيع الفرد تعلم ذلك إلا إذا تيسر له الالتحاق ببرامج تعليم الكبار التي تفتح مجالاً للأفراد كي يتغلبوا على المشكلات التي تواجههم. لذا تظهر أهمية تعليم الكبار في فتح آفاق الخبرات العملية الجديدة للأفراد.

كما ان من أهم أهداف حركة تعليم الكبار مساعدة الفرد في زيادة دخله وتنظيم إنفاقه مما يجنبه الأزمات المالية التي تهدد، في كثير من الأحيان، تماسك الحياة العائلية وسعادتها. لذلك يجب ان يتعلم الأفراد الطرق والأساليب التي تساعدهم في تحديد العلاقات القائمة بين الدخل والإنفاق بحيث لا تطغى ناحية على أخرى، وبحيث يصل التنظيم الاقتصادي الفردي والعائلي إلى مستوياته الصحيحة.

9- استغلال وقت الفراغ

عندما تزداد أوقات فراغ الفرد نتيجة لنقصان النشاط البشري مقابل الانتاج الآلي، فإن الفرد يحتاج إلى نوع جديد من التعليم ليستغل أوقات فراغه بما يهيئ له حياة نشطة سعيدة، ويعود عليه بالفائدة. وقد يتحقق ذلك بتعلم الفرد فناً من الفنون مثل معرفة التراث البشري والتعمق فيه وتذوقه وحبه، أو علماً يزود الفرد بالمعرفة في أمور دينه مما يضفي عليه الراحة النفسية؛ فبرامج تعليم الكبار مليئة بالبرامج الترفيهية المفيدة، ويستطيع كل فرد أن يختار البرامج التي تناسب ميوله واهتماماته.

10- إصلاح التعليم العام والتعليم الجامعي

إن ارتباط مؤسسات التعليم العالي بالمؤهلات والشهادات أكثر من ارتباطها بحاجات الأفراد وحاجات التنمية الشاملة التي يحتاجها المجتمع، وتركيز الجامعات على الدراسات النظرية والمجالات الأدبية، وكثرة خريجيها في وقت تزداد فيه

حاجة المجتمع الى التقنيين والفنيين في مجالات الحياة المختلفـة مـن صـناعة وزراعة وطب وهندسة وغيرها، كـل ذلـك أدى إلى أن يقـوم تعليم الكبـار بـدور كبـير في هـذا المجال، وذلك عن طريق تنمية قدرات أفراد المجتمع وتطويرها ليتمكنـوا مـن تحقيق التكيف مع المتطلبات الحضارية الجديدة.

11- إصلاح جوانب النقص والقصور في الأنظمة التربوية المعاصرة

فهذه الأنظمة - على الرغم مما حققت من إنجازات - مـا زالـت عـاجزة عـن إثبات الحق في التعليم من حيـث تكافؤ الفرص أمـام الجميـع، وعاجزة عـن تحقيق الكفاية الخارجية، لذا يهدف تعليم الكبار الى إصلاح هذا النقص وتحقيق تكافؤ الفرص في التعليم ودمقرطة التعليم.

12- رفع مستوى الفرد لرفع مستوى الأمة

نظراً لأن المجتمع مجموعة أفراد فإنـه إذا رفع مستوى الفـرد مـن النـواحي العقلية والنفسية والجسمية والمهاريـة كـان باسـتطاعته ان يقـدم خـدمات جليلة الى مجتمعه وأمته، لذا فمن الأهداف الرئيسـة لتعليـم الكبـار رفـع مسـتوى المجتمـع عـن طريق رفع مستوى الفرد.

13- معالجة الأمراض الاجتماعية والنفسية بتنمية العادات الحميدة والأخلاق

فالتطور الاجتماعي السريع الذي يمر به معظم المجتمعـات في وقتنا الحاضر يؤدي في الغالب الى شيء من التـوتر والاضـطراب النفسيـ وهذه الانفعـالات يسـتطيع الفرد التغلب عليها إذا تهيأ له نمو عقلي سليم يملكه مهارات ثقافية فيصبح بمقدوره التعبير عن نفسه قولاً وكتابة تعبيراً صحيحاً وواضحاً، كما يصبح قادراً على تذوق الأفكار الجديدة وقبولها، ويصبح أكثر ثقة بنفسه. وبذلك، يتضاءل شعوره بـالنقص الـذي كثيراً ما يسبب له الانفعالات والاضطرابات النفسية. وهذا ما يصبو تعليم الكبار الى تغطيته.

كما يهدف تعليم الكبار إلى محاربة الجهل وتخليص المجتمع منه، والتدريب الجماعي على اساليب كسب الرزق، وتكوين المهارات، وفتح آفاق العمل

لرفع مستوى الحياة، والتخلص من الفقر، بحيث يستطيع الفرد أن يعيش عيشة كريمة.

وهو يهدف أيضاً إلى توجيه الثروة البشرية في المجتمع للإفادة مـن القـوى الكامنة لخير الجماعة ولخير الوطن، وذلك عـن طريـق رفـع مسـتوى الأفراد العلمـي والمهني، والكشف عن طاقاتهم الكامنة وتوجيهها بما يفيد البشرية جمعاء. [1]

ثانيا: الأهداف الفردية

يهدف تعليم الكبار من الناحية الفردية إلى تنمية شخصية الفرد لتتفاعـل تفاعلاً إيجابياً مثمراً مع مطالب المجتمع القـائم، وجعل الفـرد يتكيـف مـع مجتمعـه وأسرته. وتتلخص الأهداف الفردية في تعليم الكبار فيما يلي:

1- رفع مستوى الكفاية الفردية

وذلك عن طريق تدريب الفرد على إتقان النشاط الذي يقوم بـه، مهـما كان نوع هذا النشاط، عقلياً أو عاطفياً او اجتماعياً، وذلك عـبر تعلـم أسـاليب جديـدة في العمل، مما يعود عليه بالنفع.

2- تكوين ميول جديدة

وذلك عن طريق مساعدة الفرد في أن يقوم بالاكتشاف بنفسه ولنفسه.

تعليم الكبار في القرن الحادي والعشرين [2]

في تموز من عام 1997 عقد المؤتمر الدولي الخـامس لتعليم الكبار في مدينـة هامبورج في ألمانيا تحت شعار "تعليم الكبار حق ووسيلة ومتعـة ومسـؤولية مشـتركة"، وقد اكتسب هذا المؤتمر أهمية كبيرة؛ إذ كان الأخير في سلسلة المؤتمرات الدولية لتعليم الكبار في القرن العشرين، ومن ثم فقد غلبت على أعماله

---

(1) المرجع السابق نفسه، ص (80).

(2) المرجع السابق نفسه، ص (67).

وتوصياته النظرة المستقبلية التي تحاول ان تستشرف ملامح تعليم الكبار في القرن الحادي والعشرين، ودوره، ووظائفه في عالم ما بعد الحداثة. وقد حدد إعلان هامبورج الصادر عن المؤتمر مفهوم تعليم الكبار على النحو التالي:

" يشير تعليم الكبار إلى مجمل عمليات التعلم المستمرة سواء اكانت نظامية أم غير ذلك، التي من خلالها يستطيع الأفراد الذين يعدون من الكبار في نظر المجتمع الذي ينتمون اليه أن يطوروا قدراتهم، ويثروا معارفهم، ويحسنوا مؤهلاتهم الفنية والمهنية، أو يحولوها إلى وجهة اخرى تتلاءم مع احتياجاتهم واحتياجات مجتمعاتهم، ويتضمن تعليم الكبار كلاً من التعليم المستمر، والتعليم غير النظامي، والمنظور الواسع للتعليم اللانظامي والعرضي المتاح في مجتمع متعلم متعدد الثقافات، بحيث يتم الاعتراف بكل أنماط التعليم القائمة على النظرية والتطبيق".⁽¹⁾

ويرى المؤتمر ان تعليم الكبار لم يعد مجرد حق بل أصبح المفتاح لدخول القرن الحادي والعشرين وهو – في الوقت نفسه – شرط ونتيجة للمواطنة الفعالة، والمشاركة الكاملة في كل أنشطة المجتمع. إنه قوة دافعة من أجل تحقيق التنمية المتواصلة، وتعزيز الديمقراطية، والعدالة، والمساواة بين الجنسين، والتطور العلمي والاقتصادي والاجتماعي، ومن اجل بناء عالم يحل فيه الحوار وثقافة السلام العادل محل العنف والصراع، وفي مقدور تعليم الكبار ان يشكل الهوية وأن يعطي الحياة معنى، والتعلم طوال الحياة يتضمن إعادة التفكير في محتوى التعليم من أجل تدبر تأثير بعض العوامل مثل العمر، والمساواة بين الجنسين، والعجز والإعاقة، والثقافة، والتفاوت الثقافي والاقتصادي.

وقد شهد العالم خلال العقد الأخير من القرن العشرين متغيرات عميقة على المستويات المحلية والعالمية من أهمها عولمة النظم الاقتصادية، والتطور السريع في العلم والتكنولوجيا، والتغير في تركيبة عمر الانسان وحركة السكان، وظهور المجتمع القائم على المعرفة والمعلومات. كما يشهد العالم تغيرات في انماط العمل وأنواع البطالة،

---

(1) **Fifth International Conference on Adult Education**, Hamburg, Germany, 1997, P.(21).

وأزمة بحثية متصاعدة، وتوترات بين فئات اجتماعية مختلفة تقوم على اختلاف الثقافات او الأعراق أو الجنس أو الديانة أو الدخل، وبلا شك فإن هذه التغيرات تنعكس على التعليم بصفة عامة وعلى تعليم الكبار بصفة خاصة ومن ثم رأى أعضاء المؤتمر أن على تعليم الكبار ان يسهم بشكل خاص في المجالات التالية:

– النضال من أجل تحقيق التنمية الاقتصادية والاجتماعية، والعدالة والمساواة، واحترام الثقافات القومية والاعتراف بكرامة كل إنسان من خلال تعظيم قدرات الفرد وتسريع التغير الاجتماعي.

– مواجهة أشكال المعاناة الإنسانية في جميع سياقاتها كالقهر، والفقر، وعمالة الأطفال، وعمليات الإبادة الجماعية، والتطهير العرقي.

– رفض كل أشكال التمييز في التعليم التي قد تقوم على الطبقة أو الجنس أو العرق.

كما حدد المؤتمر أهداف تعليم الكبار باعتباره عملية مستمرة طوال الحياة على النحو التالي:

– تنمية استقلالية الأفراد والمجتمعات وزيادة إحساسها بالمسؤولية.

– تعزيز القدرة على مواجهة التغيرات التي تحدث في الاقتصاد والثقافة وفي المجتمع ككل.

– تشجيع التعايش، والتسامح، والمشاركة الواعية من جانب الأفراد في شؤون مجتمعهم.

– تمكين الافراد والمجتمعات من امتلاك زمام الأمور من أجل مواجهة ما ينتظرها من تحديات.

الاتجاهات الفلسفية في تعليم الكبار

يموج تعليم الكبار بالعديد من الاتجاهات سواء على مستوى النظرية أو على مستوى التطبيق، ومن الصعب وضع خطوط فاصلة حاسمة بين ما هو قديم وما هو جديد؛ ففي مجالات العلوم الانسانية والاجتماعية يتجاور القديم والجديد، وقد يلبس القديم ثوباً جديداً، كما ان الجديد بالضرورة هو امتداد ونتيجة طبيعية لتطور "القديم" وتفاعله مع المستجدات التي تطرأ على السياق الاقتصادي والاجتماعي. وعلى أية حال سوف نتناول الاتجاهات الجديدة في فلسفة تعليم الكبار من حيث النظرية ومن حيث التطبيق على النحو التالي:

الاتجاهات الجديدة في فلسفة تعليم الكبار(1)

ثمة ثلاثة اتجاهات فلسفية حالية في ميدان تعليم الكبار، أولها الفلسفة الليبرالية التقدمية التي تمتد بجذورها إلى فلسفة جون ديوي والتي أخذت تتبلور ملامحها في العشرينيات من القرن العشرين في أعمال لندمان Lindeman وهارت Hart التي تمثلها حالياً فلسفة " الاندراجوجي" كما تبلورها أعمال مالكولم نولز M.Knowles وسايرل هول Cyril Houle وغيرهما من منظري تعليم الكبار الأمريكيين. أما الاتجاه الثاني فيتمثل في الفلسفة النقدية التي ترجع بأصولها الى الفلسفة المادية لكارل ماركس. وعلى الرغم من ضعف إسهامات ماركس التربوية، فإن الكثيرين من المفكرين الماركسيين عوضوا ذلك النقص وقدموا إسهامات كثيرة في هذا المجال، من أبرزهم جرامشي Gramshi الذي قدم إسهاماته النظرية حول سيطرة الطبقة الحاكمة من خلال ممارستها للهيمنة الأيديولوجية، وأبل Apple وباولز Bowles وجينتس Gentis الذين ركزوا على العلاقة بين وسائل الانتاج والتركيبة الطبقية والتعليم، وبورديو Bourdieu وباسيرون Passeron اللذان ركزا

---

(1) ابراهيم محمد ابراهيم وزميله، **التعليم المفتوح وتعليم الكبار**، دار الفكر العربي، القاهرة، 2004 .

على إعادة إنتاج الثقافة، وتتبلور آراء هذه الفلسفة في أعمال بـاولو Paulo وهابرمـاس Habermas وغيرهما من رواد هذا الاتجاه.

أما الاتجاه الثالث فيتمثل في اتجاه النمـو الفـردي Personal Growth الـذي يمتد بجذوره الى الفيلسوف الألماني مـارتن هيدجر الـذي يمثل الأب الشرعي للفلسفة الوجودية المعاصرة، ومن ممثلي هذا الاتجاه في مجال تعليم الكبار ليون ماكينزي Leon McKenzie.

أهداف تعليم الكبار

من المعروف أن الأهداف ترتبط بالفلسفات ارتباطاً وثيقاً، وبخاصـة في مجـال تعليم الكبار الذي يتأثر بالوظيفة الاجتماعية التي يؤديها بدرجة أكبر من تأثره بالبحث النظري والفلسفي، وسواء كانت النظرية سابقة على التطبيق او لاحقة له ونابعـة منـه، فإن كل فلسفة من الفلسفات السابقة قد بلورت لنفسها أهدافاً لتعليم الكبار.

اتجاه تعليم الكبار لدى الفلسفة الليبرالية التقدمية [1]

يعرف نولز "الأندراجوجي" بانها فن وعلم مساعدة الكبار في التعلم في مقابل "البيداجوجي" التي هي فن وعلم التدريس للصغار، ويـرى نـولز أنـه في عصرـ التفجـر المعرفي فإن اهداف تعليم الكبار ينبغي ان تدور حول "إنتاج" أفراد أكفـاء Competent People قادرين على تطبيق المعرفة في مختلف الظروف المتغيرة من حولهم، مـع الأخـذ في الاعتبار أن الكفاية الأولى والأساسية التي يجب ان يمتلكها الأفراد هـي التـي تتعلـق باستغراقهم في عملية تعليم وتعلم موجهة توجيهاً ذاتياً ومستمرة طوال الحيـاة. وعلـى هذا فإن هناك أربعة افتراضات جوهرية حول خصائص المتعلمين الكبار هي:

---

(1) سامي محمد نصار وفهد عبد الرحمن الرويشد، **اتجاهات جديدة في تعليم الكبار**، الكويت: مكتبة الفلاح، 2000.

- التوجيه الذاتي.

- الخبرة السابقة مصدراً للمعرفة.

- التعلم المرتبط بمشكلات حياتية واقعية.

- زيادة الكفاية من أجل مواجهة مهمات الحياة.

ومعنى هذا ان على معلمي الكبار ان يغرسوا في المتعلمين ذلك النوع من التفكير الـذي يتضمن معرفة الحقائق، والإحاطة المنظمـة بموضـوع او تخصـص معـين، والقـدرة علـى النقد والتحليل والتقويم والتعلم الذاتي المستمر.

وفي إطار هذه الفلسفة أيضاً ومن منظور تأكيد الوظيفة الاجتماعيـة لتعلـيم الكبار، فإن هناك من يؤكد أن لتعليم الكبار أربعاً من الوظائف هي:

1- تيسير حدوث التغير الاجتماعي في مجتمع دينامي.

2- الحفاظ على النظام الاجتماعي وتدعيم استقراره.

3- زيادة الانتاجية في المجتمع.

4- تشجيع النمو الفردي.

إذن فـإن تعلـيم الكبـار في إطار هـذه الفلسـفة يسـتهدف بالدرجـة الأولى مساعدة الأفراد في التكيف مع متغيرات المجتمع، مـع الحفـاظ في الوقت نفسـه علـى النظام الاجتماعي وعلى استقراره، وهي أهداف تستدعي الى الـذاكرة آراء جـون ديـوي وكلباترك، وهذا أمر طبيعي من الورثة الشرعيين للفلسفة البراجماتية.

اتجاه تعليم الكبار لدى الفلسفة النقدية [1]

يستهدف تعليم الكبار في إطار هذه المدرسة تحرير الإنسان مـن القهـر مـن خلال تدريبه على التفكير النقدي من أجل تمكينه من تغيير المجتمـع. ويـرى فريـري أن "نقطة الانطلاق الأساسية في هذا الصدد هي تسليح الإنسان بالمعرفة العلميـة للواقـع الذي يعيش فيه، وأن ذلك يكمن في إدراك العلاقات الجدلية بين الأفراد من

---

(1) المرجع السابق، ص (71).

ناحية والاستيعاب النقدي للكيفية التي تكونت بها هذه العلاقات والطريقة التي تتحكم بها في إدراك الأفراد للواقع إدراكاً مجرداً" من ناحية أخرى.

ويرى فريري أنه في مجال تعليم الكبار فإن "الدارسين الأميين في سعيهم لتنظيم صيغة من صيغ التفكير والتحليل النقدي لعالمهم الخاص وخبراتهم الخاصة، فإنهم في الوقت نفسه يستطيعون أن يكونوا أكثر أمناً، ومن ثم يصبح محو الأمية بالنسبة لهم مهمة شاملة تشمل الأميين في علاقاتهم مع العالم من حولهم وفي علاقاتهم مع الآخرين، وعندما يستطيع الدارسون الأميون فهم المغزى الشامل لمحو الأمية من خلال خبراتهم الاجتماعية فإنهم يستطيعون أن يتحكموا في مصائرهم، ويستطيعون أن يغيروا العالم ويحولوه الى عالم خاص بهم من صنعهم هم بدلاً من ذلك العالم الذي لم يشاركوا في صنعه. ومن خلال هذه العملية تتوالد المعاني الجديدة للأشياء التي تعكس العمل الثوري الذي يقومون به، وكلما اكتشفوا معنى جديداً تولد معنى آخر، وهكذا يسيرون من اكتشاف الى اكتشاف الى أن يصلوا الى إدراك الحقيقة كاملة".

من هذا النص الذي آثرنا أن نترجمه كاملاً دونما تدخل يمكن لنا أن نستخلص ان الهدف من تعليم الكبار عند فريري هو زيادة وعي الانسان من أجل تحريره، وأن زيادة هذا الوعي رهن بالتخلص من الطريقة البنكية في التعليم واعتماد طريقة الحوار Dialogue، وأن الأخيرة رهن بتنمية الكفاية الاتصالية Communicative Competence لدى الفرد من أجل إحداث تغيير في المجتمع. ومن ثم فإن التعليم عند فريري يستهدف في الأساس التحرير من أجل التغيير الثوري.

اتجاه تعليم الكبار لدى فلسفة النمو الفردي

ترى هذه المدرسة أنه إذا كان تعليم الكبار في مجتمع الحداثة قد ارتبط بتحقيق أهداف سياسية، وذلك من منظور ان تعليم الكبار هو وسيلة للتحرر السياسي على نحو ما ذهب إليه باولو فريري وغيره، فإن مجتمع ما بعد الحداثة

يرى ان التحولات الكبرى في العالم ليست ذات طبيعة سياسية وإنما هـي ذات طبيعة تربوية في الأساس. إن التغيرات الاجتماعية والسياسية تـأتي مـن الـداخل أي مـن داخـل الفرد وتحدث أيضاً على مستوى الفرد، وإن التحولات التي يشهدها العالم حالياً سياسياً واقتصادياً واجتماعياً ليست سابقة على التحولات في الأفراد أنفسهم وإنما هـي نتيجة طبيعية لتطور رؤية الفرد للعالم.

في ضوء ما تقدم، فإن المهمة الأساسية لتعليم الكبار هي تيسـير السـبل امام الفرد لتكوين رؤية شاملة للعالم؛ فالكبار في حاجـة الى أن يتحـرروا مـن أي شيء يعـوق نموهم ونشاطهم الابداعي والخلاق، وهـم أيضاً في حاجـة الى حـثهم علـى المشاركة في صنع المستقبل، وأخـيراً فـإن الكبـار في حاجـة الى أن تبعـث فـيهم القـوة والقـدرة Empowered [1].

تلك كانت – باختصار – أهم الاتجاهات الفلسفية السائدة حالياً في مجال تعليم الكبار ورؤيتها لأهدافه، وهنا نتسـاءل: مـا اتجاهـات الانتـاج الفكـري في هـذه الفلسفات؟

اتجاهات الإنتاج الفكري في فلسفة تعليم الكبار [2]

كان تركيز تعليم الكبار في الماضي منصباً علـى عمليات التعليم والـتعلم، ولم تكن التضمينات السياسية عنصراً أساسياً مـن عناصر الانتـاج الفكـري في مجـال تعلـيم الكبار. ولما ظهرت المدرسة النقدية ودعت الى أن يكـون تعلـيم الكبـار عنصـراً فعـالاً في تغيير المجتمع من خلال تدريب الأفراد على التفكير النقدي وبعث القوة فيهم من أجل العمل الجاد على تغيير واقعهم، كثر مؤيدوها ومريدوها بحيث أصبحت هـذه النظرية هـي السائدة وهـي المسيطرة علـى الانتاج الفكري حتى في داخل الولايات المتحـدة الأمريكية.

---

(1) **المرجع السابق**، ص (73).
(2) ابراهيم محمد ابراهيم، **تعليم الكبار رؤى وتوجهات**، القاهرة: دار الفكر العربي، 2004.

ولا ترجع سيطرة الفكر السياسي على تعليم الكبار الى شيوع نظرية سياسية معينة بقدر ما تعود الى الاتجاهات الراديكالية الموجودة في المجتمع، ويتضح ذلك من المعالجات التي تناولت الموضوع وتركيزها على ما يسمى تعليم الكبار الراديكالي الذي يعالج القضايا السياسية مثل تعليم الكبار والمجتمع المدني، ونظريات الدولة وتعليم الكبار، والعدالة وتعليم الكبار، والدولة البيروقراطية وتعليم الكبار، والمواطنة والديمقراطية وتعليم الكبار، وحقوق الشعب وجماعات المصالح وتعليم الكبار، وهي كلها توجهات تتم معالجتها في إطار النظرية النقدية لمدرسة فرانكفورت التي تؤكد ثلاث قضايا رئيسية هي:

- اصحاب حق الالتحاق بصيغ تعليم الكبار وبرامجه.
- العلاقة بين تعليم الكبار والتدريب والاقتصاد.
- دور تعليم الكبار المرتكز على المجتمع Community - Based في تغيير علاقات القوة وتحسين نوعية الحياة.

وأدت سيطرة الفكر السياسي على تعليم الكبار الى تبلور الحركة النسائية التي تتهم تعليم الكبار بانه متحيز للرجل ضد المرأة Andocentric ؛ إذ يتم تهميش المرأة في خطاب تعليم الكبار وجعلها في مرتبة أدنى من مرتبة الرجل من حيث الذكاء، أو من حيث الخدمة التي تقدم للرجال والنساء في برامج تعليم الكبار، وحتى من حيث لغة الخطاب الموجه دائماً للذكر. ومن ثم فإن الخطاب الذي يوجه الى المرأة من خلال برامج تعليم الكبار ينبغي ان يؤكد تحريرها من جميع أشكال القهر التي تمارس عليها سواء في المجتمعات المتقدمة أو في الدول النامية. ولا تعني الهيمنة الأيديولوجية للمدرسة النقدية على ساحة الفكر في تعليم الكبار نفي الأصوات والاتجاهات المعارضة لها، او ضآلة حجم الإنتاج الفكري في الاتجاهات الأخرى، بل على العكس من ذلك وجهت انتقادات حادة إلى هذه المدرسة من أهمها ان التعليم البنكي الذي تهاجمه هذه المدرسة النقدية تم استخدامه من قبل معلمي الكبار الراديكاليين لتحقيق أجندتهم السياسية؛ فالنظام البنكي ظل كما هو ولكن

العملة هي التي تغيرت، فالمعلمون الذين يعـدون أنفسـهم دعـاة التحريـر السياسي يكرسون في عقول الفلاحين القيم التـي يعتقـدون هـم أنهـا ضروريـة بالنسـبة للفلاحين لتحريرهم اقتصادياً، ومن ثم فإن أولئك الذين ينتظر تحريرهم من القهـر لـن يعـودوا قـادرين عـلى تجديـد واقعهـم او عـالمهم الخـاص وبنائـه بأنفسـهم؛ إذ يقـوم محرروهم بهذه المهمة نيابة عـنهم... "، إنهـا إمبرياليـة تسـقط وإمبرياليـة تقـوم. إنـه مذهب يذهب، ومذهب آخر يحل محله ".

حظيت فلسفة "الاندراجوجي" بذيوع كبير، وشهدت خـلال الثمانينيـات مـن القرن العشرين فيضاً كبيراً من الإنتاج الفكري إلى حد تكوين جماعـات وروابـط خاصـة بالأندراجوجي مثـل جماعـة نوتنجهـام للأنـدراجوجي Nottingham Andragogy Group التي تشكلت عام 1983، بل إن شيوع استخدام اللاحقة gogy قد أغـرى أحـد البـاحثين بنحت مصطلح جديد اسماه Eldergogy كمدخل أو أسلوب متخصص لتعلـيم المسـنين. ولكـن نظـراً لأن إسـهامات مدرسـة الأنـدراجوجي تركـزت في غالبيتهـا العظمـى حـول أساليب تعليم الكبار وفنياته دون الإغراق في التنظير الفلسـفي، فإنـه سـتتم الاسـتفادة من أدبياتها وبخاصة عند مالكولم نولز عند الحديث عن فنيات تعليم الكبار.

مراحل تطوير تعليم الكبار

حدد العالم إريكسون [1] (Erikson) مفهوم تعليم الكبار من خلال تطور الأنـا (Ego)؛ فهو يعتبر ان هناك ثماني مراحل لذلك التطور؛ منها ثلاث مخصصة للكبار وهـي مرحلة النضج المبكرة Early Adulthood، ومرحلـة منتصـف العمـر Middle Adulthood، ومرحلة النضج المتأخرة Late Adulthood، ولكل مرحلة من هذه المراحل مشاكلها التـي يحاول الانسان مواجهتها وحلها. ويصف إريكسون ما يحدث للإنسان في هـذه المراحـل على النحو التالي:

(1) عبدالله الرشدان، **علم اجتماع التربية**، عمان: دار الشروق، 1991.

مرحلة النضج المبكرة: يواجه الفرد في هذه المرحلة محاولة التوفيق بين العزلة والحنان، والحنان يعني السياق وهو الالتزام نحو الاخرين، بينما العزلة هي الهرب من الحنان.

مرحلة منتصف العمر: في هذه المرحلة يواجه الفرد مشكلة التوفيق بين الكمال (Integrity) واليأس، والكمال شعور الفرد بالرضا لاستمرارية الماضي والحاضر والمستقبل، أي إحساسه بتكامل هذه المراحل. أما اليأس فمعناه الشعور بعدمية المعنى للحياة او عبثية الحياة أي عدم الثقة بالنفس وبالآخرين.

أما مرحلة النضج: فقد توصلت " جيل شيلي " (Gail Shelly) إلى وصفها من خلال أبحاثها بانها تمتد من سن الثامنة عشرة وحتى ما قبل الشيخوخة، وقد قسمت الباحثة مرحلة النضج هذه الى ست مراحل فرعية هي:

أ)   مرحلة اقتلاع الجذور العائلية بعد سن الثامنة عشرة حين يبدأ الانسان في البحث عن عمل.

ب) العشرينات، وهي مرحلة بداية تحقيق طموح الفرد عن طريق إيجاد الوظيفة المناسبة.

جـ) ما قبل الثلاثينات، وفي هذه المرحلة يحاول الفرد تقويم حياته السابقة من أجل معرفة طريق التشغيل.

د) مرحلة الامتداد وتصليب الجذور، وفيها يحاول الانسان تسلق الهرم الاجتماعي.

هـ) مرحلة السنوات العشر(من 35 – 45) حين يعي الانسان أنه قد مضىـ أكثر من نصف عمره ويصبح على مفترق طرق فيما يخص الماضي ومحاسبة النفس.

و) مرحلة التجديد أو القبول بالأمر الواقع.

وقل توصل باحثون آخرون هم: روجر جولد Roger Gould أستاذ علم النفس في جامعة كاليفورنيا في لوس أنجلوس، ودانيال ليفنش أستاذ علم النفس في جامعة Yale، وجورج فيلينت George Vaillant أستاذ الطب النفسي في جامعة هارفارد إلى أن حياة الكبار تنقسم إلى المراحل التالية:

أ) ترك المنزل(من 18 – 22 سنة)؛ وهي مرحلة تتصف بتأثير الـزملاء، الـذين هـم في العمر نفسه، على الفرد فيفرضون قيمهم عليه، ومن جهة أخرى فإن الفرد يتخذ من زملائه ركائز يعتمد عليها للتخلص من علاقتـه مع عائلتـه. وفي هـذه المرحلـة تبقى العواطف مغلقة، والخلاف مع الزملاء ينظر إليه باعتباره خيانة كبرى.

ب) محاولة التواصل مع الآخرين (مـن 23 – 28 سـنة)؛ وتتصف هـذه المرحلـة بأنها مرحلـة بناء علاقات مع الآخرين. وهنا يتجنب الفرد العواطف المتأججة، ونادراً مـا يبحث عن الالتزام، كذلك فهي مرحلة يتطلع فيها الفرد إلى مـن يدعمه ويقدم لـه الحماية.

جـ) أسئلة ومزيد من الأسئلة (من 29 – 34 سنة)؛ يتفق البـاحثون عـلى أن الفـرد في هذه المرحلة يمر بأزمـة عمـر الثلاثين؛ إذ تبـدو الحيـاة صـعبة ومؤلمـة، ويتسـاءل عندها الفرد عن معنى الحياة وقيمتها، وهنا تتقلص حياتـه الاجتماعيـة، وينظـر للزواج على أنه عائـق أكثر مـن كونـه ذا فائـدة، ويصبح الـزواج معرضاً للخيانـة والطلاق.

الصفات الخاصة بتعليم الكبار [1]

لتعليم الكبار صفات تختلف عن صفات التعليم العام، وذلك لمـا يمتاز بـه تعليم الكبار من أهمية في جميع مجالات الحياة، ومما يساعد تعليم الكبار في تحقيـق أهدافه الصفات التي يتميز بها تتلخص بالآتي:

1- المرونة: سواء في نوعية البرامج التي يقـدمها؛ فهو يقـدم بـرامج مرتفعـة المسـتوى ومتوسطة المستوى ومنخفضة المستوى، بحيث يجـد كـل مـن يريـد أن يتعلم مـا يناسبه أو في شروط القبول في هذه البرامج ؛ إذ لا يشترط سـن معين ولا مسـتوى معين؛ فالكل متروك له الحرية في تحديد البرنامج الذي يود الالتحاق به، أو المرونة في المكان؛ ففي هذا النوع من التعليم يقوم المسؤولون

---

(1) مصطفى عبد السميع محمد، **تعليم الكبار**، القاهرة: دار الفكر العربي، 2004.

عـن التعلـيم بتوزيـع مراكـز تعليميـة في جميـع المنـاطق سـواء القريبـة أو النائيـة، وتستخدم فيه جميع وسائل التكنولوجيا بحيث يكون بإمكان الفرد أن يتعلم وهو في منزله، والمرونة - ايضا- في الوقت الذي يسجل فيـه الفـرد في برنـامج التعلـيم؛ فقد يود الفرد التسجيل في المساء او الصباح، وكـل فـرد حسـب إمكاناتـه، وأخـيراً المرونة في التسجيل في أي مرحلـة مـن مراحـل العمـر؛ فقـد يلتحـق الفـرد في اول العمر أو في منتصفه أو في المرحلة المتأخرة منه، فالحرية متروكة له في ذلك.

2- **الاختيارية وليس الإجبارية**؛ لأن التعليم العـام يعلـم التلميـذ وفـق ترتيـب وكيفيـة معينة يقررها شخص آخر غير المتعلم، اما في تعليم الكبار فالمتعلم الكبير هو الذي يقرر بنفسه نوع العلـم ووقتـه. كـما ان المتعلمـين هـم الـذين يقـررون إذا كـانوا يرغبون في التعلم أم لا.

3- **الشمولية**؛ فهو يشمل جميع مراحـل العمـر وجميـع جوانـب الحيـاة سـواء اكانـت مهنية أم صحية ام ثقافية.

وقد لخص كروبلي وديف 1995 (Cropley and Dave) خصائص تعليم الكبـار والتعليم المستمر بالآتي:(1)

1- **التكامل العمودي**: تقوم هذه الخاصية على اساس ان التعليم يحدث طـوال مراحـل الحياة المختلفة بشكل طبيعي وعادي، وبالطريقة نفسـها التـي تـتم وتسـتمر بهـا عملية نمو شخصية الانسان، لـذلك لا بـد مـن أن يتصـف تعلـيم الكبـار بالتكامـل والتنسيق بحيث يحدث طيلة فترة حياة الفرد من البداية وحتى النهاية.

2- **التكامل الأفقي**: يتصل هذا المفهوم بفكرة ربط التربية بالحياة؛ فالمهارات الاجتماعية يتم تعلمها من خلال التفاعل المباشر مع الناس، والمهارات المهنيـة يـتم تعلمهـا في مواقع العمل عبر مراقبـة العـمال المهـرة في المهنـة ثـم تقليـدهم او التـدرب عـلى أيديهم.

(1)Cropley and Dave, **Innovation of Education**, London Press, 1995.

وبتعقد الحياة والتفجر المعرفي والتقدم التكنولوجي أصبح على الفرد أن يتعلم اشياء كثيرة لها صلة بحياته اليومية سواء الخاصة أو العملية، وهذا يضطره الى التعامل مع آلاف المعلمين والمتعلمين في عالم الصناعة والتجارة والزراعة وفي المؤسسات الاجتماعية ووسائل الاتصال الجماهيرية، بالإضافة الى المصادر الأخرى مثل المتاحف والمعارض وغيرها. وهذا الربط - أياً كان مكانه - فإن تعليم الكبار من خصائصه أن يحقق هذا الربط.

المتطلبات السابقة للتعلم: من أهم خصائص تعليم الكبار قابلية المتعلم للتعلم، وهذا يتضمن امتلاك الفرد مهارات التعلم الملائم، كأن يكون قادراً على تحديد مهمات التعليم التي يرغب في إنجازها، وأن يتمكن من استخدام الإمكانات المتوافرة لتنفيذ المهمات، وأن يحكم على مناسبة النتائج لحاجاته ومتطلبات الموقف التعليمي. وهذه الصفات سابقة الذكر لا تتوافر في التعليم العام.

بالإضافة إلى ما سبق، فإن تعليم الكبار يتميز بأنه:

- نشاط مستمر مع الحياة أو يتكامل معها ومع العمل، ويتدرج الى أعلى ويدفع بصاحبه إلى زيادة القدرة البشرية إلى اقصى حد.

- نظام يتميز بمنهاج متنوع وفق حاجات الدارس، ويعمل على إنجاحه في حياته العامة والخاصة، فهو يدفع بالإنسان الى مواصلة التعلم واكتساب المزيد من المعرفة وبذل المزيد من الجهد، ويشجع على الانطلاق السليم نحو التقدم في مجالات الحياة.

خصائص الكبار الفسيولوجية والسيكولوجية [1]

ثمة فروق بارزة بين تعليم الكبار وتعليم الصغار لوجود اختلافات فسيولوجية وسيكولوجية؛ فقد أثبتت الدراسات التي قام بها برونر Bruner سنة

---

(1) Evans, David R. **The Planning of non-formal education**. Paris: Unesco International Institute for Educational Planning: 1981.

1961م، وجلسل وإيركسي ـ Gelsle and Ereksay سنة 1964م، وبـاور وهالسـتار Bower and Hallistar سنة 1967م، وإيكـر وستيفنسـن Icor and Stevensen سنة 1969م، عـن النضج ان الفرد الناضج هو الذي:

1- يشعر بحاجته لتحقيق ذاته، وبالقدرة على ذلك.

2- يستخدم خبراته في التعليم.

3- يشخص استعداداته للتعلم.

4- ينظم ما تعلمه لمواجهة مشكلات حياته.

كما اتفقت الدراسات على أن قدرة الكبار على التعلم لا تتوقـف علـى السـن بقدر ما تتوقف على الطاقة والوقت وعادة التعلم، كـما أكـدت أن الكبـير يتعلم إذا تهيأت له الظروف، وتوافرت لديه الرغبة في التعلم، وتزداد رغبته في التعلم كلـما أدى تعلمه الى إرضاء حاجاته الشخصية. وقد أكد فيري أن ميـل الكبـير واستعداده للتعلم يعتمد على كمية التعلم السابقة التـي حصـل عليهـا، وكلـما تنوعـت خبراتـه التعلميـة السابقة كان استيعابه للمعلومات الجديدة أفضل.

مما تقدم نستطيع القول إنه لا بد من دراسة خصائص الكبار الفسيولوجية والسيكولوجية لكي يستطيع المربون التعامل معهم، ولكي تكون بـرامج تعليم الكبار ذات فعالية جيدة.

خصائص الكبار النفسية [1]

كان الاعتقاد السـائد حتـى سـنة 1920م أن الكبـار لا يتعلمون، ثم بـدأت الدراسات تبحث في الكبار يستطيعون التعلم، وتوصلت الى أن الكبار يمكنهم التعلم، وأن هناك خصائص تميز الكبار عن غيرهم، وهي:

---

(1) مصطفى عبد السميع محمد، تعليم الكبار: رؤى وتوجهات، دار الفكر العربي، القاهرة، 2004 .

1- أن الذكاء عند الفرد لا يقل بزيادة العمر، وإنما بزيادة عمر الانسان تزيد عقلانيته وفهمه للأشياء وقدرته على استعمال اللغة وفهمها.

2- أن قدرة الفرد على الحركة وسرعة الاستجابة وقدرته على حل المشكلات تقل بازدياد العمر.

3- أن قدرة الكبير على التعلم ذات علاقة وثيقة ببدء تعلمه منذ الصغر؛ فإذا بدأ الفرد في التعلم منذ الصغر فإنه يكون أقدر على التعلم في كبره، والعكس صحيح، وإذا كان الفرد يمتاز منذ صغره بالجدية فسوف يستمر على ذلك عندما يكبر، وسوف تطول فترة قدرته على التعلم. وإذا كان الكبار قليلي الذكاء فمن الصعب أن تحسن من قدرتهم على التعلم.

وتعتمد قدرة الكبير على التعلم على خبرته، وذكائه، ومعرفته بالموضوع الذي سوف يتعلمه، وعلاقة ذلك الموضوع بتحقيق حاجاته.

إلا أن "بيسكوف" اكتشف عبر دراساته عدة خصائص للكبار سواء كانت فسيولوجية أو سيكولوجية؛ فقد استنتج ان حاسة اللمس تبقى ثابتة حتى أواسط الخمسينات من العمر، وتتناقص بشكل أكبر تدريجياً بعد ذلك، ويبدو أن الحاسة في نهاية الجسم السفلى تتناقص بشكل أكبر مما هي عليه في النهاية العليا.

- **البصر**: يضعف البصر عند الانسان كلما زاد عمره، إلا أن النقصان في البصر ـ يبدأ من سن الأربعين ويعكس تغيرات في أربعة عوامل مختلفة هي: قطر البؤبؤ، واصفرار العدسات، وزيادة الحساسية للضوء الساطع، وتناقص القدرة على التكيف مع الظلام. والجدير بالذكر أن هذه المشكلات البصرية لذوي الأعمار المتوسطة تعيق التعلم عند الكبير، ولا بد لمعلم الكبار مراعاتها.

- **حدة البصر**: تبقى ثابتة حتى الأربعين وأحياناً حتى الخمسين من العمر، ثم يحصل بعدها انحدار شديد، وبعد السبعين من العمر تعد النظارات أو العدسات اللاصقة أمراً مطلوباً من الجميع بصورة عامة.

- **التوافق:** يبدأ النقصان في السادسة من العمر تقريباً، ويتناقص بانتظام حتى الستين من العمر، وبعدها يأخذ مستوى مستقراً حتى نهاية الشيخوخة.

- **التكيف:** يتناقص تناقصاً خطياً من العشرين إلى الستين من العمر، وتتطلب القدرة المتناقصة إنارة أوضح ووقتاً أطول للتكيف بالنسبة للتغيرات في الضوء.

- **تمييز الضوء:** يتناقص تبعاً للعمر؛ إذ تقل القدرة على التمييز بين الألوان الأزرق والأخضر ـ والبنفسجي أولاً، ولكن ليس هناك من فرق ذي علاقة بالعمر بالنسبة للألوان، وهناك نواحي قصور أخرى في الرؤية ذات صلة بالعمر؛ فالهيبوربيا تتطلب جهداً لرؤية الأشياء القريبة، والمايوبيا (قصر ـ النظر) تتطلب جهداً لرؤية الأشياء البعيدة.

- **السمع:** ان انحدار السمع تبعاً للعمر أصبح أمراً ثابتاً؛ فالنقصان في التمييز بين طبقات الصوت يبدأ في حوالي الخامسة والعشرين من العمر، ويستمرتدريجياً حتى حوالي الخامسة والخمسين من العمر، وبعدها يهبط التمييز بين طبقات الصوت بحدة أكبر. وشيخوخة السمع تلاحظ بصورة أكبر بعد الخمسين من العمر، وكما أن الكبير يبصر ـ بإحدى عينيه أفضل من الأخرى فهو ايضاً يفقد السمع بإحدى أذنيه بحيث تسمع إحدى أذنيه أفضل من الأخرى.

إن الخصائص السابقة تؤثر تأثيراً كبيراً في التعلم، إلا ان هناك خصائص أخرى تؤثر أيضاً في التعلم، منها:

1- **الخبرة السابقة عند الكبار؛** فالكبير لا يدخل مجال التعلم ليواجه خبرات جديدة تماماً عليه استيعابها دون تمحيص أو نقد، فلديه خبرات متنوعة وواسعة تحمله الى مواقف التعلم المرسومة له. وسواء أكان زاده من هذه الخبرات المتنوعة الواسعة خيراً يساعده في التعلم وييسره له وينميه أم شراً يثقل تعلمه ويعطله ويعوقه، فهو موجود ولا يمكن إغفاله.

2- للكبير مجالات اتصال والتقاء وتفاعل مع الحياة اوسع وأعقد وأكثر تشابكاً؛فله أسرته وعمله وصداقاته ومجتمعه، بالإضافة الى عالمه الذاتي بما يتطلبه من زيادة في الكفاءة والقدرة على التعامل مع سائر مجالات نشاطه في الأسرة والعمل والصداقة والمجتمع.

وتؤثر الخاصتان السابقتان في الخصائص العقلية لدى الكبار التي تتميز بالتالي:

أ‌)   ان السن لا يعوق قدرة الراشد على التعلم أو يعطلها.

ب‌) ان أداء الكبار في بعض العمليات قد يكون أقل منه عند الصغار، ولكن هذا يرجع الى أنهم أكثر نقداً وحرصاً ومراجعة وتحليلاً وربطاً.

جـ) ان خبرات الراشد الكبيرة والمتنوعة وحصيلته الثرية الزاخرة من اللغة تجعل تعلمه أكثر ترابطاً واتساعاً وتجعله أكثر تحركاً وتفاعلاً وإعداداً للتعلم.

-   بالإضافة إلى خصائص الكبار العقلية التي تؤثر في التعلم فإن هناك أيضاً- الخصائص الانفعالية التي لها تأثير كبير في تعلم الراشد. فالراشد يمتاز بخصائص انفعالية شديدة التعقيد والعمق والجدية، وأي خبرة تعلم جديدة ينبغي ألا تعارض المشاعر والاتجاهات والقيم المستقرة عند الراشد، والخبرة الجديدة يجب أن تندمج في الحياة الانفعالية للراشد.

إن المشاعر والاتجاهات المهمة عند الراشد هي تلك التي تتصل بذاته ومدى قدرته ومستوى طموحه؛ فقد تكون هذه المشاعر والاتجاهات نحو الذات سلبية تعبر عن ضعف الثقة في القدرة على التعلم والنمو، وبالتالي تمنع الكبير من التعلم، وقد تكون إيجابية تتميز بالإحساس بالقدرة على اقتحام الجديد والاستكشاف، وتنمية الذات وتطويرها باستمرار، وهذه تعين المتعلم الكبير في التعلم.

بالإضافة إلى ما سبق، فإن سرعة استجابة الكبير للمواقف تقل كلما زاد عمره؛ فهو لا يستجيب بالسرعة نفسها التي يظهرها صغير السن إذا وجد نفسه في موقف غير مألوف لديه، او إذا تعرض لمؤثر مهم لم يدرك كنهه. لذا فهو ابطأ في

الأمور وفي التبصر فيها، وأبطأ في العمل، وابطأ في التفكير، وبالتالي يكون أبطأ في التعلم من الصغير، إلا أن تعمله يكون أعمق من تعلم الصغير.

معايير تعليم الكبار [1]

وضع بولا Bhola خمسة معايير يحدد في ضوئها تعليم الكبار، وهي:

1- معيار الشمول والاستمرار:

في ضوء هذا المعيار ظهر مفهوم التعلم مدى الحياة، الذي يضم التعليم الرسمي، والتعليم غير الرسمي بما فيه تعليم الكبار، في وحدة متكاملة. وتحت إطار هذا المعيار ينضوي مصطلح التربية المستدامة والتعليم المستمر، ثم تعليم الفرصة الثانية؛ إذ يلتحق الناجحون في برامج محو الأمية والمتابعة بالتعليم الرسمي.

2- معيار الحد الضروري

يمثل هذا المعيار الحد الأدنى الضروري من التعلم الذي ينبغي أن يحصل عليه كل فرد من الراشدين. وقد ظهر بناء على ذلك مصطلح التربية الأساسية والتعليم الأساسي أو الأولي للكبار، ويعني البرامج التي تعلم الكبار القراءة والكتابة والحساب والمهارات الاجتماعية والحياتية، وفهم أحوال البيئة والمجتمع المحلي بما يساعدهم في تحقيق مشاركتهم في المجتمع وتحملهم المسؤولية.

كما ارتبط بذلك مصطلح تعليم ما بعد الأمية، وهو تعليم يقدم لمن انهوا دراسة برامج محو الأمية والتعليم الأساسي للكبار كنوع من المتابعة ورفع المستوى Upgrading. وهذا المصطلح يستخدم ليضم كل ما يقدم لمن تخلص من الأمية ليتمكن من استخدام مهاراته عملياً، وزيادة معارفه ومعلوماته، مع الإفادة العملية التطبيقية من هذه المعارف والمعلومات تمكينا للراشد من المساهمة الإيجابية الفعالة في التنمية.

---

(1) Bhola, H. S. **Women's Literacy: A Curriculum of Assertion Resistence and Accommodation**, Convergence Journal, Vol. 27, No. 213, PP. (41-49).

ويرى بولا (Bhola) أن برامج ما بعد الأمية، وما يطلق عليه برامج المتابعة لها اربع وظائف أساسية، هي:

1- الاحتفاظ بمهارات محو الأمية.

2- التمكن من الدخول في برامج الدراسات الإضافية أو في تعليم الفرصة الثانية النظامي.

3- اندماج مهارات محو الأمية في البنية المجتمعية من النواحي السياسية والاقتصادية والثقافية والاجتماعية.

4- التنشئة الاجتماعية والتماسك الاجتماعي القومي.

3- معيار الحرية الهيكلية

يؤكد هذا المعيار تحرر تعليم الكبار من قيود التعليم الرسمي وضوابطه. وقد أدى ذلك الى ظهور مصطلح التعليم خارج المدرسة والتعليم غير النظامي. ويعني التعليم غير النظامي بناء على ذلك كافة الأنشطة التعليمية المنهجية التي تتم خارج إطار التعليم النظامي ومؤسساته، بتقديم انواع مختارة من التعليم لمجموعات فرعية من السكان الكبار منهم والصغار.

4- معيار المنفعة

وهو عند بولا أهم معيار يؤثر في تعليم الكبار مفهوماً وسياسة وإقبالاً وإنجازاً وتطبيقاً، باعتباره تعليما وظيفياً يساعد الدارسين في الاندماج في الحياة والمشاركة فيها بفاعلية، وحل ما يواجههم من مشكلات، ولذلك أخذ تعليم الكبار شكل التعليم والتدريب المهني والتقني وبرامج الإرشاد الأسري والزراعي والبيئي والثقافة الصحية وتعليم المهارات الحياتية والتربية الأسرية وغيرها.

5- معيار المصلحة الشعبية الجماهيرية

ينطلق هذا المعيار من دور تعليم الكبار في خدمة المحرومين وإسهامه في التنمية والتطوير، والتحرر الوطني، وخدمة مصالح الجماهير، وتحقيق الوعي الاجتماعي والجنسي والعرقي والطبقي.

نظريات تعليم الكبار (الاندراجوجي) [1]

ظهرت نظريات عديدة في مجالات التربية المستمرة والتعليم بعامة وتعليم الكبار بخاصة، منها:

أ- نظرية الوظيفة التقنية The Technical Function Theory

تقوم هذه النظرية على عدد من الأسس:

أولها ان متطلبات المهارات في المجتمع الصناعي تتزايد باستمرار بسبب التقدم التكنولوجي. وتدعم هذا الأساس الدراسات المختلفة في مجال القوى البشرية في بلدان كثيرة.

وثانيها أن التعليم النظامي الرسمي ينقل مهارات محددة ومعارف عامة أساسية للوظائف التي تحتاج إلى مهارات عالية. ويتطلب هذا الأمر نمطا من التمدرس يقوم على اختيار الخبرات بما تتضمنه من معارف ومهارات تؤدي الى النجاح المهني في اقتصاد صناعي.

وقد يكون الأمر خلاف ذلك في البلاد النامية، حيث يعكس التعليم القيم التقليدية والمجتمع الأرستقراطي. ويلاحظ ان معظم المدارس تأخذ الطابع الأكاديمي وتركز على الإعداد للمجالات التي تتصف بانها ذات وضعية متميزة، لكنها لا ترتبط بالإنتاجية الاقتصادية.

وقد بينت دراسات عديدة في الدول النامية ان المدارس الفنية والمهنية لا تحظى بالتمويل اللازم، بل تتسم بالفقر في كل شيء. كما بينت الدراسات في مجال تحليل الكلفة/الفائدة ان التدريب في مكان العمل On – job Training له مردود استثماري عالٍ.

---

(1) سامي محمد نصار وزميله، **اتجاهات جديدة في تعليم الكبار**، مكتبة الفلاح، القاهرة، 2000، ص (387-405).

ويؤيد ذلك أن كثيراً من العاملين اكتسبوا مهارات العمل عن طريق التـدريب في أثناء الخدمة. ومن ثم فإن نظرية الوظيفة التقنية تؤكد أن التصنيع يؤدي الى زيـادة متطلبات المهارات للمهـن المختلفـة وان التعليـم الرسـمي لا يبـدو انه يـؤدي وظيفتـه كاملة في إكساب المعارف والمهارات المرتبطـة بالوظائف، ومن هنا فـإن التعلـم مـدى الحياة والتعليم غـير النظامي يمكن أن يسـهم بفاعليـة في النمـو الاقتصادي والتنميـة الشاملة.

ب- نظرية صراع المكانة The Status – Conflict Theory

تقـدم هـذه النظريـة تفسـيرا آخر للتعلـيم النظامي في التمييـز الاجتماعـي والمهني. وترتبط هذه النظرية بعالم الاجتماع (ماكس فيبر Max Weber). وطبقاً لهـذه النظريـة يكتسـب المجتمـع مقاومـة مسـتمرة بـين الجماعـات الثقافيـة للـثروة والقـوة والمكانة.

إن عضوية هذه الجماعات تقدم للأفراد إحساساً أساسياً بالهويـة، وهـذا مـن شأنه ان يكسبهم إحساساً بالمساواة.

وتسـتخدم الجماعـات النظـام التعليمي للحفـاظ عـلى أوضـاعها النسـبية وتقويتها. ومن ثم فإن الوظيفة الأولى للمدرسـة هـي ان تحـافظ عـلى أوضـاع خاصـة بالجماعـات مـن خـلال القيـم والسـلوكيات والاهتمامـات والأذواق والخبرات المرتبطـة بالجماعة، التي يضبطها النظام التعليمي.

ومن هنا فإن المتطلبات التعليمية للحصول عـلى الوظائف هـي التـي تمكـن جماعة معينة من التحكم في التعليم للتحكم في سوق العمل أيضاً.

إن جماعة الصفوة elite تضمن اختيار المستوى العالي من الموظفين من خلال عضويتها الخاصة، إضافة إلى أن اللغة والقيم والأنماط المعرفيـة التـي تـدعمها المدرسـة وتعززها ترتبط بالجماعة الثقافية التي تتحكم في التعليم.

يشير تحليل هذه النظرية الى أن اكتساب المهارة يرتبط بالطبقة العالية وما تفرضه على التعليم من توجهات، ومن ثم فإنه من غير المحتمل ان يتمكن التعليم غير النظامي من تحسين أحوال الجماعات الدنيا.

لكنه من حسن الحظ أننا نعيش في عالم متغير ينادي بالديمقراطية والمشاركة وتكافؤ الفرص الحياتية والتعليمية. وإن التوجه الحديث نحو التنمية البشرية يؤكد أن الانسان اذا كان وسيلتها فإنه قبل ذلك غايتها، وأن من المهم إتاحة فرص الاختيار أمامه، وتحسين أحواله، وتطوير حياته.

ومن ناحية أخرى فإننا نعيش أيضا عصر ثورة المعلومات والتقدم العلمي والتقني، مما يحتم الاهتمام بالتربية المستمرة والتعلم مدى الحياة، وبالتالي الاهتمام بمنظومة تعليم الكبار والتعليم غير النظامي.

يقوم تعليم الكبار على عدد من الأصول او الأسس، من أهمها:

الأساس الفلسفي لتعليم الراشدين (1)

يقول مالكولم نولز العالم التربوي الكبير في مجال تعليم الراشدين: إن هناك نقدا قاسيا كان يوجه الى هذا المجال او الميدان، وبخاصة في الولايات المتحدة الأمريكية، يتلخص في عدم وجود الإحساس الموحد بالغاية أو بمجموعة متماسكة من الأهداف او إطارٍ من المبادىء. ويعني ذلك غياب النظام الفكري الذي تستند إليه حركة تعليم الكبار.

وأكد ميريام Merriam أن هناك حاجة لبذل جهد كبير فيما يتعلق بالتحليل الفلسفي للقضايا والمشكلات الجوهرية لتعليم الكبار.

(1) فهد عبد الرحمن الرويشد ، **اتجاهات جديدة في تعليم الكبار**، مكتبة الفلاح للنشر والتوزيع، الكويت، 2000 ص(51-78) .

إن هناك مؤسسات عديدة تعمل في ميدان تعليم الراشدين، وهـي تتنـوع في طبيعتها وبرامجها وتوجهاتها وأهدافها وأنشطتها، مما يجعل هناك صعوبات في وضـعها في فئة واحدة متفق عليها، أي الوصول الى عنصر مشترك بينها جميعا يجعلها تقع تحت مجال واحد هو تعليم الراشدين.

وإذا جاز القول إنه يجمع بينها أنها تربي الراشدين أو الكبار، فـإن ثمـة سـؤالا عن معنى الرشد أو الكبر، عمرياً، ومن حيث الأدوار الاجتماعية التي يقوم بها الراشد أو الكبير. ويضاف الى ذلك قضية تميز تعليم الراشدين أو الأندراجوجيا، عن تعليم الصـغار او البيداجوجيا؛ إذ إن هذا الأخير اكتسب كيانا ووجودا وفلسـفة وممارسـة، في حـين ان تعليم الكبار ما زال يدور حوله جدل كبير.

إن هذا يؤكد الحاجة الى فلسفة لتربية الراشدين أو الكبار؛ فلسفة تقف وراء برامجه وأنشـطته وطرقـه وأسـاليبه، وتهـتم بالإجابـة عـن (لمـاذا) تقـدم بـرامج لهـؤلاء الراشدين، وبهذه الطريقة أو تلك؟ فلسفة تحل كل ما يتصل بالعملية التربويـة في هـذا التخصص العلمي المعرفي.

ولذلك فإن إلياس وميريام يؤكدان أن فلسفة التربية هي ما يميز المربي المهني المحترف عن المعلم المبتدىء أو غير المعد مهنياً. والمربي المهني لا يكون فقط على درايـة بما يقوم به، وإنما يدرك أيضاً الأسس والأسباب التي تحكـم عملـه. إن ثمـة حاجـة إلى أن يصبح هذا المربي قادرا على التفكير بعمق في التجربة أو الخبرة التي مر بها.

ويـرى إليـاس وميريـام في كتـابهما عـن الأصـول الفلسـفية لتعلـيم الكبـار ان فلسفات تعليم الراشدين او الكبار تهتم بالمبادىء العامة للغايـة التـي تحكـم العمليـة التعليمية. وتتناول هذه الفلسفات مشكلة العلاقة بين النظرية والتطبيق وقضايا أخـرى كتعريف تعليم الكبار، وحاجات الكبار واهتماماتهم، وطـرق تعلـيمهم، ومحتـوى هـذا التعليم، والتربية من أجل التغيير الاجتماعي. إن وجود أساس فكري لتعليم الراشدين في سياق اجتماعي اقتصادي سياسي معين يعد أساسا مهماً لهذا الميدان الحيوي.

وهما يريان ان فلسفات تعليم الكبار تنحصر في الفلسفات الآتية:

أولا: تعليم الكبار الحر او المثالي Liberal Adult Education

ترجع هذه الفلسفة التربوية إلى فلاسفة الإغريق سقراط وأفلاطون وارسطو. وتقوم هذه الفلسفة على التعليم الحر والاهتمام بالعقل باعتباره قوة فكرية.

وينظر فان دورين الى تعليم الكبار الحر كأعلى مستويات التعليم، ويرى أن حياة العقل تكتسب قدرا اكبر من المعنى مع التقدم في العمر.

ويرى إدجار أن الوظيفة الأولى للتربية الحرة هي تعليم الأشخاص قيمة الحرية ومساعدتهم في اكتساب الكفاءة في الاستفادة منها.

والتربية الحرة للكبار هي:

1-   تعلم عقلي أو فكري.

2-   تربية أخلاقية، تقوم على أساس عقلي فكري.

3-   تربية روحية او تربية دينية.

4-   تنمية للحس الجمالي عند الفرد.

وهكذا تحتل الفلسفة والدين والإنسانيات موقعا متميزاً أسمى من موقع العلوم الطبيعية في التربية الحرة. كما تقدم التربية الحرة القيم التي يتم بها نقد العلوم والتكنولوجيا. وبناء على ذلك يتكون المنهج الحر من الأعمال الكلاسيكية والدين وعلم السياسة والفن والتاريخ وعلم الاجتماع والعلوم، وتنطلق التربية الحرة من الحوار والمناقشة، والتركيز على الحدس والتأمل، والقراءة النقدية التحليلية. وتعلي التربية الحرة من شأن المعلم وتعظم دوره وتحترمه وتضعه في مكانة عالية.

ثانياً: تعليم الكبار التقدمي Progressive Adult Education

ترجع نشأة هذه الفلسفة إلى الحركة التقدمية في السياسة والتغير الاجتماعي والتربية. وتركز التربية التقدمية على العلاقة بين التربية والمجتمع، والتعلم المتمركز حول الخبرة، والتعلم للحياة المهنية العملية، والتربية الديمقراطية. ويظهر جون ديوي ووليم كلباترك على رأس رجال التربية التقدمية.

وقد ترجم اهتمام التربية التقدمية بالتدريب المهني والفني من خلال الخبرة والبحث العلمي والمشاركة الاجتماعية والاستجابة للمشكلات الاجتماعية، ترجمة لهـا دورها في تنمية أشكال جديدة لتعليم الكبار وتطويرها.

وقد ادخلت برامج التربية المهنية في المدارس المسائية التي يتعلم فيها الكبار، إضافة إلى الاهتمام ببرامج تربية الوالدين، والاهتمام بالمواطنة الصـالحة، والتعليم مـن أجل الأمركة، وتعليم المرأة، وأنشطة وقت الفراغ.

المبادىء الأساسية لتعليم الكبار التقدمي [1]

1- النظرة الواسعة للتربية، والتربية وفقاً لـذلك تتسع لتشمل التنشئة الاجتماعيـة او التطبيع الثقافي، ولا تقف عند حدود التعليم المدرسي والتربية العقليـة، والمدرسـة ليست سوى وسيط تربوي واحد من بين وسائط متعددة.

2- التركيز على حاجات الدارسين واهتماماتهم وخبراتهم ورغبـاتهم الشخصية؛ فالـدارس مركز الاهتمام في عملية التربية.

3- ثمة منهجيـة تربويـة جديـدة تـربط بـين الطريقـة وموضوع الدراسة؛ إذ يؤكـد التقدميون وجود قيمة في تعليم الطرق التربوية، ويهتمون بالمعلم الفـرد، ووضعه لطرق التدريس الخاصة به والملائمة للمتعلمين الذين يعلمهم. كما يهتم

---

(1) UNESCO, **The Development of Adult Education : Aspects and Trends**, Nairobi, 1976.

التقدميون بالطريقة العلمية للوصول الى الحقائق، وتندرج تحتها طرق حل المشكلات، والمشاريع، والأنشطة.

4- المعلم ميسر للتعليم، وفي إطار النظرة أو الفلسفة التقدمية نظر بين Benne إلى العلاقة بين المعلم والمتعلم على أنها علاقة تيسير ومعاونة؛ فالمعلم يساعد المتعلم في التعلم، وهو بالنسبة إليه مصدر مرجعي، لديه معلومات أكثر ويساعده في حل مشكلاته، ويضع المنهجية الملائمة للتعلم. والمعلم ليس المصدر الوحيد للمعرفة، وهو مسؤول عن تنظيم الموقف التعليمي، وحفز الدارسين نحو التعلم، وتقويمه.

5- التربية وسيلة من وسائل التغيير الاجتماعي، والتربية ليست مجرد إعداد للمتعلم للتوافق الاجتماعي، بل تهيىء الخبرات اللازمة لتغيير المجتمع، والتربية بذلك تشجع إنتاج المعرفة والابتكار.

ثالثاً: تعليم الكبار السلوكي Behavioral Adult Education [1]

ترجع هذه الفلسفة الى الفلسفة السلوكية التي أسسها عالم النفس السلوكي واطسن، وهي تركز على السلوك الظاهر الذي يمكن ملاحظته، ودراسته دراسة معملية، ومن ثم لا يعتبر السلوكيون العواطف قابلة للقياس ولا يمكن دراستها دراسة معملية.

وقد اضاف سكينر الى السلوكية مبدأ التعزيز. ويشمل التعزيز الايجابي إضافة شيء ما (عامل معزز إيجابي) الى حالة ما عند صدور الاستجابة.

وقد كانت للنظرية السلوكية تطبيقات تربوية، منها ما نادى به سكينر من أن الثقافة الأقوى هي التي تعلم اكبر عدد ممكن من أفرادها، إلى جانب أهمية التجديد والتنوع في برامج التعليم، والغاية النهائية للتربية هي إحداث سلوك يضمن بقاء

---

(1) المرجع السابق .

النوع البشري والمجتمعات والأفراد. أما دور المعلم فهو تخطيط بيئة تقود إلى السلوك المطلوب لتحقيق الأهداف.

مجالات تعليم الكبار[1]

تتعدد مجالات تعليم الكبار وتتنوع بتعدد مناشط المجتمع وتنوعها، وحاجات الكبار ومستويات طموحهم، ناهيك عن درجة التقدم الاقتصادي والاجتماعي وأثرها في هذا التعدد والتنوع اللذيْن صار من الصعب معها حصر مجالات تعليم الكبار على النحو الذي كان سائداً في الخمسينيات والستينيات بل والسبعينيات من القرن الماضي.

إن المتغيرات التي يشهدها العالم اليوم تفتح الباب على مصراعيه أمام مجالات في تعليم الكبار لا حصر ولا نهاية لها، ولعل من أهم المتغيرات العالمية المؤثرة في تطور مجالات تعليم الكبار ما يلي:

- **الترابط العالمي:** فقد أصبحنا نشعر بأننا مواطنون في كوكب واحد ومرتبطون ببعضنا البعض وبالأماكن والأحداث التي تجري على سطحه.
- **الفكر الجديد :** الذي يفهم طبائع الأشياء في ضوء العلاقات المتشابكة والمترابطة، بدلاً من الفكر القديم الخطي المتجه دائماً من أعلى إلى أسفل.
- **تطور الجنس البشري:** بمعنى أننا نمتلك باعتبارنا بشراً الإمكانات والطاقات التي يمكن أن نطورها إلى أعلى مستويات التعقيد والتكامل.
- **الروح:** بمعنى أننا دائماً نبحث عن المعنى، ومن خلاله نكتشف مغزى وجودنا ومعنى القيم.
- **الجماعية:** أي الانفتاح على الآخرين والعمل معهم.

(1) سامي نصار وزميله، **اتجاهات جديدة في تعليم الكبار**، مرجع سابق.

هذه المتغيرات جعلت تعليم الكبار أشبه بخلية تتكاثر وتنمو بشكل سريع وتتغير وظائفها وتتشابك مع جميع مناشط المجتمع، بحيث أصبح من الصعب الآن فصل تعليم الكبار عن أي منشط من هذه المناشط، وبالتالي يصعب حالياً حصر ـ مجالات تعليم الكبار، ولكن يمكن الإشارة هنا إلى أهمها وأكثرها ارتباطاً بمشكلاتنا.

1- تعليم الشباب

هو مجال جديد يمثل تحدياً للممارسات الحالية والتقليدية في تعليم الكبار لأنه يتطلب إقامة شبكات اتصال فعالة بين كل من التعليم النظامي والتعليم غير النظامي من أجل مزيد من التجديد، والإبداع، والمرونة، وينبغي على تعليم الكبار أن يواجه هذه التحديات بالجديد من الطرق والوسائل التي تقوم أساساً على مبدأ التربية المستدامة، وعلى تشجيع التعلم عبر وسائل الاتصال المختلفة.

2- التعليم العالي المستمر

من المجالات التي تكتسب اهتماماً كبيراً وتنال قسطاً وافراً من التجديد في أهدافها ومحتوى برامجها ووسائل تقديمها مجال التعليم العالي أو التعليم الجامعي المستمر للكبار، الذي يعدّه البعض بمثابة الموجة القادمة في مجال تعليم الكبار خلال القرن الجديد، وذلك لتحقيق نوعين أساسيين من الأهداف؛ النوع الأول أهداف مهنية تتعلق بمساعدة الأفراد في الارتفاع بمستوى مهاراتهم وكفاياتهم، وكذلك مساعدتهم في الوفاء بالأهداف المهنية الوظيفية، والنوع الثاني يتعلق بمساعدة الأفراد في اكتساب فهم أعمق للعالم من حولهم والتغيرات التي تدور فيه وذلك عبر التركيز على الفنون الحرة، التي تكوّن لدى الفرد الوعي الاجتماعي والشعور بالمسؤولية الاجتماعية محلياً وعالمياً وذلك من منظور الشراكة العالمية في الكوكب الذي نعيش فيه. ويكتسب التعليم الجامعي المستمر للكبار انتشاراً أوسع من خلال اعتماده المتزايد على تكنولوجيا الاتصال الحديثة وأساليب التعليم عن بعد، ومن خلال فتح أبواب الالتحاق أمام الجميع بمن فيهم أولئك الذين لا تتوافر لديهم الشروط الرسمية للالتحاق بالبرامج التي تؤدي إلى الحصول على درجات علمية.

3- التعليم عبر الثقافي للكبار

لعل من أهم المجالات الجديدة التي ظهرت في السنوات الأخيرة ووجدت استجابة واسعة ودعاة كثيرين هو ما يمكن أن يسمى التعليم عبر الثقافي للكبار Adult Intercultural Education ، فما الدواعي التي أدت إلى ظهور هذا المجال الجديد؟ وما أهدافه؟

لعل المتغيرات التي شهدها العالم وأشرنا إليها سابقاً قد أسهمت بشكل مباشر في ظهور هذا المجال. وإذا زدنا الأمر تفصيلاً فإن التغيرات التي حدثت في العالم منذ سقوط سور برلين في 9 من تشرين الثاني عام 1989 وانهيار الاتحاد السوفييتي وظهور أمم جديدة، وجغرافيا جديدة، وسياسة جديدة، كل ذلك فرض على التعليم أن يسعى جاهداً من أجل تغيير مناهجه كي تواكب هذه المتغيرات، وصار أهم عنصر ـ في هذا الصدد الحاجة إلى مجال جديد في تعليم الكبار يتضمن برامج تربوية عبر ثقافية يكون الهدف من ورائها تحقيق ما يلي:

– زيادة معرفة الكبير بثقافة الآخرين (الثقافات الأخرى).

– تنمية الاستجابة والإحساس بقيمة من ينتمون لثقافات أخرى وسلوكياتهم.

– المعرفة العميقة بأحداث العالم وفهمها.

وليس الأمر كما يبدو للوهلة الأولى ضرباً من ضروب التعليم الليبرالي للكبار، ولكن لأهداف هذا النوع من التعليم ظهيراً اقتصادياً يجعلها من الأهداف الملحة في عالم اليوم مما يكسب هذا المجال الجديد أهمية كبيرة. ويتمثل هذا الظهير الاقتصادي في حاجة الشركات الكبرى متعددة الجنسيات التي تنتشر فروعها في أكثر من دولة إلى تدريب كبار موظفيها وممثليها على مهارات التواصل مع أفراد يختلفون عنهم في القيم والعادات والتقاليد والسلوك وأساليب التفكير من أجل زيادة مبيعات تلك الشركات وترويج سلعها ومنتجاتها وفتح أسواق جديدة، ولا يتأتى ذلك إلا بفهم الآخرين من خلال فهم ثقافاتهم.

ولا يقتصر الأمر على الجانب الاقتصادي فقط، بـل إن الظروف السياسية الحالية التي تسعى إلى تكوين ما يسمى النظام العالمي الجديد والاتجاه نحـو عولمة القيم أظهرت الحاجة إلى تكوين ما يسمى المـواطن العـالمي Global Citizen ذا الكفاية الثقافية العالمية Intercultural Competence الذي يـؤمن بتـداخل الثقافات وتواصلها، وذلك في مواجهة دعاة النزعات العنصرية والتعصب، وتتضـمن الكفايـة عبر الثقافية ثلاثة مكونات هي:

− القدرة على إقامة علاقات إيجابية مع الآخرين والحفاظ عليها.

− القدرة على التواصل بفعالية مع الآخرين بأقل قدر ممكن مـن الخسارة أو التشويه.

− الوصول إلى مستوى مناسب من التوافق والتعاون مع الآخرين.

وهنا تجدر الإشارة إلى أنه على الرغم من نبل المقاصد التي تكمن وراء هـذه الأهداف، فإنه يجري حالياً استغلالها من جانب الدول الكبرى في فرض ثقافتها ومن ثم سيطرتها ووصايتها على الدول النامية على نحو يهدد الهوية الثقافية لهذه الدول.

4- محو الأمية

الأمية مشكلة لم تهبط علينا من السماء، بل هي نتيجة للعديد مـن الظروف والعوامل الاقتصادية والاجتماعيـة والسياسية والتاريخيـة. إنها مظهـر ونتيجـة لحالـة اللامساواة التي تعيشها مجتمعاتنا سواء كانت هذه اللامساواة قائمـة على الجنس، أو اللون، أو العقيدة، أو الطبقة الاجتماعية.

والأمية أيضاً مرتبطة بالتخلف؛ فهي سـمة مـن سـمات المجتمعات المتخلفـة التي يطلق عليها تأدباً المجتمعات النامية أو المتنامية، وهـي – أي الأميـة - تـدور معـه وجوداً وعدماً؛ فحيثما وجد التخلف وجدت الأمية.

ولما كانت المشكلات الاقتصادية والاجتماعية ذات طبيعة متداخلة ومترابطة بحيث يصعب فيها فصل الأسباب عن النتائج، فإن أي تناول لمشكلة

الأميـة لابـد مـن أن يـتم في إطـار نظـرة شـاملة للموضـوع بكـل أبعـاده الاقتصادية والاجتماعية والسياسية والتربوية .

ومشكلتنا الرئيسية كدول متخلفة ليست مشكلة نمـو، وإنما مشكلة تنميـة، والتنمية في جوهرها نمو مضاف إليه التغيير، والتغيير بدوره اجتماعـي وثقافي بقـدر مـا هو اقتصادي، وهو أيضاً تغيير كمي وكيفي في وقت واحـد، ولمحـو الأميـة أدوار تؤديها في مختلف هذه المجالات.

أ- محو الأمية والتنمية الاقتصادية [1]

إن تحقيق التنمية بشقيها الاقتصادي والاجتماعي رهن بوجـود قـوة عاملـة منتجة متعلمة ومدربة؛ فالعامل المتعلم في مجال الزراعة أو الصناعة أقدر على تحسـين إنتاجه نوعاً وكماً من العامل الأمي. وإذا كان الجانب الأكبر من الطبقة العاملة في البلاد العربية أمياً، اتضح أن مشكلة الأمية من أهم المشكلات التي تعترض تقدم هـذه البـلاد، وأن حل هذه المشكلة من أهم العوامل التي تساعد في نجاح خطط التنمية الاقتصادية فيها، وأن الأموال التي تنفق على محو الأمية وتعليم الكبار ليسـت إلا استثماراً سـوف يؤدي في نهاية الأمر إلى زيادة الإنتاج وتحسين نوعيته.

ب- محو الأمية والتنمية الاجتماعية

تتضمن بـرامج التنميـة الاجتماعيـة آفاقـاً واسـعة، تشـتمل عـلى مشروعـات عديدة هي في مجموعها مـن أجـل خدمـة الإنسان وتوفير الحاجـات المتصلة بعملـه ونشاطه ورفع مستواه الثقافي والصحي والروحي، ومستوى استمتاعه بالحياة.

وليس هناك من شك في أن الفـرد المتعلم أسرع وأقـدر عـلى الاستفادة مـن الخدمات الصحية والاجتماعية التي تقدمها الدولة من الفرد الأمي.

---

(1) بيتر فيرتر، **تعليم الكبار في اليونسكو: تعليم الكبار والتنمية**، باريس، يونسكو، 1982.

المراجـــع

المراجع العربية

1. ابراهيم حسن ابراهيم، **الرقابة الاحصائية على الجودة وفلسفة النجاح في الادارة،** مجلة التعاون الصناعي، 2003، ص (270).

2. ابراهيم حسن ابراهيم، **الرقابة الاحصائية على الجودة وفلسفة ديـمـنـج في الادارة،** مجلة التعاون الصناعي، العدد 254، 2003، ص (45).

3. ابراهيم محمد ابراهيم وزميله، **التعليم المفتوح وتعليم الكبار،** دار الفكر العربي، القاهرة، 2004 .

4. ابراهيم محمد ابراهيم، **تعليم الكبـار ومشـكلات العصرـ،** دار الانـدلس، حائـل، 1996.

5. ابراهيم محمد ابراهيم، **تعليم الكبار: رؤى وتوجهات،** القاهرة، دار الفكر العربي، 2004 .

6. أحمد اسماعيل حجي، **التعليم الجامعي المفتوح، مـدخل إلى دراسـة علـم تعليم الراشدين،** القاهرة، دار النهضة العربية، 2003، ص (13).

7. احمد الخطيب، **ادارة الجـودة الشـاملة: تطبيقـات في الادارة الجامعيـة،** مجلـس اتحاد الجامعات العربية، العدد المتخصص (3)، 2000، ص ص (83-122).

8. احمد الخطيب، **ادارة الجودة الشاملة، نمـوذج مقـترح لتحسـين نوعيـة الادارة التربوية في القرن (21)،** ورقة عمل، كلية التربية والفنون، جامعة اليرمـوك، 1999، ص (146).

9. أحمد الخطيب، **الادارة الجامعية،** مؤسسة حمادة للدراسـات الجامعيـة والنشرـ، اربد، الاردن، 2001، ص (236).

(10) أحمد الشهاري، **الجودة الشاملة في ادارة الجامعة بين النظرية والتطبيق**، دراسـة مقدمة في المؤتمر التربوي الخامس ، جودة التعليم الجامعي، المجلد الأول، جامعـة البحرين – البحرين.

(11) احمد بلقيس، **تحليل مهـمات التعليم والـتعلم**، معهـد التربيـة، اونـروا/يونسكو (ED2)، 1993.

(12) أحمد حامد منصور، **التخطيط وانتاج المواد التعليمية**، الجزء الأول، سلسـلة تكنولوجيا التعليم، 1995، ص (24).

(13) أحمد سالم، **تكنولوجيا التعليم والتعليم الالكتروني**، مكتبة الرشد، 2004 .

(14) احمد سعيد درباس، ادارة الجودة الكلية: مفهومها وتطبيقاتها التربوية وامكانيـة الافادة منها في القطاع التربوي السعودي، رسالة الخليج العربي، المجلد 14، العـدد (50)، 2004.

(15) احمد عبد الوهاب، **الكتاب المرئي والكتاب الالكتروني والمكتبات الالكترونية ثورة في التعليم**، القاهرة، 2001.

(16) ادجار فور، **تعليم التكوين**، ترجمة حنفي بن عيسى، الجزائر، يونسكو، 1976 .

(17) أفنان دروزة، **اجراءات في تصميم المناهج**، مركز التوثيق والأبحاث، جامعة النجاح الوطنية، نابلس، فلسطين، 2001.

(18) افنان دروزة، اساسيات في علم النفس التربوي، اسـتراتيجيات الادراك والمنشطات **كأساس لتقييم التعليم**، مكتبة الحرية، نابلس، فلسطين، 1995.

(19) افنـان دروزة، **النظرية في التـدريس وترجمتها عمليـا**، رابطـة الجـامعيين، دائـرة البحث والتطوير، الخليل، 1992.

(20) أونكير سينغ ديوال، **المشكلات التربوية للتعليم عن بعد**، مجلة مستقبليات، العدد 165 ، 1998، ص (63).

(21) باربرا سيلز، **تكنولوجيا التعليم ومكونات المجال**، ترجمة بـدر الصـالح، مكتبـة
      الشقري، الرياض، 1998.

(22) بيتر فيرتر، **تعليم الكبار في اليونسكو: تعليم الكبار والتنمية**، بـاريس: يونسكو،
      1982.

(23) توني دودز والان نوكس، **معاونة الكبار على التعليم: تخطيط البـرامج وتطبيقهـا
      وإدارتها**، ترجمة محمد محمود رضوان، القاهرة، الجمعية المصرية لنشر المعرفة
      والثقافة، 2003، ص (148).

(24) توني دودز، **دليل ادارة مؤسسات التعليم عن بعد**، ترجمة خليل ابراهيم خماش،
      تونس، المنظمة العربية للتربية والثقافة والعلوم، 1997، ص (62).

(25) جابر عبد الحميد جابر، **التعلم وتكنولوجيا التعليم**، دار النهضة المصرية، القاهرة،
      1999، ص (381).

(26) جابر عبد الحميد جابر، طاهر عبد الرزاق، **اسلوب النظم بين التعليم والتعلم**،
      القاهرة، دار النهضة العربية، 1996، ص (325).

(27) جاسر الحربي، **تجربة التعلم الالكتروني بالكلية التقنية في مدارس الملك فيصل**،
      الرياض ، 2003.

(28) جاسم محمد عواد، **الحقائب التعليمية، كيفية تصميمها وانتاجها واستخدامها
      وتوظيفها**، وزارة التربية والتعليم، بغداد، 1992.

(29) جامعة القدس المفتوحة، **مدخل إلى نظم التعليم المفتوح في التعليم العـالي**،
      الأردن، عمان، 1996، ص (39).

(30) جـمال محمـد البـاز، **التعريـف بالانترنت والوسائل الالكترونيـة المختلفـة
      واستخداماتها في العملية التعليمية وتكنولوجيا المعلومات**، كلية التربيـة، جامعـة
      الملك سعود، الرياض، 2002.

(31) جودت احمد سعادة، **نموذج للتعلم الفردي**، رسالة المعلـم، المجلـد (23)، آذار، 1983.

(32) جودت سعادة، عادل السرطاوي، **استخدام الحاسوب والانترنت في ميادين التربية والتعليم**، دار الشروق للنشر والتوزيع، عمان، 2003.

(33) جون لو، **تعليم الكبار: منظور عالمي**، ترجمـة المركـز الـدولي للتعلـيم الـوظيفي للكبار، سرس الليان، 1978.

(34) جونز وآخرون، **التعلم والتعليم، والاسـتراتيجيات: التـدريس المعرفي في مجـالات المحتوى** (ترجمة د. عمر الشيخ)، من منشـورات معهـد التربيـة، اونـروا/يونسـكو، عمان-الاردن، 1988.

(35) حسن حسين البيلاوي وزملاؤ، **الجودة الشاملة في التعلـيم بـين مـؤشرات التميـز ومعايير الاعتماد، الاسس والتطبيقات**، دار المسيرة للنشر والتوزيع، عمان، الأردن، 2006.

(36) حسن حسين زيتون، **تصميم التـدريس، رؤية منظومية**، عـالم الكتـب، بـيروت، 1999.

(37) حسن محمد حسن ابو ليلى، **ادارة الجودة الشاملة: دراسة ميدانية لاتجاهـات أصحاب الوظائف الاشرافية نحو مستوى تطبيق ومعوقات ادارة الجودة الشاملة في شركة الاتصالات الأردنية**، رسالة ماجستير غير منشورة، جامعة اليرموك، اربـد، الأردن، 1998.

(38) حسـين حمـدي الطوبجي: **التعليم الـذاتي، مفهومـه، مميزاتـه، خصائصـه**، كلية تكنولوجيا التعليم، الكويت، 198، ص (26).

(39) حسـين حمـدي الطوبجي، **المركز العربي للوسائل التعليمية**، مجلـة تكنولوجيـا التعليم، 1983.

40) حمدان حمد الرشيد، **ملف التعليم الجامعي المفتوح أو التعليم العالي عن بعد**، مجلة رسالة الخليج العربي، العدد (22)، السنة (27)، 1987، ص (220).

41) خالد بن سعيد، **ادارة الجودة الشاملة، تطبيقات على القطاع الصحي**، الرياض، المملكة العربية السعودية، 1997، ص (64).

42) خالد بن عبد السلام، **دور ادارة الجودة الشاملة في تطوير أداء الأجهزة الحكومية لسلطنة عُمان**، دراسة ماجستير غير منشورة، جامعة آل البيت، المفرق، الأردن، 2004.

43) خالد عبد الجليل دويكات، **ادارة الجودة الشاملة في التعليم عن بعد، نموذج جامعة القدس المفتوحة**، ورقة عمل مقدمة الى مؤتمر كلية التربية السادس للعلوم التربوية والنفسية، جامعة اليرموك، اربد، الاردن، 22 - 2005/11/24.

44) خالد مالك، **تقييم فعالية وكفاءة استخدام شبكة الانترنت في التعليم عن بعد واتجاهات التربويين نحوها**، مركز تطوير التعليم الجامعي، القاهرة، 2002.

45) رولا محمد شفيق الناظر، **مدى تطبيق ادارة الجودة الشاملة في الأجهزة الحكومية في الأردن**، رسالة ماجستير غير منشورة، الجامعة الأردنية، عمان، الأردن، 2004.

46) سامح سعيد، عايد أبو غريب، نجوى جمال الدين، **رؤية استراتيجية للتعاون الاسلامي في مجال التعليم عن بعد**، اجتماع خبراء حول انتاج الوسائل التعليمية في مجال التكوين عن بعد، القاهرة، 1997، ص(11).

47) سامي محمد نصار وفهد الرويشد، **اتجاهات جديدة في تعليم الكبار**، مكتبة الفلاح، الكويت، 2000، ص (53).

48) سعد حجازي وعبد الرحمن التميمي، **ضبط الجودة النوعية في التعليم**، محاضرة القيت في مدينة الحسين الطبية، عمان، الأردن، 1996.

49)   سعدية محمد بهادر، **تطور صناديق الاستكشاف الى حقائب تربوية متعددة الأهداف والاستخدامات**، مجلة تكنولوجيا التعليم، المجلد الثالث، العدد الخامس، 1983.

50)   سعيد بن سليم الكتياني، **حتمية التواصل لنجاح التجديد التربوي**، الإنترنت.

51)   سلمان الداود الصباح، زهير منصور المزيدي، **الجامعات المفتوحة في العالم**، الكويت، مؤسسة الكويت للتقدم العلمي، 1998.

52)   سليمان طواها، **تصميم حقيبة تعليمية ومقارنة بين أثر طرق التدريس بالحقائب التعليمية وطريقة الالقاء على تحصيل طلاب الصف الأول الثانوي الأكاديمي في الجغرافيا**، رسالة ماجستير غير منشورة، جامعة اليرموك، اربد ، الأردن، 1983.

53)   سوسن شاكر الجلبي، **معايير الجودة الشاملة في الجامعات العربية**، ورقة عمل مقدمة الى مؤتمر كلية التربية السادس للعلوم التربوية والنفسية، جامعة اليرموك، 22 – 24 تشرين الثاني، 2005.

54)   سيد ابراهيم الجبار، **دراسات في التجديد التربوي**، مكتبة غريب، القاهرة، 1980.

55)   السيد الربيعي وآخرون، **المعجم الشامل لمصطلحات الحاسب الآلي والانترنت**، مكتبة العبيكان، الرياض، 2001.

56)   صالح التركي، **التعليم الالكتروني: أهميته وفوائده**، الندوة العالمية الأولى للتعليم الالكتروني، مدارس الملك فيصل، الرياض، 2003.

57)   صبري الدمرداش، **مقدمة في تدريس العلوم**، مكتبة الفلاح، الكويت، 1994.

58)   عادل السرطاوي، **معوقات تعلم الحاسوب وتعليمه في المدارس الحكومية بمحافظات شمال فلسطين من وجهة نظر المعلمين والطلبة**، جامعة النجاح، نابلس، 2001.

(59) عادل عبد الفتاح سلامة، **التعليم الجامعي عن بعد، مخرجات التعليم الجامعي في ضوء معطيات العصر**، مركز تطوير التعليم الجامعي، جامعة عين شمس، القاهرة، 2001.

(60) عبد الحافظ سلامة، **وسائل الاتصال والتكنولوجيا في التعليم**، دار الفكر، عمان، 1990.

(61) عبد الرحيم صالح عبدالله، **استخدام الصور المستوية في اطار تطبيقات التعلم المصغر في المرحلة الابتدائية في مجال (اعمل وتحدث)**، مجلة تكنولوجيا التعليم، العدد الأول، السنة الأولى، يونيو، حزيران، 1978.

(62) عبد الستار محمد العلي، **تطوير التعليم الجامعي باستخدام ادارة الجودة الشاملة**، ورقة عمل قدمت الى المؤتمر الأول للتعليم الجامعي الاداري والتجاري، جامعة الامارات العربية المتحدة، 1996.

(63) عبد العزيز ابو نبعة وفوزية مسعد، **ادارة الجودة الشاملة، المفاهيم والتطبيقات**، الاداري، السنة (20)، العدد (74)، 1998، ص ص (69 – 93).

(64) عبد العزيز عبدالله السنبل، **مبادىء واجراءات ضبط الجودة النوعية في أنظمة التعليم عن بعد**، مجلة اتحاد الجامعات العربية، العدد الثامن والثلاثون، كانون الثاني 2001 ، عمان، الاردن، ص (77).

(65) عبد العظيم الفرجاني، **التربية التكنولوجية وتكنولوجيا التربية**، القاهرة، دار غريب للطباعة والنشر، 1997.

(66) عبد الفتاح جلال، **تعليم الكبار ووظائفه في الدول النامية**، سرس الليان، 1983.

(67) عبد اللطيف الجزار، **وسائل وتكنولوجيا التعليم**، القاهرة، كلية البنات، جامعة عين شمس، 1997، ص (8).

(68) عبد الله الموسى، **التعليم الالكتروني: مفهومه، خصائصه، فوائده، عوائقه**، ندوة مدرسة المستقبل، كلية التربية، جامعة الملك سعود، جدة، 2002 .

69) عبد الله زيد الكيلاني، **اعداد الاختبـارات محكيـة المرجع**، اونـروا/يونسكو، دائـرة التربية والتعليم، معهد التربية (E14)، 1994.

70) عبد الملك الناشف، **الحقائب والرزم التعليمية**، مجلة تكنولوجيا التعليـم، العـدد الخامس، السنة الثالثة، حزيران، 1980.

71) عبـدالله الفهـد، اسـتخدام الشـبكة العالميـة للمعلومــات في التـدريس في السعودية، الجمعية المصرية للمناهج، 2001.

72) عبدالله الهابس، **الاسس العلمية لتصميم وحدة تعليمية عبر الانترنت**، المجلة التربوية، العدد 57، المجلد الخامس عشر، 2000.

73) عبدالله عمر خليل، **شبكات المعلومات في التعليم العالي والتدريس والبحث**، تكنولوجيا التعليم: دراسات عربية، القاهرة، مركـز الكتـاب للنشرـ القاهرة، 1999.

74) عبدالله محمد شوقي، **ادارة الجودة الشاملة مدخلاً لتطوير التعليم الفني**، مجلـة كليـة التربيـة، جامعـة المنصـورة، العـدد (53)، الجـزء (1)، 2003، ص ص (177 – 221).

75) عبد الله الرشدان، **علم اجتماع التربية**، عمان، دار الشروق، 1991 .

76) علي الجرباوي، **نقد المفهوم الغربي للتحديث**، مجلة العلوم الاجتماعية، 24: 4-40 ، 1986 .

77) علي براجل، **المواقف المعوقة في رفع مستوى الجـودة في التعلـيم العـالي/ الجزائـر نموذجاً**، المؤتمر التربوي الخامس، جودة التعليم الجـامعي، المجلـد الأول/ جامعـة البحرين، كلية التربية، مملكة البحرين، 11 – 2005/5/13.

78) علي عيسى عثمان، **نظام التعليـم المفتـوح والـوطن العـربي في التعلـيم عـن بعـد**، أعمال الندوة التـي نظمها منتـدى الفكر العربي بالتعاون مع جامعـة القـدس المفتوحة، 1997، ص (38).

(79) علي محمد عبد المنعم، اتجاهات أعضاء هيئة التدريس نحو نظام التعليم المفتوح في مصر وتصوراتهم عن استراتيجية تنفيذه، مجلة دراسات في المناهج وطرق التدريس، الجمعية المصرية للمناهج، العدد (17)، اكتوبر 1992، ص (33).

(80) علي محمد عبد المنعم، أثر بعض متغيرات برامج القيد وأساليب تقديمها على التحصيل الدراسي لطلاب الجامعة، القاهرة، الجمعية المصرية لتكنولوجيا التعليم، المؤتمر العلمي الأول نحو تعليم افضل باستخدام تكنولوجيا التعليم في الوطن العربي، الجزء الثاني، تشرين الأول، 1992، ص (22).

(81) عياش قويدر وعبدالله ابراهيمي، الإطار العام لتطبيق الجودة الشاملة في الجامعات، الفلسفة والمنطلقات، المؤتمر التربوي الخامس، جودة التعليم الجامعي، المجلد الأول، جامعة البحرين، كلية التربية، مملكة البحرين، 11 – 2005/4/13.

(82) فاروق سيد حسين، الانترنت: شبكة المعلومات ، هلا للنشر، القاهرة، 1999.

(83) فايز الشهري، التعليم الالكتروني في المدارس السعودية، المعرفة، 2003.

(84) فتح الباب عبد الحليم سيد، أساليب انتاج مواد التعلم الذاتي، مجلة تكنولوجيا التعليم: سلسلة دراسات وبحوث، المجلد الخامس، 1995، ص (4).

(85) فتح الباب عبد الحليم سيد، أساليب ومواد التعلم الذاتي، مجلة تكنولوجيا التعليم، المجلد الخامس، 1995، ص (2).

(86) فتح الباب عبد الحليم سيد، توظيف تكنولوجيا التعليم، القاهرة، دار المعارف، 1991، ص (135).

(87) فتح الباب عبد الحليم سيد، حلقة بحث عامة بكلية التربية، جامعة حلوان، اكتوبر، 1995، ص (72).

(88) فتح الباب عبد الحليم، توظيف تكنولوجيا التعليم، الجمعية المصرية لتكنولوجيا التعليم، القاهرة، 1997.

(89) فرحان النجم، ودرهم دقيق، **شبكات الانترنت في العالم**، مجلة متابعات إعلامية، اليمن، 1998.

(90) فهد عبد الرحمن الرويشد، **اتجاهات جديدة في تعليم الكبار**، مكتبة الفلاح للنشر والتوزيع، الكويت، 2000 ، ص ص (51-78) .

(91) فوزي احد زاهر، **الرزم التعليمية خطوة على طريق التفريد**، مجلة تكنولوجيا التعليم، العدد الخامس، السنة الثالثة، حزيران، 1983.

(92) فوزية ناجي، **ادارة الجودة الشاملة والامكانات التطبيقية في مؤسسات التعليم العالي، دراسة حالة**، جامعة عمان الاهلية، رسالة ماجستير غير منشورة، جامعة اليرموك، اربد، الاردن.

(93) كمال اسكندر ومحمد الغزاوي، **مقدمة في التكنولوجيا التعليمية**، مكتبة الفلاح، الكويت، 1994.

(94) ليلى العقاد، **التعليم المفتوح والقمر الصناعي العربي**، القاهرة، دار الفكر العربي، 1993، ص (128 ، 153 ، 193).

(95) لينا شركس، وفاء ابو نبعة، **نظام ادارة الجودة - الآيزو 9001**، اصدار عام 2000 في وزارة التربية والتعليم، رسالة المعلم، المجلد (43)، العدد (3-4)، ص ص (47 – 50).

(96) ماجد أبو جابر، **تقدير الحاجات، المفهوم والفوائد والإجراءات**، تكنولوجيا التعليم: سلسلة دراسات وبحوث، المجلد الخامس، خريف، 1995، ص (233).

(97) ماجدة السيد عبيد وآخرون، **أساسيات تصميم التدريس**، دار صفاء للنشر والتوزيع، عمان-الاردن، 2001.

(98) ماهر العجي، طلال عبود، **دليل الجودة في المؤسسات والشركات**، سلسلة الرضا للمعلومات، دمشق، سوريا، 1999، ص (56).

99) محسن العبادي، **التعليم الإلكتروني والتعليم التقليدي: ما هو الاختلاف؟**، المعرفة، العدد (91)، 2002 .

100) محمد الحيلة، **تصميم التعليم: نظرية وممارسة**، دار المسيرة، عمان-الاردن، 2005.

101) محمد ذيبان غزاوي، وبدر قاسم، **التصميم النظامي للمجمعات التعليمية**، مجلة العلوم الاجتماعية، 1988.

102) محمد ذيبان غزاوي، **ورقة عمل مقدمة في المؤتمر التربوي**، بيروت، لبنان، 1996.

103) محمد صالح ابو جادو، **علم النفس التربوي**، دار المسيرة للنشر والتوزيع، عمان-الاردن، 2000.

104) محمد محمود الحيلة، **التربية المهنية واساليب تدريسها**، دار المسيرة، عمان-الاردن، 1998.

105) محمد نبيل العطروزي، **التعليم الالكتروني كأحد نماذج التعليم الجمعي عن بعد: رؤية مستقبلية**، ديسمبر 2002 .

106) محمد وحيد صيام وآخرون، **دليل مشرفي التربية العملية في كلية التربية في جامعة دمشق**، منشورات جامعة دمشق، كلية التربية، قسم المناهج، 1995.

107) محمد وحيد صيام، **التعليم عن بعد كأحد نماذج التعليم العالي وبعض مجالات ضبط الجودة النوعية في أنظمته**، دراسة مقدمة في المؤتمر التربوي الخامس، جودة التعليم الجامعي، المجلد الثاني، جامعة البحرين، 11 – 2005/4/13.

108) محمود العالم ، **ملاحظات أولية حول الثقافة العربية والتحديث**، مجلة الوحدة (101) ، ص ص (7- 9)، 1987 .

109) محيي الدين توق، **تصميم التعليم**، معهد التربية، اونروا/ يونسكو، دائرة التربية والتعليم، E 39، 1993.

110)   مراد صالح مراد زيدان، **مؤشرات الجودة في التعليم الجامعي المصري.**

111)   المصطفى إدمكود، **السلسلة البيداغوجية**، دار الثقافة ،الدار البيضاء (2003).

112)   مصطفى عبد السميع محمد، **تعليم الكبار: رؤى وتوجهـات**، دار الفكـر العـربي، القاهرة، 2004.

113)   مقبولة حمودة، **وزارة التربية والتعليم تحصل على شهادة الآيزو (9001) وتحقق انجاز وصف الوظائف من خلال تدريب الكادر وبناء الكفاءة التدريسية**، مجلـة رسالة المعلم، المجلد (41)، وزارة التربية والتعليم، ص ص (41 – 45).

114)   مكتب التربية لدول الخليج العربي، مشروع مدرسة المستقبل.

115)   منتديات طلاب الجامعة العربية المفتوحـة، **التجديد التربـوي: قضايا مفتاحيـة، أبرز معوقات التجديد، التجديد مع التطبيق**، الكويت، 2004 .

116)   منصور غلوم، **التعليم الالكتروني في مدارس وزارة التربية بدولة الكويت**، النـدوة العالمية الاولى للتعليم الالكتروني، مدارس الملك فيصل، الرياض، 2003.

117)   المنظمة العربية للتربية والثقافة والعلوم، **مدرسـة المسـتقبل، الوثيقـة الرئيسـية**، مؤتمر وزراء التربية والتعليم، دمشق، 2000.

118)   موسى احمد كـريم الطراونـة، **اتجاهـات العـاملين في المؤسسـة العامـة للضـمان الاجتماعي في الأردن نحـو تطبيـق إدارة الجودة الشاملة**، رسـالة ماجسـتير غـير منشورة، جامعة مؤتة، الكرك، الأردن، (2003).

119)   ناد كمال عزيز، **الانترنت وسيلة واسلوب للتعلم المفتوح داخل حجرة الدراسـة**، مجلة التربية، الكويت، 1999.

120)   نادية جمال الدين، **تعليم الجماهير في مصر ودور الجامعة المفتوحة في تحقيقه**، مجلة التربية المعاصرة، القاهرة، العدد (29)، يناير، 1998، ص (45).

121) نبيل أحمد عبد الهادي، **نماذج تربوية تعليمية معاصرة**، عمان، دار وائل للنشر، 2004.

122) نجوى جمال الدين، اعداد معلم النصوص عن بعد: **الكفايات المطلوبة واستراتيجيات التدريب**، معهد الدراسات التربوية، جامعة القاهرة، 1995، ص (14).

123) نجوى يوسف جمال الدين: **تخطيط التعليم الجامعي المفتوح في مصر،** رسالة دكتوراة، معهد الدراسات والبحوث التربوية، جامعة القاهرة، 1995، ص (70).

124) نرجس حمدي وآخرون، **تكنولوجيا التربية**، الطبعة الاولى، منشورات جامعة القدس المفتوحة، عمان، الاردن، 1993.

125) نرجس حمدي، ويوسف قطامي، ونايفة قطامي، **تصميم التدريس**، الطبعة الاولى، منشورات جامعة القدس المفتوحة، عمان، الأردن، 1994.

126) نورمان ماكنزي وآخرون، **التعليم المفتوح، النظم والمشكلات في التعليم بعد الثانوي**، ترجمة صالح عزب، المنظمة العربية للتربية والثقافة والعلوم، تونس، 1997.

127) هاوس، **التعليم مدى الحياة والمدارس والمناهج في البلاد النامية: تقرير عن الحلقة الدراسية الدولية**، هامبورج، 9-13 كانون الأول، 1974 .

128) هيفاء المبيريك : **التعليم الالكتروني**، كلية التربية، جامعة الملك سعود، 2002.

129) وزارة التربية والتعليم، **جائزة الملك عبدالله الثاني لتميز الأداء الحكومي والشفافية**، التقرير النهائي، عمان، الاردن، 2005.

130) ولتر ديك وروبرت ديزر، **التخطيط للتعليم الفعال**، ترجمة د. محمد ذيبان غزاوي، الاردن، 1991.

131) ياسين خلف، **تكنولوجيا التعليم والاتجاهات الحديثة في التدريس**، جامعة عدن ، اليمن، 1997.

132) يعقوب حسني نشوان، **التعليم عـن بعـد والتعليم الجـامعي المفتـوح**، جامعـة القدس المفتوحة، 1997، ص (6).

133) يوسف العريفي، **التعليم الالكـتروني تقنيـة واعـدة ... وطريقـة رائـدة**، النـدوة العالمية الاولى للتعليم الالكتروني، مدارس الملك فيصل، الرياض، 2003 .

134) يوسف قطامي، ماجد أبو جابر، ونايفة قطامي، **أساسيات في تصميم التـدريس**، دار الفكر، عمان، 2001.

135) يوسف قطامي، نايفة قطامي، نرجس حمدي، **تصميم التدريس**، جامعـة القـدس المفتوحة، عمان-الاردن، 1994.

المراجع الاجنبية

1) A.J. Cropley, **Towards a System of Life Long Education**, Hamburg, UNESCO Institute for Education, 1980 .

2) Archaro, S.L. (1997). **Quality in Education, Implementation Handbook**, Vanitty Book International, New Delhi.

3) Ausubel, D., **Educational Psycholgy; A Cognitive Point of View**, New York: Holt, Rinehart and Winston, 1968.

4) Bonstingel, I. **The Total Quality Classroom**, Education Leadership, 1999.

5) Bhola, H.S., **Women's Literacy: A Curriculum of Assertion Resistence and Accommodation**. Convergence Journal Vol. 27, No. 213, PP. (41-49).

6) Cardarelli, M., **The Feasible Vehicle of Individualization**, Educational Technology Review, Series No. 5, 21-27, 1973.

7) Cheng (2003). **Quality Assurance in Education**, PP. (202 – 213).

8) Chinnanon, Sanong, **Sattellite for Education, Life Long Education**, Ministry of Education, Bangkok, 1996.

9) Cropley and Dave, **Innovation of Education**, London, 1995.

10) David Grugeon and Mary Thorpe, **Open Learning for Adults**, VK. Inc., 1997, P. (10).

11) David R. Evans, **The Planning of Non-formal Education**, Paris, UNESCO International Institute for Educational Planning, 1981 .

12) David, B., **Webster's New World Dictionary**, Second College Edition, New York, 1994.

13) Deming, **Modern Organization**, Englewood Cliffs, Prentice Hall, Inc., 1994.

14) Farr and Sheffer, **Matching, Media Guide for Academic Staff**, Australia, C.S.U., 1996, P. (52).

15) Feigenbaum, A.V., **Total Quality Control**, 3rd Edn., McGraw Hill, Inc. 1990, P. (67).

16) **Fifth International Conference on Adult Education**, Hamburg, Germany, 1997, P.(21).

17) Fitzgerald, R. (1996). **Total Quality Management in Education**.

18) Frame, E. H., **Not So Strange: Markting and Total Quality Management**, Managing Service Quality, Vol. 5, No. 1, 1995, PP. (55).

19) Garvin, D., **Managing Quality: The Strategic and Competitive Edge**, New York, 1990, P. (20), PP (166-168).

20) Gitlow, Shelly, **The Guide to Quality and Competitive Position**, Englewood Cliffs, New Jersey, U.S.A, 1997. P. (112).

21) Hammadi, A.H., **Open University**, Delhi, 1999. P.(10).

22) Hillary Perraton: **Training Teachers at a Distance**, London: Common Wealth, 1994, P. (40).

23) Huang, Cheng Chiou, **Assessing the Leadership Styles and Total Quality Leadership Behaviours of Presidents of Four – year Universities and Colleges That Have Implemented Principles of Total Quality Management**, Unpublished Doctoral Dissertation, The Ohio State University 1999.

24) Imai, M. Kaizen, **The Key to Japan's Competitive Success**, New York, 1996.

25) Internet, **Quality Control**, 2001.

26) Irvin, Anderew H., **Leadership Strategies for the Implementation of Total Quality Management at Five Resarch Universities**, Unpublished Doctoral Dissrtation, Michigan State Univcersity, U.S.A, 1995.

27) Johnson, K. and Fao, L. **Instructional Design** , 1989.

28) Klendoer, P.R., **TQM at the University of Pennsylvania**, Managing Service Quality, Vol. 4, No.4., 2004, PP. (20-23).

29) Lewis, R. and Spenser, D. **What is Open Learning?** London Council for Educational Technology, (1996), P. (20) , (144).

30) Longford, D.P., **Modified Deming Points for Continuous Improvement of Education**, Unpublished Manuscripts, (1999), P. (25).

31) McClelland, David, **Modernization of the Dynamics of Growth**, N.Y.: Basic Books,1966.

32) Merrill, David, **Insturctionl Design Theory**, Englewood Cliffs, NJ: Educational Technology Publications, 1994 .

33) Monash University, **Resource Documents: Document 4: Teaching Learning Materials and Methods Available**. Australia, Monach University, 1997, P. (19).

34) Montgomery, D., **Introduction to Statistical Quality Control**, New York, John Wiley and Sons, 1991.

35) New England University: **Handbook**, 1997, Australia., 1997.

36) Phil Race, **The Open Learning Handbook: Promoting Quality in Designing and Developing Flexible Learning**, 2nd ed., London: Kegan 1994, P. (34).

37) Pian, N., **How to Communicate with Learning: Making the Package Easy to Use**, London, 1995, P. (15).

38) Quentin Whitlock, **Student Future in Open Learning**, ETTL, Vol. 96, No. (2) , 1999, P. (134).

39) R. H. Dave et al. **Learning Strategies for Post Literacy and Continuing Education**, Hamburg, UNESCO, 1985 .

40) Reigeluth, C.M., **Instructional Design, What Is It and Why Is It?** 1983.

41) Rowentree, D., **Exploring Materials for Open and Distance Learning**, London McGraw – Hill Book Company , 1999, P. (1), (13).

42) Rowentree, D., **Exploring Open and Distance Learning**, London, McGraw – Hill Book Company , 1992.

43) Rumbo, Greville, **On the Definition of Distance Education** , The American Journal of Distance Education, Vol. 3, No. 2, 1999, P. (18).

44) Schargel, R., **Quality Connections, Transforming Schools through Total Quality Management**, Alexandria, VA: Associations for Supervision and Curriculum Development, 1993.

45) Schenkat, R. (1993). **Quality Connections Transforming Schools through Total Quality Management**, Association for Supervision and Curriculum Development, Alexandria, Virginia.

46) Sebastianelli, R. (1998). **Barriers to T.Q.M.: A class – level Student Project**, Journal of Education for Business, Vol. (73), No. (3), P. (158).

47) Shewart, W.A., **Econmic Control of Quality of Manufactured Products**, D. van Nostr and Company, New York, 1993, P. (90).

48) Smith, L.W. and Kapfer, P.G., **Classroom Management of Learning Packages Programs**, Educational Technology Review, Series No. 5, Library of Congress Cataloging.

49) Srilkanthan, G. (2003). **Developing Alternative Perspectives for Quality in Higher Education**, The International Journal of Educational Management, Vol. (17), No. (3), PP. (126 – 136).

50) Sukhotahi Open University Program of Studies, School of Educational Studies , 2004, P. (10).

51) Symour, **Quality in Higher Education**, New York: American Council of on Education, Macmillan Publishing Company, (2002).

52) The Open University: Institute of Educational Technology Research, Design Evaluation for Open Distance Learning, P. (13).

53) **Third International Conference on Adult Education**, UNESCO, Tokyo , Japan, 1972.

54) Torsten Husen, **The International Encyclopedia of Education, Research and Studies**, New York, 1985 .

55) UNESCO, **The Development of Adult Education : Aspects and Trends**, Nairobi, Kenya, 1976.

56) UNESCO, **A Survey of Distance Education in Asia and the Pacific**, 1995, P (46).

57) UNESCO, **Summary Report of the International Conference on Adult Eduction**, Paris, Unesco.

58) Vazzana, G. & Winter, J.K. (1997). **Can T.Q.M. Fill a Gap in Higher Education?** Journal of Education for Business, Vol. (72), No. (5).

59) Ward, P.S., **Learning Packages**, New York, Parker, 1976.

60) William D. Mitheim, **Implementing Distance Education, Program Suggestions for Potential Developers**, Educational Technology,   April 1991.

Printed in the United States
By Bookmasters